越縵堂讀書記全編

一

【清】李慈銘 著
張桂麗 輯校

上海古籍出版社

圖書在版編目(CIP)數據

越縵堂讀書記全編 / (清) 李慈銘著；張桂麗輯校.
—上海：上海古籍出版社，2021.3（2022.8重印）
ISBN 978-7-5325-9897-7

Ⅰ.①越… Ⅱ.①李… ②張… Ⅲ.①雜著—中國—
清代 Ⅳ.①Z429.52

中國版本圖書館 CIP 數據核字(2021)第 042371 號

封面題簽：集李慈銘字
責任編輯：祝伊湄
裝幀設計：何　暘
技術編輯：隗婷婷

越縵堂讀書記全編
（全五册）
［清］李慈銘　著
張桂麗　輯校
上海古籍出版社出版發行
（上海市閔行區號景路 159 弄 1-5 號 A 座 5F　郵政編碼 201101）
（1）網址：www.guji.com.cn
（2）E-mail：guji1@guji.com.cn
（3）易文網網址：www.ewen.co
常熟人民印刷有限公司印刷
開本 850×1168　1/32　印張 77.75　插頁 27　字數 1,672,000
2021 年 3 月第 1 版　2022 年 8 月第 2 次印刷
印數：1,301—2,100
ISBN 978-7-5325-9897-7
I·3543　定價：518.00 元
如有質量問題，請與承印公司聯繫

李慈銘像

（原載《國立北平圖書館館刊》第一卷第一號）

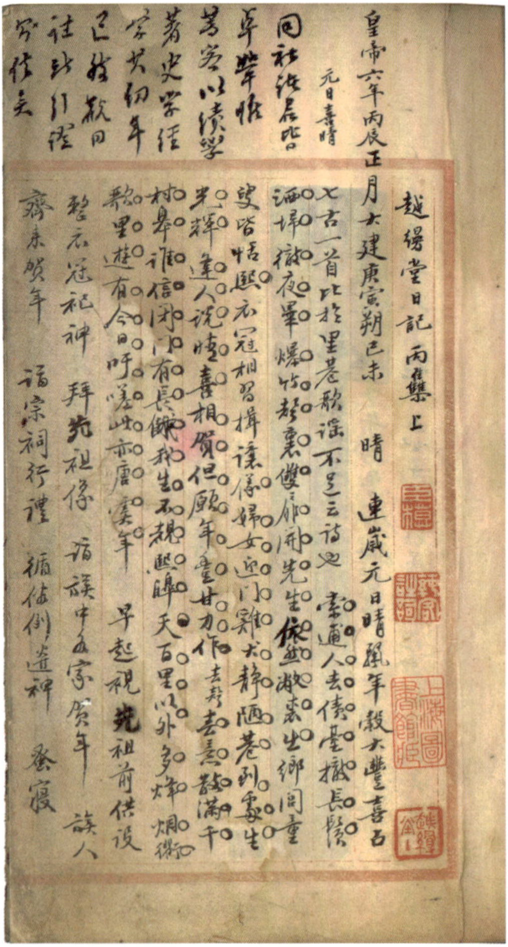

越縵堂日記
（上海圖書館藏稿本）

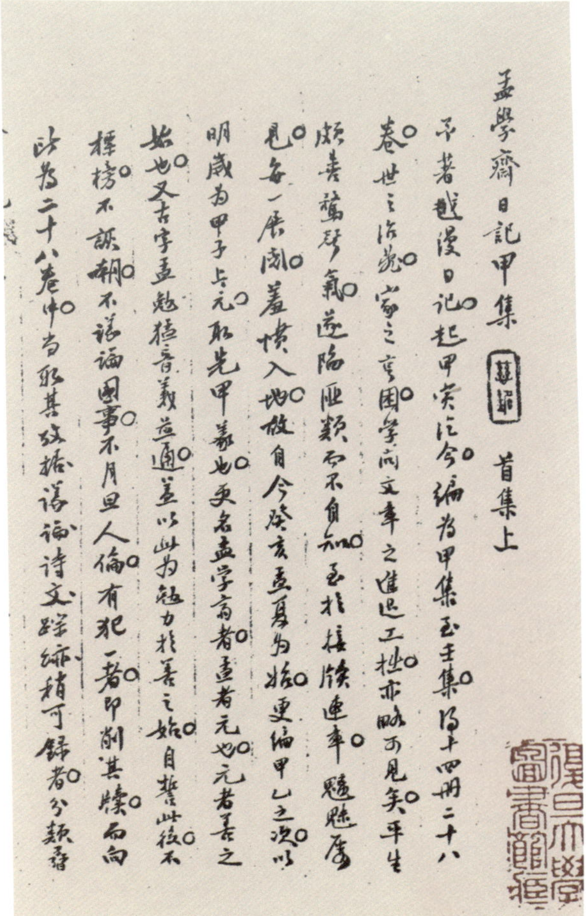

孟學齋日記甲集　首集上

予著越縵日記，起甲寅訖今。編為甲集至壬集。得十四冊二十八
卷。世之治亂，家之榮悴，學問文章之進退工拙，亦略可見矣。平生
頗喜蓄驕氣。遂陷匪類而不自知。至於桎梏連年。蹇蹇屢
也。每一展閱。羞愧入地。故自今癸亥孟夏為始。更編甲乙之次。以
明歲為甲子上元。取先甲義也。更名孟學齋者。孟者元也。元者善之
始也。又古字孟勉猶音義並通。蓋以此為勉力於善之始。自此後不
標榜。不訴窮。不談論國事。不月旦人倫。有犯一者。即削其牘而向
所為二十八卷中。當取其考據議論詩文蹤跡稍可錄者。分類輯

越縵堂日記
（民國九年影印本）

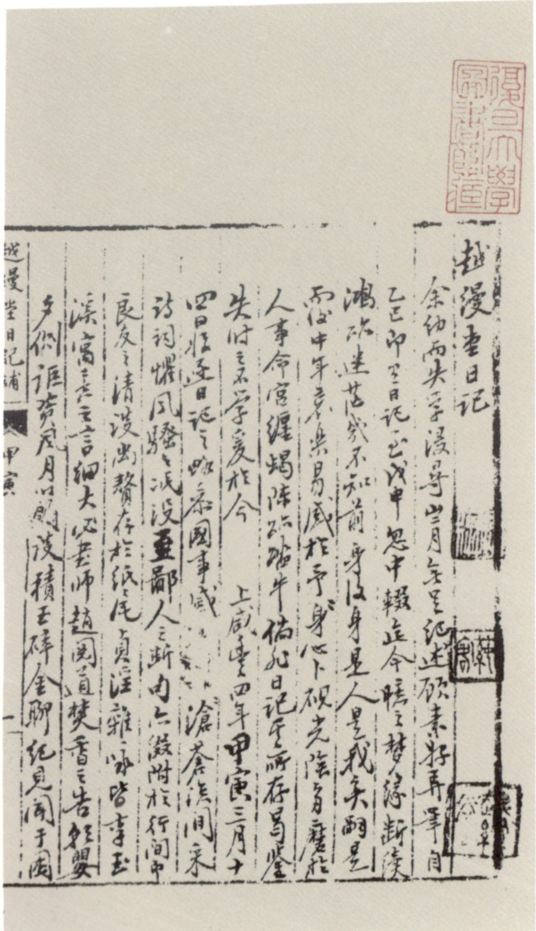
越縵堂日記
余幼而失學浸尋廿有年至是泛迷歧素好弄筆自
乙巳卯至日記之己戊申忽中輟迄今睠睠夢緒斷續
鴻泥迷茫然不知前身後身是人是我矣嗣是
而後中年之事易感於予身心下視光陰多磨於
人事命宮纏蝎陳陳相因偏於日記之所存爲鑑
失時之不學憂於今　上咸豐四年甲寅三月十
四日始迄日記之略系國事感懷滄桑之間采
詩詞擬風騷之流設畫鄙人之斷句亦綴附於行間中
良友之清談出贅存於紙尾真注雜咏皆李玉
溪富艷之言細大不去師趙閲道焚香之告妊嬰
多似詛蓍月以時複積玉碎金聊紀見聞于閑
越縵堂日記補　甲寅　一

越縵堂日記補
（民國二十五年影印本）

前言

李慈銘（一八三〇—一八九四），生於道光九年十二月二十七日，卒於光緒二十年十一月。字愛伯，號越縵，浙江會稽（今紹興）人。同治九年舉人，光緒六年進士，官至陝西道監察御史。著有白華絳跗閣詩初集越縵堂文集越縵堂日記越縵堂讀史札記等。

一、學者身份的自我設定

道光九年，李慈銘出生於紹興李氏臺門的耕讀世家，遠祖是南宋名臣李光，六世祖李登瀛，康熙進士，官內閣中書，雍正元年江西鄉試同考官，工詩，參纂御選唐詩，著有梅谿詩。李慈銘祖父亦能詩，常攜其遊歷浙中名賢古跡，親與觴詠集會，拜訪隱逸能文之士。受益於家族文化熏染，以及酷嗜作詩詞、研經史的天賦，李慈銘幼年即開始較高水準的精英閱讀活動。

李慈銘的日常讀書活動極爲豐富，包括訪書、購書、鈐印、題簽、借書、校注、鈔補，精力極佳之際，校勘批注，復條分縷析，精心構撰於日記中。他以讀書治學爲立身之本，「古今無學問外之人才，天下無讀書外之事業」[一]，「以予自論之，平生所慕者書，所畏者事，書自性命所繫，一日不得此書，一日不能不慕」。[二]他讀書首選經史，集部乃興趣所在。雖然較早確立了詩人的身份與地位，但他極爲强烈的學者身份的自我設定，四十年如一日，日常大部分時間與精力用於讀書治學。晚清時局失序之際，潛心研經讀史，乃亂世保全之良策，可見其「擇術」之慎。

對於李慈銘而言，讀書不僅僅在於參加科考、獲得功名，更爲重要的是通過解讀經典，以著述來彰顯、傳播自己的學術思想。對成長於道咸之際的學人而言，李慈銘的思想首先源自閱讀本朝漢學考據著作而獲得的經驗，一則因爲乾嘉諸儒取得的學術成就，一掃唐以後經典研究之「六經我注」而溯本求源；一則因爲乾嘉諸儒著述廣爲刊刻、傳播，是李慈銘所能接觸到的最廣泛的閱讀資源。無論是紹興味經書屋還是京師琉璃廠，考據學著作均高居熱門暢銷之榜。傳統經史，經過乾嘉諸儒的鉤稽考校，更接近經典原貌，李慈銘的閱讀文本即是本朝大儒的研究成果，在對既有知識接受、修正創新的過程中，形成了自己的學術思想。

治學伊始，李慈銘必須面對的問題是漢宋之爭。道光時，漢學積弊日顯，爲宋學家所嘲諷、抨擊。李慈銘從向學之始，即堅守考證學的正統學派立場，矢志力學爲漢學除弊雪誣。同治二年正月二十一日，讀經世文编，嘆其不收名物考訂之作，「嗚呼，漢學固不能無蔽也，而其爲之甚難，其蔽亦非力學不能致也，特未深思而辨之耳。予亦非能爲漢學者也，惟深知其難，而又喜其密實可貴耳」。漢學雖有弊，或失於誤斷，或失於文獻難徵，或失於繁瑣，然而博涉群籍，字字有來歷，決非空談臆造之學，故爲推崇實證研究的學者所推崇。

李慈銘相當推崇實事求是的治學方法，他尊崇漢儒，亦不菲薄宋儒。宋學重推闡，漢學重考證，强分二者優劣，是在學術外部製造争端，刻意融合，則不免理想主義。攻擊漢學或攻擊宋學，他都批判之：

予嘗謂自程朱生後，天下氣象爲之一變，束髮之儒恥事兩姓，曳柴之女羞醮二夫，尤其明效大驗。故雖雅不喜讀宋儒經説，尤厭其語録，而從不敢非毁之。蓋漢儒守經之功大，宋儒守道之功大也。〔三〕

漢儒功在守經，宋儒功在守道，分别在某一歷史時期内爲儒學的正統，於學統正脈、世道人心各有貢獻，他雖然不喜語録，但從不菲薄之。但從他的治學方法及持論來看，他究竟仍是偏袒漢學的。

他反對悍然疑古，認爲好求新異及輕詆古人皆是大病：

閲程大昌詩論、王柏書疑，程書攻小序，王割裂古經，無知妄作，議論皆一無可取，焚而絶之可也。〔四〕

終日閲史通，内篇自六家篇至自叙篇，畢十卷三十六篇。又閲外篇惑經、申左兩篇，疑古一篇。子玄惑經、疑古之制，尤爲世所詬病；其惑經論春秋之書所未諭者十二條、虚美者五條，尤多近理之言。若疑古十二條，至痛斥堯舜以及周公，倡狂甚矣。〔五〕

劉知幾惑經、疑古有「堯舜不勝其美，桀紂不勝其惡」，意爲堯舜之美、桀紂之惡有史家虚構不實之處，並非認爲堯舜不美、桀紂不惡。李慈銘的極端保守復古思想導致他誤解劉知幾的深意。李慈銘素秉儒家名教正統，批判儒學内部荒誕不經之説，他批判的文人如：

予生最不敢輕議人，然於古今亦有深惡者十餘人：魏王肅，唐啖助，宋鄭樵、王柏、陳亮，明程敏政，國朝陸隴其、沈德潛、程晉芳、程廷祚、朱仕琇、翁方綱，近時方東樹，皆愚而自用，謬種遺患。若李贄、唐寅、祝允明、孫鑛、金人瑞、袁枚、趙翼、張問陶之流，誕妄不經，世上小兒稍有識者，皆知笑之，不足責矣。至宋元明三朝中，若道學諸儒之語録，蒙存淺達之經解，學究考據之説部，江湖遊士之詩文集，綱目家法之史論，村塾門户之論文（如真西山文章正宗、謝疊山文章軌範及明茅坤、陳仁錫之類），皆足以陷溺性真，錮塞才智。學者於南宋以後書，自當分別觀之。其中經説、叢説、文集必不可不讀者，不過四五十種，餘則盡從屏絶，不但可省日力，亦免流弊無窮。」〔六〕

李慈銘認爲南宋以後經典之作極少，不可不讀者僅四十五種，此説不免嚴苛，從側面反映出他讀書當取第一等著作的標準。

李慈銘一生城居，紹興乃通都大邑文獻淵藪，書籍易得，而京師薈萃一流學者，古籍流通更爲便利，他見聞廣博，又刻意爲學，終有所成。李慈銘治學成果零散且晚出，誠爲遺憾。他生前曾請抄手據日記編越縵經説越縵筆記，均未成書，但他堅信日記會傳世且不朽，其中的讀書筆記會完成「立言」的使命。散在日記中的讀書筆記，究其本質，乃是李慈銘重要的學術批評成果。民國間，王重民先生據李慈銘手批正史各書輯成越縵堂讀史札記全編，學界譽爲足繼廿二史考異、廿二史札記、十七史商榷而起，由雲龍先生據李慈銘早年日記輯出越縵堂讀書記，風靡學林。今將李慈銘全部日記中的讀書筆記一併輯出，亦將進一步鞏固其學術地位。

二、四十年之個人閱讀史

通過考察個人閱讀史，可以凸顯其知識體系與思想世界，並藉此窺見其在歷史脈絡裏的總體意義，而日記正是精確細緻觀察作者思想世界的最值得信賴的私人著述。之所以能細緻考察李慈銘的閱讀世界與思想世界，以及他在晚清學術史中的意義，得益於其越縵堂日記。日記不僅詳記讀書心得，還十分細緻地記録遊歷古跡、觀戲、讀邸報、讀畫、讀碑、讀時文課卷、讀友朋書信等，這些在廣泛的閱讀史視野內同書籍一樣重要，可獲取知識的閱讀資源，是我們追尋他閱讀史的最可靠文獻。

就作者而言，長時段歷史的審視，更有利於評判數十年學術風氣變化中的個人學術成長歷程。李慈銘散在四十餘年日記中的讀書筆記，即其讀書生活史。本編之意，不僅僅在於給讀者提供一個可靠的學術批評著作文本，還重視這個文本所呈現出的著者本人的學術成長歷程及思想變化，並以此探尋其學術體系。

如讀書筆記第一條是讀譚獻早年詩，接著是大量摘録儼山集、槎庵小乘、升庵集、楹聯叢話、七修類稿、厲樊榭集、道古堂集、梅村詩話、納蘭詞等博雅之書。這些書並非治學之首選，他曾遺憾没有生逢乾嘉漢學極盛之時，少時無交相問難的名師學友，「余少時甚鈍，又多惑於俗學，人無良師友，耳目錮蔽，所見書籍大率時文講章，不特棄古鼎而寶康瓠，舍人參而求桔梗也」。[七] 爲向學之晚而懊悔，此時之積累，乃日後鑽研經史之準備。

咸豐九年，李慈銘北上捐官，京師學者薈萃，書籍易得，琉璃廠閱書、訪書，見聞日廣，爲濃厚的學術氛圍浸染。他在禮部尚書周祖培家坐館，以文士的身份受到潘祖蔭及潘曾綬、潘曾瑩賞識提攜。稍後他接觸到桂文燦的經學著作，又與平景蓀、張星鑒、黄以周商榷經史，遂專心向學，開始專心致志閱讀本朝學術著述，夜以繼日，手不釋卷，他特有的批判精神，逐漸彰顯於學術批評。

同治二年，他的書架佈置如下：

> 段氏説文、孫刻仿宋本説文、任氏小學鉤沉爲前列，次以邵氏爾雅、王氏小爾雅、盧刻經典釋文、翟氏四書考異、王氏經傳釋詞，皆訓詁之法海、讀經之首桄也。又次以漢書儒林傳、經籍志、隋書經籍志、陳氏書録解題、晁氏郡齋讀書志、四庫全書簡明目録，皆讀書之綱領也。又次以顧氏日知録、錢氏養心録、翁注困學紀聞、盧氏鍾山札記、龍城札記，考古之禁臠也。又次以王氏經義述聞、王氏讀書雜誌、臧氏經義雜記、洪氏讀書叢録、梁氏瞥記及人表考、陳氏五經異義疏證，窮經之寶藏也。又次以兩漢書，經史之分源也。又次以凌氏禮經釋例、金氏儀禮正訛、金氏禮箋、胡氏儀禮釋官、程氏通藝録、焦氏群經宫室圖，言禮之淵藪也。然後略以經史子集，比而繼之，羈旅貧冗，無力買書，所得區區，萬未及一，然中多善本，隘而實精。儉歲玉粱，政足一生咀嚼耳。〔八〕

彼時他官事齟齬，而食貧力學，學問精進。同時，他開始作札記、雜録、雜考。李慈銘措意於南朝、宋、明及本朝學術，隨著閱讀的積累，他將感性的知識逐漸系統化。從鈔撮編纂如歷代謚法考、崇禎五十相考、古今南人宰相表等，到撰寫國朝儒林論、國朝儒林經籍小志，評論戴震、姚鼐、翁方綱，考證説文，學術蜕變漸露端倪。清儒對周秦古籍的考訂對他影響極大，每論及之，皆不勝仰慕：

> 乾嘉以來，諸儒專心考訂，周秦古籍，粲然具明，一洗明刻之陋。其最以校勘名者，盧抱經、顧澗蘋兩家，蓋非六朝以後人可及。它若惠松崖、江叔澐，則堅守古文，微失之拘。孫淵如、洪筠軒則愛搜僻書，微失之雜。王石渠、伯申父子，則喜爲通論，微失之專，然亦百純而一疵。戴東原之校經，邵二雲、錢竹汀之校史，段懋堂、嚴鐵橋之校説文，尤專門名家之學。其餘如何義門、余仲林、沈沃田、錢十蘭、任芝田、謝金圃、紀曉嵐、丁小雅、金璞園、周書倉、臧在東、孫頤谷、趙味辛、黄蕘圃、莊葆琛、張古香、秦敦夫、汪蘇潭、吴山尊、李尚之、陳簡莊、吴兔牀、周松靄、李次白、張月霄、何夢華、鮑以文、錢警石諸家，皆覃精此事，鉛槧畢生。予嘗謂古書至於明季，滅裂幾盡，爲厄運之極，故漸興於國朝，至乾嘉間而極盛。乃未五十年，遘此大亂，版籍毁者十九，此學人之不幸，而世之妄人，乃謂乾嘉以來，學術多歧，以致此亂，何其讐視古籍，而無人心之甚耶？〔九〕

他確定治學目標之時，漢學已然衰頽，朝廷推重宋學，尊宋淡漢，學風一轉，但他毅然以漢學嫡傳自居，積極捍衛逐漸式微的漢學傳統，試圖恢復乾嘉漢學時代的古文經學傳統。所有挑戰漢學權威的學説，都視爲異端。他認爲康乾盛世正是得益於朝廷「大闡群經」「一切新奇曼衍荒忽杳冥之説，不能徧浹於人心」，那些將道光以來的世亂歸結爲儒者埋首考據、不講理學之論，乃無知之妄言，他編纂國朝儒林經籍小志，專以漢學家及其經學著作爲主，是對淡漢、反漢學風的有力反擊。

自康成氏殁後，三國分崩，經學衰而清談出，王韓之易，經學之旁門也。清談盛而佛教行，達摩渡江，直提心印，禪學者佛教旁門也。禪學盛而道學興，陳王嗣派，益標宗旨，心學者道學之旁門也。心學盛而天主教出，今英法各國之禮拜，粤捻各賊之懺祝，天主教之旁門也。源流遠近，一綫可尋。國家之所以不亡，而中夏之所以不胥化爲夷者，正以高宗純皇帝昌明正學，大闡群經，士子服教畏神，弦誦仡仡，老死相守，故一切新奇曼衍荒忽杳冥之説，不能徧浹於人心。而世之妄人，尚謂近日之亂，由漢學太盛不講心性之故，何其愚而無忌憚哉。君子追原禍始，王何之罪，浮於桀紂，雖舉宋以後語録諸書，盡投之烈火可也。〔十〕

同治至光緒十五年，乃其學之精進期，所讀以史部居多，又多雜考、雜記之書，所取多實事求是之書，重點批評以下諸作：鄒漢勛之讀書偶識於禮經名物考訂頗詳，尤深於小學。莊存與尚書既見附會糾纏，浮辭妨要，乾隆間諸儒經説，斯最下矣。亦有生齋集趙懷玉筆力散弱，無作家氣，惟議論平實，碑誌之文體例多不苟。道古堂集史學勝於經學。識小録及寸陰叢録考據之疏謬，議論之迂僻，不勝指駁。潛研堂集讀書精細，爲前人所未有。鮚埼亭集外編全氏服膺宋儒，而覃精考據文獻之學，於漢注唐疏，穿穴極深。述學文章精卓，本朝蓋無出其上者，能自成一子。實齋雜著實齋於志學用力甚深，實爲專家。而自信太過，喜用我法。揅經室集文達之學，與王石渠父子最近，故訓詁名通而專以聲音辨文義，時亦失之偏譎。江子屏於漢學師承記外，自有宋學淵源録一書，兩不相羼越，何嘗盡擯宋學？東原集戴氏音韻考據之學，固爲卓絶，而不肯以此自居。古經服緯與同時禮經釋例弁服釋例，皆確守古訓。雪泥屋遺書目録默人之學，盡屏古説，專任臆斷，持論不根。畢氏經典文字辨證最爲簡要明通，有功來學。説文句讀剖抉極精，采證尤博，然好改原稿，多所增減，至有無堅據而竟删篆者。顧亭林年譜亭林學識絶代，石州之譜專搜瑣屑，於其用世本意及滄桑時事俱屬茫如。思適齋集顧氏校讐之學，實爲古今第一。明詩綜竹垞此選，最稱完美。然於後七子貶斥太甚。道古堂集考據之文，多未甚覈，蓋其學博綜汎濫，强識而不審思。授堂文鈔文多考據，筆近澀滯而簡質，辭意嚴正，語言平實。三傳異文釋取經典注疏及子史諸書所引文字異同，附以石經舊槧，采掇近儒，頗爲賅密。復古編辨析精嚴，爲治小學者之津轄，然亦有太拘者。蛾術篇王氏雖潛心考據，而所學實未完密。儆居集考辨硜硜，實事求是之言，於古人無所專主，而申釋近儒漢學諸家者爲多。陳恭甫所輯尚書大傳附大傳辨訛一篇，空前絶後。戴東原文集醇質簡古，不肯爲一偶句，其意欲追周秦而上之。書目答問所取既博，條例復明，實爲切要之書。復初齋文集翁方綱之學長於簿録，其評法書尤爲專家，考求印記，辨別點畫，南宋姜岳以來一家之學也。惟於經學甚淺。學詩詳説雖自稱不專漢宋，然實墨守集傳，攻擊鄭箋。讀書雜釋聞見雖不甚殫洽，然實事求是。玉谿詩注馮氏不通訓詁，所解時失之鑿，又未深知義山詩恉，用力勤而識不足。道古堂集大宗之文雅贍富麗，不愧宏詞之選，惟其考據則多不確。周禮説馬氏之學主薈粹而心得者少，然墨守鄭學者也。鑑止水齋集周生少顓力詞章，而詩甚浮滑，其詞尤拙，中年頗事經學。龔定盦文筆横霸，然學足副其才，詩亦以霸才行之，而不能成家，詞則非所知。廣川拜經樓藏書題跋書跋考據家多稱之，然辭筆冗拙，意恉多晦，引據不確，又好違鄭注，時或臆造制度。記槎客本收藏賞鑒專家，以校勘目録、辨別版印爲事，不甚留心考據。顯志堂集言考據者祇釋鶉一首，碑志書事之文筆力孱弱，叙次尤拙，惟論事諸篇尚有可取。古微堂外集默深爲經世之學，其文筆兀奡，而於經學實無所解，掊擊鄭、許，於乾嘉諸儒不遺餘力，開口便錯。俞樾熟於音詁，善於比例，故說經多解頤。惟論語平義喜出新意，往往轉失支離。廖燕二十七松堂文集頗疏雋，欲以幽冷取勝，自負甚高。續古文辭類纂甄別審慎，多有可觀。過庭録宋于廷承其舅氏莊葆琛之學，專爲公羊家言，而不菲薄左氏，實事求是。舒藝室雜著孟彪精於律算，校讎目録尤所長，文不能工。西河全集西河縱橫浩博，才氣無雙，史學甚疏，故官制多茫昧。補三國志藝文志體例一與補後漢書藝文志同，皆考證謹嚴，引據晐洽。金源紀事詩詠宋人勝金之事，喧客奪主，殊爲非體。王復禮四書集注補皆辨正集注名物典故之誤，而指其誤之所本，絶不似西河之攻擊。其書最佳，而四庫不著録。東塾讀書記取材不多，不爲新異之論，而實事求是，甚有功於世道。紀文達集文達敏捷兼人，辨才無礙，其文長於館閣應制之作。王南陔經說無甚發明，大率實事求是。鐵橋漫稿鐵橋之學博綜精到，力兼百人，文筆亦嶄然不群，詩太粗率。海國圖志體大思精，真奇書也。通考序例二十四篇，叙述簡潔，能得其大，洵佳作也。惜其於禮學不能通鄭注。居易録阮亭藏書頗夥，見聞既廣，議論皆有本末，於經學太淺。攻媿集文辭爾雅，亦能原本經學，議論考證多精當。傳家集温公之文醇實不待言。其氣勢每層纍而下，筆力亦不可及。

綜觀這些議論，可見李慈銘不但實現了由文士到學者的學術追求，且其評論歷朝諸家學術得失駕輕就熟，筆鋒犀利，極爲自信，所展示的不僅是閱讀之勤奮，涉獵之廣博，識見之精微，其批評天賦也超出時輩，此後學術批評遂成爲他讀書治學之終極目標。

自光緒十六年至十九年，爲其晚年讀書從容、識力最佳期，閱讀之書約一百五十種，多宋朝史事及本朝詩文學術。如：靈芬館全集郭頻伽古文師法桐城，極推惜抱，力求雅潔。而經術既疏，才力又絀，文章義法亦多未諳。初學集蒙叟詩用事警切，善於言情。使其死於甲申以前，後人當與東坡一例視之。此真所謂「名德不昌，乃有期頤之壽」者。至不得與王黄華、危太樸並論，可惜也。梧谿集古今可稱詩史者，少陵以後，金之遺山、元之松谿、明之梅邨爲最，而松谿終身隱處，其節既非元、吴所及。四庫全書考證於四部諸書不過略校誤文奪字數條，是正寥寥，罕關要指。宋詩紀事刻意搜羅，而取材漸窘，自第五十卷以後尟可觀。芥隱筆記考證古人語之出處多精核不苟，南宋人説部中最可觀者，在學林、野客叢書、學齋佔畢諸書之上。道援堂集翁山忽釋忽儒，蹤跡詭幻，而詩才磊砢，實有過人之處，惟意在弔奇，自託遺民，言不由衷。詩説解頤説經雖亦好出新意，然實有根據，不作無本之談。存硯樓集六雅熟於史事，文亦喜於琢句用事，而頗病堆砌，亦時有村學究語。經義考實援據翔實，詳於地理，兼通曆算，於小學尤精。讀書敏求記所記瑣雜，識見卑陋，然近儒多詆之而終不能廢之，以其久從錢謙益遊，多見異書祕籍。舊五代史文筆俚俗，敘事瑣陋，多不成語，論亦淺劣，往往可笑。周官指掌文筆頗浩瀚，而多空言義理，多參以臆見，蓋全不體會鄭注，於周禮實不能貫串，名爲「指掌」，罕裨經學。宋史藝文志舛誤百出，不可殫究。通志校讎中極詆崇文總目，謂每書下多爲議論，皆可删去，其言已妄。萬曆野獲編紀載翔實，議論雋永。葉大壽考古質疑辨證確鑿，實出南宋人程大昌考古編、王觀國學林、王楙野客叢書之上。儀顧堂續跋陸氏收藏之富，多讀人所未有之書，又多據舊槧舊鈔，故能證人之誤。新齊諧袁枚筆舌快利，見理明透，固可傳也，好言穢褻，是其本色。

輯録讀書筆記采用編年的體例，得益於李慈銘以日記細緻記録治學歷程的獨特的著述方式，雖如錢大昕等學者也撰寫治學日記，但唯獨李慈銘提供了一個具有長時段研究優勢的範本。通觀李慈銘四十餘年的讀書生活史，可知他博觀而後通，通儒之謂，當之無愧。借助編年，可以走進其讀書生活現場，體驗其閱讀歷史、學術視野，傳承與創造能力，并追蹤其學術思想演變過程。本編以編年體例所展現的日常讀書生活，正是李慈銘追步乾嘉漢學的學術實踐。

三、對四庫全書總目的承襲及補正

乾隆四十六年，舉儒林之力成四庫全書七萬九千餘卷，四庫全書總目二百卷，「每書先列作者之爵里，以論世知人。次考本書之得失，權衆説之異同，以及文字增删、篇帙分合，皆詳爲訂辨，巨細不遺」。〔十二〕重在「辨章學術，考鏡源流」，後之學人視爲讀書綱領，以此爲問學途徑。四庫全書總目的編纂體例對書籍著録極具示範作用，李慈銘亦受其影響。嘉慶以降，因文獻材料的新發現、研究方法的新探討，修訂舊説，形成新的學術成果，尤其是考據學著作精益求精，佳作疊出。李慈銘憑藉個人之收藏、借鈔、閱讀，以一己之力完成先秦至光緒年間一千三百餘部著作的考訂與評論，自出胸臆，成一家之言，是晚清影響最大、流傳最廣的清人學術批評成果〔十二〕，具有重要的參考價值。職是之故，見重學林。

李慈銘分析辨證各家學問淵源、優劣，給後學以啓發。王存徵刊越縵堂日記啓稱：「每讀一書，撮其指意，鉤玄挈領，採擷其英華；起廢箴盲，糾繩其謬誤。略如四庫全書總目之例，而詳贍過之。」〔十三〕清史稿文苑傳李慈銘亦稱曰：「每讀一書，必求其所蓄之深淺，致力之先後，而評騭之，務得其當，後進翕然大服。」〔十四〕他在反復閱讀後撰寫讀書心得，故能獨出己見。如論明及本朝詩歌：

> 予謂明詩過於宋，季迪惜不永年，倘逞其所至，豈僅及東坡哉？中葉之空同、大復，末季之大樽、松圓，皆宋人所未有。宋人自蘇、黃、陸三家外，絶無能自立者。明人若青田、西涯、子業、君采、昌穀、子安、子循、滄溟、弇州、夢山、茂秦、子相、石倉、牧齋，皆卓然成家。即孟載之風華，亦高於崑體；中郎之雋趣，尚永於江湖。後代平情，無難取斷，貴遠賤近，徒以自欺。至於國朝，實尠作者，漁洋七絶，直掩唐人，此體之餘，僅爲宋役。愚山五律，伽陵歌行，皆足名家，亦專一技。三君而外，則推竹垞、初白、太鴻耳。然竹垞瑜不勝瑕，初白雅不勝俗，太鴻頗多雋語，苦乏名篇，餘子紛紛，概無足數。文章有待，風會相因，方駕古人，或在來哲。昭代文至劉海峰、朱梅崖，詩至沈歸愚、袁子才，可謂惡劣下魔矣。〔十五〕

他予以明詩成就前所未有的高度，從今日的明代詩文研究來看，其論極爲有識，若非博覽綜觀，難以出此論斷。他對本朝沈德潛格調詩派、袁枚性靈詩派、桐城文派末流評價很低，不苟同於俗論，亦是一家之言。

李慈銘在同治四年首次提及四庫全書總目，時治學伊始，讀明儒學案，四庫全書總目稱該書以朱陸分門，有門户之見，他深以爲然，又高贊其爲「儒林之淵鑒」。他在讀書筆記中涉及四庫全書總目一百二十餘次，大致可分爲承襲、訂補、糾繆，且後二種所佔比重極大。

對於四庫全書總目，他直接提出異見三十餘條。如焦袁熹春秋闕如編，四庫全書總目極稱之，謂近代説春秋者以此爲最。他認爲其中議論多景附遷就，自相鑿枘，其書固無足取。

唐英歌詩，四庫全書總目謂「在天祐諸詩人中，閑遠不及司空圖，沈摯不及羅隱，奇闢不及周朴。」〔十六〕他認爲司空圖及羅隱獷俗，周朴粗劣，惟吴融獨有雅音。

李慈銘喜讀宋人雜著筆記，多有創見，如清波雜志，四庫書目提要謂周煇以其祖與王介甫爲中表，故親串之間，不無回護。他通讀後認爲其中如荊公爲錢公輔撰母夫人墓誌一條，言其執拗不止新法，亦未全爲左袒。四庫全書總目極稱敬齋古今黈，謂宋人自王觀國、洪邁、王楙、王應麟外，莫能抗衡。「今觀其書，議論雖多平實，而不脱學究氣；説經亦時墮宋人雲霧，論詩文尤迂拙。惟考訂諸史訛誤處，間有可取耳。以視容齋、厚齋，殆相懸絶。」〔十七〕皆立論有據。

四庫全書總目譏梅鼎祚書記洞詮真贋並收，且載及春秋辭命，他認爲此書爲廣楊慎赤牘玄珠而作，並訂正其僞，赤牘玄珠所收春秋辭命，梅鼎祚亦照收，但作小叙言之甚悉，後人不得以此爲譏。

四庫全書總目以後，最具有導讀性的書目當是鄭堂讀書記與書目答問，前者是道光時周中孚爲上海李筠嘉的慈雲樓藏書所撰，收書四千餘種，體例、語詞都模仿四庫全書總目，是一部私人藏書目録提要。書目答問是爲初學者開列書目的目録學著作，李慈銘讀過書目答問，稱其所選「實爲切要之書」。這兩部書目與李慈銘日積月累的讀書心得筆記顯然不同。他對宋朝、明朝、本朝學人及著作的批評，尤其是對明朝文學、本朝學術的批評，以嚴肅的獨立思考精神爲世人推重。李慈銘學無師承，他通過學術批評，在清代學術譜系中確立了乾嘉漢學正統派傳人之位置。

四、李慈銘讀書筆記的批評特徵

李慈銘長於學術批評，其讀書筆記出於親筆批校題跋，故獨有心得，不似官修書目解題之中規中矩，也不似私家目録之陳陳相因。其讀書筆記的文獻學價值、學術批評價值、史料價值值得重視，而其特徵約有四端：

（一）在文獻學批評中重版本源流和版本校勘。清代刻書業之發達，尤其是叢書刻印之蓬勃，李慈銘能讀到之書相當多，而版本亦更複雜，尤其是增修重訂本、稿抄校本及僅爲贈送印數極少之本，他都詳細記録版本、卷數分合、目録、序跋及附録等信息，著録較爲嚴謹。

> 晡後步至廠閲市，以錢十四千購得張謙中復古編，末附張子野安陸集一卷，以謙中爲子野之孫也。乾隆庚子安邑葛鳴陽刻本，丁小雅諸公所校，極稱精密。此本又從葛本翻刻，頗有誤字。

然予南北求之二十餘年，今日得之，亦可快也。〔十八〕

葛鳴陽據桂未谷寫本，復取翁覃谿、錢可廬、程魚門各寫藏本，而丁小雅、宋芝山助之校勘，影橅極精。葛氏又校以元明間刻本，作校正一卷，更取各家最録序跋之文，以及張氏平生之著述、復古之宗派，作附録一卷。其於是書，可謂盡心焉矣。〔十九〕

此則記復古編版本源流，并通過校勘辨别優劣，所得雖是翻刻，且有誤字，然求之二十年方得，其快意可想。他經常流連京師琉璃廠，遇到心儀之書，雖無力購買，仍記録其版本以備忘，後人可據以覆按，見聞之廣博令人興歎：

午再遊廠市，至二酉齋，購得天都黄晟所刻巾箱本太平廣記一部，直四十千。此無佳槧，曾見大字舊鈔本，亦甚潦草。近日通行皆坊賈翻刻黄本，謬誤滋甚。予家舊有原刻初印本，置之几案，精緻可愛，而爲戚黨所借，遂失去，僅存首一帙，常惋惜之。今日得此，甚慰所願。此書載唐人逸事甚多，予常取以考證兩唐書。黄刻雖亦多訛奪，然較坊刻自遠勝也。〔二十〕

作爲學者必須擁有一定數量的藏書，李慈銘亦嗜藏書，平生蓄書近千種。但他不措意於收藏，不惟版本論，但所記各書版本信息極爲豐富。劉喜海金石苑，李慈銘記到兩次，一爲同治十三年二月十五日：

閲金石苑，共四册，無卷數，諸城劉喜海燕庭官四川按察使時所輯，書成於道光丙午……書無序目，其有考證者，惟唐張禕南龕題名記、重修化城龕記、宋賜龍昌期敕、壽山福海鐵器、巴州

> 知府縣令勸農事實、紫府飛霞洞記六種，下各附跋尾一則，餘並闕如，蓋未成之編，而雕刻精絶，所録亦多前人未見之跡，可愛玩也。

此乃「未成之編」，京師三槐堂書肆之書，無卷數、序跋，與後來名家書目所著録均不同，或爲另一初刊本，未爲可知。李慈銘愛其「雕刻精絶，所録亦多前人未見之跡」，閱後兩月即購買，價值四十千。他將「三巴金石紀存」記成「三巴金石約存」，或是筆誤。

光緒十四年他又買得足本金石苑：

> 閱劉燕庭金石苑，較余舊所得者唐以後增十之三四，自漢而下皆繫以跋尾，蓋足本也。然紙槧已遠遜，諸跋亦罕所考證，時有謬誤，蓋燕庭是收藏家，於學問殊淺，惟模精工耳。跋皆後增，頗有訛字。〔二十一〕

此爲道光中劉氏來鳳閣原刻精刊本，五册，價值十四金，李慈銘喜其爲足本，故不惜重金購置。

> 以京錢四十五千購得初印本兩漢金石記，江西新印本也，末册隸釋急就章注已曼患，余於甲子購得初印本，直僅十餘千，出都後失去。癸酉於廟市復購一本，更佳，裏面紬紙，裝潢精絶，價銀四兩。嗣以其書間有識語，標舉筆畫，等之法帖，又素不喜覃谿之學，遂屬寶森書坊轉賣。近頗思之，以覃谿於碑帖終屬專門絶學，此書不可無也。今本視昔本不啻康瓠之於寶鼎，而價銀亦幾三兩矣。〔二十二〕

這則記述購置兩漢金石記的三次經歷，初購初印本，應是乾隆五十四年南昌使院本，丢失；復購裝潢精絶本，大概仍是初印本，不喜其中有評語，托書賈轉賣；八年後頗思之，三購則爲南昌使院彙刻蘇齋叢書本。三次反復，棄而復購，蓋以翁方綱之金石碑帖專門絶學，研治金石此書不可或闕。

李慈銘最推崇顧廣圻的校勘學，「顧氏校讐之學，實爲古今第一」。〔二十三〕思適齋集，咸豐間楊文蓀爲之校勘，刻入春暉堂叢書，顧廣圻孫河之將此書贈給李慈銘，他發現此本删去與段玉裁書往復論「周四郊之虞庠」「周西郊之虞庠」書二通、段撰禮記小學疏證、顧撰學制備忘之記，而四文皆刻入經韻樓集，他將之抄録思適齋集卷首，並作三跋詳論二人往還書劄討論之得失。又記述顧氏此書徐氏刻，劉麗川亂後版毁，顧河之轉贈者乃潘季玉舊藏；又稱顧氏藏有初印紅字資治通鑑，極爲稀見；凡此皆可爲後之學者所參。

（二）在學術傳承評價方面重家學、師承，特別重視明清兩朝的學術淵源。學派最能體現學者之學術譜系，尤其是經學，家學師承於學術發展有著極爲重要的優勢，如績谿胡氏、吴縣惠氏、常州莊氏、寶應劉氏，皆經學世家，綿延數代，影響深遠：

閲胡竹邨氏説經諸文。績谿胡氏五世傳經，與吴門惠氏相匹。國朝經學極盛，兩家尤爲眉目。惠氏以定宇先生爲集諸儒之成。胡氏纍世所著經説，如樸齋氏匡衷儀禮釋官及竹邨氏燕寢考諸書，阮儀徵刻入學海堂經解。竹邨生於諸儒爲最後，其學尤精儀禮。〔二十四〕

閲炳燭編。許齋篤守其師錢竹汀家法，隨事考訂，皆實求其是，不爲高遠驚俗之談……蓋吴門之學，自惠、江、王、錢遞傳，皆以平實切近爲主。拾遺補闕，雖所就有小大之殊，而爲功於古人，不誤於來學，其致一也。嘉定小邑，經儒獨多，皆私淑錢氏之教。自常州莊氏説經，恃其高識雄力，好爲荒渺之論，自託於西京微言，而不知實爲南宋餘唾。數十年來，吴門頗爲所染，而嘉定獨不稍變，此亦論學術者所當知也。〔二十五〕

作爲漢學陣營内的異調，常州公羊學崛起，體現了學術内在理路彼消此長的發展規律。維護儒學正統地位的李慈銘，對常州學派「好爲荒渺之論」相當反感，「微言大義」之風逐漸擴張至漢學正統重鎮吴中，讓他極爲憤慨，稍感安慰的是嘉定錢氏獨不爲所動，漢學一脈在焉。

大抵浙儒之學，江以東識力高而好自用，往往別立門庭，其失也妄。江以西塗轍正而喜因人，往往掇拾細瑣，其失也陋。〔二十六〕

此爲章學誠而發，李慈銘不喜其標新立異。同治八年三月十二日日記：「蓋實齋識有餘而學不足，才又遠遜。故其長在別體裁，覈名實，空所依傍，自立家法，而其短則讀書鹵莽，糠秕古人，不能明是非，究正變。汎持一切高論，憑臆進退，矜己自封，好爲立異，駕空虚無實之言，動以道眇宗旨壓人，而不知已陷於學究雲霧之識。」在乾嘉經史考據鼎盛之際，章學誠的史學學説一度被淹没，其史學思想價值民國時始爲胡適等發掘。

而近日湖湘之士，小效功能，自名理學，以武事爲未足，以心性爲侈談，於是，或言用兵皆本論語，或言臨敵惟講誠明；其甚者至以衾影自治之精，誇陳於君後。而依草坿木之徒，乃爲死綏之學究廣刻遺書，欲以配孔廷，躐兩廡，假徽國之遊魂，拾平湖之餘唾，捕風吠景，狂譫寱言。究

其所得，何足當新建之輿皁，而損日月之明哉？嗚呼，可謂愚已。〔二十七〕

此爲曾國藩而發，譏其以理學家自居，提倡宋學，且宣揚鄉賢王夫之，刻船山遺書，請從祀孔廟。但他對曾國藩的學問尚持肯定態度，或以其未曾攻擊漢學。

偶閲王述庵詩，其極推歸愚，則師生門户之見耳。嘗怪爾時姚姬傳非絶不知文，而力尊其師劉大櫆，比之昌黎；王述庵非竟不知詩，而極口其師沈德潛，比之老杜，雖情深衣鉢，然二君以爲一家之私言，能盡掩衆人之耳目耶？此亦不自量之過矣。〔二十八〕

此則批評門户之標榜，他認爲沈德潛無學識而妄得虚名，王昶過尊乃師，如姚鼐推劉大櫆、阮元推許宗彦，皆出師門之私誼，非天下公論。

對於清代第一大文派桐城派，李慈銘明確分爲桐城古文、桐城學術，客觀分析不同時期的學風及成就。他是較爲認可桐城古文，尤其是姚鼐能通經，所作皆有本之言，如：

惜抱以古文名天下，自謂由方望谿以上溯歐、曾，接文章正脈，近頗有訾謷之者，諸同人中若孟調、仲嘉及素人三昆排之尤力。今平情論之，其傳志疏冗逼仄，奄奄有暮氣，論亦苦束濕，寡自然之致。序記間有病碎雜者，然佳處直逼廬陵，頗爲乾隆後文章家之俊。總之，姬傳才力薄弱，不免時露窘色，而春容淡雅，固有得於師承。且其學頗具根柢，故亦鮮作無本之言也。〔二十九〕

於桐城學術，極爲尊重方苞及姚範，肯定姚鼐亦能講求經術，惟反感其批評漢儒，過於祖宋，開桐城學術空疏謬妄之風。他特别諷刺姚鼐爲孔廣森作儀鄭堂記、序金榜禮箋及與袁簡齋書好議論，意欲持漢宋之平，出入無主。桐城學術發展至姚瑩、方東樹、陳用光、梅曾亮等人，好攻擊乾嘉考據學家，李慈銘則大力批判。姚瑩覆黄又園書稱：

> 竊歎海内學術之敝久矣。自四庫館開之後，當朝大老，皆以考博爲事，無復有潛心理學者，是以風俗人心日壞，不知禮義廉恥爲何事。至於外夷交侵，輒皆望風而靡，無恥之徒，争以悦媚夷人爲事，而不顧國家之大辱，豈非毁詘宋儒之過？〔三十〕

方東樹著漢學商兑力攻漢學，一時漢學之焰幾爲之熄，李慈銘極爲痛心，斥方東樹爲「謬種遺患」。

李慈銘對過往及當前學術大勢、各家各派治學得失把握全面，持論允當。他將清代學術概以吴中之學、山左之學、浙西之學、浙東之學、湖湘之學、毗陵之學等，皆以地域論之；桐城之學、常州之學、嘉定之學等，則以家學而論，通觀地域學派，綱舉而目張，學術批評方法非常得當。

（三）在學術批評中重博識，重考訂。著者讀書多寡、才識高下、文詞雅俗，是李慈銘的批評標準之一。「腹有詩書氣自華」，作爲學者，他推賞學者之文：

> 孔葒谷雜體文稿七卷。……其學邃於算術，旁及名物音訓，文稿亦多考證之作，而好持高論，又文義僻澀，往往繁徵雜引，不能自明其意。紅櫚詩集四卷，詩學宋體，而喜用經疏中冷典僻字，斲冰詞三卷，頗愛雕琢，亦有撏撦割綴之病，皆非當家。要之學人之文，雖工拙不侔，自與杜撰淺陋者異矣。〔三十一〕

孔繼涵乃一代學人，嗜作詩詞，雖未能與詩人相媲美，因學有根基，吐屬不俗，李慈銘認爲可取。而侯方域古文享譽一時，李慈銘初讀之亦爲其氣勢所傾倒，但復讀之後，轉覺其因讀書少而文詞淺率：

閱侯朝宗壯悔堂集。朝宗文氣爽而筆靈，頗有飛動之觀，惜根柢太淺，不學無術，多近小説家語耳。余自十八九歲時見其文，甚喜之。嗣於壬子冬得其全集讀之，大驚，以爲雋爽勁利，幾於無篇不佳。今日重閱，深歎其徒有機勢之勝，全無醖釀之功，其佳處往往直到龍門，離合變化，俱有神會；而用事之陋，措詞之淺，乃多近傖父面目。足見古人作文，須讀書養氣，行文不必徵典，自有經籍之光。〔三十二〕

學者之文，讀書多，根底厚，識見高，行文不必引經據典，而書卷氣自在其中，故爲李慈銘所看重，也使得他的學術批評帶有濃重的文人色彩。他最關注文集中之碑傳墓誌、論學論人：

擁衾閱邵子湘文數首，子湘文極自愛好，能剪裁，敘事有法，惜根柢尚淺，識力未高，其傳志之作多可觀，寫節烈忠義事尤有神采，論記諸作，則不免墮卑弱之趣，乏宏奥之旨矣。在國朝自當數一名家，擬之勺庭、望谿固不及，較之西河、西溟，亦似少遜，與堯峰、學苑驂驔上下耳。〔三十三〕

不少著者因見聞寡陋，或識見迂腐，被他嘲諷爲「學究氣」，如著書契原指之陳致瑛「讀書寡陋，又錮於學究之識」，著吴門補乘之錢思元「聞見陋狹，拙於考訂」，著五代史補之陶岳「識趣卑陋」「文筆拙俗」，著衣讔山房詩集之林昌彝「卑冗鄙陋」，著玉井山房筆記之許宗衡「見聞荒陋，出語蠢俗」，輯國朝文録之李祖陶「識趣既卑，見聞又狹，其序文評語多淺陋迂拙，全是三家村學究批抹時文習氣，固不足與於選政。」〔三十四〕等等，可知其注重多聞博見，考訂詳密。

清代學者如顧炎武、錢大昕、全祖望、王鳴盛、汪中、阮元、戴震、凌廷堪、劉逢禄、顧廣圻、嚴可均、張文虎、陳澧、桂文燦，著作皆考證精密，李慈銘反復讀其著作，歎其博識而精審。

> 考據之學，愈後而愈精，然非心細而識高，不能獨出己見也。國朝全氏、錢氏、王氏之史學，可謂精矣。全與王、錢，雖取徑不同，錢又非王所及，要其考證，皆有獨絶處。〔三十五〕

著者能否進行考訂，其書是否有資於後人考證，是爲李慈銘相當措意之處，凸顯其考據家本色。

> 閲錢警石先生泰吉曝書雜記。先生字輔宜，嘉興人，衍石先生逵吉之弟，官海寧州學正。此書共二卷，雜識古今群籍，尤詳於古刻源流，及收藏傳寫者之始末，間附考證，於漢宋之學，兼有取裁。其書中每及持身保家、藏書讀書之法，親切可味。〔三十六〕

> 閲訂訛雜録，青浦胡鳴玉著，前有沈歸愚序。共十卷，凡三百七十四條。其書隨事考證，多限於聞見，尚沿誤説。惟持論平慎，無憑私逞辨之談。一知半解，亦時有可取。〔三十七〕

錢泰吉、胡鳴玉長於考證，爲其所取，而沈復粲僅鈔撮史料而不能考訂，被譏爲「書賈伎倆」：

> 閲沈霞西復粲所輯詩巢香火證因，始於唐之賀朝、萬齊融，終於國朝道光時，共五百人。紀其官位著述多誤，體例亦甚錯雜，蓋僅據府志、越風及明詩綜等書，所見既隘，又不能考證，惟以鈔撮了事，要不出書賈伎倆耳。〔三十八〕

李慈銘是清代重智識主義影響下成長起來的學人，力求博極群書，重視積累，如閻若璩之「一物不知，以爲深恥，遭人而問，少有暇日」(三十九)，儼然李慈銘的寫照。

(四) 其學術觀念與態度極爲嚴謹，不知或不解即闕疑存異。受限於文獻材料、個人識力，部分未能確論之問題則予以存疑，學術態度嚴謹。如：

嘗怪唐時最重謚法，而名臣如長孫無忌、裴寂、劉文静、韓瑗、來濟、張仁願、郭元振、張巡、許遠、劉晏、李德裕、鄭覃、温造、殷侑、王鐸以及程知節、薛仁貴、王方翼、程務挺、黑齒常之、李抱負等，尤卓卓著人口者，皆不得謚，豈盡史闕之歟？且諸公多死節及冤死，以後皆恤贈有加，或至陪葬配享，而獨不賜謚，此可疑也。(四十)

李慈銘矜重名節，易名之典，歷來所重。「予嘗謂謚者史之大事，自十歲讀左傳，即喜考古人謚，輯自周至明爲一小册，出入袖裏之。」(四十一) 蓋謚號乃忠臣賢儒之蓋棺定論，於史尤其重要，他讀書有心，唐時名臣如其所列之卒後加官復爵，但未予謚，確實可疑。

月令所言天子十二月所居之處，鄭康成注謂在大寢。其四仲月及土令所居，即明堂五室。其孟季月所居之左个右个，即四室之偏，仍合乎五室之制。但其説固有不可通者。考工記謂夏世室，殷重屋，周明堂，鄭注或舉宗廟，或舉王寢，或舉明堂，互言之以明其同制。然則三者不過異地而同制耳，非宗廟即正寢，正寢即明堂也。天子明堂爲受覲及宗祀之所，自在國之南郊，太廟在王宫之左，其路寢則在路門之内，爲天子每日聽政之所，雖或可稱明堂，然斷不可稱太廟。

而月令四仲月皆言居太廟，此可疑一也。月令既稱路寢爲明堂，乃何以又有青陽、總章、玄堂三名，與明堂相配？一似各因四時方位，而明堂但以象夏令得名者，尤他書所不經見。此可疑二也。王者必居南面，而玄堂則必北嚮矣，殊乖向明出治之義（此本汪氏説）。此可疑三也，汪氏闢其有五謬，予所疑者則有此三事，當俟博考以就正於通儒焉。」〔四十二〕

天子明堂，夏稱世室，殷稱重屋，周稱明堂，無實物留存，文獻記載亦語焉不詳，後儒憑猜測難以斷言其體制，鄭玄之説亦有不通之處。汪中著明堂通釋幾五六千言，力闢月令天子十二月所居宮室之謬者五，李慈銘認爲其繁徵博引，殊苦詞費，且議論不盡可依。但他也難以考究其實，惟提出所疑者三而已。

晚清金石學興起，學者博考金石、碑版以證經史，確有文獻之功。也不免有奔競求名之學人偶得一模糊之舊槧，嘗見一誤字，以爲足補經注，或據以改經改史，是爲學術風氣之一變。

東魏太保太尉公劉懿墓志銘跋（興和二年）：此即劉貴也。死於東魏時，而爲高齊功臣，配享神武廟。惟魏書、齊書、北史皆作劉貴，不書其字，而此稱名懿，字貴珍。蓋貴本傾亂武夫，目不知書，或嫌「懿」字繁重，而以字之首一字行耳。史稱貴爲秀容陽曲人，而此作宏農華陰人，繫籍迥别。考秀容爲今山西之忻州，陽曲即今太原府陽曲縣（此縣治已屢易，今縣非復昔縣，惟縣竟總不相越耳）。魏書地形志秀容郡所領無陽曲，而陽曲隸永安郡；其隸秀容，不知何時，史亦無可考。又弘農亦不避魏諱，或疑此志當作於齊時，志明書貴以興和二年正月葬，斷無後始埋銘

之理。且其銘末書子婦爲大丞相高王之女，則非齊時明甚，此皆可疑者也。〔四十三〕

道光間山西忻州發現的劉懿墓志，初出土時無一闕泐，好古之士争寶是碑，而無人知即劉貴者。李慈銘按其官階，推測此劉懿即魏書、齊書、北史之劉貴，史書不稱懿而稱貴者，以嫌署名懿字筆畫繁重。其推斷令人信服。非博學善讀書者不可因史而疑碑，亦不可據碑而疑史。金石碑拓，或有脱衍，或有誤字，對於漫漶或不解之處，闕疑存異，尤需虚懷謹慎。

李慈銘的嚴謹還表現在，讀書認知前後有變化，立即調整，不自掩飾。他讀書極爲勤奮，買書未有束之高閣經年不閲者，總是一睹爲快，且反復閲讀。如朱仕琇的古文，同治初讀時喜之，後反復再閲，轉覺可厭：

其文卑冗，全不識古文義法，而高自標置，甚爲可厭。究其所得，特村學究之稍習古文者耳。余在家時，粗閲一過，意便輕之。迨入都，則士大夫多有稱之者。嗣見其外集，文雖冗曼而頗得淳實之氣，又疑向時閲之不盡。兩日來悉心披誦，則筆弱語陋，疵纍百出。惲子居嘗謂梅崖於望谿有不足之辭，而梅崖所得視望谿益庳隘。然庳隘二字，實未盡梅崖之病，其去望谿，蓋不可道里計也。〔四十四〕

前後觀點之大相徑庭，又皆直書而不諱，想見其爲學日有所進。他咸豐中讀方望谿文集，並不喜之，同治六年又讀，越十年三讀，則讚爲「宋儒以後，誠不多見」，評價可謂極高：

望谿粹然儒者，其文多關世教，又語必有本，事能見道，自責之言，尤近聖賢刻己之指，宋儒

以後，誠不多見。〔四十五〕

其讀經、讀子史諸文，多不可訓；時文序、壽序亦嫌太多。若其書後之文，語無苟作；墓銘志傳，亦多謹嚴；敘述交遊，尤爲真摯；與人諸書，無不婉切有味，此實可傳者也。余二十年前讀之，多爲浮氣所中，又過信錢竹汀、汪容甫諸公之言，頗輕視之，故自後從不寓目，此以知讀書貴晚年也。〔四十六〕

然如讀大誥、讀王風、讀周官、讀儀禮、讀經解五首，簡括宏深，必傳之文，非望谿不能作也。〔四十七〕

李慈銘終生治學不遺餘力，然總未脱文人習氣。他雖具有批評精神，但即興式、印象式批評時亦有之，目無餘子時難免失準。李慈銘恃才傲物，評論時雜以個人感情之親疏好惡，偶有失衡，如諷刺王闓運爲「江湖佹客」、趙之謙爲「天水妄生」，又時信傳聞，如趙翼非廿二史劄記作者、林昌彝非三禮通釋作者、玉函山房輯佚書乃章宗源所輯、西行日記作者馮竹儒是反面孝子，等等，讀者自有分辨。另外，由於他强烈的維護傳統學術的保守思想，未能洞悉晚清社會與學術之變遷，視西學、洋務及變法思想爲異端邪説，對海國圖志使西紀程等書之評不免迂腐，凡此可見其思想之保守。

五、「全編」之謂

民國間由雲龍據越縵堂日記及日記補輯成越縵堂讀書記，嘉惠學林，流傳甚廣。較之由雲龍輯本越縵堂讀書記，本編據李慈銘全部日記輯録，是爲全璧。新增三十餘萬字，包括以下四個方面。

首先，荀學齋日記後集中之讀書心得。一九八八年北京燕山出版社影印李慈銘日記的最後九册——荀學齋日記後集，其中包含讀書筆記約三百條，關涉到二百餘種書。此十萬餘字乃晚年讀書見解，最爲醇熟，且不少修正早年讀書觀點，更爲精審。

其次，補輯日記中關於其親朋師友的詩詞創作、交流互動及名物考證、士林見聞。如本編第一條即是譚獻早年詩歌九首，且僅見於此，文獻價值極高。他的座師劉有銘卒前以所著蔗圃自訂詩文集囑其删定，並請作序，李慈銘在日記中記下浙江闈中食蓴羹鱸魚一絶云：「鱸膾蓴羹未足誇，吴中原不是吾家。秋來我亦鄉心動，海蝌鮮鯉蕨菜芽。」劉有銘詩未見傳世，據此吉光片羽，可知其詩風貌。又鄧獻之以黄岡梅儒賓詩二卷送閲，李慈銘稱其詩頗有骨力，並録數首，梅氏詩亦僅見於此，後雪橋詩話餘集據此轉載。李慈銘又記録曾在陳璘處見到乾隆諸儒致邵二雲尺牘一册，並録段玉裁書數通，劉盼遂據此收入經韻樓文集補編，而此邵二雲友朋尺牘今竟未見傳。凡此可見其所記文獻之珍稀。

其三，補輯曾國藩、胡林翼、左宗棠等人著述的批評文字。李慈銘認爲曾文正公文鈔古文服膺姚鼐，以桐城派自居，筆力可喜，性情亦真；曾文正奏議剴切詳明，規畫周至；求闕齋讀書録時有心得，亦有細密可取者。又評論胡林翼讀史兵略、胡文忠公遺集、左宗棠恪靖疏稿，皆持肯定之論。

其四，附録二種，一爲王重民先生據李慈銘藏書題跋輯録之越縵堂讀書記二卷，刊於民國北平圖書館月刊第一卷第二、三、四、六號，計四十六篇；一爲王利器先生據李慈銘藏書批校題跋輯録之越縵堂讀書簡端記及續編，分别於一九八〇年天津人民出版社、一九八三年天津古籍出版社出版，其中題跋十七篇。

本書得以出版，承郭時羽編輯的紹介，在申報全國高校古委會資助項目及國家古籍整理出版專項經費資助項目的過程中，曾得到復旦大學錢振民教授、吴格教授的大力推薦；本書的責編祝伊湄女士、復審占旭東先生，學問優長，一絲不苟，訂正了書稿的諸多誤處；編輯室主任劉賽先生亦爲此書耗費精力，匡其不逮；謹此一併致謝。限於學識，本書一定還存有不少訛誤，敬請方家賜教！

注釋

〔一〕冬暄草堂師友箋存李慈銘之第三十一通，臺灣文海出版社沈雲龍主編近代中國史料叢刊第二十九輯，一九六六年。

〔二〕越縵堂日記補同治二年十一月初二日，民國二十六年商務印書館影印本。

〔三〕越縵堂日記補同治二年十一月初五日。

〔四〕越縵堂日記補咸豐十一年三月十六日。

〔五〕越縵堂日記補咸豐十年十二月二十三日。

〔六〕越縵堂日記同治七年十一月二十三日，民國九年商務印書館影印版。

〔七〕荀學齋日記後集光緒十九年九月二十六日，一九八八年北京燕山出版社影印版。

〔八〕越縵堂日記補同治二年正月二十日。

〔九〕越縵堂日記同治七年七月十八日。

〔十〕越縵堂日記同治八年四月二十五日。

〔十一〕四庫全書總目凡例，中華書局，一九六五年版。

〔十二〕胡玉縉續四庫提要三種，於乾嘉之後所出書，多處直接引用李慈銘評語。余嘉錫四庫提要辨證亦多處參照李慈銘讀書筆記。

〔十三〕越縵堂日記卷首，廣陵書社，二〇〇四年。

〔十四〕清史稿卷四百九十三文苑傳三。中華書局，一九九八年。

〔十五〕越縵堂日記同治三年十一月十九日。

〔十六〕荀學齋日記後集光緒十七年四月初五日。

〔十七〕越縵堂日記同治四年十月二十五日。

〔十八〕越縵堂日記同治十三年正月十二日。

〔十九〕越縵堂日記同治十三年正月十三日。

〔二十〕越縵堂日記同治十三年正月十三日。

〔二十一〕越縵堂日記光緒十四年九月二十日。

〔二十二〕越縵堂日記光緒八年正月初十日。

〔二十三〕越縵堂日記同治十一年二月十二日。

〔二十四〕越縵堂日記補咸豐十一年六月初六日。

〔二十五〕越縵堂日記同治十一年七月二十六日。
〔二十六〕越縵堂日記同治八年三月十二日。
〔二十七〕越縵堂日記同治八年十月十六日。
〔二十八〕越縵堂日記同治二年三月初九日。
〔二十九〕越縵堂日記補咸豐六年六月二十七日。
〔三十〕姚瑩中復堂全集東溟文集卷二十六，清刻本。
〔三十一〕越縵堂日記補同治二年十月三十日。
〔三十二〕越縵堂日記補咸豐十年二月朔。
〔三十三〕越縵堂日記同治二年十一月初二日。
〔三十四〕越縵堂日記同治七年六月二十四日。
〔三十五〕越縵堂日記光緒元年三月二十六日。
〔三十六〕越縵堂日記補同治二年九月十二日。
〔三十七〕越縵堂日記同治六年九月十六日。
〔三十八〕越縵堂日記同治八年四月初五日。
〔三十九〕清史稿卷四八一儒林二閻若璩。
〔四十〕越縵堂日記咸豐七年十一月朔。
〔四十一〕越縵堂日記光緒二年正月十五日。
〔四十二〕越縵堂日記咸豐十一年六月初六日。
〔四十三〕越縵堂日記光緒三年二月初四日。

〔四十四〕越縵堂日記同治三年四月初二日。
〔四十五〕越縵堂日記光緒三年正月二十三日。
〔四十六〕越縵堂日記光緒三年正月二十七日。
〔四十七〕越縵堂日記光緒三年十二月二十四日。

目録

同治三年　五二三

正月　五二三

目録

二三

七〇一

七〇〇

七〇〇

七〇〇

六九九

六九九

六九八

六九八

六九七

六九七

六九六

六九四

七〇六

七〇五

七〇五

七〇四

七〇三

七〇三

七〇一

七〇〇

七〇〇

五月

六月

七月

八月

光緒九年 一六三五

二月

三月

四月

五月

閏五月

七月

八月

十二月

光緒十一年 一七六七

正月 一七六七

二月 一七七二

三月 一七七四

四月 一七七五

三月

四月

五月

六月

七月

凡例

一、從民國九年影印之越縵堂日記、民國二十六年影印之越縵堂日記補、一九八八年影印之荀學齋日記後集、稿本窮愁録、稿本癸巳瑣院旬日記中輯録讀書筆記、考證札記。

二、逐日輯録，按日編排。

三、專論某書，標以書名、朝代、作者。

四、考證札記，撮其大意，擬定標題。

五、讀書筆記中所引文字，如詩詞摘句、文章抄録，以日記稿爲準。

六、避清諱字如玄、胤、弘等，徑改回原字；避家諱字如欽作清、敬，泰作太，徑改回原字。

七、對原稿文字有改動者，出注説明。

八、原稿明顯誤字加（ ），正字加〔 〕。

九、原稿有闕，用□標識。

十、人名、地名，加專名綫。

越縵堂讀書記

咸豐四年

三月

譚獻詩 清 譚獻

二十一日　閱仁和譚獻秀才詩集，摘數則於左。

渡江云：「大江浮白日，客子去何之。萬古滔滔意，愁心共此時。長天亂春色，無處寄相思。帆拂西陵樹，兵戈淚暗滋。」遣興云：「深竹有人語，野花隨徑香。」雜感云：「臨危思猛士，橫議起書生。」又：「空談知誤國，未敢請長纓。」題劉太守祠云：「一錢留宦橐，千里寄高名。」贈周葆昌云：「秦宫懸明鏡，光奪月與星。願身化作鏡，照子婉孌形。龍門思素琴，宫商五絃起。願子作琴絃，哀聲繞余指。寶鏡有昏日，朱絃有斷時。寸心泰山重，力士不能移。」山行云：「夕陽繡層巒，餘輝亂林木。」夜行云：「流螢點疏竹，欲墮忽復起。」贈錢唐王汝霖云：「四海干戈日，蓬蒿尚有人。壯心托文字，知己慰風塵。」懷友云：「前輩愛才當世少，窮途仗友古來難。」

譚，武林廩生，年二十餘，頗喜選學。作詩盈千首，素負才名，而狂不可一世。季既與之交，因以其集屬點定。其中非無傑句，惜少完善之作，乃録其最佳者存之。

四月

懷古田舍詩集　清　徐榮

初一日　下午，偶擷徐鐵孫太守懷古田舍詩集，摘數則於此。「山含舊雪迎人出，風引新雲著樹遲」、「苔依古幹已成葉，藤絡折枝猶放花。自有溪聲來入枕，祇須山色與排衙」、「寒不求官衣，饑不求官哺。各自謀其生，而謂官父母」。山谷枸杞詩、送鄭彥能詩，「母」皆入「麌」韻。「二分雲起倏移山」、「湖受兩溪忙」、「天作陰晴娛隴麥，雲來子午應江潮」、「地偏亂石據，門險衆流奪」、「青山如癡聾，終古遭恫喝」。樟樹灘。「排篙指亂石，一一與水戰。一船犯而奔，百舵莫敢先。遥從壁上觀，驚唾不敢噍。」裕溪灘。「欲合未合間，有山當其衝。相見不玉帛，遂乃尋兵戎。是時正雷雨，濤頭助洶洶。我船天上來，凜若觀軍容。一笑解其紛，送汝東朝宗。」楊山度灘。「回頭怕看來時路，拂袖猶飛未了雲。」洋塢里至梭溪。「官與老猿爭屋住，雲隨候吏上堂來」、「雲不離城爲雨易，山將赴海作峰勤」。萬象山。「水横常爭路，雲疎不滿林」、「松竹厭騶呼，尋詩別問途。緑楊通一徑，紅藕帶雙湖。風遠鷗波浄，雲深鶴夢孤。野帘拚小醉，卻訝酒錢無」。由聖因寺昭慶寺入城。「狂奴猶故態，薄宦祇風塵。」寄友。「道有干城寄，天生禦侮人。片言取卿相，一矢悟君親。墓木青留柏，池花潔有蘋。玉峰山下路，千古見精神。」錢司寇唐墓。「北風吹浪作軍聲，亂雲濃似三春水。春到空江無著處，柏山飛翠入城來」、「書法千秋難諱篡，功名十族盡成仁」。方正學墓。「江上有奇遇，人間無此青。」渡江得青石。「汝能憐吾病，天難貸客閒。」兩年叨禄入，多事屬時艱。」遣淮兒還廣州五律上半首。「一角樓飛面海城，涼雨孤舟入楚天。」

陳石庵詩　清　陳石庵

二十日　憶前日叔子爲予言，庚戌公車北上時，遇淮上江太平船户陳石庵，以詩一卷求閱，内多佳句，因爲跋而歸之。今僅記其一聯，云：「流水聲中詩境遠，亂山陰裏酒旗低。」又有「夕陽紅過大江來」七字，亦佳，今不知何若矣。又有女子某者，忘其邑里姓字，與其外兄某以才相愛慕，後父母他字之，女知不可諫，即自縊。臨死以詩寄某，有云：「命薄何難拚一死，情多轉恐悮三生。」「明歲棠梨花似雪，小墳一慟待君來。」某得詩，即和其生字韻云：「薄倖自知非我輩，報恩只好待來生。」亦一宿而絶。嗚呼！其事可戒，其情實可傷也。因並附記於此。

儼山外集　明　陸深

二十九日　日間閲陸子淵先生深儼山外集，摘數則於此。周詩「有周不顯，帝命不時。」毛氏訓曰：「不顯，顯也；不時，時也。」集傳亦因之。「不」字當是「丕」字，清廟之「不顯不承」，即書之「丕顯丕承」。

孟子所論明堂在泰山，天子巡狩之地。古明堂神農作之，名曰天府。黄帝曰合宫，虞曰總章，商曰陽館，周始曰明堂。明堂者，明諸侯之尊卑也。

「子所雅言，詩書執禮。」執字當是埶即藝字。字之誤。隸書埶執字相類。埶，樂也。是即春秋教以禮樂，冬夏教以詩書與？四教亦是四事。

「爲長者折枝」，枝、肢古通。肢，四支也。腰亦曰肢。折枝猶折腰也。古詩云「折腰載拜跪」，陶淵明以五斗米折腰，蓋言爲長者揖拜耳。三代公族，有親未絶而列於庶人者。

世言三尺法者，蓋用三尺竹簡書律法。詔書謂之尺一，亦以一尺版書詔。囊封加璽，又謂之璽書。

楊德祖與曹孟德讀曹娥碑。娥，上虞人。今曹娥江在寧、紹兩界中，孫權據越，當時孟德何緣得至江滸耶？水經有三疑。桑欽能著書成一家言，後漢文苑何不爲立傳？欽之名姓又别無考見，一疑也。水經所具，至到源委，徧及夷夏，非一人一生所可窮極，一疑也。所稱酈道元注，道元後魏時人，其書該洽浩博，後來引用者，但稱出水經注而已，不知經注復何所出，又一疑也。偶覽通典，亦載水經郭璞注三卷，酈道元注四十卷，皆不詳撰者名氏，亦不知何代之書。且云所作詭誕，全無憑據，擬於吴越春秋、越絶之流，其論當可信與。

唐補闕薛謙光上疏，謂戎夏不雜，自古所戒，夷狄無信，易動難安，故斥居塞外，不遷中國。至謂冒頓彊盛不能入中國者，非兵力不足也；其所以解平城之圍而縱高帝者，爲不習中國之風、不安中國之美，生長磧漠之北，以穹廬堅於城邑，以氊罽美於章紱。既安其所習而樂其所生，是以無窺中國之心者，爲心不在漢故也，豈有心不樂漢而欲深入漢者乎？劉元海五部離散之餘，而卒能自振於中國者，爲少居内地，明習漢法，非惟元海悦漢而漢亦悦之，一朝背叛，四方響應，遂鄙單于之號而竊帝王之寶，賤沙漠而不居，擁平陽而鼎峙者，爲居漢故也。向使元海不内徙，止當劫邊人繒綵麴櫱以歸陰山之北，安能使王彌、崔懿爲其用耶？言甚剴質。嘗觀遼、金、元與五季、二宋相終始，卒爲中華患者，亦坐燕雲之外棄耳。故曰前事之不忘，後代之龜鑒也。

今衢州即古之太末，其山與武夷山石理大類，予未能周履其地，觀其起伏脈絡，即一山所分也。曾子固記道山亭，亦謂粵之太末，吴之豫章，爲其通路。今廣信古之豫章，上饒諸山自武夷發，而龜峰尤類武夷，豈其左右臂耶？

禹貢八州皆有貢物，而冀州獨無之。冀即今之山西，土瘠天寒，生物鮮少，蓋自古爲然。

予嘗謂後世文章之快暢者，若阿房亂辭、陽冰篆贊，可謂千古如新，百過不厭者也。贊曰：「斯去千載，冰生唐時，冰今又去，後來者誰？後千年有人，吾誰能待之；後千年無人，篆正於斯。嗚呼郡人，爲吾寶之。」此劉中山禹錫之作。

地網，吴璘作於天水、長道二縣之間，於平地鑿渠，每渠八尺，深丈餘，連綿不斷，如布網然，以礙虜騎，亦能制勝。

蕭齊衡陽王鈞好學，嘗細書五經置巾箱中，謂之巾箱五經。宋博學弘詞科，許士子持書入試，故巾箱板行書甚多。巾箱蓋始於六朝。

槎庵小乘　明　來斯行

三十日　偶翻槎庵小乘，札記數則：今人稱佳子弟爲鳳毛，以爲始於謝超宗，因超宗父名鳳，故稱曰「鳳毛」。不知王邵風姿似其父導，桓大司馬曰：「大奴固自有鳳毛。」其事已在超宗前。

孟子「膏粱之味」，趙注：「膏粱，細粱如膏者也。」朱注：「膏，肥肉；粱，美穀。」按膏粱對下文繡，當是二物，朱注較優。後魏孝文帝遷洛，差第士人閥閱姓氏，有八氏十姓三十六族九十二姓之制。凡三世有三公者曰膏粱，有令僕者曰華腴，尚書領護而上者爲甲姓，九卿若方伯者爲乙姓，散騎常侍、大中大夫者爲丙姓，吏部正員郎爲丁姓。凡得入者謂之四姓。據此則膏粱之稱，乃極尊貴者也。

爾雅釋親篇妻黨有云：「女子謂昆弟之子爲姪。」郭注引左傳「姪其從姑」，故姪字從女。今男子稱兄弟之子曰姪，失之矣。夫兄弟之子，當稱從子，謂從子而别也。

尚書康誥曰「若保赤子」，傳云「孩貌」，然未詳赤字何義。愚按尺字，古通用赤。尺牘古作赤牘。文獻通考：「深赤者，十寸之赤也。」是知赤子者謂始生小兒，僅長一尺也。古人多以尺數論長幼，如三尺之童、五尺之童，成人曰丈夫，是也。

女之幼者曰嬰，男之幼者曰兒，故嬰字從女。今人不分男女，凡始生者皆謂之嬰兒，欠分别矣。

古人酒以紅爲惡，白爲美，蓋酒紅則濁，白則清，故謂薄酒爲紅友，而玉醴、玉液、瓊飴、瓊漿等名皆言白也。梁武帝詩云「金杯盛白酒」，正言白酒之美。今詩詞家不敢用白酒字，誤矣。

法律、律令，今人多習用，究未詳律字何義。一説律呂萬法所出，故法令謂之律，亦欠精確。愚按，古人以竹爲器者皆名曰律，故黄帝截竹爲管，謂之十二律；又筆曰不律；又理髮篦亦曰律。然則法律、律令，當是書其法於竹簡上，如孔子所云布在方策者耳。故古稱三尺法，謂律長三尺也。而鹽鐵論則曰二尺四寸之律，蓋周尺短，秦漢尺長；周尺一尺，秦漢尺止八寸。三尺，三八二尺四寸，其度適相符矣。

宋玉招魂「篦蔽象棊，有六簙兮」，所云象棊，乃是以象牙爲棊子，蓋即圍棊之戲，非後世之象棊也。後世象棊之制，不知所起。事物紀原引牛僧孺玄怪録所記唐肅宗寶曆初民人岑順於陝州呂氏故宅掘得古冢金象局，即今時之象棊。又引劉向説苑云：雍門周謂孟嘗君曰：「足下燕居鬥象棊，亦戰鬥之事乎？」故謂戰國時已有之，然究不知起自何時。太平御覽又謂象棊乃周武帝所造，有日月星辰之象。此復與今之象棊不同。

漢書韓安國謂田蚡曰：「君何不自喜？」自喜猶云自愛也。師古注「何不自謙遜爲可喜之事」，似欠直捷。景帝曰：「魏其沾沾自喜耳。」張晏曰：「沾沾，自整頓也。」正自喜意。師古曰：「沾沾，輕薄也。」亦非。

説苑善説篇吴人入荆，召陳懷公，懷公召國人曰：「欲與荆者左，欲與吴者右。」周絳侯入北軍，行令曰：「爲呂氏右袒，爲劉氏左袒。」正袒懷公之策。然古人尚右，懷公右吴而左荆，絳侯右呂而左劉，皆有低昂之意；且不明目張膽以發號令，而徒聽衆心之向背以爲去就，其心皆可誅也。

「偃鼠飲河，不過滿腹」，今人皆能道之，蓋出莊子也。然埤雅引古牋云：「偃鼠飲河，止於滿腹；鷦鴣銜葉，才能覆身。」下二句頗少引用。埤雅曰：「鷓鴣畏霜露，早晚稀出，有時夜飛，則以木葉覆其背。」

藝苑卮言曰「學書諱丙日」，云蒼頡以丙日死也。

俗稱夫婦之少年諧婚者曰結髮，謂於髮初結起勝冠笄時即訂盟約也。此與李廣云臣自結髮與匈奴戰同義。

妾一名傍妻。漢元后傳曰：「王禁好酒色，多取傍妻。」

處士亦稱處子，范蔚宗後漢書逸民傳序曰：「處子耿介，羞與卿相等列。」

漢成帝時有兩王章：其一河平三年由太僕爲右將軍，陽朔三年遷光禄勳卒；其一陽朔元年以京兆尹忤王鳳下獄死。又有兩王莽：其一天水人，字稚叔，昭帝時以衛尉爲右將軍，蓋長主與燕王旦通，謀造反，云「獨患大將軍霍光與右將軍王莽」，此一王莽也；平帝時篡漢者，又一王莽也。又有兩張禹：前漢成帝時爲丞相，封安昌侯，此一張禹也；後漢和帝時爲太傅，安帝時以定策功封安鄉侯，又一張禹也。

五月

樓允占詩　清　樓允占

初三日　早間，樓蓮舫秀才遣僧人奉書來，還越縵堂壬癸詩詞集及沈寄帆詞集、素庭秀才詩集，並惠贈七律五首、五律二首。春日見懷云：「風雨茂陵常卧病，關山庾信每哀時。牙慧久嗤明七子，頭銜仍罷魯諸生。」答余就醫虎林時貽書通問云：「春來眠食近何如？落月停雲想望虚。吴市聞攜遊客屐，越山重接故人書。沈腰舊爲吟詩瘦，潘鬢新因抱病疏。賸有憂時兩行淚，茫茫百感到村居。」以余去年曾作村居雜感十首也。題拙集云：「笑我成傖父，如君洵謫仙。詞高姜白石，才壓李青蓮。文社聯時彦，騷壇讓少年。焚香花下讀，綺語不須捐。」「憶昔逢君日，亭亭玉立身。問年纔舞象，出語已驚人。别後竟千里，相思隔兩塵。幾時重剪燭，風雨續前因。」余壬、癸兩年詩詞曾屬叔雲點勘，凡稍涉風懷者俱删去，故蓮舫有「綺語不須捐」之語。

古奇器録　　明　陸深

初五日　閲陸儼山外集古奇器録，因摘於此：張説爲宰相，有人惠説一珠，紺色有光，名記事珠。

龜兹國進一枕，色如瑪瑙，枕之則十洲三島、四海五湖盡見於夢。玄宗名爲遊仙枕，以賜楊國忠。

内庫有一酒杯，青色而有紋如亂絲，其薄如葉，於杯足上有鏤金字曰「自暖杯」。上令取酒注之，温温然有氣相吹如沸湯。

開元二年冬至，交趾國進犀一株，色黄如金，使者請以金盤置於殿中，暖氣襲人。上問其故，使者對曰：此解寒犀也。

内庫中有七寶硯爐一所，曲盡其巧。每至冬寒硯凍，置於爐上，硯冰自消，不勞置火。冬月玄宗常用之。

葉法善有一鐵鏡，鑒物如水。每有疾病，以鏡照之，盡見腑臟中所滯之物，後以藥療之，竟至痊瘥。

王元寶家有一皮扇子，製作甚質。每暑月燕客，即以此扇置於坐前，使新水灑之，則颯然風至，巡酒之間，客有寒色，遂命撤去。明皇曾命中使取視，愛而不受，曰此龍皮扇子也。

學士蘇頲有一錦文花石，鏤爲筆架，嘗置於硯席間。每天欲雨，此石架即津出如汗，逡巡而雨。頲常以此爲雨候，無差。

虢國士人有夜明枕，設於堂中，光照一室，不假燈燭。岐王有玉鞍一面，每至冬月則用之，雖天氣嚴寒，而此鞍在坐如温火之氣。以上俱見開元天寶遺事。

東方朔得西域國玉枝以進武帝，帝賜近臣年高者，云病則枝汗，死則枝折。老聃得之七百年不汗，偓佺得之三千年不折。見洞冥記。

高祖初入咸陽宫，周行府庫，金玉珍寶，不可勝言。其尤驚異者，有青玉九枝燈，高七尺五寸，下作盤龍，以口銜燈。燃則鱗甲皆動，爛炳若列星。復鑄銅人十二枚，座皆高二尺，列於筵上，琴筑笙竽，各有所執。筵下有二銅管，上口高數尺，出筵後。其一管空，一管内有繩，大如指。一人吹出，一人納繩，則琴筑笙竽等皆作，與真樂不殊。有琴長六尺，安十三絃二十六徽，用七寶飾之，銘曰「渥嶼之樂」。有玉笛，長二尺三寸，六孔，吹之則見車馬山林，隱隱相次，吹息則不復見，銘曰「昭華之管」。

積草池中有珊瑚樹，高一丈二尺，一本三柯，上有四百六十二條，是南越王趙佗所獻，號爲烽火樹。至夜，光景常然。

余尚書靖慶曆中知桂州，境窮僻處，有林木延袤數十里，每至月盈之夕，輒有笛聲發於林中，甚清越。土人云聞之已數十年，終不詳其何怪也。公遣人尋之，見其聲自一大柏木中出，乃伐取以爲枕，笛聲如期而發，公甚寶惜。凡數年，公之季弟欲窮其怪，命工解視之，但見木之文理，正如人月下吹笛之像，雖善畫者不能及。重以膠合之，則不復有聲矣。

又中和堂隨筆摘録：孫權有舸名馳馬，曹真有騎曰驚帆，正堪作對。

曹子建號繡虎，王仲宣泥下潛蛀，鄧艾伏鸞，陸雲隱鵠，皆喻其文也。

唐以雄、緊、望三等分別内郡縣，以上、中、下三等分別外郡縣。

余往來漕渠，未嘗不三致意焉。通塞者天，幸也使北方無惰農，有此焉而不恃可也。國家詳於講漕，而略於講農，豈未之思乎？

五帝三皇之法，後世所存者無幾。秦始皇極不道，而其所爲後世有不能改者三事：稱皇帝一也，郡縣二也，長城三也。

「陛下用人如積薪，後來者乃居上耳」，此汲黯語也。長孺在漢廷號不學，何其言之悲壯明快若是？萬世而下，讀者如新。

陸機赴洛，船裝甚盛，爲戴淵所掠。及在洛，乃云有屋三間，士衡住東頭，士龍住西頭，史書若此矛盾與？戴淵字若思，南渡歷官散騎常侍、驃騎將軍，爵秣陵侯，爲王敦所害。敦誅，贈右光禄大夫，謚曰簡。晉書以避唐高祖諱，稱其字。鄭樵通志亦不改，今皆稱戴若思矣。

儼山外集　明　陸深

初七日　閱陸儼山外集，又摘數條：

土圭之法，六尺爲步，步百爲畝。秦廢井田，漢興，始以二百四十步爲畝。唐開元二十五年令田廣一步、長二百四十步爲畝，畝百爲頃，至今版圖皆準之。一云商鞅佐秦，以一夫力餘，地利不盡，於是改制二百四十步爲畝。

立步制畝，經土設井，使八家同之，自黄帝始。世儒多謂難行，予行東西南北皆萬里，自吴越外田多荒廢，水利不修故也。井田亦徒擾。昔在山西按察時，嘗與于布政湛議，欲於京城外仿菜園之制，每三十畝鑿井一區，用以澆灌黍麥，庶幾歲穫可期，而亦不失井田之名，欲上其事於朝而不果。漢時龍首渠田，亦鑿井有深四十餘丈者，往往井下相通行水，蓋古法也。

自古取民之制計歲，故謂之歲辦。貢、助、徹皆什一。漢法最輕，史稱三十而税一。文帝十三年六月詔除民田租。且古者十一而税，以爲天下之中正，今漢人田或百一而税，可謂鮮矣，當時民力可想也。兩税三限，作自楊炎始。唐書食貨志兩税具載，並無三限條格。蔡介夫云，夏税盡六月，秋税盡十一月。如此止是兩限爾。想兩税俱限以三次徵輸，亦有緩徵之意。雖然，炎固萬世罪人也。

已上三條，皆關於國計民生之大者。憶昨與季貺論井田，謂此法爲聖賢致治首務，何不能經久若是。今日吳越間即湖濱峰末，一弓隙地，無不開墾種作，而丁口之數尚倍差於田，復何能一夫百畝，按數均給？季貺謂往時行山東燕趙間，有荒蕪數百里不見禾黍者，且西北萬山曼衍，皆可墾闢。試思顧寧人流寓所至，皆能耕鑿致富，非明驗耶。予因謂吾鄉之無閒田，皆以水利不修之故。使更有司牧如漢馬公臻築南塘、浚鑒湖故事，將水有所歸，如邑中青泗湖、贏石湖、瓜渚湖、盎觴湖、白洋湖諸巨浸，皆可壅障增填，此均田所以必兼治水也。今閱陸公語，恍若先得我心矣。

儼山集　明　陸深

初八日　上午閱陸儼山集，又摘數則：

天下之務，日開而未已，如茶，古所無，今則不可闕。茶之用始於漢，著茶經始於陸羽，榷茶始於張滂。爾雅：「檟，苦荼。」茶之名始見於此。吳志孫皓密賜韋曜茶茗以當酒，飲茶始見於此。注以早採者爲茶，以晚採者爲茗，又名荈云。

今世所用摺疊扇，亦名聚頭扇。吾鄉張東海先生以爲貢於東夷，永樂間始盛行於中國。予見南宋以來詩詞，詠聚扇者頗多。予收得楊叔子所寫絹扇面，摺痕尚存。東坡謂高麗白松扇展之廣尺餘，合之止兩指許，正今摺扇，蓋自北宋已有之。倭人亦製爲泥金面烏竹骨充貢。出自東夷，果然。

北齊文宣天保七年築長城，東至於海，前後所築東西凡三千餘里，率十里一戍。其要害置州鎮凡二十五所，是役頗大。明年又於長城内築重城，自庫洛拔而東至於烏紇，凡四萬餘里。高洋備邊如是。

長子羊頭山秬黍可以纍律，河内葭莩灰可以布琯，非其地則無驗。今長子與河内地相連屬，豈天地之氣鍾於此耶？

唐制，宰相不正名。初因隋制，以中書令、侍中、尚書令共議國政，此宰相職也。其後以太宗常爲尚書令，臣下不敢居，由是僕射爲尚書省長官，與侍中、中書令皆號宰相，然不輕授，故常以他官居職，而假以他名。自太宗時杜淹以吏部尚書參議朝政，魏徵以祕書監參預朝政，其後或曰參議得失、參知政事之類，皆宰相職也。貞觀八年，僕射李靖以疾辭位，詔疾小瘳，三兩日一至中書門下平章事，而平章事之名始於此。其後李勣以太子詹事同中書門下三品，謂同侍中、中書令也，而同三品之名始此。然二名不專用，而他官居職者假他名猶故。自高宗已後，宰相必加同中書門下三品，雖品高者亦然，惟三公、三師、中書令則否。其後改易官名，而張文瓘以東臺侍郎同東西臺三品，東西臺三品入銜自文瓘始。永淳元年，以黄門侍郎郭舉、兵部侍郎岑長倩等同中書門下平章事，平章事入銜自倩、舉等始。自是以後，終唐之世，訖不改焉。

宋承唐制，以同平章（寺）〔事〕爲宰相之職，無常員，有二人則分日知印，以丞郎已上至三師爲之。其上相爲昭文殿大學士，監修國史，其次爲集賢殿大學士。或置三相，則昭文、集賢兩學士並監修國史並除焉。太祖乾德間，以趙普爲相，爲置參知政事以副之，謂參庶務以毗大政，其除授不宣制，不押班，不知印，不預奏事，不升政事堂。至道元年，詔與宰相體例並同親王；而樞密使、留守、節度使兼中書令、侍中、同平章事者，則謂之使相，不預政事，不書敕，惟宣敕除授者，敕尾存其銜而已。神宗新官制，於三省置侍中、中書尚書二令而不除人，以尚書令之貳左、右僕射爲宰相。左僕射兼門下侍郎，以行侍中之職；右僕射兼中書侍郎，以行中書令之職。復别置中書門下侍郎、尚書左右丞，以代參知政事之職。徽宗政和間，左、右僕射爲太宰、少宰，仍兼兩省侍郎。靖康間復爲左、右僕射。高宗建炎間，改尚書左、右僕射各同中書門下平章事，門下、中書二侍郎並改爲參知政事，廢尚書左、右丞。乾道間，又改尚書左、右僕射爲左、右丞相云。按，唐宋置相沿革如此。

元儒馬端臨謂宰相總百官，弼天子，既不當儕之他官，而其上不當復有貴官矣。唐自開元以來，郭元振、李光弼相繼以平章事爲節度使，謂之使相，而宰相之職儕於他官自此始。宋自元祐以後，文潞公、吕申公相繼以平章國家重事序宰相上，而宰相之上復有貴官自此始。然郭、李以勳臣名將爲之，宜也。自此例一開，於是，田承嗣、李希烈之徒，俱以節鎮帶同平章事非一人；極而至於王建、馬殷、錢璆之輩蠭起盜地者，皆欲效之，蓋鄙他官而不爲，而必欲儕於宰相，以自附於郭、李，則唐中葉以後所謂平章者如此。文、吕以碩德老臣爲之，宜也。自此例一開，於是，蔡京、王黼相繼以太師總知三省事，三日一朝，赴都堂治事；以至於韓侂胄、賈似道皆欲效之，蓋卑宰相而不屑爲，而必求加於相以自附於文、吕，則宋中葉以後所謂平章者如此。其感歎於世變者深矣。

六月

道古堂文集　清　杭世駿

初六日　閲杭大宗道古堂文集。大宗學問貫串淹洽，以詩古文負重名。詩學少陵，僅得其腔調；古文亦少剪裁，而證據辨博，自非讀破萬卷者不能。其論王充論衡，謂充悉書其祖父之劣行，且創或人問答，揚己以醜其先，甚至謂「母驪犢騂，無害犧牲；祖濁裔清，不牓奇人」，是直名教之罪人，書雖奇無取。而范史稱之爲孝，殊無識見。近時臨川陳際泰小慧人也，作書誡子，而以村學究刻畫其所生，其端實自王充發之。

其論許劭，謂劭以月旦評重汝南，而不能知太史慈，致劉繇恐用之爲笑。諸葛誕與陸遜書，稱許子將輩更相謗訕，或至於禍，惟坐克己，不能盡如禮，而責人專以正義。又許文休爲劭從兄，私情不協，擯之不得齒叙。是劭之評論，特以聳動汝南一時之人，非灼然有真賞，而謝承、范曄漢書推之太過。

其論荀爽，謂爽恐李膺名高致禍，欲令屈節以全亂世，爲書貽之，而書辭曰「久廢過庭，陟岵瞻望」，竟至以父爲喻。夫常人之於周公、孔子，相去萬萬，亦不過以師尊之，而爽之言若此，是其壞倫喪己，失莫大焉。東漢氣節固高，然皆傲於宦官而諂於名士。孔融之於鄭玄，韓融之於陳寔，李豐、郭冲之於杜畿，皆執子孫之禮。若爽者，又特浮慕而已。初，爽與北海公沙孚相約不事權貴，後爽依違董卓之世，九十五日而至三公，孚相見時乃至割席而坐，使膺尚在，有不麾之門牆之外哉。

其議朋友制服，謂喪服傳曰：「朋友麻。」漢郭有道碑，朋友如韓子助、宋子浚服心喪朞年者二十四人。後漢張劭死，范式爲服朋友之服。晉京兆韋泓受應詹生成之惠，詹卒，遂製朋友之服。唐裴佶與鄭餘慶特相友善，佶歿後，餘慶行朋友之喪，而史不言其服制何若。唯戴德撰喪服變除有云：「朋友有同道之恩，加麻三月。」然今日必不可行。或朋友死於外，無親者爲之主。儀禮喪服記曰：「朋友皆在他邦，袒免，歸則已。」此猶可遵也。

其辨牛耕，謂於經無所證。周禮大司徒言任地者備矣，獨弗及是。鄭康成注閭師云「掌六畜數者，農事之本也」；賈疏「六畜惟牛可爲農事」。注里宰云「以歲時合耦於耡」，合人耦則牛耦亦可知也。據此二言，則似六典未設以前，已有牛耕之事。至考工記賈公彥疏謂後漢用牛耕種，故有歧頭兩腳耜，據此則似古無牛耕，牛耕始於漢也。漢平都令光教趙過以人輓犁，始見於班書食貨志，後遂以爲牛耕之肇始，宋之學者多不信之。浚儀王氏引山海經，謂后稷之孫叔均始作牛耕。夫山經出於伯翳，與后稷並時，焉知其孫叔均之事乎？此爲後人所羼入可知。平園周氏據賈誼、劉向，以爲「飽牛而耕」出於郕穆公之語。水心葉氏以孔子弟子冉伯牛、司馬牛皆名耕，若非用耕，於牛何取？夫新書、新序掇拾舊聞，皆出於秦火之後，不可爲據。孔子弟子之有字，非據史遷之列傳，即文翁之學堂圖，而家語一書，又出於王肅之增加，皆不能確鑿。若謂春秋之世已有行之者，當時功利之臣無一言及此，非心計疏也；蓋徵發繁興，人車牛輦，悉以供戰鬥之用，其所以不得兼者，勢也。杜元凱上疏云：「古者匹馬丘牛，居則以耕，出則以戰。」其言似可聽，其實一無所據。余以爲牛耕之制，蓋自秦始創之。平原君云秦以牛田之水通糧，其明證也。故吕不韋作月令云，季冬出土牛，示農耕早晚，亦因其國之所利言之也。故太史公律書言牽牛云：「牛者，耕植種萬物也。」夫牽牛本於星經，星經本於甘石，甘石之徒生於戰國，然則耕植種萬物之語，非秦之制乎？若趙過之以人輓犁，則漢世遂以爲常法，而非其所特創者歟？

七月

王星誠詩　清 王星誠

十二日　是日，平子以姚江寄懷鄙人養病蘿庵詩見示。因録於此：「朋輩愁君死，窮經志獨遐。山居總寥落，世事況咨嗟。修短關吾道，文章必大家。相期葆真樂，天意惜芳華。」又近作寄季貺七古一章：「夜與李白語，聞君責我懶。春歸未及旬，如鳥脱罾罡。手爲阿姊縫嫁衣，偶向人間賣黄犬。城南沱雨逢孫五垓，相憐後約星辰短。出門莽莽江流渾，春寒釜霂山高昏。遠聞故人半羸卧，我亦布被呻羈魂。讀書得力饑寒日，鬼妒難平例災疾。一身百罅已莫補，滿地干戈更何術。秋風牢騷哦楚辭，願君强起張羸師。山河枯燥奇見骨，世事鬱怫形爲詩。蘿庵詩人病不死，吾道堪行卜於此。會須同上叉魚船，來向斜陽話煙水。」

升庵全集　明　楊慎

二十日　閱楊文憲慎升庵全集，偶記數則。

公羊傳云：「葵丘之會，桓公震而矜之，叛者九國」。九國謂叛者多耳，非實有九國也。宋儒趙鵬飛必如數求之，謂葵丘之會惟六國，會鹹、牡丘皆七國，會淮八國，並無九國，真癡人說夢矣。古人言數之多止於九，此猶漢紀云叛者九起耳。楚辭九歌乃十一篇，九辯亦十篇，宋人不曉此耳。

僖十六年己卯晦，震夷伯之廟，公、穀皆言晦冥也。慎案：晦非冥也，月之三十日也。春秋書晦者，此及成公十六年甲午晦，晉侯及楚子、鄭伯戰於鄢陵是也。公羊乃曲爲之說，於「是月六鷁退飛過宋都」之傳曰：「是月何？僅逮是月也。何以不日？晦也。晦則何以不言晦？春秋不書晦也。朔有事則書，晦雖有事亦不書。」公羊之言，何其野哉！善乎劉原父之言曰：「晦朔天之所有，取朔（書）〔棄〕晦，乖僞之深者，甲午書晦則無說矣。左氏曲說，以爲陣不違晦故敗。噫，楚以晦而敗，晉不晦而勝乎？是皆剿說之無理者也。」

左傳：「齊、燕平之月，注：此年正月。公孫段卒，國人愈懼，其明月，注：此年二月。子產立公孫洩。」「明年」、「明日」則有之矣，「明月」僅見此耳。

涑水曰：「左氏書荀息之死，引詩『斯言之玷，不可爲也』，荀息有焉；杜元凱以爲荀息有此詩人重言之義，元凱失左氏之意多矣。獻公溺於嬖寵，廢長立少，荀息不能諫正，遽以死許之，是其言玷於獻公未没之先，而不可捄於已没之後也。左氏之言，貶也，非褒也。」

宋陳襄郊義云：「祀圜丘必以冬至日者，以陽復也。故宫用夾鍾，於震之宫，以帝出乎震也；而謂圜鍾者，取其形以象天也。祭方澤必以夏至日者，以陰萌也，故宫用林鍾，於坤之宫，以萬物致養乎坤也；而謂函鍾者，取其容以象地也。」

吕不韋月令自「東風解凍」至「水澤腹堅」，後魏始入曆爲七十二候，其所載與夏小正、淮南時則訓互有出入。又見王冰注素問亦引吕令七十二候，與今不同。如「桃始華」爲「小桃華」，「雷乃發聲」下有「芍藥榮」，「田鼠化爲鴽」下有「牡丹華」，「王瓜生」作「赤箭生」，「苦菜秀」作「吴葵華」，「麥秋至」作「小暑至」，「半夏生」下有「木槿榮」，皆可以資博雅者。

周禮天官：「以九職任萬民。一曰三農，生九穀。」鄭司農衆曰：「三農，平地農、山農、澤農也。」鄭玄曰：「三農，原農、隰農、平地農也。」孔穎達附會鄭説曰：「積石曰山，鍾水曰澤，不生九穀，故鄭玄不從之。」可謂康成之佞臣矣。慎觀地官司徒掌葛「徵絺綌之材於山農」，「徵草貢之材於澤農」，是山農、澤農周禮本有，非鄭司農杜撰，而鄭玄「原農」、「隰農」何所本乎？

禮記月令「冬祀行」，淮南時則訓「冬祀井」。太玄數曰「冬爲井」。白虎通曰：「春祭户」、「夏祭竈」、「秋祭門」、「冬祭井」、「六月祭中霤」，「户以羊」、「竈以雉」、「中霤以豚」、「門以犬」、「井以豕。」唐月令亦冬祀井而不祀行。愚按：井即行也，蓋行者井間道也。古者八家同井，由家而至井，井有八道，八家所行也。是祭井即祭行，月令與時訓互言之，非有異也。

劉歆逢王莽之惡，欲以威劫群臣，遂僞作周禮，云誓大夫曰鞭，附於條狼氏。夫刑不上大夫，焉有周公制禮鞭撻大夫者乎？此金元夷狄之所不爲，而謂周公爲之乎？歆其可勝誅哉？

周禮秋官有「屋誅」之文，鄭玄注曰：「夷三族也。」古者罪人不孥，豈有夷三族之令典？蓋屋誅者，即漢人下蠶室之類耳。鄭玄此説，誤天下而陷人主，得罪名教大矣。

考工記曰：「大圭首終葵。」注：「終葵，椎也，齊人名椎曰終葵。」蓋言大圭之首似終葵耳。其後訛爲鍾馗，俗畫一神像帖於門，手執椎似擊鬼。好怪者便傅會作鍾馗元夕出遊圖，又作鍾馗嫁妹圖。文人又戲作傳，託言見夢於明皇，尤爲無稽。亦如石敢當本急就章中虚擬人名，本無其人也，俗立石於門，書「泰山石敢當」，文人亦作石敢當傳，皆虚辭臆説也。

季文子相三君，其卒也，無衣帛之妾，無食粟之馬，左氏侈然稱之。黄東發曰：「行父謀去公孫歸父，掃四大夫之兵以攻齊。方公子遂弑君，立宣公，行父不能討，反爲之再如齊納賂；又帥師城莒之諸、鄆二邑以自封殖，其爲妾馬金玉也多矣，是亦公孫弘之布被、王莽之謙恭也，然則小廉乃大不忠之飾乎？時人皆信之，故曰季文子三思而後行。夫子不然之，曰『再，斯可矣』。此言微婉，蓋曰再尚未能，何以云三思也。朱注不得其解。」

朱文公談道著書，百世宗之。愚詳觀其評論，誠有違公是而遠人情者。王安石引用奸邪，傾覆宗社，乃列之名臣録，稱其文章道德。文章則有矣，焉有引用奸邪而可名爲道德耶？蘇文忠公文章忠義，古今所同仰也，乃力詆之，謂得行其志，其禍甚於安石。不惟此也，秦檜之奸，人欲食其肉者也，文公稱其有骨力。岳飛之死，天下垂涕者也，文公譏其横。漢儒如董、賈之流，皆一一議其言之疵。諸葛亮則名之爲盜，又譏其爲申韓。陶淵明則譏其爲莊老。韓文公則文致其大顛往來之書，亹亹千餘言，力詆之必使之不爲全人而後已。蓋自周孔以下，無一人逃其議。或者門人紀録之過，朱子無忠臣，遂至此歟？

李密陳情表有「少事僞朝」之句，責備者謂其篤於孝而妨於忠。嘗見佛書引此文，「僞朝」作「荒朝」，蓋密之初文也。「僞朝」字蓋晉改之以入史耳。

左傳言羿射日落九烏。烏最難射，一日落九烏，言射之捷也，而後世不得其説者，遂以爲射九日矣。

有明博雅之士首推升庵，所著如丹鉛録、譚苑、醍醐諸書證引賅博，洵近世所罕有，惟議論多僻，又喜杜撰附會，以英雄欺人。其論理學則極詆陸王，論經學則力詆鄭康成，論文則雖喜左氏而亦文致其失，論詩則極詆許渾，謂無異張打油、胡釘鉸，而於少陵亦有微詞，率多逞其臆説舌鋒，不可爲據。如以左氏傳「裨諶謀於野則獲」，謂以論語草創一言而附會之，孔父之妻美而豔，謂以「孔父正色而立朝」一語誣之，此皆全無情理，左氏好浮誇，亦不至若是詆訐。

渾淩歊臺詩有「宋祖三千歌舞」之語，謂「史稱高祖清儉寡欲，而渾誣之若此，是目不見書」。不知宋世武帝、文帝、孝武帝三世稱祖，淩歊臺乃世祖孝武帝，非高祖武帝也。

其論正統，謂女主夷狄篡逆不得爲統，因謂中國當絶元代之統，不當帝之。夫女主篡逆固已，若絶元而不帝之，則統不中絶乎？且其言曰中國爲五帝三王之所自立，夷狄豈得而有之？而以文中子之帝元魏爲可誅，夫通生於元魏，不帝魏而將誰帝乎？且舜生東夷，文王生西夷，然則舜與文王亦當絶之中國乎？其論之偏多若此。

且又影撰古書以欺後世，尤不足以爲據。即其譏鄭康成杜撰「三農」名目，而鄭司農之説爲正，夫以司農、山農、澤農之名爲非杜撰則可，若其説爲確則非。蓋地官明言於山農徵絺綌，於澤農徵草貢，其與九穀固無關涉，康成亦知其不可通，故更撰原農、隰農二名，升庵讀書博而不精，即此可見。

升庵以力諫大禮廷杖謫戍，生平風節本有足觀，而其後居滇時嚴介甫以詩屬點定，遂與酬和訂交，因痛詆夏文愍爲小人，而以河套之議爲不度時勢，夫桂洲誠有可議，然其與曾襄愍謀復河套，則社稷至計也，崧文致之，而升庵亦巧詆之，可知其徇私隱而違公是矣。即其父子俱以大禮議忤世宗，放棄以死，直聲震一時，然當時張桂之議，以犯盈廷衆怒，天下争詬之，迄今是非論定，張桂所言實爲允協，楊文襄早有「張生此言聖人不易」之語，升庵父子力持「濮議」，亦由讀儀禮不細故也。勝國考據之學遠不能望昭代，惟文憲與陸文裕爲一朝弁冕，文裕儼山外集余亦摘記之，雖博奥不及升庵，然議論較正。余又感二公生同時又相爲友，亦一時盛事，而文裕在朝恩眷最厚，蹤跡亦與介甫尤密，卒後介甫爲作神道碑，而生平自守確然，不爲所汙，是其遇固優於升庵，而人品亦勝之也。然以二公之才之學，而皆爲崧所結納，奸雄之牢籠賢智，又何如哉？

升庵全集　明　楊慎

二十一日　下午，閲升庵集，又記數則：

世之説者曰：三代而下，天下一統者，漢、唐、宋而已，秦、晉及隋不得比之。余謂漢、唐可稱一統，宋僅與晉比爾，不得並漢、唐也。宋自太祖開基，僅得五代疆土，而河東、江南、閩、蜀、嶺南十國未平，史氏未嘗以一統例書之。至太宗，諸國始平，至真宗，而納幣於契丹矣，四傳至神宗，而割七百里地以獻遼矣。靖康以後，稱臣稱姪，更不足言，而其一統之日，曾不得如西晉之久。及南渡以後，享國差長於典午，而氣息奄奄，不啻倍焉。余嘗謂宋之得國，非有深仁厚澤，大烈顯功，幸取於孤兒寡婦之手；而趙普佐命，不足比周之王朴，況敢望張良、李靖乎？故以方興之師，而不能克久疲之遼；仗全勝之勢，而不能制蕞爾之夏。景德之際，寇準之謀不盡用，而有靖康；靖康之中，李綱之策不肯行，而有江左。始也太祖、太宗之時，則奉夷狄如驕子，繼而真宗、仁宗之世，則敬之如兄長，至南渡則事之如君父矣。晉之東猶振刷磨淬，滅慕容，滅姚秦，滅李蜀，是蟲死不僵，虎斃猶立也。以此言之，宋尚不得比晉，而況漢、唐乎？

小説載李泰伯不喜孟子，非也。泰伯未嘗不喜孟子，即考其集知之。内始論引「仁政必自經界始」；明堂引「明堂王者之堂」；刑禁論引「瞽瞍殺人、舜竊負而逃」；富國策引「万取千焉，千取百焉」；「楊氏爲我，墨氏兼愛」；潛書引「萬取千焉，千取百焉」；廣潛書引「男女居室，人之大倫」；省欲論引「文王以民力爲臺爲沼，而民歡樂之」；本仁論引「以至仁伐至不仁」；遥平集序以子思、孟軻並稱；送嚴介序稱章子得罪於父，出妻屏子，而孟子禮貌之；常語引孟子儉於百里之制。由是言之，泰伯蓋深於孟子者也。古詩示兒云：「退當事奇偉，夙駕追雄軻」，則尊之亦至矣。今之淺學，舍經史子集而剿小説，以爲無根之遊談，故詳辨之。

今帝王廟，元世祖亦得與祀，蓋以國家統緒所承也。按，世祖之立國，貶孔子爲中賢，第儒流於倡後。國有大事，華臣仕於其朝者，雖大臣不得與聞；臺省正官，非其族類則不任。尊事沙門，其稱帝師者，正衙朝會，百官班列，而帝師專席於座隅，與其君同受群臣朝賀。凡攻城不降，矢石一發，得則屠之。征日本則十萬之師棄於海島；遣使拓雲南金，責安南陳氏以金人代身。其惡如此。然則史之稱謂，皆溢美也。按，第儒流於倡後者，元制以樂工爲雲韶大夫，職正四品，在儒臣上也。

唐人目武后之世爲牝朝。

唐郭、李二將齊名。子儀持重，光弼勁捷，各有所長。以詩喻之，郭如子美，李如太白；以文喻之，郭如韓，李如柳。論雅正則子美、昌黎，若倚馬千言，放辭追古，則杜、韓恐不及太白、子厚也。

周有八士，馬融以爲成王時人，劉向以爲宣王時人，他無所考。汲冢周書克殷解「乃命南宫忽振鹿臺之財」，「乃命南宫百達遷九鼎三巫」，疑南宫忽即仲忽，南宫百達即伯達也。尚書有南宫括，疑即伯适也。則八士者，南宫氏也。以爲成王時人，近之。又蕭穎士蒙山詩有「季隨躡遐軌」之語，蒙山有季隨隱跡事，未知所出，亦奇聞也。

孔北海大志直節，東漢名流，而與建安七子並稱。晉金谷二十四友有劉琨，唐八關十六子有劉栖楚，其亦中行獨復者乎？

漢光武渡呼沲河，俄頃(兵)〔冰〕合，真有神助矣。其後帝命其處爲危渡口，示天幸不可恃，以戒子孫，此其大度何如也。石勒擊劉曜，濟自大堨，以河(兵)〔冰〕泮爲神助，號爲靈昌津，此其去光武遠矣。

黄鄮山嘗曰：「考亭於介甫愛而不知其惡，於東坡憎而不知其善，然特激於汪玉山一時往復之書耳。玉山極口稱東坡，考亭力辨之；玉山再護東坡，考亭乃深求其短，遂有寧可取介甫之説。考亭有性氣，此一時有激之言，非平日議論之正也。然其苗脈亦從爲伊川護法中來；甚至介甫作詩罵昌黎，而考亭亦以其詩爲是。蓋因爲門庭起見，遂有此焉，偏處亦不自覺也。」鄮山，朱子門人之門人也，其言如此，可謂朱子之忠臣矣。然朱子此論，非特有激於汪應辰。余觀張南軒與朱元晦書曰：「聞兄在鄉里，因歲歉請於官，得米儲之，而春秋償其所取之息。或者妄有散青苗之譏，兄聞之，作而言曰：介甫獨有散青苗之一事，是耳，奮然作社倉記以述此意。某以爲過矣。是乃意之所加，不自知其偏者也，不可作小病看，異日流禍，恐不可言。」南軒此論，可謂朱子之諍友矣。夫朱子學孔孟者也，孔孟平日之論，曷嘗譽驩兜而貶元凱耶？

于公異露布，爲德宗所歎賞，陸贄忌其才，誣以家行不至，賜孝經一卷，坎壈而終。惜哉！敬輿而有此也。

辛甲爲商紂太史，七十五諫而去。其後周人封之，著書一篇，見漢書藝文志。

韓文諱辯「漢有杜度」。按，庾肩吾書品，杜操字伯度，非名也。韓公亦誤用。何不曰春秋有衆仲，戰國有騏期？

唐人謂中書舍人爲小鳳，翰林學士爲大鳳，丞相爲老鳳，蓋以中書省有鳳池也。宋時猶襲其稱。

以荀卿大儒，而弟子有焚書坑儒之李斯；以李斯爲師，而弟子有治行第一之吳公。人之賢否，信在乎自立也。

倉頡、沮誦共造文字，今但知有倉頡，不知沮誦。

盧懷慎身爲上相，家無擔石，孜孜體國，至死益堅。屬疾則念明皇倦勤，將有憸人乘間之患；遺言則薦宋璟諸賢，以爲社稷無窮之謀。豈區區才智之士，矜眩目前，以爲功必己出者能爾耶？史以伴食譏之，誤矣。

黄東發曰：「自知其必能相而相者，古今一伊尹也。自知其必不能相而不相者，古今一鄭五也。人皆曰必不能相，己獨曰必能相者滔滔，皆鄭五之罪人也。嗚呼，伊尹吾不得而見之矣；得見鄭五，斯可矣。」又曰：「檗之初相，獨驚怪而固辭，其進甚明也。唐末諸相率植黨與以持之，檗之既相，獨致仕而速去，其退甚明也。進退如此，不賢而能之乎？又跡其生平，守廬州而盜不入境，留緡錢而盜不敢犯，亦有過人者，不謂之賢不可也。」

荀彧沮曹操受九錫，唐裴樞持朱温除一太常卿。文中子以彧及其子攸，比殷之三仁；歐陽永叔以樞一卿尚惜，其肯以社稷與人乎？嗚呼，文中、永叔可謂愚矣。荀、裴二人，既與曹操、全忠同爲逆謀，非一日矣，其靳九錫、惜一卿，欲微示異同，以掩時人之耳目。其心必曰：吾已許其大，其細者不許，彼未必怒也。操與全忠之意，必疑曰：或與樞之意中變矣，細者如此，況大者乎？遂逞其忿，殺之不恤也。而文中、永叔之論，毋乃爲所欺乎？

殷之德，陽德也，故以男書子。周之德，陰德也，故以女書姬。

墨子尚賢篇文王舉閎夭、泰顛於罝網之中。

趙師羼爲趙千里從子，尹京有政聲，戮杭州奸僧事尤奇。而諂附韓侂胄，至學犬吠以爲迎合。

宋贈鄂王岳飛謚忠武，文曰：「李將軍口不出辭，聞者流涕；藺相如身雖已死，凜然猶生。」又曰：「易名之典雖行，議禮之言未一。始爲忠愍之號，旋更武穆之稱。獲覩中興之舊章，灼知皇祖之本意。爰取危身奉上之實，仍采戡定禍亂之文。合此兩言，節其一惠。昔孔明之志興漢室，子儀之光復唐都，雖計效以或殊，在秉心而弗異。垂之典册，何嫌古今之同辭；賴及子孫，將與山河而並久。」今天下岳祠皆稱武穆，此未定之謚也，當書忠武爲宜。

升庵集　明　楊慎

二十四日　閲升庵集，又劄記數則：

陳文惠公堯佐吴江詩云：「平波渺渺煙蒼蒼，菰蒲纔熟楊柳黄。扁舟繫岸不忍去，西風斜日鱸魚香。」後人於其地立鱸鄉亭。又碧瀾堂詩云：「苕谿清淺霅谿斜，碧玉光涵一萬家。誰向月明中夜聽，洞庭漁笛隔蘆花。」二詩曲盡東南之景，後之作者，無復措手。

蕭遇春日詩「水堤煙報柳，山寺雪驚梅。」唐人賞之，謂不減庾子山。

詩盛於唐，其作者往往託於傳奇小說、神仙幽怪，以傳於後；而其詩大有絶妙今古、一字千金者。試舉一二。「卜得上峽日，秋來風浪多。巴陵一夜雨，腸斷木蘭歌。」又：「雨滴空階曉，無心換夕香。井梧花落盡，一半在銀牀。」又：「舊日聞簫處，高樓當月宫。梨花寒食夜，深閉翠微中。」又：「命笑無人笑，含嬌何處嬌。徘徊花上月，空渡可憐宵。」

鮑照詩「秋霜曉驅雁，春雨暗成虹」，佳句也。杜子美詩「朔風驅胡雁」本此。又庾信詩「秋風驅亂螢」句亦甚奇。

古人殿閣簷稜間有風琴風箏，皆因風動成音，自諧宫商。元微之詩「鳥啄風箏碎珠玉」是也。今名紙鳶曰風箏，非。

陸賈南中行紀云：「南中百花，惟素馨香特酷烈，彼中女子以綵絲穿花心，繞髻爲飾。」梁章隱詠素馨花詩云「細花穿弱縷，盤向緑雲鬟」，用陸語。

王右丞詩「楊花惹暮春」，李長吉詩「古竹老梢惹碧雲」，温庭筠「暖香惹夢鴛央錦」，孫光憲「六宫眉黛惹春愁」，用「惹」字凡四，皆妙。

孟東野詩云「花嬋娟，泛春泉；竹嬋娟，籠曉煙；雪嬋娟，不長妍；月嬋娟，真可憐。」其辭風華秀豔，有古樂府之意。余嘗令繪工繪此爲四時嬋娟圖，以花當春，以竹當夏，以月當秋，以雪當冬。

唐書武后之世不見有征雲南事。余觀駱賓王集，頗見其事，今具録其略。疇昔篇云：「膏車秣馬辭鄉邑，縈轡西南吏邛僰。」此駱賓王亦從宦於蜀也。其行路難云：「去去止哀牢，行行入不毛。」又云：「交趾枕南荒，崑彌臨北户。川原饒毒霧，谿谷多淫雨。」則從征之事也。其姚州道破逆賊諾（波）〔没〕弄楊（處）〔虔柳〕露布云：「浮竹遺胤，沈木餘苗。」又云：「三胐〔昆〕侖鎮，此山即南中巨防也。」又破蒙儉露布云：「俗帶白狼，人習貪殘之性；河淪赤虺，川多風雨之妖。水積炎光，山涵毒霧。竹浮三節，木化九隆。鄭純之化不追，孟獲之風愈扇。」又云：「營開嶲穴，旆轉邛川，峻岐折板之危，滇池漏江之固。」又云：「城接祠雞，竟無希於改旦；山多神鹿，終未見於擇音。」又代姚州道李義祭趙郎將文云：「滇浦挺妖，昆明習戰，致令王師失律，凶狡憑陵。亭候多虞，故有負於明代；春秋責帥，豈無慚於幽途。」合此觀之，始雖小勝，終亦敗師，史不書者，蓋當時不以聞也。唐之敗於南詔，不止楊國忠而後隱蔽，武后之世已然矣，故詳著之以表史氏之遺云。

王勃益州夫子廟碑云：「帝車南指，遁七曜於中階；華蓋西臨，藏五雲於太甲。」酉陽雜俎謂燕公讀碑，自帝車至太甲四句，悉不解。訪之一公，一公言北斗建午，七曜在南方則無位，聖人當出。華蓋以下，率不可悉。愚按晉書天文志華蓋杠旁六星曰六甲，分陰陽而配節候，太甲恐是六甲一星之名，然未有考證。以一行之邃於星曆，張燕公、段柯古之殫見洽聞，而猶未知焉，姑闕疑以俟博識。

楊誠齋云：「李太白之詩，列子之御風者也；杜少陵之詩，靈均之乘桂舟駕玉車也。無待者，神於詩者與？有待而未嘗有待者，聖於詩者與？宋則東坡似太白，山谷似少陵。」徐仲車云：「太白之詩，神鷹瞥漢；少陵之詩，駿馬絶塵。」二公之評，意同而語亦相近。余謂比之文，太白則史記，少陵則漢書也。

韋蘇州對殘燈詩云「獨照碧窗久，欲隨寒燼滅。幽人將遽眠，解帶翻成結。」梁沈氏滿願殘燈詩云：「殘燈猶未滅，將盡更揚輝。惟餘一兩焰，猶得解羅衣。」韋詩實出於沈，然韋有幽意而沈淫矣。

陳張正見鄰舍詩[一]云：「簷高同落照，巷小共飛花。」符載詩：「緑迸穿籬筍，紅飄隔户花。」于鵠詩：「蒸藜嘗共竈，澆薤亦同渠。傳屐朝尋樂，分燈夜讀書。」劉長卿：「雞聲共林巷，燭影隔茅茨。」徐鍇詩：「井泉分地脈，鄰杵共秋聲。」梅聖俞詩：「籬根分井口，壁隙透燈光。」總不如杜工部「相近竹參差，相過人不知」一首之妙。

注釋

〔一〕天頭有批語：「按，『鄰』字當作『砧』。」又批：「『鄰』字不誤。」

李端古别離詩云：「水國葉黄時，洞庭霜落夜。行舟聞商賈，宿在楓林下。此地送君還，茫茫似夢間。後期知幾日，前路轉多艱。巫峽通湘浦，迢迢隔雲雨。天晴見海檣，月落聞鐘鼓。人老自多愁，水深難急流。青霄歌一曲，白首對汀洲。與君桂陽别，今君岳陽待。後事忽差池，前期日空在。

木落雁嗷嗷，洞庭波浪高。遠山雲似蓋，極浦樹如毫。朝發能幾里，暮來風又起。如何兩處愁，皆在孤舟裏。昨夜天月明，長川寒且清。菊花開欲盡，薺菜泊來生。下江帆勢速，五兩遥相逐。欲問去時人，知投何處宿？空泠猿嘯時，泣對湘潭竹。」此詩端集不載，古樂府有之，然題曰二首，非也，本一首耳。其詩真景實情，婉轉惆悵，求之徐、庾間且罕，況晚唐乎？

麗情集載湖州妓周德華者，劉采春女也，唱劉禹錫柳枝詞云：「春江一曲柳千條，二十年前舊板橋。曾與美人橋上别，恨無消息到今朝。」此詩甚佳，而劉集不載。

古樂府清谿小姑曲云：「開門白水，側近橋梁。小姑所居，獨處無郎。」唐李義山詩云：「神女生涯原是夢，小姑居處本無郎。」小姑，蔣子文第三妹也。楊炯少姨廟碑云：「虞帝二妃，湘水之波瀾未歇；蔣侯三妹，青谿之軌跡可尋。」

古樂府有朱鷺曲，解云因飾鼓以鷺而名曲焉。徐陵詩有「梟鐘鷺鼓」之句。蓋鷺色本白，漢初有朱鷺之瑞，故以鷺形飾鼓，又以朱鷺名鼓吹曲也。

太白詩「羌笛横吹阿嚲迴」，阿嚲迴，番曲名，張祜集作阿濫堆，蓋飛禽名也。明皇御玉笛，采其聲翻爲曲子，番人無字，止以聲傳，故隨中國所書人各不同耳，難以意求也。

唐鄭嵎詩「春遊雞鹿塞，家在鷓鴣天。」詞名鷓鴣天本此。

玉女行觴、神仙留客，皆煬帝曲名。

江淹詠美人春遊詩「白雪凝瓊貌，明珠點絳唇」，詞名點絳唇本此。

王荆公好解字説而不本説文，妄自杜撰。劉貢父曰：「易之觀卦，即是老鸛；詩之小雅，即是老鴉。」荆公不覺欣然，久乃悟其戲。又問東坡鳩字何以從九，東坡曰：「『鳲鳩在桑，其子七兮』，連娘帶爺，恰是九個。」又自言「波者水之皮」，坡公笑曰：「然則滑是水之骨也？」

高歡立法，盗私家十備五，盗官物十備三。備，償補也，音裴。今作「賠」，音義同，而「賠」字俗，從「備」爲古。

朱文公書，人皆謂其出於曹操。操書傳世絶少，惟賀捷表元時尚有，文公所學必此。劉恭父學顔魯公鹿脯帖，文公以年代近遠誚之。劉云：「我所學者，唐之忠臣；公所學者，漢之篡賊耳。」此又見文公之書出於操，無疑也。

郝陵川論書云：「太嚴則傷意，太放則傷法。」名言也。

元人評書畫皆精當，遠勝宋人。

梁武帝詩「瑟居超七浄」，「瑟」與「索」同。「蕭索」字一作「蕭瑟」，則「索居」亦得作「瑟居」也。蓋瑟、索皆借用，正字作「摵」。

增抄詩話六條。

「忽見寒梅樹，開花漢水濱。不知春色早，疑是弄珠人。」此王適梅花詩也。唐音選之，開元以後無此句法矣。

李益集有樂府雜體一首云：「藍葉鬱重重，藍花石榴色。少女歸少年，光華自相得。愛如寒爐火，棄若秋風扇。山岳起面前，相看不相見。春至草亦生，誰能無别情。殷勤展心素，見新莫忘故。遥望孟門山，殷勤報君子。既爲隨陽雁，勿學西流水。」此詩比興有古樂府之風，唐人鮮及。或云非益詩，乃無名氏代霍小玉寄益之詩也。

續南部煙花録有劉綺莊揚州送人詩云：「桂檝木蘭舟，楓江竹箭流。故人從此去，遠望不勝愁。落日低帆影，歸風引棹謳。思君折楊柳，淚盡武昌樓。」綺莊不知何許人，詳詩之聲調，必初唐也。

「霜月夜徘徊，樓上羌管催。晚風吹不盡，江上落殘梅。」此貫休絶句也。休在晚唐有詩名，然無可取，獨此首有樂府聲調，亦猶惠休之碧雲也。

「門外猧兒吠，知是蕭郎至。剗襪下香階，冤家今夜醉。扶得入羅幃，不肯脱羅衣。醉則從他醉，猶勝獨睡時。」此唐人小詞。前輩言觀此可知詩法。蓋八句而四轉折也。

宋詩信不及唐，然如張南軒麗澤詩云：「長吟伐木詩，佇立以望子。日暮飛鳥歸，門前長春水。」西嶼云：「繫舟西岸邊，幅巾自來去。島嶼花木深，蟬鳴不知處。」有王維輞川遺意。

升庵全集　明　楊慎

二十六日　早起，摘録楊升庵集。

酈道元水經注形容水之清澈云「分沙漏石」，又曰「淵無潛甲」，又曰「魚若空懸」，又曰「石子如樗蒲」，皆極造語之妙。

説者云，宋人小説不及唐人，是也；殊不知唐人小説不及漢人。如華嶠明妃傳云：「豐容靚飾，光照漢宫；顧影徘徊，聳動左右。」伶玄飛燕外傳云：「以輔屬體，無所不靡。」郭子横麗娟傳云：「玉膚柔軟，吹氣勝蘭；不欲衣纓，拂之恐體痕也。」此豈唐人可及？

拾遺記曰：「禹治水所穿鑿處，皆有泥封記，使玄龜升其上。」此封堠之始。又山海經黄帝遊幸天下，有記里鼓，道路記以里堆。則堠起軒轅時也。

嘗有人問於蘇文忠公曰：「公之博洽可學乎？」曰：「可。吾嘗讀漢書矣，蓋數過而始盡之。如治道、人物、地里、官制、兵法、財貨之類，每一過專求一事；不待數過，而事事精覈矣。」此言也，虞邵庵嘗舉以教人，誠讀書之良法也。

唐杜兼聚書萬卷，每題其後云：「清俸寫來手自校，汝曹讀之知聖道，墜之鬻之爲不孝。」其言似矣，然而未達也。司馬温公云：「積書以遺子孫，子孫未必能讀。」此興廢之常理也。余嘗愛趙子昂書跋云：「聚書藏書，良匪易事。善觀書者，澄神端慮，浄几焚香。勿卷腦，勿折角。勿以爪侵字，勿以唾揭幅，勿以作枕，勿以夾刺。隨損隨修，隨開隨掩。後之得吾書者，並奉贈此法。」真達者之言哉。

袁宏與范曾書「四海鼎沸，天轡將移」，「天轡」字奇。

續錦帶集迎賓啓云：「水候錦攬，陸遲華鑾。」

褚亮詩「彤騶出禁中」，蓋伍伯戴紅帽以唱騶，自唐已然矣。

禊，水上祓除也，有春禊、秋禊。論語「浴乎沂」，注「上巳祓除」，此春禊也。劉楨魯都賦曰：「素秋二七，天漢指隅，人胥祓禳，國子水嬉。」此用七月十四日，指秋禊也。

子鼠丑牛十二屬之説，朱子謂不知所始。余以爲此天地自然之理，非人所能爲也。日中有金雞，乃酉之屬；月中有玉兔，乃卯之屬；日月陰陽互藏其宅也。古篆巳字作蛇形，亥字作豕形，餘可推而知矣。此亦臆説。按北齊書文宣帝母有「長子羊兒年，次子狗兒年」之語，則南北朝時已有之，然終不得其解耳。

點與玷通，古詩多用之。束晳補亡詩「鮮侔晨葩，莫之點辱」，陸厥詩「既叨金馬署，復點銅駝門」，杜子美詩「幾回青瑣點朝班」是也。

文章有似歇後語處，如淵明詩「再喜見友于」，杜詩「友于皆挺拔」、「野鳥山花吾友于」。南史到藎從武帝登樓，受詔賦詩立成。帝謂其祖漑曰：「藎實才子，恐卿文章得無假手於貽厥乎？」又稱故鄉爲「維桑之里」，稱師曰「在三之義」，稱子曰「則百之祥」，皆此類也。

鷗堂日記　清　周星譽

上午，閲叔子日記，内載與孫助教廷璋倡和金縷曲詞十四首，皆疊「漏」字韻，争奇鬥巧，然終爲均所窘，於本色亦少減矣。詞係助教所倡，叔子初次和即柬予養痾蘿庵詞也。詞云：「夜雨牀牀漏。鎮垂簾，忽忽悶過，踏青時候。打鼓斫球南鎮路，閑了嬉春煙九。有多少、鶯僝燕僽。落盡湘桃池館冷，正淒涼、天氣人中酒。情緒惡，自搔首。　聞君卧病愁依舊。料無聊，抛書慵枕，垂楊左肘。十里湖南山畔寺，滴翠湖光如繡。寺以外、萬松風吼。苔徑日長人不到，但緑蘿、雲静啼仙狗。還許我，掉船否。」此詞甚穩，然細味之，下半闋押吼、狗均處與前半氣體稍别矣。其他可喜者，如讀玉井滿江紅詞有感云：「月黑驚殘漏。把吴鉤，振衣起舞，荒雞啼候。借問昇平臺閣彦，可有少年陸九。千古事、幾多僝僽。北庭浪傳兵可用，笑諸公、只飲京江酒。烽火色，黯牛首。　傳聞仗鉞多勳舊。嘆連營，一朝自斷，長淮左肘。九道出師同拜命，衛士戰袍新繡。痛半壁江濤怒吼。此日中流誰擊楫，盡通侯，羊胃儀同狗。平賊檄，汗顏否。」月夜聽令茗琵琶云：「畫榻蕉陰漏。悄深深、曲瓊簾子，夜深時候。閑搭香綃調紫鳳，新譜霓裳第九。聽入破、四絃僝僽。一院鞦韆花影鎖，蘸羅衫、斜月黄於酒。吴苑夢，乍回首。楓香一曲傳名舊。恁玲瓏，轉關護索，紅蓮雙肘。憶昔善才傳指法，壓到王香吴繡。潮夜静、銅龍初吼。簫局香殘纖玉凍，驀苔陰、撼起波斯狗。銀篦子，碎應否。」二詞驚才絶艷，然如波斯狗句，亦强押矣。余於今人詞最喜叔雲，而此數首殊不滿意，足見疊均之難也。其他押狗字穩者，叔子贈蓮士云：「我坐長貧君落第，嘆一般身世儕屠狗。」又云：「索米金門慳一飽，賸緇衣驚吠楊家狗。」蓮士將納荀姬柬東漚云：「屈膝銅鋪春待鎖，預花間、潛制金鈴狗」，皆佳。

助教詩學晚唐，在本朝雅近厲樊榭，如贈人云：「輕碧簾櫳香串雨，嬌紅絃管酒飛霞。」漫興落句云「合爲美人漂泊死，茂陵風雨太湖船。」題壁云：「名場易忤由工傲，詩酒難高總病纖。」曉行云：「衰柳河梁猶有月，荒蘆野港不能潮。」又「荒村苦竹啼山鬼，故國梅花薦水仙。」又「飄蓬身世無長物，傳箭關河有戒心。」又「感事能增詩骨格，降寒須録酒功勞。」五古如「冉冉孤雲飛，疏樹不能蓄」，亦雋語也。

叔子間作小詩效六朝體，亦極工。如丁韻琴大碧琴銘云：「東山桐，文斑斑。天風來，十指間。松聲自碧瑶水寒。江雲蕭蕭玄鶴語，我若成仙定攜汝。」秦雲女史琴銘云：「青琅之徽翠作尾，三十六鸞應絃起，我心如雲不可理。紅蘭花落菖蒲芬，美人不來秋已深，瓊思瑶語煙紛紛。」真齊梁人語也。

閏七月

升庵全集 明 楊慎

初三日 偶閲楊升庵集，又録數則。

山林窮四和香，以荔枝殼、甘蔗滓、乾柏葉、黄連和焚；又或加松毬、棗核、梨核，皆妙。

印色古方用蓖麻油，或用煎糊油，皆未爲佳。近傳用（川）〔穿〕山甲油，取其不滲。試之良妙。

劉聰以婢爲后，王鑒諫曰：「不可以汙玉簀而塵瓊寢。」

茨簷賤士，見晉書。葦庵漁父，見廣異記。

中朝故事云：天街兩旁槐木，俗號爲槐衙。曲江池畔多柳，亦號爲柳衙，以其成行排立也。

海物異名記密丁魁，蛤之子也。江瑶柱，海月也。天臠瓦隴，蚶子也。膏葉盤，海鏡也。西施舌，鱣子也。西施乳，河豚腩也。吐綬鳥謂之錦帶功曹，即詩所謂「邛有旨鷊」也。可對金衣公子。

梁黄門侍郎明少遐曰：「狐性多疑，鼬性多豫；狐疑、猶豫，因此而傳耳。」乃知猶即鼬也。

尹子曰：「詩詠流離，史書梟獍。流離，鳥名，少好長醜。」蓋毛、鄭舊説也。

鄒衍言九州之外復有九州，載於史記。其説曰：「東南神州曰旦音晨。土；正南印州隋書作迎。曰深土；西南戎州曰滔土；正西弇州隋書作拾。曰開土；正中冀州曰白土；西南柱州一作桂。曰肥土；

西北玄州隋書作營州，一本作宫州。曰成土；東北咸州曰隱土；正東揚州曰信土。」其言本荒唐。漢人作河圖括地象，全祖其説。隋代郊天，遂以其名入從祀之位。史炤通鑑釋文曰：「此九州其崑崙統四方之九州乎？或曰神農地過日月之表，蓋神農之九州也。」

道經言海外蓬萊閬苑有五嶽靈山。一曰廣乘之山，天之東嶽也。在東海之中，上有碧霞之闕，瓊樹之林，紫雀翠鸞，碧藕白橘，主歲星之精，居九氣青天之内。二曰長離之山，天之南嶽也。在南海之中，上有朱宫絳闕，赤室丹房，紫草紅芝，霞膏金醴，主熒惑之精，居一氣丹天之内。三曰麗農之山，天之西嶽也。在西海之中，上有白華之闕，三素之城，玉泉之宫，瑶林瑞獸，主太白之精，居七氣素天之内。四曰廣野之山，天之北嶽也。在北海弱水之中，上多瓊樓寶闕，金液龍芝，主辰星之精，五氣玄天之内。五曰崑崙之山，天之中嶽也。在八海之間，上當天心，形如偃蓋，上有瓊華之闕，光碧之堂，瑶池翠水，金井玉彭，主鎮星之精，居於中元一氣天中焉。

東海之别有渤海，南海之别有漲海，西海之别有青海，北海之别有瀚海，猶五嶽之外有五鎮焉。鄒衍書，四海之外有裨海環之。説文：「以小益大曰裨。」西域傳有裨王，漢書有裨將，書名有裨蒼、裨雅，皆以小益大之義。

唐詩「天子三河募少年」，三河，黄河也，折支河也，湟河也。

蜀之三江：外水岷江，中水涪江，内水沱江也。

又録文集，答重慶太守劉嵩陽書：走之仰止足下久矣，所傳聞於永昌張愈光者尤悉。癸卯之秋，愈光北上，走則暫歸，約同謁執事於渝，此彥會也。張以病不果行，走以獻歲甲之鼂，路貫貴治，竟逢其違，匆匆勿勿。留手筆付馬生以答前款，區區拳拳，未蒇萬一。童永昌來，乃辱賜盪櫛，豐逾千言，始則善誘之太甚，中則相知之已深，末復相期之極摯。走雖髦昏，敢忘酬旃。下走賦質愚戇，天稟倔强，不能以過情接物，虛言定交；獨重欽下風，憬睠高躅，緊有由矣。自昔文人，類略細謹，仰高明則濯纓清泠，牽絲壁立，不依禾絹，不謁黃瓤，不近冰峰，此固鄙人之沃聞鏤膺者也。邇者霸儒創爲新學，削經剗史，驅儒歸禪。緣其作俑，急於鳴儔，俾其易入。而一時奔名走譽者，自叩胸臆，正以驚人彪彩，罔克自售，靡然從之，紛其盈矣。蜉蝣撼樹，謂游、夏爲支離；聚蚊成雷，以舒、雄爲小伎。豪傑之士，陷溺實繁。執事則獨復不染，特立無緇，此又鄙人之沃聞鏤膺者也。走少而多疾，長也無奇，然竊有狂談，異於俗論。謂詩歌至杜陵而暢，然詩之衰颯實自杜始；經學至朱子而明，然經之拘晦實自朱始。此非杜、朱之罪也。玩瓶中之牡丹，看擔上之桃李，效之者之罪也。不可不知此等議論。何仲默亦謂古詩之法亡於謝玄暉，古文之法亡於韓昌黎。雖才人好爲高論，然亦足以增廣識見。夫鸞輅生於椎輪，龍舟起於落葉，山則原於覆簣，江則原於濫觴。今也譬則乞丐沾其剩馥殘膏，猶之瞽史誦其墜言衍説，何惑乎道之日蕪而文之日下也？竊不自揆，欲訓詁章句，求朱子以前六經；永言緣情，效杜陵以上四始。斐然之志，確乎不移，而影頽吳泉，昏及趙蔭，跡類愚公，力疲夸父矣。束髮以還，頗厭進取，幸玆荒戍瑟居，得以息黥補刖。回維千鈞之弩，一發不鵠，則可永謝，焉復效枉矢飛流，嚆箭妄鳴乎？故無寧效昔人放於酒，放於賞物。且又文有仗境生情，詩或託物起興，如崔延伯每臨陣則召田僧超爲壯士歌；宋子京修史，使麗竪爇椽燭；吴元中起草，令遠山磨隃麋，是或一道也。走豈能執鞭古人，亦聊以耗壯心、遣餘年。若所謂老顛欲裂風景不自洗磨者，良亦有之。不知我者不可聞此言，知我者不可不聞此言，尊諭託忘機忌之教，則豈敢當也？然借以逃尺寸之負俗，斯則受貺良厚，不敢文過。末復以見志垂載爲勖，此叔達汲王無功盛心也，愈益不敢承焉。壯膏之炷欲燼，遊岱之魂將至，捧誦良書，深負德愛爾。

劉繪與升庵原書謂：「足下脱略禮度，放浪形骸，陶情於豔曲，躭意於美色。抱尺寸者從而譏訕，以爲困躓夷險，降志辱身，厭溺嗜欲，不超玄遠。其略知足下者，又爲足下之才之惜。以僕之愚濛，乃知足下之微。夫人情有所寄，則有所忘；有所譏，則有所棄。寄之不縱，則忘之不遠；譏之不深，則棄之不篤。忘之遠則我無所貪，棄之篤則人無所忌；無所忘而後能安，無所貪而後能適。足下之所爲，將求夫安與適也。古人卧酒家，買田宅，擁聲伎，皆豪傑蓋世之才，豈獨無抱尺寸者之見也？」

與金鶴卿書：

自七月之變，分手非所，不面之闊，藐焉五年。斷金睽於參商，渴瓊發於寢寐，如何其可聊也。惟別之後，兩枉珍翰，一投嘉藻，啓緘伸紙，喜與忭會。既覩手跡，兼照心素。滯荆之跡，雖同仲宣；投沙之懷，夐異賈傅。欣恫欣恫，幸甚幸甚。亟欲嗣音，仍闕便驛，遷延至今，傾翹益勤。走孱弱之軀，不耐瘴癘，戊午春月，忽中末疾，篤癃沈痼，行動仰人。窮荒絶域，乏醫鮮藥，閉門抱影，越歲逾時。近兵燹甫定，而扎瘥大侵，繼之蓬心摇兀，難以託根；波臣涸轍，又復轉徙。孤懸浮寄，望鄉益遠，無悰寡侶，較頃彌甚。儋石同栗里，而室無阿舒之愉；遲暮如子雲，而門無好事之問。僻遠視瓊、儋，而館無白鶴之假；寂寞均柳永，而遊無黄谿之適。時復静言，近維疇曩，承清塵於俊箞，廁華景於英流。

桑梓芝蘭之契，宴笑過從之雅，微言疑義之析，酒賦琴歌之懽。炳焉服膺，宛猶昨暮；忽而影響，曠若隔世。存者如辰星之望，逝者有宿草之悲。老子芻狗之談，釋氏露電之喻，其最得乎。獨居多暇，感集悲來，輒藉此言詮，以濯情素。款襟其遼，覼縷莫罄，時有南風，更冀良訊。

升庵議論之可取者，如論天則謂：邵子有天地自相依附之言，而朱子遂云天外更有軀殼甚厚，所以固氣。然則天之軀殼，誰見之也？而莊子「六合之外，聖人存而不論」之言爲切要。論嫦娥則以爲常儀占月之訛。論新、舊唐書，則以爲姚崇要説十事，舊書備載問答語；而新書裁節之，全失語氣，小宋之割裂類如此。論范少伯載西子遊五湖，則謂越王滅吴，浮西施於江，日使從鴟夷以終。杜牧誤會浮字，且以范蠡號鴟夷子，而忘夫差以鴟夷沈子胥於江，遂有「一舸逐鴟夷」之句，而後人訛傳至今。論西海之祭，則稱邱文莊公謂滇之極西，百夷之外，聞有大海，通西南島夷，即西海也，宜於雲南城望祀之，今望祀於蒲州爲非。論小説則以汲冢周書爲害義傷教，首爲誣聖之書。其後十洲記、漢武帝内傳、洞冥記、王嘉拾遺記、王仁裕天寶遺事，宋有碧雲騢、雲仙散録、清異録，皆淺陋虚妄，可以焚棄。論班史古今人表，則譏其有四謬。列曾子於冉閔、仲弓之下；列魯隱於下下，而葛伯及於上中；列嫪毐於中下，而陳仲子與之同等；此識見之謬。以夔、后夔爲二人，而一在上下，一在下上；以韋、豕韋爲二人，而一居下上，一居上下；鄭無恤與王良並著，范武子與士會俱垂，此荒略之謬。鴻荒以來，非漢家之宇；上古群佐，非劉氏之臣。固作漢書，紀漢事耳，乃總古今以著人表，既乖其名，復亂其體，此名義之謬。有仲尼之聖，然後可以裁定前人，憲章後世。固何人也，而高下古今之人？使其自署，當在何等？此妄作之謬。論陳壽「蜀無史職，故災祥靡聞」之語，謂壽因父受髡辱，加兹謗議。按黄氣見於秭歸，群鳥墮於江水，成都言有景星出，益州言無宰相氣，若無史官，此事何由而書？蜀志又稱王崇補東觀，郤正爲祕書郎，廣求益部書籍。又按後主景耀元年，史官奏景星見，大赦改元；壽自書之而自戾之，爲不可解。是皆足以備稽考，非一味偏謬者比。

升庵編成後，世廟猶念之；乃以狎妓自汙，至綰角髻、簪花、穿緋衣，令妓舁之行。內侍有自滇回京者，以聞，世廟以爲病風，乃得免。是其佯狂避禍，同於袁海叟之對使者唱月兒高一曲，亦古之智士歟？詩文皆宗六朝，苦少真意。文更有貌爲高古者，率割裂補綴，不足當方家。且議論多偏駁。嘗作二伯論，謂春秋稱霸，惟桓與文，而五伯之説起於戰國策士，而孟子述之，不足爲據。因以秦穆公之「穆」爲惡謚之「繆」，引董無心言暨史記蒙恬傳爲證。且謂古之得繆謚者，秦、魯以之。夫春秋以來無惡謚，惟廢弑者間有之。秦穆雖未得比桓、文，然在秦則創霸者也。且其置晉君，服鄭喪，用孟明，皆人所難。而勤王則先出師，攘楚則願從役，其心術較晉文爲正。孔子亦録其言爲秦誓，是即在中國，亦令主也，豈有康公爲其子而加以惡謚者乎？升庵以其置晉君而先惠、懷爲幸禍，三良之殉爲穆公遺命，其何所見而云然乎？至論道學，則痛詆象山、慈湖、白沙、姚江爲僞學，而於朱子亦力攻其短。論政事，則以王荊公爲奸邪之尤。論詩，則伸六朝，屈三唐；而於同時何大復屢有微詞。且以蜀人而專右鄉曲，皆其失也。

八月

漢書 漢 班固

初一日 夜讀漢書霍光傳，書其後云：昔人以霍光輔幼主，任天下之重，廢昏立明，與伊、周比。

嗚呼，光誠社稷臣，不當牽於私愛，匿妻之弒君母。既匿矣，不當復納女後宮以圖寵利。然則光廢昌邑之私心見矣。夫昌邑雖非賢，亦無大惡跡，何至並從官而誅之也？既廢之公矣，何至引延年，要楊敞，以劫制爲也？昔固有疑昌邑與從臣有密謀，光因之廢王者。余讀楊敞傳，至敞妻語敞曰：「君不從，禍且不測。」輒廢書歎曰：當日情事如此，光之罪其足疑耶。然則光特以權術挾主者耳，廣樹子姓，不以盛滿爲懼，仇怨浸盈，自取夷滅。史稱光不學無術，嗚呼！其術也，其不學也，哀哉！

先儒謂五臣獨庭堅無後，以其理刑故，夫虞夏之刑，祥刑也，漢世重刑法，酷吏輩出，而張湯、杜周爲最，生平枉殺者以萬計，而二人後嗣寖盛，爲漢世臣。天道之明昧，固不可知，而儒生好爲高論者，亦適形其識見之小爾。

帝王能文

初七日　閱六朝文。竊歎自來帝王能文無如梁武帝，少以文士知名，著書至數百種。顧以英武之姿，手創基業，而晚境潦倒如是，諸子如昭明、簡文、元帝，皆負異才，而夭殁僇辱，無一令終，在南北朝中，亂爲尤甚，得非文字之厄耶？先儒謂高貴鄉公深通經術，而死於司馬昭，帝王之學，洵與文士異。余謂梁武亦然。至擅辭賦之美者，則推陳長城公、李隴西公兩亡國主。余讀簡文、元帝諸賦，豔思綺抱，觸緒紛來，亦何嘗不獨絕耶？

咸豐五年

二月

春秋私考 明 季本

十八日 至味經堂，閱季彭山春秋私考，書闕有間，然議論甚新奇也。

隆平集 宋 曾鞏

二十六日 下午，閱曾南豐隆平集。自來文章家推歐、曾二公有史材。歐公五代史及唐書，人已議其疏略；若南豐隆平集所載北宋五朝事，尤一意主簡。至於諸帝，僅述其世次年歲，而另列名類以紀其事，雖落小樣，然可爲本朝臣子書美不書惡之法。

三月

吴梅村詩話 清 吴偉業

二十日 夜閱吴梅村詩話，不盈一卷，皆紀明末人佚詩遺事者，摘録數則。

萊陽宋玫號九青，年十九登乙丑進士，官至户侍，以枚卜遇譴歸，城陷，不屈死。過南中有云「草迷三國樹，水改六朝山」。嘗曰：「天下之山，未有不由水改者。」其用意精刻如此。

華亭陳子龍字卧子，年二十，與臨川艾千子論文不合，面斥之。其詩好推崇右丞，後又摹擬太白，而於少陵微有異同，要亦倔强語，非由中也。余嘗問曰：「卿何詩爲第一？」卧子曰：「『苑内起山名萬歲，閣中新戲號千秋』，此余中聯得意語也。『祠官流涕松風路，回首長陵出塞年』，又『李氏功名猶帶礪，斷碑落日海雲黄』，此余結法可誦者也。」余賞嘆久之。

臨江楊廷麟字伯祥，别字機部，爲文排宕峭刻，在韓、蘇間；詩則好用奇思棘句，不甚合律。嘗憶其渾河詩中聯曰「春至軍中草木寃」，亦奇句。機部後守贛州，隆武朝進兵部尚書、東閣大學士，有詩十餘首，多高渾深麗之作。寄李尚書云：「朝聞驛使向江樓，虎韔魚文耀列侯。戎服晝消南浦雨，漢家雲護北陵秋。崆峒山下看雙節，天柱灘頭領八州。今日傳呼新僕射，臨江依舊擁貂裘。」丙戌元日云：「黄華嶺外瑞雲齊，白鶴洲前戰馬嘶。五道將軍臨直北，三江父老望征西。春風斗帳降銅馬，細雨戈船鬥水犀。此日建昌（二字疑）應拜舞，近臣還解賦鳧鷖。」又一首：「朝元帳下領高班，稽首春風動百蠻。九葉雲雷開萬國，一時江漢擁三山。宫中勝帖盤龍出，仗裏芳樽藉草頒。從此鎬京傳盛事，年年虎豹度天關。」丙戌九日云：「河西獵火照高樓，五嶺風光異昔遊。木葉屯雲寒戍晚，菊花宜雨漢宫秋。山城野幔開三市，江表輕裘署九州。旦晚功成萸釀熟，憑君一笑舊田疇。」又次首，但記其中聯云：「將軍話嘯多文史，群盗縱横半舊臣。」想見戎服賦詩，從容慷慨氣象。後至十月初四日城陷，從城上投濠死。門人寧都彭同匿其子山中，彭後以諸生從金王舉事，授職方郎，監順慶兵，復寧都州。至己丑正月大兵克城，與妻皆死難，機部子被掠，職方之弟士望以三百金贖得之。

梅村詩取材六朝，樹骨老杜，而鎔鑄香山、玉谿、飛卿、冬郎諸家，以自出面目，故一再讀之，哀感頑豔，使人意消。余偏嗜之，常推爲雲門嫡嗣外一大宗。獨其文集殊多六朝駢儷中膚語，遠不及詩。而雜著如綏寇紀略、復社紀事諸書，簡潔有法，又未嘗不能剪裁也。

四月

鷗堂日記

清　周星譽

初五日　是日閱叔子日記，内有友評一則。謂古今名流，雖性情學術有不同，要其源不外一清字。因稱許太眉名棫，陽湖人。清遠，子九清和，雪甌清豪，孫蓮士名廷璋。清超，平子清雋，而以清剛目予。予自謂未確，而叔子謂余作事作文無一不剛，真不知何以得此美名也。余曉雲近亦有友評，則專論其面目，多滑稽之辭。謂端木小鶴名百禄，青田人。書生，子九學究，雪甌酒徒，季貺公子，葆意暴客，平子斯文，漁賓美人，蒓客才子，而自居遊説，其餘頗近謔虐。余自分近年來頗不羡才子兩字名目；至於體貌間則迂拙樸陋，極似羌博士。而諸子謂諸評中，惟雪甌、季貺殊未當，餘則寫照宛然。叔子謂余極有才子意致，殊足資嘔噱也。

西堂院本四種　清　尤侗

十二日　閲尤西堂院本四種，甚惡之，尤不耐其所謂鈞天樂者。人生升黜有命，亦何足恨？即伏獵入省，曳白登科，皆非意外事；乃必刻畫無鹽，窮極形相。夫亦誰不知之，而煩豐干饒舌耶？其間淺陋可笑處，尤不勝指駁。西堂人品，余素薄之。其初注名社籍，馳騖聲氣，全不爲根底之學。及鼎革時叫囂詛罵，一以俳諧蕪鄙之詞，寓其假飾忠孝之意，跡其所著，似非懷沙抱石，即披髮入山矣。未幾而列仕籍，膺徵車，終以「真才子」、「老名士」之煌煌天語，炫耀鄰里。立身如是，無怪其文章之浮薄也。余幼時閲其詩，已不喜之，然頗喜觀其曲。頻年落第，鬱伊易感，亦喜其劉四罵人澆自己磊塊矣。乃今日復之，至不能終卷，殊足徵邇來心地中進境也。然亦陋矣。

荆駝逸史　清　陳湖逸士輯

十九日　是日素生處借得荆駝逸史二十八本，其四本叔子攜去。所收共五十種，皆紀明末喪亂事由。惟東林本末、平蜀紀事、榆林城守紀略、揚州十日記、東塘日劄、江陰城守記六種曾見過，深愧弇陋。然根柢之學，尚有荒於此者。

夜閲桐城錢飲光澄之所知録三卷。飲光通籍於閩，入粵爲翰林，所紀爲隆武、永曆事。内載隆武之死，或云於福州，或云不知所在。永曆事至駐南寧止。

又姚江黄梨洲先生宗羲行朝録六卷，極有史筆。其紀隆武死，與錢氏同。且謂朱成功屯鼓浪嶼時，嘗遣使存問諸臣，云爲僧於五指山。惟傳曾后被執至九龍潭投水死，二家皆同。然則楊陸榮紀事言隆武與曾妃駢斬汀州者，未確也。梨洲論隆武之亡，謂天實爲之；若帝則不可謂非天生之令主，論者譏其不能出閩，乃勢所不能。鄭芝龍習海島無君之俗，據有全閩，豈帝所能制？黄道周、蘇觀生雖有儒者氣象，亦何能爲？論蘇觀生之立紹武，謂啓釁於肇慶，以滋外患，固不得逃罪；然觀生受思文特達之知，而立其弟，與荀息之不食言，可以並稱。若紹武之從容遇難，追配毅宗，亦亡國而不失其正者。紹武爲大兵所獲，李成棟使人饋食，帝不肯，曰：「飲汝一勺水，何以見先帝於地下？」遂縊。論周鶴芝之乞師日本，謂無異張孝傑之海外借兵，忠臣義士，窮思極計；而余煌恐其爲吴三桂之續，以利害相權，真書生之見。皆確論也。又稱鄭成功爲朱成功，以隆武曾賜姓故，亦極得體。惟梨洲扈從魯監國至海外，官至九列。此書序中亦自稱副都御史。而還里以後，聚徒講學，與我朝公卿相通問，至仁皇帝時有舉以鴻詞者，亦甚非遺民逸老之所爲，有愧李二曲、徐昭法多矣。

又崑山顧亭林先生炎武聖安本紀六卷聖安本紀載明季稗史中，僅二卷，此乃足本。聖安者，隆武所加弘光尊號也。内以王之明一案爲真太子。

又貴池吴忠節公應箕剥復録二卷，紀啓、禎兩朝附璫逆璫事，天啓四年甲子起，至崇禎元年戊辰止；謂己巳以後，逆案定矣。不書者，不敢書也。蓋先生此書作於南都擁立鉤黨將起時，其記載極謹嚴，關係處綱挈目舉，間附論斷亦極確，卓然史筆。其書起於楊應山之劾魏奄二十四大罪，以此爲消長之玄機。是月即杖殺屯田郎中萬燝，乃逆璫肆虐縉紳之始，即此以覘外廷者，逾月而福清去國矣。終於倪文焕、劉志選、梁夢環、曹欽程四人之提訊，以倪、梁在逆璫五虎之列，而曹尤元惡也。

又復揚州十日記一過，悚然增溝壑性命之感。

二十一日　閲京口錢邦芑甲申紀變録，不五頁。又無名氏遇變紀略一卷。此人自號聾道人，乃從逆御史涂必宏幕友，所載即偕涂從逆及逃出事。言同奔時，龔鼎孳夫人美而豔，即舊院顧眉生也，常俯拾塵土自汙。蓋龔以受僞直指使職，聞賊敗，與涂同逃者。

又程端伯正揆滄洲紀事一卷。王度僞官據城記，僅二頁，紀和州攻殺僞官事。又歷年城守記，不二頁，紀泰安陷賊事。又陳洪範北使紀略一卷。洪範爲明總兵，偕左忠貞使大清，左公仗節死，而洪範南旋，後執潞閔王以杭州降者。其書中自言仗義不屈，對大學士剛林言，侃侃有氣節，殊不足信。然極表左部院忠義，不加一字汙衊，亦天良未昧者。

又桐城戴田有弘光朝僞東宮僞后及黨禍紀略一卷，以王之明、童氏爲假冒，以張捷、楊維垣二奸爲真殉節，以光時亨爲並未從賊，因沮南遷論殺者，皆不足據也。聖安本紀載有弘光責法司連結逆案上諭，謂「光時亨力阻南遷，致先帝蒙難；周鍾以詞臣降賊，乘馬不下梓宮；武愾爲賊僞官任事；三人即便處決」云云，是乃於從逆諸臣中，以三人罪加重，故首誅之，餘皆降等。然則時亨之誅，以嘗阻南遷故益其罪耳，非時亨未嘗從賊也。

又揚州城守紀略一卷，載史忠正被執，見豫王，不屈，王使左右兵之，屍裂而死。又許重熙江陰守城記一卷，較韓慕廬江陰城守記特簡。

五月

攻媿集 宋 樓鑰

十六日 閲宋樓宣獻公攻媿集。宣獻名鑰，字大防，四明鄞山人，嘉定中官至參知政事。四明博學推王伯厚，文章推宣獻。集中内外制居半；近體詩格律莊雅，亦宋人中錚錚者。宣獻著名黨籍，生平大節皎然。真文忠序其集，謂南渡文章推李漢老、汪浮谿與公爲三大家。今按其文，詔誥諸作，莊重簡當，極得王言體；奏疏亦明暢；他文率多記山水寺觀，不甚出色，殆亦以人重者與？

崑曲歲寒松

二十三日 是日以賽火神演戲，班名羣玉，越伶中推上駟，能崑曲，因命演歲寒松、一捧雪諸劇，頗可觀。歲寒松爲楊忠愍事，寫本起至監斬止共八齣，殆脱胎於王鳳洲鳴鳳記者。内有鳳洲求救鈐山一節，慷慨激烈，大爲文人增色。據史傳及忠愍集，皆言求救者係介谿門生司業王村，鳳洲乃畫策者耳。此竟歸之鳳洲，極有識。又問官爲尚書何鰲，抹花面坐刑部堂，觀者萬人唾之。其實忠愍集言執筆者吏侍王用賓，附會成獄者刑侍王學益，何不過同之耳。嗚呼，君子小人之利害，觀此可知矣。更有異者，吾邑峽山村何氏巨族也，禁不演此戲，違者力治之。鰲之惡不至與嵩比，然已孝子慈孫百世不能改，迄今三百餘年，禁愈嚴，顧罵益甚，豈非欲蓋彌彰，其孝子慈孫之過歟？

千忠會

二十四日 門前觀劇終日，從弟輩屬余點戲，見其目中有所謂千忠會者，異其名，令演之，乃建文帝事也。演時帝與程濟爲僧山寺，濟他出，一老將率兵擒帝，濟追而哭之，一軍皆涕泣散去，率兵者遂縱帝自刭。事雖無稽，亦足感也。惠帝遜國事，朱竹垞力闢其妄，故欽定明史從實録，後人不免疑之。然從亡、致身録諸書極無謂，此必小説家造此以慰人心者。豈知國君死社稷，正以一炬重耶？老將自稱嚴震直。按震直，湖州人，文皇實録載令工部尚書嚴震直等分往山東、山西、陝西巡視利弊，震直至山西澤州病卒，而致身録言震直督餉山東，爲北兵縛至京，後使安南，遇建文帝於滇，吞金死。至南都擁立，顧九疇爲禮書，題請贈謚。其後人自辨無此事，乃止。是則震直吞金之事既不足據，而今乃以老將當之，且有「帶起做忠臣」之語，震直亦不幸矣。

六月

十一日　上午，閲王次回疑雨集，此書瘦生得之舊書肆者，上有評語，時有道著處，字亦工楷，未知誰氏也。又閲閨秀馮蘊昭碎錦集詩二卷，後坿詞數闋，係抄本，近體亦可采。

疑雨集　明　王彦泓

樊南文集　唐　李商隱

十八日　上午，閲李義山樊南文集。義山詩律雅鍊，固不待言，古文亦齊名孫可之、皇甫持正、杜牧之諸家，四六尤爲中唐後一大宗，論者謂不特非宋人所及，即王、楊四子亦覺遜之。余嘗論四六雖大家所不經意，然初唐後竟失傳。蓋六朝人整煉者如百戰健兒，流麗者如簪花美女，其氣息神韻，俱不可及，又能不見堆垛之跡，如徐熙畫梅，無一瓣複衍。王、楊四子稍滯矣，然如王、謝子弟，揮麈談笑，總饒俊逸。燕、許二公更弱矣，而短衣勁服，猶有古裝。至陸宣公、李樊南全以氣行文，大開宋人門徑，如法師參禪，武將賦詩，時露山野氣、風雲色，自鄶以後無譏矣。樊南尤長者推祭誄諸文，然概以四字成句，率多浮詞套語。余雅不喜此體，近周叔子極詆之，謂其出語庸劣，有並不及宋人者。今日細看數篇，乃知國朝陳伽陵、吴薗次諸家，直胎息於此，一經傳法，已墮惡道矣。惟小文如李長吉傳、與令狐拾遺書、虱賦諸作固自佳；爲王茂元檄劉稹文，亦不弱陳孔璋輩。義山極推崇昌黎平淮西碑，其作李衛公會昌一品集序，力仿之，而才實相遠，蕪詞支語，衝口即出；稱頌處雖極用意，亦時有失體語。與鄭亞改本相較，相去遠甚，此君固非大手筆也。序作於宣宗大中元年，時文饒已三貶爲太子少保分司，亞亦由中丞貶外，未幾以吴湘獄，貶文饒司户崖州，亞以審是獄時爲御史知雜，亦再貶循州刺史，而序中尚極意推重，擬之天之春秋，地之秦洛，人之伊周，足見衛公當日聲望之隆，而朋黨之固結不可解也。然不以失勢反面，如鄭公者，亦君子人與。

七月

樊川文集　唐　杜牧

初一日　午後讀樊川文。予自己酉冬於唐文粹中讀牧之文數篇，不過謂其生峭便學，如孫樵、劉蛻之徒。今日復之，乃知才學均勝，通達治體，原本經訓，而下筆時復不肯一語猶人，故骨力與詩等，而氣味醇厚較過之。所著如罪言、原十六衛、守論、戰論諸篇，前惟賈太傅治安策、過秦論，後惟老蘇幾策、權書，可以鼎立，固爲最著。他如李飛墓誌、盧秀才墓誌、李賀集序、注孫子序、杭州新造南亭記、上李司徒論用兵書、上李太尉論江賊書、黄州刺史謝上表、進撰韋寬遺愛碑文表、塞廢井文、題荀文若傳後諸作，皆奇正相生，不名一體，氣息亦直逼兩漢。長篇如韋寬遺愛碑，尤見筆力。燕將録、竇列女傳亦卓然史才，雖取境太近，然一展卷間如層巒疊嶂，煙景萬狀；如名將號令，壁壘旌旗，不時變色；如長江大河，風水相遭，陡作奇致；又如食極潔諫果，味美於回，真韓柳外一勍敵也。至若送薛處士序，則諷以處士二字之難副；上昭義劉司徒書，則勉以討賊之忠義；上高大夫書，則論取士之不可以資格；與人論諫書，則戒直言之激怒致禍；投知己書，則告以不急人知之素；答莊克書，則規以求人作序之非。具見生平風節。唐史言其以從兄悰貴顯，常悒悒不樂，亦未可信矣。

又考牧之雖稍見用於大中初，其時職史秉筆，未免於會昌朝事稍形指斥，此亦君相之意。其微詞見義，如奇章公墓誌中直載劉從諫入朝還鎮月日，及杭州南亭記言武宗毁佛寺事，固曲直甚明爾。

八月

康慈太后哀詔

二十二日　康慈太后哀詔至紹興。太后，宣宗靜貴妃也，初宣宗之二十年，孝全皇后崩，上尚幼，慕陵以祖制三后外不更立，命貴妃某總攝六宮，尋以事降貴人，以所生皇五子出繼敦親王，而靜貴妃遂代總六宮，且撫上焉。上即位，册爲康慈皇太妃，居壽康宮，問安如朝太后禮。而述遺詔封所生皇六子爲恭親王，至是六月某日，又奉册尊爲康慈皇太后。越月初九日太后崩，詔至浙，守土者以鄉試大典用嘉禮不發喪，月之十七日試畢開詔，易縞素，禁民間鼓樂嫁娶，蓄髮百日。紹郡以今日開讀。

模謹按，禮記曾子問曰慈母無服，喪慈母自魯昭公始。鄭康成注謂惟大夫士之子爲庶母慈己者服，而儀禮喪服「齊衰三年」章，「慈母如母」，「小功五月」章「君子子爲庶母慈己者」，鄭注皆以爲當以大夫言之，國君則否，況天子乎？自梁武帝定議，以爲禮言慈母凡有三條，一則妾子之無母者，使妾之無子者養之，命爲母子，服以三年，喪服「齊衰」章所言「慈母如母」也。二則嫡妻之子無母，使妾養之，慈撫隆至，但嫡妻之子無以妾爲母之義，而恩深事重，故服以小功。喪服「小功」章所云「庶母慈己者」也。其三則子非無母而擇賤者視之，義同師保，故亦有慈母之名。此曾子問所謂無服者也。儀禮「小功」章言君子子者，此雖起於大夫，明大夫猶爾，自斯以上，彌應不異，故傳曰「君子子者，貴人之子也」，總言曰貴，無所不包，由是永制。嫡妻之子，母没，爲父妾所養，服之五月，貴賤並同，至今儒者未能有異。蓋所謂禮非天降地出，人情而已。至宋之仁宗，始在乳褓，章獻后使楊淑妃護視，恩意勤備，及妃薨，仁宗服小功，蓋仁宗雖爲李宸妃所生，而章獻取以如子，又繼真宗爲天子，固宜從庶母慈己之服，而不得援「慈母如母」之條矣。今上孝全成皇后出也，於康慈，所謂「庶母慈己者」也。今天子權禮以從厚。噫，其以仁孝治天下也至矣。

九月

納蘭詞　清　納蘭性德

初十日　容若爲納蘭太傅明珠之子，少年侍衛禁廷，好學能文，與國初諸名士相角逐。著有通志堂集二十卷，多説經之書，而詞特傳，華峰顧貞觀首刻之，其後楊蓉裳又爲續刊，所謂飲水側帽恒不得見，所見者昭代詞選及詞綜所載數闋耳，幽情側豔，心焉繫之。去年秋季貺自禾中歸，以全帙示余，蓋婁東汪氏所刻者，共三百二十三闋，殆搜輯無遺矣。今摘其尤者於此。

余嘗論作詞之道，固另有一種婉麗軟媚之致，必性情近者始足語此，然亦須書卷富、才力厚，草堂骫骳，元明淺陋，豈彼之人皆性情拙歟？國朝譚詞推朱、陳兩家，伽陵病在熟，竹垞病在陳，顧伽陵勝於竹垞者，筆意靈也。餘子不足數。求與伽陵鼎峙者，其容若及金風亭長乎？

余於詞非當家，所作者真詩餘耳，然於此中頗有微悟，蓋必若近若遠，忽去忽來，如蛺蝶穿花，深深款款，又須於無情無緒中，令人十步九回，如佛言食蜜中邊皆甜。予爾時實能辨他人之工拙，而獨未能辨己所作之工拙，蓋所悟者在下筆之先，而思力俱未至也。自記。古來得此旨者，南唐二主、六一、安陸、淮海、小山及李易安漱玉詞耳。屯田近俗，稼軒近霸，而兩家佳處，均契淵微。本朝董文友小令最佳，惜不見其集。次則厲樊榭，真宋人滴髓，而太近白石、草窗，蘭荃遺韻，夐乎邈矣。納蘭詞在當日如伽陵、□□□□□徐菊莊、吴薗次輩皆推許之，今則鮮有舉其姓氏者。其詞絃絃掩抑，令人不懽，洵有如顧梁汾所謂非文人不能多情，非才子不能善怨者。然根柢太淺，每露底蘊，長調尤時若不醇，此不讀書之故。徐健庵、韓慕廬作容若墓志，言其所作多於扈蹕侍獵時得之，容或然也。余嘗見其所著淥水亭雜識，固不見佳，而詞獨哀怨騷屑。以承平貴公子，而憔悴憂傷，常若不可終日，雖性情有獨至，亦年命不永之徵也。

大約詞與詩之别，詩必意餘於言，詞則言餘於意，往往申衍□□□□□以盛氣包舉之，詞則不得遊移一字，故異曲同工。詞之小令，猶詩中五絶、七絶，須天機湊泊，不著一字。以字句新雋見奇者，次也。或以小令爲易工，是猶作七絶者，但觀摹晚唐、南宋諸家，而不知有龍標、太白也。長調須流宕而不剽，雄厚而不競。清真未免剽，稼軒未免競，東坡則或上類於詩，或下流於曲，故足以鼓吹騷雅者尠已。伽陵詞如絲竹迭奏，廣場繁響中時作淵淵金石聲；納蘭詞如寡婦夜哭，纏綿幽咽，不能終聽。近來汴人周譽芬東漚詞則如兒女子花前月下，喁喁私語，温麗聞薌澤，故雖未能盡兩家之長，而實爲兩家所未有也。余詞非叔子所服，顧嘗自謂如松竹間語，清婉無凡響，不肯一語同東漚，而心實喜之。此實未見得，爾時所作，殊鮮悟入處，自記。或有譏其不醇者，雖未必知言，然能再加洗伐，則五代、兩宋無人矣。因論容若詞及之。

咸豐六年

正月

瀛寰志略 清 徐繼畬

二十八日 閲徐松龕中丞繼畬瀛寰志略，專詳域外葱嶺之東、外興安嶺之南、五印度之北，其蒙、回各部隸候尉版籍皆不記，朝鮮亦僅繪圖。其書首亞細亞，爲東洋、南洋、東南洋、大洋、五印度、西域諸國：日本、琉球、暹羅、越南、緬甸、南掌、吕宋、蘇禄、噶羅巴、婆羅洲、巴布亞、斜仔、六坤、宋卡、大哖、吉連丹、丁噶奴、彭亨、息力、麻剌甲、蘇門答臘、澳大利亞、此地約萬餘里，亘古窮荒，近爲英吉利所有。孟加拉、以下皆在五印度中，其地處緬甸之西，西藏之西南。有安額河，印度人稱爲聖水，佛書所謂恒河也。地本雕題種類，爲佛教所從出，故自古著名。麻打拉薩、孟買、亞加拉、錫蘭、地多雨，多迅雷，山川靈秀，花木繁綺，禽聲歡樂。德干、那哥不爾、剌日不德、賣索爾、烏德、西林德、日瓜爾、薩達拉、達拉王哥爾、哲孟雄、自孟加拉至錫蘭，皆爲英人所滅，德干以下諸國皆降於英，被役屬。布魯克巴、其地時序和平類中國。在前藏正南，土田肥沃，湖河交貫，蔬果皆宜，户口極繁，産棉花、大黄，遠勝西藏，爲紅教喇麻總持之地。西藏喇麻往來五印度，率取道於此，雍正中赴藏投誠。廓爾喀、乾隆中侵擾後藏，相國福文襄公降之，五年一貢。塞哥、新的亞、信地、阿富汗、以下四國爲印度以西回部。俾路芝、舊名思布。波斯、亦名塞克，漢書稱爲安息，唐書稱大食、波斯，其國地界遼闊，雄富多寶貨，與中國貿易最早，所謂碧眼波斯胡也，爲回回大部，男女多美姿容，風俗繁華，國王最尊嚴，王居極宏麗。阿剌伯、回教初興之國，古條支國也。回教之祖名摩哈麥，少年爲商，往來西國，娶富商之寡，遂致大富。以佛教拜偶像爲非，而泰西諸國耶穌教已盛行，思別創教門以自高異。入山讀書數年，著書曰可蘭。入其教者焚香禮拜念經，禁食豬肉。唐高祖武德四年，遂起徒衆據阿剌伯全地，布其教於四鄰，回教遂蔓延西土。哈薩克、以下八國爲西域各回部，哈薩克在伊犁之西北，乾隆二十年大兵平定準噶爾部，其汗阿布賚亦降，授王公台吉，世爵納貢。布魯特、巴達克山、乾竺特、巴勒提、浩罕、塔什干、布哈爾是也。

次歐羅巴，爲大西洋諸國，峨羅斯長約二萬餘里，外夷第一大國，與蒙古、黑龍江連界。其先爲散部，受役屬於匈奴。唐時稍大，至元太祖西伐，滅其三部，立長子术赤爲汗，由是爲蒙古別部。明嘉靖初，其故王後裔驅逐蒙古，自後日强，沿北海漸拓而東。然其所恃在西土三部，所都曰東峨，又有南峨、西峨，共分四大部。其名高加索新藩者，富饒爲諸部之最。通衢四達，多絕美女子，有才能者爲妃后。有宰相筦大事，有八部，又益以宗人理藩，重希臘教門，亦天主教別派，廟寺極多。順治年侵擾索倫諸部。康熙年間諭其國王分定疆界，立碑爲志。遣使來上書，乞詣京師學習漢文，每十年更易爲常。在漢爲堅崑、丁零諸部，唐爲黠戛斯、骨利幹等國。瑞國、嗹國、奥地利亞、普魯士、日爾曼、瑞士、其地山水清奇，甲於歐土。國之西境，密林清澗，麇鹿群遊，尤爲幽勝。風俗淳樸，數百年不見兵革，不立王侯，推擇鄉官理事，分國爲二十二部。土耳其、爲歐土大國，古時皆羅馬東境，即大秦國。元成宗五年，有回種據其地爲回部，初甚强大，近爲峨羅斯所困。其王殘暴淫亂，較諸回種爲尤甚。猶太、即唐書所謂拂箖國。西土文教之邦，女子多美姿容，文士遊學甚衆，今爲土耳其所併。希臘、古名國，其地九曲盤繞，群峰競秀，名勝甲於西土，士女秀美，男好華冠麗服，女子美髮巧妝梳。初分十二國，後爲土耳其所取，近復自立爲國。意大里亞、歐羅巴古一統之國，漢書所謂大秦國也。其地天時和正，花木穀麥俱昌茂，幽谷名園相屬。周幽王時，羅馬崛起，疆土四闢，縱橫千萬里，跨歐羅巴、亞細亞、阿非利加三土，邊外諸部，皆爲臣妾。建都城於羅馬，文物聲名，爲西洋第一大都會。其後分東西二王，旋被吞滅，今分爲九國。荷蘭、歐羅巴小國，夷坦無山，地在澤中，而土脈最腴。民習水利，善隄防，又善操舟，歐羅巴海市之通行，自荷蘭始，明武宗時爲西班牙所併，既而起兵拒之，力戰數十年，大破西班牙，復立爲國，晏然安富二百餘年，甲於西土。明季擾閩浙，據臺灣，尋爲鄭氏所逐。嘉慶初爲佛郎西所併，未幾復立故王之裔。南洋數大島皆建立埔頭，又據噶羅巴一島，爲大小西洋入中國之門户，故諸島國半以荷蘭爲主。比利時、古時本荷蘭南部。佛郎西、歐羅巴强大之國，與英吉利隔海港，相對可望，又稱佛郎機。其俗人喜武功，工於製器，火槍火輪船皆其所創。嘉慶中，大將拿破倫爲國人推戴，即王位，用兵如神，兼併荷蘭、西班牙、葡萄牙、意大里、瑞士、日爾曼諸國，侵割普魯士、奧地利、亞嗹國諸部，欲繼羅馬之跡，混一土宇。後以伐俄羅斯，軍士凍死者十七八，諸國乘其敝，合力攻之，遂大潰，所得國全失。拿破倫遂避位於故王之裔，旋與英吉利戰敗被禽，流荒島死，其國尚强。西班牙亦歐羅巴大國，明世宗時航海至亞細亞東南洋之吕宋，據其海口設埔頭，吕宋遂爲屬國，由是愈富，稱其國爲大吕宋，或稱宋仔。嘉慶中，爲佛郎西所滅，未幾，借英吉利兵得復。自是大弱，惟吕宋仍爲屬國。葡萄牙、歐羅巴小國。精於算數，用儀器測量日出入並星躔度數，知水陸方向遠近。明初，其國王遣善操舟者駕巨艦偏歷東南洋諸島國，所至輒留人立埔頭。隆慶初，抵粤東香山縣之濠鏡。請隙地建屋，歲納租銀五百兩，疆臣林富代請許之，遂立埔頭於澳門，是爲歐羅巴諸國通市粤東之始。後爲西班牙所併，崇禎中得復，所立小西洋、東南洋埔頭，咸被侵奪。英吉利，地本三島，孤立大西洋中，迤東兩島相連，曰英倫，曰蘇格蘭，約二千餘里。迤西別立一島曰阿爾蘭，約一千三四百里。漢時亦爲羅馬所併，南北朝時羅馬衰亂，歸北狄峨特別族，宋真宗時爲嗹國所滅。英宗時其北族酋名威廉者，仕佛郎西，遂率兵興復，殺嗹國王。明神宗時連以女主繼位。康熙時國人招荷蘭王爲主。荷蘭王率兵至，逐其王，即位，號曰威廉第三，稱雄武。殁無子，迎日爾曼之漢挪瓦王若耳治第一爲主，傳三世四主，日益强大。道光十八年，其王威廉第四卒，立兄女維多里亞爲王。舉國尚耶蘇教。

次阿非利加，爲紅海、地中海外諸國，當赤道南北，炎熇特甚，瘴癘尤毒，天時、地氣、人物在四大土中爲最劣。麥西、努比阿、阿比西尼亞、的黎波里、突尼斯、阿爾及耳、摩洛哥、哥爾多番、達爾夫耳、尼給里西亞、亞德爾、亞然、桑給巴爾、林德、即唐書之磨鄰。莫三鼻給、麽諾麽達巴、塞内岡比亞、幾内亞、公額、加弗勒里亞、星卑巴西亞、痾丁多的亞、加不是也。

次亞墨利加，與三土不相連，别一區宇，地分南北兩土，以泰西人地球大勢言之，三土在地球之面，亞墨利加在地球之背也。爲近南北冰海諸國，其極西之一隅，與亞細亞之極東北隅相近，其東面與歐羅巴諸國隔大西洋海遥對，自剖判以來，未通别土。前明中葉，歐羅巴人始探得之。其地與歐羅巴遠者相去萬餘里，近者不足萬里。始爲西班牙人以次攻取，開山掘銀礦，後葡萄牙人亦徙人墾種之。佛郎西、英吉利聞之皆至，佛據其南北，英據其中，荷蘭、嗹、瑞諸國俱接踵西來，各事開墾。未幾，佛與諸國所得之土，多爲英所併，英人以此日富，與西班牙南北分據，倚爲外府。乾隆中，米利堅起，攻英吉利，英人盡失腴壤，僅餘北境荒寒之土。嘉慶中，西班牙、葡萄牙人亦俱被逐，嗣是擁地自擅，不受歐羅巴人約束矣。米利堅、其商船至粤掛花旗，故粤東呼爲花旗國。初爲英吉利所據，厚斂其民。乾隆中，部人擁華盛頓起兵攻英人，血戰八年，盡復南界，分建爲二十六國。上加拿他、下加拿他、新不倫瑞克、新蘇格蘭、散約翰島、新著大島六部約四千餘里，皆北亞墨利加北境荒土，界極冰疆，爲英吉利屬部。墨西哥、得撒、危地馬拉、巴西是也。

書爲太僕撫閩時所輯，皆據泰西人漢字雜書及米利堅人雅裨理所繪地圖采擇考證，各依圖立說。間采近人雜著及史册所載，略附沿革於後，其用心可謂勤，文筆亦簡浄。但其輕信夷書，動涉鋪張揚厲。泰西諸夷酋，皆加以雄武賢明之目。佛、英兩國，後先令辟，輝耀簡編，幾如賢聖之君六七作。又如曰共主，曰周京，曰宸居，曰王氣，曰太平，曰京師；且動以三代亳、岐、雒邑爲比。於華盛頓，贊其以三尺劍取國而不私所有，直爲寰宇第一流人。於英吉利，尤稱其雄富强大，謂其版宇直接前後藏，似一意爲泰西聲勢者，輕重失倫，尤傷國體。況以封疆重臣，著書宣示，爲域外觀，何不檢至是耶？太僕當今上登極時，上疏論主德國勢，頗侃侃；其褫職也以疆事，而或言此書實先入罪案，謂其誇張外夷，宜哉。

二月

拙宜園詞　清　黄憲清

初三日　閱海鹽黄韻珊大令憲清拙宜園集詞。大令以詞名江浙近三十年。余頃在省垣，季貺達大令意，謂少留將見訪，余以事匆匆歸，卒未得大令詞讀之。今日蓮士以一帙出眎，謂尚不及周叔雲之東漚詞。余謂其詞固多平易近素，然律切深秀，固所謂詞人之詞也，於詞中爲當家。東漚詞從詩人，故靈氣拂拂然，是詩人之詞，此中固不可優劣，亦不可不知。

林皋間詩文集　清　潘諮

閲吾鄉潘少白諮林皋間詩文集。少白足跡半天下，借終南爲捷徑，旅京華作市隱，笠履所至，公卿嗜名者争下之；而邑人與素遊者，皆言其詭詐卑鄙，蓋公道可徵也。然其文實修潔可喜，雖窪泓易盡，而一草一石間，風回水縈，自有佳致；寫景尤工，惟滿口道學爲可厭耳。或更誇其高淡，則正其才力薄弱，借此欺人者也。然在本朝自當作一名家，越中與胡稚威差可肩隨；鐵崖、天池則跨而上之矣。

南疆繹史　清　温睿臨

十八日　閲南疆繹史，爲康熙時舉人烏程温睿臨原本，本名佚史，皆紀明末弘光、隆武、永曆三朝及魯監國事，僅存二十卷。今吴郡李瑶補勘之，爲紀略六卷，爲列傳二十四卷，又爲摭遺十八卷、衈謚考八卷。雖紀叙蕪冗，然搜輯幽隱，略備考證，其心力亦云勤矣。

吴梅村文集　清　吴偉業

十九日　閲吴梅村文集。梅村文不及詩遠甚，前人皆言之，不必論。余獨喟其中如王永吉、張鼎延碑、梁西巘墓表，每叙及易代之際，格格阻礙，若因人笑褚公而並自貢其忸怩跼蹐之狀，其亦合六州鐵不能鑄此錯者耶？梅村出處之際，固尚可原，比之錢蒙叟，殆不可同年而語。其出也，以蒙復社黨魁之名，杭人陸鑾劾其有異志，故不得不應召。雖然，國破家亡，而尚欲護持社局，致匪人得以東林餘孽齮齕之，遂以一出爲天下笑，宜哉。

啓禎野乘　清　鄒漪

二十一日　閱無錫鄒漪啓禎野乘，有傳無紀，詞語鄙劣，乃並葉小鸞亦入閨閣傳，標之曰女仙，成何體製？憶全謝山鮚埼亭外集中有綏寇紀略跋，謂多係鄒漪竄改，顛倒好惡，直爲無忌小人，其所紀述蓋可見矣。

潛邱劄記　清　閻若璩

二十二日　是日買得閻百詩潛邱劄記一部、邵念魯思復堂集一部、余寅廣同姓名録一部，俱爲蓮士强攫去。潛邱劄記中有與戴唐器書云：「十二聖人者，錢牧齋、馮定遠、黄南雷、吕晚村、魏叔子、汪苕文、朱錫鬯、顧梁汾、顧寧人、杜于皇、程子上、鄭汝器；又增喻嘉言、黄龍士爲十四人。」又云：「謂之聖人者，乃唐人以蕭統爲聖人之聖，非周、孔也。」中惟黄、顧差無愧色，朱、汪次之，魏、杜又次之，錢、吕不必論，馮與梁汾不過文士，餘更無甚表見。乃知標榜之習，國初猶盛也。顧亭林廣師篇自言不如者：王寅旭、楊雪臣、張稷若、傅青主、李中孚、路安卿、吴志伊、朱錫鬯、王山史、張力臣，凡十人。山史、力臣已尠表見。安卿，余初不知其名，後閱亭林集有贈路舍人澤溥詩，殆即其人。而雪臣究不知何人，俟再考。

唐闕史　唐　高彦休

閱參寥子唐闕史二卷。參寥子爲高彦休，唐僖宗乾符時人。所紀皆中唐後佚事，標題序次，簡雅可觀。其中述裴晉公容皇甫湜、路舍人友盧宏、杜牧之遊湖州、韋進士見亡妓、太清宫碎李林甫玉像諸則，尤曲折備極情事。惟换名造語，好飾新異，未免爲方家所譏。

釣磯立談　宋　史温

又閱釣磯立談一卷。作者自稱曰「叟」，不著姓名，蓋南唐校書郎史虚白仲子某所作，略記南唐興廢事，每條下附論斷，沈鬱凄婉，惓惓故國之思。頌述烈祖、元宗兩朝美政，不遺餘力，於烈祖開國規模，尤一往三復，深惜後人之不能慎守。又備言周師伐淮時殘暴之狀。其自序云：「文懴子山之麗，興哀則有之。」吁，可以怨已！夫南唐立國日淺，而人心思之，或以其風流文物所係，蓋不僅然。當日朱三凶虐，薄海痛憤，冀幸唐祚之興；而烈祖禮賢下士，優遊生息，人望翕然。元宗後主恭仁繼美，故中原喪亂，引首漢官威儀，諸鎮連疏，請爲内應。一旦青旗入洛，社稷邱墟，其時故老遺臣，猶未盡没，黍離之感，曠古爲昭。乃歐陽公作五代史，列之僞國，固當日體製宜然，而以烈祖爲僞託唐宗。按薛文惠五代史稱烈祖爲永王璘後，歐史及陸放翁南唐書、龍袞江南録皆稱憲宗第八子建王恪之元孫，馬令南唐書則又作吴王恪，釋文瑩玉壺清話亦作建王，是稱吴王者，殆以唐藩王有兩名恪者，而吴王名較著，遂致傳訛，污巇者乃附會如通鑑云云，其實南唐所尊者固建王也。温公通鑑至言烈祖受禪初，有勸祖鄭王元懿者，後以太宗子吴王恪有曾孫峴爲相，遂强冒之；自峴以下名，皆宋齊丘僞撰。顧不思盟津鯉魚之歌，江南李樹之謡，歷歷在人耳目。其時馬令作南唐書，亦以爲真。乃據錢儼污巇偏詞，語出儼所著吴越備史，吴越與南唐世仇，故云爾。然歐公作五代史錢王世家，言鏐厚歛其民，權及雞卵。後人謂歐公爲河南推官時狎一妓，爲錢文僖所持，故以此修怨，楊升庵至比之魏收。以此言之，尚得以其文章足配腐遷，而遂目之爲信史乎？筆之信史，其亦何所見而云然耶？且歐公先世曾仕南唐，乃席五十載故國之恩，而忍斥之爲盗，名之爲俘，論者謂不及陳壽識大體，信矣。

予嘗欲以後唐、南唐直接天祐爲正統，而斥梁、晉、漢、周爲僞國。蓋梁與石晉之罪，固不必言，而劉氏立國不四年，郭氏篡竊亦僅數載，是何天子？若南唐烈祖英武豁達，濟以文治，真足繼序太宗。釣磯立談亦謂孝高皇帝總收權綱，維御群雋，當國匪解，敦守純樸，雖漢之高、光，不是過也。徒以地勢不便，天付有限，遠圖之所就，僅以稱霸爲可深惜云云。旨哉斯言，誠萬世之公論也。史虚白初見烈祖，即勸其長驅中原，恢復舊業；後遂犢猿掛酒，徜徉廬山。將殁，屬其子以元宗所賜酒一榼及藜杖置於棺中，勿用祭享，祭亦不歆。後或因節序修奠，爇紙緡於靈座，紙皆不化；用意焚之，火則自滅，遂不復祭。異哉，可與夷、齊並傳矣。叟之懷舊不忘，其殆有所受歟？又歐史之最疏舛者，南唐世家中載周世宗兵至淮，李昇遣兵至泰州，盡殺楊氏之族。按烈祖殂於晉出帝元年癸卯，即天福八年。周世宗二年丙辰，下詔親征淮南，克清流關，入滁州，遂下揚州。唐元宗乃遣園苑使尹延範如泰州，遷吳讓皇之族於潤州。延範以道路艱難恐爲變，乃盡殺其男子六十人還報。元宗怒，腰斬之。是時距烈祖之殂已十四年矣。玉壺清話載烈祖臨終屬嗣君曰：「楊氏孤兒嫠女，僑寄殊鄉，可津斂之，安於京口，無令失所；男女婚嫁，悉資官給。」元宗稟遺戒，遣尹延範具舟車往泰般護，而延範盡殺之，元宗怒，誅其族。是則楊氏之見滅，亦固非元宗意也。

予持南唐接統之議，蓋以石敬塘代唐之歲，即烈祖纂統之年，時代巧接，天若有意於其間，以爲蜀、漢、東晉之比，乃苦無和者。近傳節子、周季貺皆主予説，而節子且言家藏有李槃世史類編一書，竟首發此議，以南唐定正統之案。古人實獲我心，快哉。擬即借其書觀之。陸務觀南唐書，爲烈祖、元宗、後主作本紀，固以正統予之。明末興化李清著南唐書合訂，復申陸説，以陸書爲主，而參以馬令及龍袞江南野録、鄭文寶近事諸書，以烈祖繼統長安，最得體要，惜未見其書。李字映碧，即著三垣筆記者也。明季官大理寺丞。近儒海寧陳仲魚先生鱣撰續唐書，以同光接天復，以昇元接清太，其統始正，可爲定論矣。

玉音問答　宋　胡銓

閱宋胡忠簡公銓玉音問答一卷，紀隆興元年五月夜侍孝宗事，時忠簡方自吉陽軍召回爲侍讀，極被寵遇，至令潘妃唱賀新郎曲侑酒，上亦親唱喜遷鶯曲，且謂「朕惟侍太上皇宴間被旨令唱，今夕苦嗽聲澀，卿幸勿嫌」。真千古希罕事。古今盛稱令狐綯、蘇子瞻金蓮燭歸院之事，方兹蔑矣。惟宫廷内外隔絶，而令妃御斟酒以勸大臣，幾等月宫宴江總、蜀袍覆韋綬，殊非禮待臣下之意。

緗素雜記　宋　黄朝英

二十九日　燈下閲黄朝英緗素雜記，中有摘晉書和嶠傳引世説「嶠如峨峨千丈松，礧砢多節目」，而温嶠傳亦傳此語，殆以「嶠」字相同而誤云云。按庾敳目温嶠「峨峨如千丈松」，語全與和嶠傳同，見庾敳傳，温傳無此語也。朝英所稱亦誤。又按王楙野客叢書摘晉史舛誤三條，其第一條即此事，所引固不誤也。王觀國學林新編史誤一條，亦舉此事，而以時代先後，辨其事爲温嶠，説亦有據。野客叢書嘗舉容齋隨筆之與前人複者數條，而記此事亦與朝英複，殆未見其書耶？然宋代説部如三書者，固白眉矣。

三月

齊東野語　宋　周密

初一日　周密齊東野語摘史記司馬相如傳贊中有「揚雄以爲靡麗之賦，勸百而諷一」語；又公孫弘傳中有平帝元始中詔賜弘子孫爵語。又焦竑筆乘摘史記賈誼傳中有「賈嘉最好學，至孝昭時列爲九卿」語。史記誼傳當以「賈嘉者最好學，能世其家，與余通書」句結，而末一句乃後人所加，故漢書亦惟云「嘉好學，世其家」，無「孝昭時爲九卿」語也。今本史記平津侯主父偃傳後，另行低一格載元后此詔，徐廣注以爲後人所寫附者。且此詔突然以太皇太后詔大司徒大司空起頭，亦不詳其爲何時何代，惟漢書有元始中詔修功臣後云云。至相如贊及賈誼傳，則本文痕跡宛然，顯係後人羼入。

莊子「俄而柳生其左肘」。柳，瘤也，而王右丞詩「今日垂楊生左肘」，又「豈悪楊枝肘」。左傳「繞朝贈之以策」。策，竹簡也，而太白詩「臨行誰贈繞朝鞭」。後漢書「冠雀銜三鱣魚」。鱣，鱓也，音善，而少陵詩「敕廚惟一味，求飽或三鱣」，則以爲鱣鮪之鱣矣。

思復堂集　清　邵廷采

初三日　夜閲邵念魯先生思復堂集，所載明末文獻極多。章格庵傳言行遯後數年，忽一日有僧逕入其家，登中堂之樓。公長子婦聞之，曰此必吾舅侍郎也。肅笄出謁，則已去矣。此事諸家傳志中皆所無也。

責備餘談　明　方鵬

十五日　閲明崑山方鵬責備餘談上下卷，共百五十三則，皆取古來傳人傳事有未盡善者論列之，詞義嚴正醇密。其有詭行奇跡者俱抑之，使平易可從。筆亦簡當，有裨世道不少。明人説部若此者，真僅見也。鵬字時舉，歷官太常卿，有矯亭集，朱竹垞稱之。

艾忠節文集　明　艾南英

十六日　夜閱艾忠節文集，其文多談制藝，雖不免有支離處，然佳者殊近廬陵。先生累試不得志，集中多詆斥主司進士，讀之可爲同病。其募修文昌帝君閣疏，尤令人失笑。予嘗謂今人遇窮達事，輒標一字曰命，此固天地古今不易之理。然思天即人心，好善惡惡，人之情也，何至科第命禄，而顛倒妍媸，無所不至？是上帝直一冥頑不靈之物，不然，則造化二字乃全是戾氣惡氣所爲，故專收庸穢惡劣之人，而苦志力學者至使無地自立。每求此理，深不可解。讀千子此文，可破涕已。

千子偏袒江右，訾謷雲間，不遺餘力。其答陳人中論文書，穢駡醜詆，至謂「足下此時尚不能讀震川集，且執贄師陳仲醇輩，待深思十年後，徐徐與不佞論文」。此不俟閱至終篇，令人勃然不平矣。余按吴梅村復社紀事，言自二張倡社，江右如陳大士、羅文正輩，靡然從風，獨艾千子出其書相詆。後同人畢會於弇州山園，陳卧子年十九，詩文已傾一世，艾睨之曰：「若年少何所知，復使酒駡座？」卧子不能忍，直前毆之，乃嘿遁去。嗣後鐫刻時文，盛與吴中爲難，實非千子讀書本意云云。是則千子此書，當在山園大會之後，毋怪其肆口憒詈也。卒之一殉義於魯監國，一捐軀於益藩，忠裕、忠節，並荷贈謚，生爲參商，死同箕尾，雖兩集各行，成言具在，而丹心朗節，均炳汗青。嗚呼！此可見君子之不同矣。

十國春秋　清　吴任臣

二十日　終日閲吴任臣志伊十國春秋。任臣號博洽，以歐陽五代史於十國世家甚略，乃仿崔鴻十六國春秋例，採取薛史十國外紀、九國志及馬、陸南唐書、錢儼吴越備史等書，不下數十種，合爲此編。其稱帝者爲本紀，稱王者爲世家，每國各自爲書；有侵伐者書入寇。然春秋，孔子之書，非後人所宜妄託，此固不必論。即論春秋，凡見侵伐者，皆據事直書，即楚狄亦不書入寇。今任臣爲高氏作荆南世家，而書後唐爲入寇。夫高氏武信、文獻兩王，皆受後唐爵賞；武信身入朝莊宗，乃一旦背而之吴，則唐自宜聲罪討之。任臣以荆南既屬於吴，而唐見伐，遂以討叛爲入寇，誤矣。又諸國未自立時，皆李唐藩鎮也，則凡封拜詔命，皆當書天子，以見尊王之意；而任臣概書之爲唐，是於春秋春王正月之義謬矣。此皆體例之未善者也。

奏對機緣録　清　釋道忞

二十七日　閲雲門旅庵和尚奏對機緣録，中載順治十七年八月十九日董貴妃薨，追加封謚爲孝獻莊和至德宣仁温惠端敬皇后，御製哀册行狀，大學士金之俊撰本傳云云。按吴梅村五臺詩所謂「千里草」者，即指貴妃。蓋章皇自妃喪後，傷悼甚，將以次年行幸五臺山，爲妃薦福，而龍馭即以正月初七日上賓矣。尤西堂集中端敬皇后輓詩，有「憔悴天顔賦悼亡」等語。又言貴妃於昔年八月賜浴温泉，其殁也以痛皇子故，皆足資參考。西堂次年作章皇輓詩，内一首云：「綴衣無復近天顔，内殿淒涼歌舞班。石馬一朝遊地下，鈿車幾日去人間。漢宫落葉傷羅袂，蜀道淋鈴憶玉環。不信蒼梧南狩日，湘妃先葬九疑山。」足徵恩眷之隆矣。

説鈴　清　汪琬

又汪鈍翁説鈴載朱國楨克生作端敬皇后輓詩四首，其二首云：「玉容隨碧水，金册重黄綸。謚法傳宗伯，齋詞命宰臣。寶衣鏤翡翠，仗馬飾麒麟。閣外停封事，無由達紫宸。」又：「素輦出雕檻，君王執紼行。宫娥結縞帶，都市剪紅纓。玉仗齊金節，龍簫夾鳳笙。景山聊駐蹕，愁見月華明。」鈍翁稱其吐詞典麗，立言得體，在唐人亦當擅場云。

杜甫謚文貞

金石跋尾引元人張伯雨詩跋，載杜子美之謚文貞，在元文宗至順元年，與諸書異。伯雨當時人，而亦有此誤。顧亭林日知録謂在順帝至正二年。梁玉繩瞥記謂在後至元三年。考元史順帝本紀至元三年正月，封晉郭璞爲靈應侯，謚唐杜甫曰文貞，則張説非，而顧氏亦誤。

歷代名臣謚法考江陰葉廷甲葆堂撰，余方與傅節子約同輯是書，乃竟有先我爲之者，不覺廢然。

四月

歸潛志　金　劉祁

十一日　閲金劉祁歸潛志十四卷。内大梁紀事一卷，專記元兵入汴始末，稱哀宗爲末帝。今金史以承麟爲末帝，蓋承麟在位僅兩日，祁或不數耳。余嘗謂自古非亡道而亡國者，莫如金源。當太祖、太宗初起時，未免殺戮過慘，然立國之始，無或不然。嗣後世宗、章宗，仁惠息民，幾乎太平之主。衛王、宣宗雖失之弱，亦無大失德。哀宗尤恭儉，而亡國時青城之慘，百倍徽、欽；幽蘭堂一炬，尤令人流涕。祁著辨亡論，亦歷言諸帝之不失道，而致惜於明昌、承安間不能用夏變夷，惟分别蕃漢，崇尚詞章爲務。及宣宗南渡，輕棄關中，而又委柄奸臣，不知興復之略。末帝雖寬厚不殺大臣，而受教黠吏，以術取人；又闇於用舍，驕將桀驁難制，爲其亡之所由來云云。然金起沙漠，蕃人又多有大功，固難偏信華人而盡用中國法。雖以當時宣孝太子號稱高明絶人，欲盡變其俗，用中原禮樂，劉氏以其不得位爲恨。然國勢所趨，人習便安，即使得志，亦恐不能盡革其舊，故此不足爲金人譏。惟宣宗一敗之後，即遷汴都，爲大失計耳。大金國志稱哀宗爲義宗，金史又稱昭宗，見完顔宗室傳，乃息州行省所上謚號。義宗則金史志及元史列傳亦稱之，不知其所繇。趙雲崧廿二史札記謂或係元初追贈，亦未是。元人蔡州之役，至分哀宗骨；元太宗嘗下詔惟完顔一族不赦，豈尚肯爲立謚耶？予嘗謂宋兵之入蔡分哀宗焚骸，爲復徽、欽之仇，固猶有説；蒙古世臣於金，至太祖以漸强盛，遂叛而伐金，有何深怨而忽分其遺骼耶？蓋外夷悍酷不仁如是。宋既不能雪朽木燈檠之怨，而借蒙古之力取燼餘之胔，其後卒有發陵之慘。理宗親受金主之骨四十餘年，而頭顱截爲飲器，被禍尤烈，天之報施，固可畏哉。楊髡之禍，距理宗之崩，纔十四年，其報之速如是。

石笥山房集　清　胡天游

二十八日　閱胡稚威文集。造句鍊字，獨出奇秀，惟散文終嫌有駢儷蹊徑，然吾鄉究推獨出一頭地，未肯與「文妖」以下人並論也。其持論極服樊宗師，而詆歐陽以下人，即所作可見。

陳後山集　宋　陳師道

二十九日　有味經堂、藜照樓書客各攜書來，中有陳後山集四本，係惠氏紅豆齋藏書，有定宇先生名字印，評點亦多得當，眉批字畫雖粗率，然頗老勁，索價兩番金。又顧氏秀野堂元詩選四十册，附癸集十册，皆未及買。

幸存録　明　夏允彝　續幸存録　明　夏完淳

三十日　夜閲夏彝仲、存古父子幸存録、續幸存録。彝仲頗左袒馬士英，謂有封疆之才，且素無殺機；阮奸屢欲興大獄，以馬不欲而止。且言北京之變，魏藻德、方岳貢皆已覓死，以稍遲爲賊所得，然對賊惟求速殺，終無屈辭；與諸書不同。按當時刑辱諸臣，惟丘瑜固已就縊，且作書區分後事，未殊而爲賊執，遇友某於途，以必死自誓，出書寄其子，而失之須臾，遺恨千古，實爲不幸。若藻德，則諸書皆言與陳演首勸進於賊廷，賊怒其負國，即廷中縛之去，或云梟示，或云拷死。明季之最負思陵者，洪亨九、李建泰及藻德三人耳。彝仲之言，其亦傳聞之失與？

存古則言馬豪邁不羈，有制敵之才，而不宜處揆席；史清操有餘，而不能應變，用違其才，安得不亡。以馬與史道鄰並稱。且言阮亦爽朗有才氣，其附璫亦無實跡，乃諸君子逼之至是；而南都進用時，其風流儻易，猶足照映朝宁，後亦終不肯降敵，較張孫振輩爲優。殊不解何以爲巨奸大憝文過若是？或其目擊心吁，推原其故，固容有此一段公論乎？

其他論人，亦多賢奸錯雜。劉念臺疏稱草莽孤臣，則援吴孫綝廢立時稱草莽臣之事，以譏其不學無術。三國時魏明帝拜管寧太中大夫，復拜光禄勳，寧上疏自稱草莽臣。皇甫謐上晉武帝書，亦稱草莽臣，是則元晏先不學矣，抑存古讀三國志，但及吴而不及魏耶？又儀禮士相見禮曰：「凡自稱於君，士大夫則曰下臣。宅者在邦，則曰市井之臣；在野，則曰草茅之臣。庶人則曰刺草之臣。」鄭注：「宅者，謂致仕者也，致仕者去官而居宅，或在國中，或在野。」劉將出都，疏糾黄澍，則援褚河南愛州上表之事，以謂澍雖反覆小人，然此時方與馬爲難，而念臺特疏糾之，未免有懼禍心。姜忠確與馬忿争朝堂，則謂兩相鬨朝，爲千古絶可駭異之事。顧九疇議尊惠、代兩朝廟號，並恤謚諸死事臣，則謂雖似有關國體，實非亟務。張捷老奸，其死也爲雞鳴寺僧所逼，而存古稱其秉銓公正，有大臣風骨，一死尤青天白日。劉良佐翻覆無狀，而存古稱其四鎮中最忠順，後以上兩朝倫理一疏争東宫元妃事不見用，憤而降敵。皆未免偏譎。惟言高開平之跋扈，一變而爲忠烈，其死也部將尚欲爲復仇。而黄虎山遽分兵困揚州，諸將家屬多在城中，遂倒戈相攻，敵乃乘間而入。是則虎山誤國之罪，死不能贖。

又言景帝不當號代宗。唐代宗即世宗，以避太宗諱而改；明既有世宗，不得更有代宗。語皆有識。存古幼以奇童稱，其死陳忠裕之獄，年僅十七，而此書叙事老成，論斷簡潔，幾欲突過其父，真奇才也。余舊見此兩録刻本於明季稗史中，蓋非全書，今所據則沈氏舊鈔本也。

五月

初三日 偕蓮士觀宋槧史記，紙墨極古，字畫亦不類明人影本。卷首有寧河王鄧氏藏書印，乃鄧愈後人。又有景濂二字印，或即是宋金華，惟書中殷字俱缺筆，而胤字、頊字俱不缺，殊不可解。又細閱其每册首均有方印二寸許，皆剜去之，其跡宛然，疑是内府官書竊出而滅其圖誌者。然書被補鈔，大是恨事，收藏家亦當品之中駟也。

明儒學案 清 黄宗羲

初四日 閱黄梨洲先生明儒學案。先生受業蕺山，尤主張陽明之學，而於當時黑白異同諸家兼收並采，不遺一人。四庫提要謂其未免門户之見，容或有之。然集諸儒之成而會其要領，總論得失，如指諸掌，真儒林之淵鑒也。先生尚有宋元儒學案，顧不經見，他日當博訪之。

越殉義傳　清　陶亦魯　俞忠孫

初五日　越殉義傳中載會稽人章世烔，由監生任秦藩左長史，死難。章正宸掌科，疏上其事，贈按察副使，蔭葬祠祭，明史及輯覽亦載之。乾隆中賜通謚節愍。吾郡道墟章氏稱望族，世烔殆即格庵之族人。顧格庵早以蹇諤負重名，而南渡掌科時，已不及北京掌道時之風節。當阮奸進用時，僅爭一疏，且謂「邸鈔傳天下，見臣姓名尚掛仕版，必將責臣負恩」，是未免悻悻以直諫之名自負，而僅欲以一疏塞天下之責，與崇禎朝折角嬰鱗，不避危難，前後相較，稍覺逕庭，豈非以兩遭謫戍有所懲而少貶其節歟？迨畫江之役，雖名以吏部侍郎掌部事，其實督師江上，未嘗一日秉銓。至於行遁爲僧，亦名全節，然以侍郎平日氣概聲望論之，似終欠思陵一死，故以節愍之名位素卑，一無表見者，尚得邀聖朝褒謚，而侍郎不得與焉。春秋責備賢者，其謂是耶？

予嘗謂死節之士，莫盛於明代，而有不可解者六人：張冢宰慎言、張司農有譽、解司寇學龍、鄭司寇三俊、吳相國甡及格庵也。六公皆以清德負重望，而皆不死，雖或在廢籍，或在垂老，且終不受興朝一粟，君子亦原之。然揆之劉忠介引江止水之言，正名定義，寧曰無譏？至於韓爌、丘瑜，或曰死，或曰從賊，夫二相平日能自立矣，且韓有孫承宗，丘有子之陶，均仗節以死，而二公以搶亂不得其詳焉。

後人悲其遇可也，彼惠世揚者，固逆閹所稱霹靂火也。有子有姪，皆死甚烈，而身乃從闖，喪心靦顏，民斯爲下，與錢蒙叟並爲東林之巨憝爾。書越殉義傳後，起草於此。

白氏長慶集　唐　白居易

讀白香山樂府。樂府自太白創新意以變古調，少陵更變爲新樂府，於是並亡其題。香山從而和之，明乎得失之跡，詠歎諷諭，令人觀感。今之樂猶古之樂，固不必排切字句，牽合聲律，以爲不墜雅音。然香山詩如上陽白髮人、驃國樂、昆明春、西涼伎、牡丹芳諸篇，雖言在易曉，終傷冗長，音節亦鬆滑，不及杜之疏密得中也。至其佳處，如「唯向深宮望明月，東西四五百回圓。」上陽白髮人。「平時安西萬里疆，今日邊防在鳳翔。」西涼伎。「少迴卿士愛花心，同似吾君憂稼穡。」牡丹芳。則固不可掩耳。牡丹芳篇中「三代以還文勝質，人心重華不重實」二語突接，亦見作家本領。

六月

冷廬雜識　清　陸以湉

十六日　閱平湖陸以湉冷廬雜識，頗有史學，記時事亦多可觀，較近時梁紹壬兩般秋雨盦隨筆、梁章鉅歸田瑣記諸書爲勝一籌。

惜抱軒文集　清　姚鼐

二十七日　閲桐城姚鼐姬傳惜抱軒文集。姬傳以古文名天下，自謂由方望谿以上溯歐、曾，接文章正脈，近頗有訾警之者，諸同人中若孟調、仲嘉及素人三昆排之尤力。今平情論之，其傳誌疏冗逼仄，奄奄有暮氣；論亦苦束濕，寡自然之致。序記間有病碎雜者，然佳處直逼廬陵，頗爲乾隆後文章家之俊。總之，姬傳才力薄弱，不免時露窘色，而春容淡雅，固有得於師承。且其學頗具根柢，故亦鮮作無本之言也。

古微書　明　孫瑴

閲古微書。乃明孫瑴所輯諸經緯，而附以證佐。其人自號賁居子，識見弇陋，採取亦隘，故諸書輒見他説者，往往不備。

痎痁考

三十日　寄公持季貺書來，告轉痎爲痁矣。因思幼讀左傳「齊侯疥，遂痁」，竊疑癬疾豈能化熱症，杜征南無注，林注説疥當作痎，又恐其臆説，近閲顔之推家訓，言古本固作痎，説文「痎，二日一發之瘧，音皆」，而世間傳本以痎爲疥，徐仙民音疥曰介，俗儒就爲通之云云。然則其誤亦古矣，而林注亦何可厚非耶？

七月

楹聯叢話　清　梁章鉅

初九日　閱梁章鉅中丞楹聯叢話中勝跡一門。載西湖花神廟聯云：「翠翠紅紅，處處鶯鶯燕燕；風風雨雨，年年暮暮朝朝。」又稱其像塑盡態極妍。予於壬子歲過之，室宇盡圮，僅餘一堂，亦露處矣，而釵鈿儼然，環列飛舞。杭人言已不及舊塑像，蓋非中丞所見矣，此聯亦無有。

中丞又言，廟旁有月老祠，聯云：「願天下有情的都成了眷屬，西廂記語。是前生注定的莫錯過姻緣。琵琶記語。」今亦不見，月老像故在也。案，二語出荆釵記，梁氏以爲琵琶記，誤。廟相傳爲李敏達公督浙時所建，自像其貌居中，而旁肖姬侍，乾隆中有詔斥去李像，正其名爲湖山之神，見國史名臣傳。蔣心餘有詩譏之。然敏達政跡，至今浙人尸祝；又酷嗜風雅，尤眷眷於西湖，爲白、蘇後所僅見。敏達故不知書，而能如是，人尤難之。即此一舉，其風流氣概，足以豔徹宇宙，令人想望不置也。

中丞又載湖旁蘇公祠，集公詩爲聯云：「泥上偶然留指爪，故鄉無此好湖山。」余去秋亦曾見之，集句至此，亦巧矣。

又見蘇小墳聯集句云：「桃花流水杳然去，油壁香車不再逢。」藕香居茶肆楹聯集蘇詩云：「欲把西湖比西子，從來佳茗似佳人。」皆工，足補此書所未備。藕香居聯語，叢話中已載之矣。

至其他所載集句，如蘇州滄浪亭云：「清風明月本無價，近水遥山皆有情。」上係歐陽文忠句，下係蘇子美句，皆滄浪亭本事。

太倉曇陽觀集昌黎、少陵詩云：「雲窗霧閣事恍惚，金支翠旗光有無」，蓋觀祀明相國王文肅公女號曇陽子得道沖舉。相傳曇陽子以夢感宣城狀元沈文節，病瘵亡，託辭仙去，文節亦旋夭歿。湯玉茗牡丹亭傳奇即演其事，王弇州、汪伯玉文集中皆見之，真僞殆不可曉，故聯語云云。

金陵淮清橋門聯集劉夢得、韋端己句云：「淮水東邊舊時月，金陵渡口去來潮。」袁簡齋隨園楹帖集唐句云：「放鶴去尋三島客，任人來看四時花。」某氏水榭楹語集宋詞云：「波暖塵香，看檻曲縈紅，簷牙飛翠；上四字玉田句，下兩句白石詞也。醉輕夢短，在燈前欹枕，雨外熏爐。上四字毛澤民句，下兩句夢窗詞也。」

撰句如亡名氏虎邱花神廟云：「一百八記鐘聲，喚起萬家春夢；二十四番風信，吹香七里山塘。」

王夢樓揚州府署客廳云：「上客盡知名，杜牧詩才，鮑照賦手；前賢有遺韻，魏公芍藥，永叔荷花。」

李松雲中丞莫愁湖水閣云：「一片湖光比西子，千秋樂府唱南朝。」

徐青藤蟂磯孫夫人祠云：「思親淚落吴江冷，望帝魂歸蜀道難。」近時楊慶琛題云：「空江蘋藻祠靈澤，故國松楸夢惠陵。」

亡名氏黄鶴樓云：「何時黄鶴重來，且自把金尊，看洲渚千年芳草；今日白雲尚在，問誰吹玉笛，落江城五月梅花。」俱足資吟諷。

崇禎五十相考

初十日 偶作崇禎五十相考，蓋以十七年而更五十輔，爲古今所未有，而鄙性健忘，尤苦更僕難數，用備録之。

天啓七年丁卯　崇禎元年戊辰

施鳳來，平湖人。萬曆三十五年進士第二人。天啓六年，以禮部尚書爲東閣大學士，以和柔自媚於世。次年哲皇崩，時黄立極爲首輔，山陰監生胡煥猷劾之，立極乞休去，鳳來遂爲首輔，晉少師、建極殿大學士。御史羅元賓復疏糾之，遂於崇禎元年三月告歸，及定逆案，以鳳來入六等，落職閑住。

張瑞圖，晉江人。萬曆三十五年進士第三人。天啓六年，以禮部侍郎爲東閣大學士。嘗主會試策，言古之用人者初不設君子小人之名，分別起於仲尼，語多譏至聖。魏閹碑文多其手書。與鳳來同晉少師、建極殿大學士，尋同罷，入逆案五等。贖徒爲民。唐王立於福州，追謚文繆。

李國楷，字元洛，高陽人，萬曆四十一年進士。天啓六年，以禮部尚書爲東閣大學士。性寬厚，胡煥猷劾立極等三人，並及國楷，國楷反薦之。及鳳來、瑞圖繼去，國楷遂爲首輔。崇禎元年五月告歸，薦韓爌、孫承宗自代。卒贈太保，謚文敏。

來宗道，蕭山人。萬曆三十二年進士。崇禎初立，以太子太保、禮部尚書兼東閣大學士。次年五月，李國楷罷，遂爲首輔。初，宗道官禮部，爲崔呈秀父請卹，有「在天之靈」語，熹宗惡之。倪元璐屢疏争時事，宗道曰：「渠何事多言詞林故事止香茗耳？」時謂宗道清客宰相，言路交劾之，甫一月罷去，入逆案五等，贖徒爲民。

楊景辰，晉江人。萬曆四十一年進士。崇禎初立，以吏部侍郎爲東閣大學士。嘗爲要典副總裁，又三疏頌魏閹，及朝局已變，乃請毀要典。與宗道同日罷入逆案六等，落職閑住。

李標，字汝立，高邑人。萬曆三十五年進士。天啓中爲禮部侍郎。師同邑趙南星，魏閹因列之東林同志録中，標引疾去。崇禎登極，即家拜禮部尚書、東閣大學士。元年三月入朝，未幾，宗道、景辰罷，遂爲首輔。嘗力辨劉鴻訓納賄之誣，又直錢謙益、章元儒與温體仁相訐事，莊烈帝不納，自是深疑朝中有黨，標遂不得行其志。其年冬，韓爌還朝，標讓爲首輔，尋與爌等定逆案。三年正月，爌罷，標復爲首輔。累加至少保，兼太子太保、户部尚書、武英殿大學士。五疏乞休，至三月得請去。六年卒，贈少傅，謚文節。

劉鴻訓，字默承，長山人。萬曆四十一年進士。天啓中爲少詹事，忤魏閹，斥爲民。崇禎登極，即家拜禮部尚書、東閣大學士。元年四月還朝，力持清議，次第斥逆黨楊維垣、阮大鋮、李蕃、霍維華等十餘人，餘黨史䇻、高捷等合謀攻鴻訓，帝不爲動。以四川賊平加太子太保，進文淵閣。其年十月，以惠安伯張慶臻改敕書事，給事中李覺斯、御史吴玉等遂誣鴻訓受賄主使，御史田時震等復劾其賄用田仰、賈毓祥等，李標、韓爌爲合詞力辨，帝皆不聽，竟謫鴻訓戍代州。鴻訓居政府，鋭意任事，帝有所不可，退輒曰：「主上畢竟是沖年。」帝聞深銜之，故欲置之死，賴大臣力救得稍寬云。七年五月卒於戍所。福王時復官。

周道登，吴江人。萬曆二十六年進士。天啓中爲禮部侍郎，頗有所争執，以病歸，魏閹復責以門户除名。崇禎初立，入閣，帝問：「宰相須用讀書人，何解？」對曰：「容臣至閣中檢閲回奏。」帝不樂。二年正月被劾放歸。閲五年卒。

錢龍錫，字稚文，松江華亭人，萬曆三十五年進士，天啓中爲吏部侍郎，忤閹削籍。崇禎初立，拜禮部尚書、東閣大學士。元年六月入都，旋以蜀寇平加太子太保，改文淵閣，力清朝政。帝之定逆案，議多出龍錫，奸黨尤惡之。次年十二月，大清兵薄都城，袁崇焕下獄，高捷、史䔩遂誣龍錫與崇焕交通，主款誤國，復訐其挑激祖大壽擁衆出關。龍錫再疏辨引疾，帝即放歸，尋逮下獄。群小欲借事翻逆案，周延儒、温體仁亦怨之，遂生大辟，決不待時。帝以龍錫無逆謀，令長繫。黄道周爲四疏力訟，明年五月命戍定海衛。居戍所十二年，兩遇赦不原。福王時始復官還里，未幾卒。

韓爌，蒲州人。萬曆二十年進士。天啓中累官少傅、太子太傅、建極殿大學士，爲衆正所歸。魏閹深恨之，遂忤旨去，旋削籍，又假他事坐贓二千。崇禎登極，復故官，元年十二月復召爲首輔，三年正月罷。

二年己巳

成基命，字靖之，大名人。萬曆三十五年進士。天啓時爲禮部侍郎、太子賓客，忤閹落職。崇禎元年起吏部侍郎，次年拜禮部尚書、東閣大學士。李標去位，基命遂爲首輔，以恢復永王功加太子太保，改文淵閣。性寬厚，每事持大體，以袁崇煥獄請慎重，工部主事李逢申遂劾其謀脱崇煥罪，後逢申坐砲炸下獄，基命反救之。爲首輔僅半歲，爲周延儒、温體仁所傾，遂告歸。卒贈少保，謚文穆。

孫承宗，字稚繩，高陽人。萬曆三十二年進士第二人。天啓中累官兵部尚書，兼東閣大學士，旋加太子太保，督山海關及薊遼、天津、登萊諸軍務，賜尚方劍、坐蟒，便宜行事。初，承宗在講筵，能啓悟熹宗，故最承眷注。在關四年，功績甚著，累加左柱國、少師、太子太師、中極殿大學士。會魏閹亂政，承宗請入朝奏論，忠賢大駭，哭告帝急止之。已而其黨崔呈秀、徐大化等劾其擅興兵清君側，比之王敦、李懷光，承宗乃力求去，遂加特進致仕。崇禎二年，大清兵下遵化，乃召爲兵部尚書，兼中極殿大學士，視師通州，旋復移鎮關門，加太傅、太保，俱不受。四年，築大淩河城，甫竣，大清兵大至，承宗馳救，大敗，守將祖大壽力屈出降，城復毁。廷臣遂交章論之，連疏引歸。言者追論其喪師辱國，奪官閑住。十一年，大清兵深入攻高陽，承宗率家人拒守，城破被執，投繯死，年七十六，家人復巷戰死者十七人。莊烈帝嗟悼，命優恤，楊嗣昌輩格之，僅復故官，予祭葬。福王時始贈太師，謚文忠，國朝乾隆中賜謚忠定。

周延儒，字玉繩，宜興人。萬曆四十一年會試、殿試皆第一人。崇禎二年十二月，以禮部侍郎拜尚書，兼東閣大學士，明年加太子太保，改文淵閣。成基命致仕，延儒遂爲首輔，善伺意指，後爲温體仁所軋。六年六月，引疾歸。十四年二月，詔起爲首輔，尋加少師、太子太師、中極殿大學士。頗改故轍，悉反温體仁弊政。旋以信用吴昌時，贓證狼藉，爲言路所劾，延儒亦不自安。十六年四月，大清兵略山東至近畿，延儒自請督師，莊烈帝大喜，寵禮備至。延儒駐通州，不敢戰，唯與幕客飲酒娱樂，而日騰疏奏捷，偵大清兵退乃還，論功加太師。居數日事覺，遂罷歸。未幾，昌時敗，逮延儒入，賜自盡。

何如寵，字康侯，桐城人。萬曆二十六年進士。天啓時官禮部侍郎，奪職閑住。崇禎元年，召拜禮部尚書。明年十二月，兼東閣大學士。帝欲族誅袁崇焕，以如寵解免，籍其家，得往來書一篋，如寵請付閣中，既帝問之，對曰焚之矣。累加少保、户部尚書、武英殿大學士。四年乞休，疏九上乃允，陛辭陳惇大明作之道，抵家，復請觀通鑑，語甚切。六年，詔起之，六疏固辭。十四年，卒。福王時贈太保，謚文端。

錢象坤，字弘載，會稽人。萬曆二十九年進士。泰昌改元，官少詹事，直講筵。講畢，見中官王安與執政議事，即趨出，安使人延入，堅不可。時行立枷法，慘甚，象坤率同列争，熹宗爲寬之。天啓中，遷禮部侍郎、太子賓客，旋辭去。六年，廷推禮部尚書，魏閹指爲繆昌期黨，落職閑住。崇禎元年，召拜禮部尚書。京師戒嚴，條禦敵三策，奉命登陴分守，祁寒不懈。二年十二月，拜東閣大學士，累進少保。象坤在翰林時與龍錫、謙益、士升並負物望，稱「四錢」。及入閣，又不肯附温體仁。四年，御史水佳胤劾兵部尚書梁廷棟，廷棟不待旨即奏辨，佳胤以廷棟出象坤門，疑象坤泄之，語侵象坤，象坤遂五疏引疾去。給事中吴執御、傅朝佑疏稱象坤難進易退，不當以門生累，不聽。家居十年，卒贈太保，謚文貞。

三年庚午

温體仁，字長卿，烏程人。萬曆二十六年進士。崇禎初爲禮部尚書，以廷臣會推閣臣不與，遂上疏訐推，中錢謙益。帝久疑廷臣植黨，聞温體仁言，遂切責諸大臣。時大臣無助體仁者，言路復發其作詩頌璫及娶娼、受金、奪産諸不法事。體仁復欲窮治錢千秋獄，以藩司皆黨比、獄詞不實爲言，於是，刑部尚書喬允升、左都御史曹于汴、大理寺卿唐新民等合疏自訟，帝益謂體仁孤立，愈向之。三年六月，遂拜東閣大學士。逾年，力援其鄉人閔洪學爲吏部尚書，遂攻周延儒去位。六年，遂爲首輔，貶逐姚希孟、羅喻義等，薦錢士升、王應熊入閣，後以士升不附己，復傾之去。文震孟入閣，以争許譽卿事與體仁忤，何吾騶亦助之，遂激帝斥震孟並羅。吾騶誣庶吉士鄭鄤杖母大逆，鄤遂磔死。體仁用廉謹自結於上，苞苴不入門，惟日與善類爲仇，禹好善劾。成德劉孔昭劾倪元璐、陳啓新劾黄景昉，皆奉體仁指。陳子壯面責體仁不宜以將順廢匡救，未幾，子壯以他事忤旨，竟下獄削籍。體仁當國八年，官至少師、太子太師、吏部尚書、中極殿大學士，階左柱國，兼支尚書俸，恩禮無與比。而體仁專務刻核，迎合帝意，其所中傷，人不能盡知，廷臣劾者前後章不勝計，布衣楊光先至輿櫬待命，帝愈以爲孤立。崇禎十年，張漢儒訐錢謙益、瞿式耜居鄉不法事，體仁將置二人死，而太監曹化淳發漢儒奸狀及體仁密謀，帝始知體仁有黨，遂命漢儒立枷死，體仁乃佯引疾，竟得旨放歸，體仁方食，失匕箸，逾年卒。帝猶惜之，贈太傅，謚文忠。福王立，用顧錫疇議，削其贈謚。

吴宗達，武進人。侍講學士贈禮部侍郎中行從子，累官至少師、中極殿大學士。八年五月罷，卒贈文端。

五年壬申

鄭以偉，字子器，上饒人。萬曆二十九年進士，天啓時爲禮部侍郎，引疾去。崇禎二年，召拜禮部尚書，五年五月，加太子太保，兼東閣大學士。以偉修潔自好，書過目不忘，文章淵奧，而票擬非所長，嘗曰「吾讀書萬卷而窘於數行，乃爲後進所藐」。奏疏中有何況二字，誤以爲人名也，擬旨提問，帝駁改始悟，自是帝輕詞臣，而閣臣不專用翰林矣。卒，囊無餘資，謚文恪。

徐光啓，字子先，上海人。萬曆三十二年進士。從西洋人利瑪竇學天文、曆算、火器，盡得其術，遂徧習兵機、屯田、鹽炭、水利諸書。累請練兵自效，及多鑄西洋大炮資城守。天啓時累官禮部侍郎，閹黨劾之落職。崇禎元年，召還，已擢本部尚書。五年五月，拜東閣大學士，加太子太保。光啓雅負經濟才，有志用世，及柄用，年已老，明年九月卒官，贈少保，加贈太保，謚文定。

六年癸酉

錢士升，字抑之，嘉善人。萬曆四十四年進士第一人。天啓初假歸，久之進中允，不赴。屢營護閹禍逮死諸家。崇禎元年起少詹事，會座主錢錫龍被逮，即謝病歸。六年九月，召拜禮部尚書、東閣大學士。時温體仁以莊烈帝操切務爲刻薄佐之，士升以爲非，上疏獻寬簡虛平四箴，大指譏切時政。帝優旨報聞，意殊不懌也。未幾，武生李璡請括江南富户充餉，士升惡之，擬旨刑部提問，帝不許。温體仁遂輕擬以進，士升曰：「此亂本也，當以去就爭。」乃上疏極言。比疏入，而璡已下法司提問，乃降嚴旨切責士升疑上，且謂「即欲沽名，前疏已足」，蓋指前四箴也。遂放歸，國變後七年卒。

王應熊，字非能，巴縣人。萬曆四十一年進士，崇禎初累官禮部侍郎。應熊博學多才，而性谿刻强很，人多畏之。温體仁欲以自助，援甚力。六年十一月，特旨擢禮部尚書、東閣大學士。命下，朝野駭異，給事中章正宸痛劾之，帝大怒，下正宸獄。八年，給事中何楷劾其漏洩章奏，乃下其家人於獄而放應熊歸。十五年，復召給事中。龔鼎孳劾其與周延儒有私，明年至京，仍罷歸。福王立於南京，改應熊兵部尚書、文淵閣大學士，總督川湖雲貴軍務，專辦川寇。時四川皆入張獻忠，惟遵義未下，乃入守之，縞素誓師。其部將曾英最有功，復重慶；王祥亦出師綦江，相犄角，應熊倚兩人自强。丙戌十月，獻忠餘黨孫可望等南奔重慶，英與戰，敗没，賊遂由遵義入貴州。應熊退走永寧山中，未幾，卒於畢節衛。

何吾騶，字龍友，香山人。萬曆四十七年進士，由庶吉士歷官禮部右侍郎。崇禎六年十一月，擢禮部尚書，兼東閣大學士。七年二月，晉文淵閣，加太子太保，以助文震孟爭給事中許譽卿事爲温體仁所訐奏，莊烈帝怒責吾騶、震孟徇私構亂，遂於八年十一月罷吾騶官而奪震孟職。唐王立於福州，復召入閣爲首輔。丙戌八月，從王自延平出奔至汀州，王被執，乃遁回廣州。十一月，唐王弟聿鐭立於廣，吾騶復爲相。十二月大兵下廣州，迎降於李成棟。乞修明史，自劾。及成棟反正，迎桂王。己丑正月，桂王在肇慶，召吾騶與黄士俊同入閣。屢被彈劾，十月引疾罷。庚寅十一月，大兵再下廣州，復薙髮降。

八年乙亥

文震孟，字文起，吴縣人，待詔徵明曾孫。十赴會試，至天啓二年，始以殿試第一授修撰。疏劾魏閹，閹摘疏中「傀儡登場」語，謂見聖躬短小，故以相比，請殺之，傳旨廷杖八十。韓爌力争，會庶吉士鄭鄤疏繼入，内批俱貶秩調外，震孟遂歸，旋斥爲民。崇禎改元，累進諭德，直講筵，屢擊魏閹餘黨王永光、吕純如輩。在講筵尤嚴正，嘗講「君使臣以禮」章，帝即出尚書喬允升等於獄。一日，見帝足加膝，移講五子之歌，至「爲人上者，奈何不敬」，以目視帝足，帝即袖掩之，徐爲引下，時稱真講官。既屢忤權臣，遂引去。五年，復拜庶子，進少詹事。故事，講筵不列春秋，帝特命進講。震孟春秋名家，温體仁患其譏切時政，不舉，錢士升指及之，體仁佯驚曰：「幾失此人。」遂以其名上。及名上，果大稱旨。震孟乃兩疏辭疾，不許。八年六月，帝將增置閣員，召廷臣數十人試以票擬，震孟疾，不入，祭酒倪元璐無疾，亦不入。七月，特擢禮部左侍郎，兼東閣大學士，疏固辭，不許。閣臣被命即投刺司禮太監，震孟獨否。體仁每擬旨，必商之震孟，有所改必從，喜謂人曰：「温公虚懷，何云奸也？」同官何吾騶曰：「此人機深，胡可信？」震孟不謂然。越十餘日，體仁窺其疏所擬不當，輒令改，不從，則竟抹去。震孟大愠。會與吾騶欲用許譽卿爲太常卿，體仁諷謝陞劾之，語侵震孟，體仁遂擬斥譽卿爲民，震孟争不得，怒擲筆曰：「科道爲民，即削籍無害。」體仁遂述擬旨始末，謂：「陛下勸懲天下，止賞罰大權，如震孟言，是朝廷賞罰不足爲勸懲，以股肱心膂臣爲此悖理滅法語，臣不知其何心。」遂落震孟職。歸，半歲卒。十五年，贈禮部尚書。福王追謚文肅。

張至發，淄川人。萬曆二十九年進士。宰縣著能聲，行取内用，頗與東林爲難。天啓元年，以大理丞終養歸。魏閹矯旨擢用，至發不出。崇禎中，累官至刑部侍郎，遂與文震孟同擢禮部侍郎、東閣大學士。越二年，温體仁輩盡去，至發遂爲首輔，一切守體仁所爲，而才智機變遜之。十一年，以救中書黄應恩不允，乃乞休自引三當去，未嘗稱疾也，忽得旨回籍調理，時人傳笑，以爲遵旨患病云。至發頗清强。嘗按河南，適福王之藩洛陽，至發裁中使以禮，無敢横。以始終惡異己，不能收物情。累加太子太傅、禮部尚書、文淵閣大學士。去國時不遣行人護行，但令馳傳賜道里費六十金，朝幣二，表衷而已。十四年，帝思用舊臣，特敕召周延儒、賀逢聖及至發，獨四疏辭。明年卒，贈少保。

九年丙子

林釬，字實甫，同安人。萬曆四十四年進士第三人。天啓時官司業，監生陸萬齡請建魏閹祠於太學旁，强釬爲倡，釬援筆大抹，掛冠徑歸，遂削籍。崇禎時累官禮部侍郎。家居，召拜東閣大學士。未半歲，卒，謚文穆。

孔貞運，句容人。萬曆四十七年進士第二人。崇禎九年六月，以少詹事擢禮部尚書、東閣大學士。居二年，代張至發爲首輔，未幾罷。十七年，聞京師變，貞運出哭臨，慟絶不能起，舁歸，遂得疾，六月中卒。福王贈謚文忠。

賀逢聖，字克繇，江夏人。萬曆四十四年進士第二人。天啓時官洗馬，魏閹聞湖廣生祠上梁文出其手，特詣之，逢聖曰：「此借銜陋習耳，予安能數千里外爲人作文？」忠賢咈然去，遂誣劾削籍。莊烈即位，累官禮部尚書。九年六月，以本官兼東閣大學士，尋加太子太保，改文淵閣。與首輔張至發善，至發訐黃道周，逢聖爲屬草，時論非之。十一年歸。十四年，與周延儒同召還朝，帝待之遠不如延儒，充位而已。十五年引疾歸，辭朝時大哭不止，人怪之。明年，武昌陷，與家人盡投湖死。福王贈謚文忠。

黄士俊，順德人。萬曆三十五年進士第一人。與孔貞運、賀逢聖並以禮部尚書兼東閣大學士，累加少傅，歸。戊子，桂王立於肇慶之二年，與何吾騶並召爲相，耄不能決事，數被劾。庚寅正月，從王至梧州，以疾辭歸。廣州破，與何吾騶俱薙髮降，士俊時年八十二矣。未幾，卒。

十年丁丑

劉宇亮，綿竹人。萬曆四十七年進士。崇禎中累官吏部侍郎，十年八月擢禮部尚書、東閣大學士。宇亮短小，有膂力，好技擊，性不愛書。以座主錢士升援引獲大用。明年代孔貞運爲首輔，督師禦大清兵，無功罷歸。

傅冠，字元甫，進賢人。天啓二年進士第二人。崇禎中官禮部侍郎，十年八月，拜禮部尚書、東閣大學士。有章奏發自御前者，冠以爲揭帖，援筆判其上，遂放歸。唐王時以原官督師專剿湖南，旋被劾致仕。大清兵下江西，被執不屈，戮於汀州。高皇帝乾隆五十年，大録勝國殉節諸臣，分别賜專謚、通謚，冠得通謚忠烈，賀逢聖得專謚忠愍。

薛國觀，韓城人。萬曆四十七年進士，由推官内擢。數與東林爲難，以附魏璫，然亦頗有所争執。崇禎改元，遂大治忠賢黨，累擢僉都御史。十年八月，拜禮部侍郎、東閣大學士，蓋温體仁薦也。十一年，進禮部尚書。其冬，首輔劉宇亮出督師，與楊嗣昌比而搆去之，明年二月遂代其位。累加少保、太子太保、吏部尚書、武英殿大學士，一踵體仁所爲，而才智遠遜，操守亦弗如。嘗與帝言朝士貪婪，由廠衛不得人，東廠太監王德化在側，汗出沾背，於是專察其陰事。國觀又以私憾劾中書周國興、楊餘洪，俱斃廷杖，兩家人日密緝國觀通賄事報東廠。國觀又勸帝借戚畹銀助餉，帝遂勒武清侯李國瑞助四十萬，諸戚畹因屬内人倡言孝定李太后，憑皇五子責帝薄外家，諸皇子盡當殀，俄皇五子卒，帝大恐，遂恨國觀。吴昌時復構之，十三年六月，遂革職放歸。尋逮之，國觀又不赴。明年七月入都，國觀自謂必不死，監刑者至門尤鼾睡，及聞詔使皆緋衣，蹶然曰：「吾死矣。」倉皇取蒼頭帽覆之，出受詔畢，就縊，又明日始許解懸。

十一年戊寅

楊嗣昌，字文弱，武陵人。兵部尚書太子少傅三邊總督鶴子，萬曆三十八年進士，除杭州府教授，選博士，進郎中。天啓二年，引疾歸。崇禎元年，起河南副使，累遷宣大總督，以父喪去。未幾，兵部尚書張鳳翼卒，特起復，嗣昌屢疏辭，不許，遂以奪情犯衆議。積與東林忤，陷盧象昇，薦熊文燦。十一年六月改禮部尚書兼東閣大學士，仍掌兵部。給事中何楷首劾之，黄道周詆尤力，皆貶謫。十二年，命督師討賊，至襄陽，合兵大破張獻忠於瑪瑙山，加太子少保。旋入四川，聞張賊陷襄陽，殺襄王，乃自縊。一曰不食卒，或曰病死。論功進太子太傅。

程國祥，字仲若，上元人。萬曆三十二年進士，宰縣以清慎稱。天啓中，趙南星用爲吏部，魏閹劾以邪黨除名。崇禎時累官户部尚書，十一年遂改禮部，兼東閣大學士，時楊嗣昌用事，國祥自守而已。明年乞休去，未幾卒。家貧，至不能舉火。子上，亦旋卒。

蔡國用，金溪人。萬曆三十八年進士。由中書擢御史，天啓時痛詆葉向高、趙南星，以逢魏閹。崇禎中累官工部侍郎，以修都城，帝嘉其功，遂擢禮部尚書、東閣大學士。累加少保、吏部尚書、武英殿大學士。明年卒，贈太保，謚文恪。

方逢年，遂安人。萬曆四十四年進士。天啓四年，以編修典湖廣試，發策有「巨璫大憝」語，魏閹大怒，削爲民。崇禎中累官禮部侍郎，未幾擢尚書，兼東閣大學士。以擬獄失入罷歸。魯王監國紹興，召爲相。及大兵渡錢江，逢年與方國安降，旋以反側誅。

范復粹，黄縣人。萬曆四十七年進士。崇禎初爲御史，論建甚著，累擢大理少卿。十一年六月，超擢禮部侍郎，兼東閣大學士，累加少保，進吏部尚書、武英殿。十三年六月，代薛國觀爲首輔，屢被彈劾。明年加少傅、太子太傅，改建極殿。賊陷洛陽，帝語及福王泣下，復粹曰：「此天數。」帝曰：「雖天數，亦賴人事挽回。」未幾致仕。國變後卒。

十二年己卯

姚明恭，蘄水人。萬曆四十七年進士。出趙興邦門，論素不予。崇禎中累官禮部侍郎。十二年五月，擢禮部尚書、東閣大學士，加太子太保，進户部、文淵閣。方一載，鄉人詣闕訟之，請告歸。

張四知，費縣人。天啓二年進士，崇禎中歷官禮部侍郎。貌寢甚，才識卑下，常患惡瘍。十一年，廷推閣臣，忽及之。言路劾其貪污，四知憤，對帝言己孤立，爲廷臣所疾。帝惡朋黨，先後命相大抵收衆所棄，聞四知言頗動。薛國觀因力援之，明年，遂與姚明恭、魏照乘俱拜禮部尚書、東閣大學士，加太子太保，進吏部尚書、武英殿。秉政四載，屢遭彈劾，皆不納。十五年六月始致仕，後降於我大清。

魏照乘，滑縣人。萬曆四十四年進士。崇禎中歷官兵部侍郎，薛國觀引入閣，累加太子少傅，進户部尚書、文淵閣大學士。充位四載，言路相繼劾，御史徐殿臣臚其縱妾兄女婿爲奸、駡父友、暱妾棄妻諸醜跡，乃引疾歸。

十三年庚辰

謝陞，字伊晉，德州人。萬曆三十五年進士。

陳演，井研人。天啓二年進士，崇禎中累官禮部侍郎。演庸才不學，工結納，初入館即與内侍交通。十三年四月，拜東閣大學士，與謝陞同命。明年進尚書，改文淵閣。十五年加太子少保，改户部尚書，武英殿。明年五月，代周延儒爲首輔，尋以城守功加太子太保。十七年正月加少保，改吏部，進建極殿。演爲人沉深忌刻，惡副都御史房可壯、河南道御史張煊不受囑，因會推閣臣譏於帝，可壯、煊偕吏部尚書李日宣、掌科章正宸、侍郎宋玫、大理卿張三謨俱下獄。及李自成陷陝西，廷議撤吳三桂兵入守山海關，演持不可。至山西破，帝決計行之，演始不自安，求去，許之。王永吉抗疏，力詆其罪，請置之典刑。演入辭，謂佐理無狀，罪當死。帝怒曰：「汝一死不足蔽辜。」比之去，演貲多，不能遽行，賊已陷京師，與魏藻德俱被執拷訊，獻銀四萬，旋殺之。或云報名後即斬東市。

十五年壬午

蔣德璟，字申葆，晉江人。天啓二年進士，崇禎中官禮部侍郎。嘗請追正楊嗣昌罪，薦陳子壯、顧錫疇、倪元璐、文安之，並乞寬戍籍黄道周。德璟博聞强識，熟精古今典章及天下事宜利弊，文章敏捷，一日應二十餘誥敕，見者歎異。十五年六月，擢尚書，兼東閣大學士。性鯁直，無所比。開封被圍久，自請督戰，優詔不許。明年，進御覽備邊册，凡九邊十二鎮新舊兵食之數及屯鹽、民運、漕糧、馬價悉志焉。又陳練兵之法，奏免加派之害，論建甚衆。十七年，賊勢漸逼，力贊帝命太子監國南京，不聽。旋以論練餉爲聚斂小人所倡，帝怒責之，遂引罪乞休。聞山西陷，未敢行，及知廷臣留己，即辭朝，移寓外城。無何，都城陷，被創，得逸去。福王立於南京，召入閣，自陳三罪固辭。明年，唐王立於福州，召爲相，又明年，以足疾辭歸。九月王事敗，不食卒。

黄景昉，字太稚，晉江人。天啓五年進士。崇禎中官庶子，嘗薦成勇救鄭三俊，尋進少詹事。十五年六月，拜禮部尚書、東閣大學士。明年，與蔣德璟並加太子少保，改户部尚書、文淵閣。操江故有文武二大臣，帝欲裁去文臣，專任誠意伯劉孔昭。惠世揚拜左副都御史，久不至，帝命削其籍。景昉俱揭争，帝不悦，遂連疏乞歸。唐王時召入直，未幾，復告歸。國變後，家居十餘年卒。

吴甡，字鹿友，揚州興化人。萬曆四十一年進士，由知縣擢御史。天啓中奏罷内操，請召鄒元標、馮從吾、文震孟，忤閹削籍，崇禎時累官山西巡撫。數爲民請命，每歲暮扼河防秦豫賊，連三歲無一賊潛渡。修築邊牆，捕殲積盜，軍民戴若慈母。謝病歸。十三年，起兵部侍郎。十五年六月，擢禮部尚書、東閣大學士。十六年，帝以襄陽、荆州、承天連陷涕泣，命甡督湖廣師，甡念賊勢大，請精兵三萬，不能應。甡以出必死，遲回未行。帝下詔責其逗遛，甡兩疏引罪，遂許致仕。陳演復構之，遂遣戍金齒。明年行次南康，福王已立於南京，赦還復官。久之卒。

十六年癸未

魏藻德，順天通州人。崇禎十三年進士第一人。藻德有口才，應對捷給。十六年五月驟擢少詹事，兼東閣大學士。十七年詔加兵部尚書、文淵閣大學士，駐天津。兩命方岳貢駐濟寧，蓋欲出太子南京，俾先清道路也，未幾中止。陳演去，遂爲首輔。三月都城陷，縶繫劉宗敏所，獻銀一萬，賊以爲少，酷刑五日夜，腦裂死。或云藻德率廷臣報名謁賊後，翼日，以巨繩縛之宮門，與陳演駢斬東市。

李建泰，曲沃人。天啓五年進士，頗著聲望。崇禎十六年擢吏部侍郎，其年十一月，以本官兼東閣大學士。明年正月，李自成逼山西，建泰家富，欲籍以佐軍，毅然有滅賊志。會平陽陷，遂請出私財餉軍提師以西，帝大喜，加兵部尚書，行遣將禮，御正陽門餞送，手金卮親酌之者三，宴畢，内臣爲披紅簪花，用鼓樂導尚方劍而出。然所攜止五百人，甫出都，聞曲沃陷，家貲已爲賊有，驚怛而病，日行三十里，士卒多道亡，遂入屯保定定興城中。已而城陷，爲賊所執，致闖賊於京師。賊敗遁，建泰留燕邸。大清召爲内院大學士，未幾罷歸。大同總兵姜瓖反，建泰遥應之，大兵至，建泰迎戰，被擒誅。

方岳貢，字四長，穀城人。天啓二年進士。官户部郎中，以廉謹聞。崇禎元年，出知松江府，甚著政績，舉卓異者數。有言其餽薛國觀三千金者，遂被逮，士民詣闕訟冤，遂下法司，讞奏無實，擢山東副使。吏部尚書鄭三俊舉天下廉能監司五人，岳貢爲首，帝趣使入見，即超擢左副都御史。十六年十一月，命以本官兼東閣大學士，閣臣冠都御史銜者岳貢一人而已。十七年二月，命以户、兵二部尚書，兼文淵閣大學士，駐濟寧，已而不行。賊陷京師，被執索銀，岳貢素廉貧，無以應。拷掠備至，松江賈人爲代輸千金，旋自縊死。岳貢素負清望，京師垂敗，已自決死，以稍遲遂被執辱，不得與死事列，士論惜之。

十七年甲申

范景文，字夢章，吴橋人。萬曆四十一年進士，爲推官，以名節自勵，擢選郎。泰昌時群賢登進，景文力爲多。天啓時魏閹擅政，景文其同鄉，即謝病去。崇禎初起太常少卿，二年巡撫河南，率所部勤王，無所犯，遠近恃以無恐。三年擢兵部侍郎，練兵通州，以父喪去。七年起南京兵部尚書，援剿畿甸，節制精明，京師戒嚴，立遣兵入衛。楊嗣昌奪情，論者被譴，景文乃倡同列合疏救之，削籍爲民。十五年，召拜工部尚書，帝迎勞曰：「不見卿久，何癯也？」十七年二月，以本官兼東閣大學士，帝謂之曰：「朕知卿久，今急而用卿恨晚，卿尚勉之。」李自成陷京師，景文趨至宫門，遇宫人曰「駕出矣」，遂赴井死。福王贈太傅，謚文貞，建祠，爲正祀文臣第一。章皇帝順治九年，賜景文及倪元璐、李邦華等二十忠臣謚，景文謚文忠，命有司各給地七十畝祠祭。

丘瑜，字□□，宜城人，天啓五年進士，崇禎中累官禮部侍郎，嘗召對，力言督師孫傳庭出關，安危所繫，慎勿促之輕出，帝不能從。十七年正月，以本官兼東閣大學士。賊陷京師，慟哭決死，方投繯，爲賊擁之去，途遇其友，出所處分後事家書寄其子，且自誓不相見。入見闖，不屈，受拷訊，夜仰藥死。

以遲范景文等死一日，遂致刑辱，褒贈不及，天下惜之。子之陶，年少有器略，賊陷宜城，被執僞降，爲兵政府從事，擢本府侍郎，留守襄陽，賊甚倚信之。之陶乃以蠟丸貽孫傳庭曰：「督師與之戰，吾詭言左兵大至，彼必返顧，吾從中起，可滅也。」傳庭大喜。報書爲賊得。傳庭恃内應連營前，之陶果舉火報左兵至，自成召而示以傳庭書，責其負己。之陶大罵曰：「吾恨不斬汝萬段，豈從汝反耶？」支解而死。瑜父民忠，宜城破時亦罵賊死。

以上計四十九相，云五十人者，舉成數也。或云其一爲黄立極。夫立極當熹宗時已爲首輔，莊烈立三月即罷去，是不當與施鳳來、張瑞圖比矣。蓋施、張去以崇禎元年，且施爲首輔，其命固出莊烈也，故得與五十之數，而立極不必强列之。或云周延儒以六年罷首輔，至十四年再當國，五十相中延儒當居其二，然則江夏賀文忠不嘗再相一年乎？奚論乎其當國否也？至謂僅四十六人，不數施、張及李文敏者，誤矣。

酒名三雅

二十六日　酒名三雅，舊矣。楊升庵丹鉛録引于志寧詩，謂劉禹錫「酒每傾三雅」所本；而朱翌猗覺寮雜記載古酒鉼號三雅，伯雅、仲雅、季雅，且引劉詩爲證。升庵固號博雅，新仲此書在宋人説部中亦爲錚錚，番陽三洪盛推其淹洽。顧不知典論載劉表諸子好酒，爲三爵：大曰伯雅，受七升；舊耆續聞作「一㪷」，侯鯖録皆同。次仲雅，受五升；續聞作「七升」。次季雅，受三升。續聞作「五升」。見太平御覽，載入仁皇帝欽定佩文韻府。

又上虞人王煦曰：雅同盃，桮也，見廣韻盃字注，云「酒器」。盃、雅同音。武陵人掘池得是器，因以「三雅」名其池，今武陵此池故在。煦字汾原，乾隆時舉人，作宰甘肅，以博洽稱，尤專小學，著有小爾雅疏及説文五翼，皆卓然可傳。閬州有三雅池，潘蘧紀聞云：「古有修此池者得三銅器，狀如酒杯，各有三篆，曰伯雅、仲雅、季雅。或謂劉表二子好酒云云。趙德麟云恐是盛酒器，非飲器。曾存之云古升合小，三升當今一升。」所載亦同。

八月

古文源流論

初六日　古文自韓、柳、歐三家外，應推本朝魏叔子爲雲門嫡嗣。曾南豐如臨濟別出，繼其衣鉢者，元有虞道園，明有歸震川，本朝則方望谿也。王臨川、蘇老泉又曹洞旁宗，其衣鉢無傳焉者也。蘇子瞻以氣雄古今，然究不能自爲一宗，明之唐荊川、本朝彭躬庵是已。侯朝宗筆力勝子瞻而理不足，然其氣則有過之無不及矣。道園、震川皆學歐，又極似歐，而吾謂其繼南豐；則以二家不免冗漫，而説理頗粹，又務主寬展，有不盡之意，其得失皆似曾也。又震川、望谿，俱不免有時文氣。歐、曾、蘇、王皆正宗，而予別爲三者，就其同而別之也，非謂曾、王爲旁門也。旁門者，其必唐之孫樵、杜牧乎？宋祁其繼焉者也，樊宗師、穆參軍不足道也。而禰之者明爲盛，李空同、李滄溟、汪伯玉及吾鄉之孫月峰、張文恭皆尤而效之而又甚者也。斯乃邪魔外道，不足以與於文矣。

南濠詩話　明　都穆

初七日　都穆太僕南濠詩話載楊廉夫集有路逢三叟詞云：「上叟前致詞，大道抱天全。中叟前致詞，寒暑每節宣。下叟前致詞，百歲半單眠。」陳後山詩中一詞亦此意，皆出於應璩。璩詩曰：「昔有行道人，陌上見三叟。年各百餘歲，相與助禾莠。往前問三叟，何以得此壽？上叟前致詞，室内姬麤醜。二叟前致詞，量腹節所受。下叟前致詞，暮卧不覆首。要哉三叟言，所以能長久。」云云。今俗傳「量腹節所受」句爲「晚飯少喫口」，按「晚飯少喫口，活到九十九」二語，出古詩。

韓詩曰：「我生之初，月宿南斗。」東坡謂公身坐磨蠍宫，而己命亦居是宫，蓋磨蠍星紀之次爲斗宿所纏。星家言身命舍是者，多以文顯。高季迪命亦舍磨蠍，又與坡翁同生丙子，亦見南濠詩話。

又載陰常侍佳句：「行舟逗遠樹，度鳥息危檣。」泛青草湖。「水隨雲度黑，山帶日歸紅。」晚泊五洲。「海上春雲雜，天際晚帆孤。」廣陵岸送北使。「香盡奩猶馥，幡陳畫漸微。」巴陵空寺。「從風還共落，照日不俱消。」雪裏梅花。「遠戍惟聞鼓，寒山但見松。」晚坐新亭。

默記　宋　王銍　四朝聞見録　宋　葉紹翁

初八日　王銍默記全載歐陽文忠張氏甥女案始末及貶文忠制詞，葉紹翁四朝聞見録全載胡紘劾朱晦翁疏及晦翁謝罪表。或以汙衊之語，君子不道，而二書備述之，致貽千載口實，爲二書惜。吾謂二公事，當時已有定論；且其事皆非大不肖者不爲，豈後之人於二公而疑之？二書詳其事，辨其誣，是有功於二公者，而何譏爲？

後山談叢 宋 陳師道

初十日 後山談叢載金帶圍事爲韓魏公、王荆公、王岐公珪。其過客則陳秀公升之。周煇清波雜志所載亦同。獨蔡條鐵圍山叢談，謂過客乃吕司空晦叔，非秀公也。條聞見較近，當不誤。吕晦叔名公著，封申公，謚正獻；其父夷簡，封許公，謚文靖；而人多稱夷簡爲申公。又吕端亦封申公。費衮梁溪漫志云：「吕文靖初封申公，其子正獻，亦封申。韓忠獻初封儀公，其子文定亦封儀。本朝父子爲相，獨此兩家，且襲其爵，亦盛事也。」

九月

四照堂集 明 王猷定　七修類稿 明 郎瑛

初五日 閱王于一四照堂集。文學史記，少嫌霸氣，然情韻絶好。詩學七子，甚粗傖。夜閱郎瑛七修類稿，此書引證頗廣，當時楊升庵已屢引其説，然識見殊卑，筆亦冗拙，時有村學究氣，論詩文尤可笑，其浩博則不可没也。

十二生肖考

十四日　鼠無牙，牛無齒，虎無脾，兔無脣，龍無耳，蛇無足，馬無膽，羊無瞳，猴無臀，雞無腎，犬無胃，豬無筋。七修類稿云十二生肖，各取其足爪，於陰陽上分之，如子雖屬陽，上四刻乃昨夜之陰，下四刻今日之陽。鼠前足四爪象陰，後足五爪象陽也。丑屬陰，牛蹄分也。寅屬陽，虎五爪。卯屬陰，兔缺唇且四爪也。辰屬陽，龍五爪。巳屬陰，蛇舌分也。午屬火，馬蹄圓也，蓋馬單蹄。未屬陰，羊蹄分也。申猴五爪，酉雞四爪也。戌狗五爪，亥豬蹄分也。此或庶幾焉。然蛇、兔且取唇舌，他物之足爪亦豈無如十二物者哉？蓋又於時位上見之，如子爲陰極，幽淺隱晦，以鼠配之，鼠藏跡也。午爲陽極，顯明剛健，以馬配之，馬快行也。丑爲陰之俯，而慈愛生焉；牛有舐犢，以牛配之。未爲陽之仰，而禮義行焉；羊有跪乳，以羊配之。寅爲三陽，陽勝則暴，以虎配之。申爲三陰，陰勝則黠，以猴配之。日生東而有西酉之雞，月生西而有東卯之兔。此陰陽交感之義。故曰卯酉爲日月之私門。今兔舐雄毛則成孕，雞合踏而無形，皆感而不交者也。故卯酉屬兔雞。辰巳陽起而動作，龍爲盛，蛇次之，故龍蛇配焉，龍蛇變化之物也。戌亥陰斂而潛寂，狗司夜，豬鎮靜，故狗豬配焉，狗豬持守之物也。

顧寧人云古無以一日分爲十二時之説，洪範言歲月日不言時，周禮馮相氏「掌十有二歲，十有二月，十有二辰，十日，二十有八星之位」，不言時。屈子自序其生年月日，不及時。呂才禄命書亦止言年月日，不及時。李虛中以人生年月日所直支干，推人禍福生死，百不失一，初不用時也。自宋而後，乃並及時，謂之八字。淮南子天文訓「寅爲建，卯爲除，辰爲滿，巳爲平，午爲定，未爲執，申爲破，酉爲危，戌爲成，亥爲收，子爲開，丑爲閉」。建除之名自斗而起，始於太公六韜，云開牙門當背建向破，越絶書：「黄帝之元，執辰破巳。」

猗覺寮雜記碎綴

介甫字説往往出於小説佛書，且如「天一而大」，蓋出春秋説題辭「天之爲言填也，居高理下」，「含爲太一，分爲殊形」，見法苑珠林。星字「物生乎下、精成於列」，「精成於列」，晉天文志張衡論也。鸜鵒勾其足而欲，見酉陽雜俎，鸜鵒之交，勾其足，往往墮地，人掩之以爲媚藥。年字禾一成爲季，書正義孫炎曰「年取禾穀一熟」。

物去其勢，豕曰獖，見易；牛曰犗，見佛書；馬曰扇，見五代史；雞曰敦，犬曰閹，見俗語。

退之祭文「虎入廐處，以我驝去」，唐韻「驢子曰驝」，亦見何承天纂文。

本草「鶩」注：「尸子云野鴨爲鳧，家鴨爲鶩，不能飛翔，如庶人守耕稼而已。」余是以知周禮「庶人執鶩」之義。

王維畫雪中芭蕉，惠洪云「雪裏芭蕉失寒暑」，不知嶺外如曲江，冬大雪，芭蕉自若，紅蕉方開花。

琴曲有賀若最古淡，東坡云「琴裏若能知賀若，詩中定合愛陶潛」，人或謂賀若弼，殊不類。余考之，蓋賀若夷也，夷善鼓琴，王涯居別墅常使鼓琴娱賓，見涯傳。東坡又序武道士彈琴云「賀若，宣宗時待詔」。

今婦人削去眉，畫以墨，蓋古法也。釋名曰「黛，代也，滅去眉毛以代其處也」。

初學記：「藍田出美玉如藍，故名藍田。」

錢以文言，南史武陵王華林園射，賜錢五萬文。絹帛以匹言，姚察門生遺花練一匹。藕以挺言，南海王子罕取一挺藕。檳榔以口言，任昉父遥餌檳榔，剖百口許。簞以領言，世説王佛大見王恭，索簞一領。

斬首幾級，謂斬敵一首，拜爵一級，謂一首爲一級。見衛青傳注。今云取其人首級，非也。

用驢磨麪，見六朝宋袁淑廬山公九錫文，云：「嘉麥既熟，實須精麪。負磨回衡，迅若轉電。」

説文「貙膢，祭飲食」，漢書「武帝令天下五日膢」注，蔡邕曰：「貙勑俱反。常以立秋日還食其母，王者以此時祭廟膢劉。劉，殺也。言擊殺之時。」又續漢禮儀志立秋郊畢，始揚威武，斬牲令郊東門，名曰貙劉。故漢高云「婁者，劉也」。

三命家言支干者，見白虎通。甲乙，幹也；子丑，支也。不當言干，當言幹也。夏正以平旦爲朔，商以雞鳴爲朔，周以夜半爲朔，亦見白虎通。

錢有字漫，見漢西域傳，罽賓國以金銀爲錢，文爲騎馬，幕爲人面。如淳曰「幕，音漫」，顏注「幕，即漫也」。

經韻樓集　清　段玉裁

二十一日　閱金壇段玉裁經韻樓集，皆説經之作，札記數事：

毛詩有三晥字，一凱風「睍晥黄鳥」，傳曰：「好皃。」一杕杜「有晥其實」，傳曰：「實皃。」一大東「晥彼牽牛」，傳曰：「明星皃。」釋文皆華版反，杕杜篇釋文曰「字從白。或從目邊，非」，此古本也。今本釋文乃改作「晥」從目，而删「非」字，由改經傳從目，故出此耳。又廣韻「晥，户版切，大目也」，故唐韻據此言大東作「晥」。五經文字雖無「晥」字，然目部曰「睍見詩」，「晥見禮記」，則其所據詩不作「晥」可知也。

詩「誰能執熱，逝不以濯」。左傳引之，云：「禮之於政，如熱之有濯也，濯以救熱，何患之有？」毛公傳曰：濯所以救熱也，詩意執熱，言觸熱苦熱，濯謂浴也。濯訓滌。沐以濯髪，浴以濯身，洗以濯足，皆得云濯。此詩謂誰能苦熱而不澡浴以求涼者乎。乃鄭箋、孟子趙注、朱注、左傳杜注皆云濯其手，轉致義晦，由泥於「執」字耳。

今學者作伊雒字皆作「洛」，不知其非。古豫州之水作「雒」字，雍州之水作「洛」字，載於經典者晝然，至魏而始亂之。魏志黄初元年幸洛陽，裴注引魏略曰：「詔以漢火行也，火忌水，故『洛』去水而加隹。魏於行次爲土，土，水之牡也，故除隹加水，變『雒』爲『洛』。」此黄初元年改「雒」字之始。曹丕欲改隹從水，而先以漢去水加隹爲雒，竟若漢以前本作伊洛而漢始改之者。漢果忌水，則國號漢者，將何説乎？即如顔籀云光武以後始改，光武又何以不改漢而改洛乎？考之六經，詩云「瞻彼洛矣」，毛傳曰「洛，宗周溉浸水也」，此即周禮之雍州其浸渭洛，與伊雒了不相涉也。周頌序曰「周公既成雒邑」，其字釋文尚作「雒」也。左傳伊雒之戎凡兩見；又楚子伐陸渾之戎，遂至於雒；又武王克商，遷九鼎於雒邑；又劉定公勞趙孟於潁，館於雒汭；又晉侯使屠蒯如周，請有事於雒與三塗；又「司馬起豐、析與狄戎，以臨上雒」；皆作「雒」，不作「洛」。周禮職方雍州，其浸渭洛。豫州，其川熒雒。二字分別皎然。淮南鴻烈墬形訓曰「洛出獵山」，高注「獵山在北地西北夷中，洛水南流入渭。」詩「瞻彼洛矣，維水泱泱」是也。雒出熊耳，高注熊耳在京兆上雒西北，亦甚分晳。

儀禮「夫妻牉合也」，牉當作片作半，合二字爲牉，此必俗字。周禮「媒氏掌萬民之判」，注曰：「判，半也，得耦爲合，主合其半成夫婦也。喪服傳曰，夫妻判合。」據此則鄭所據喪服作「判」。然詳文義，則鄭引喪服「夫妻半合」之文，以證己合其半成夫婦之説，淺人轉寫，有所改竄耳。儀禮賈疏「繼母如母」下云「繼母配父，即是片合之義」；「慈母如母」下云「繼母非父片合」；「父卒繼母嫁」下云「亦爲本是路人，暫時與父片合」；字皆作片。考諸説文：片，判木也，半物中分也。判，分也。凡物合而分之曰半，分而合之亦得曰半；片者半之假借字，判者亦半之假借字。古三字同音，義亦相近。本無「牉」字，字林始有之。至若經典釋文宋本作「胖合」。説文曰「胖者半體肉也」，亦用假借字而義甚近。五經文字、九經字樣亦皆無「牉」字。又周禮酒正疏云「夫妻片合」，亦是一證。

段氏極精小學，所注説文最浩博，此數條援據亦極明晳可據。

皇清開國方略　清　阿桂　梁國治

二十二日　恭閲皇清開國方略。愛新覺羅布庫哩雍順即天女佛庫倫所生，稱爲天男者，定三姓之亂，遂奉爲貝勒。居長白山之俄朵里城，國號滿洲。越數世，國人叛，戕其主，幼子遁於荒野，有雀集其首，追者疑爲枯木，遂得免。數傳爲肇祖原皇帝，計誘先世讐人之後誅之，遂復舊業，居赫圖阿拉地，漢語横甸也。後稱真京，距俄朵里城西一千五百餘里。肇祖曾孫爲興祖真皇帝，興祖生景祖翼皇帝，景祖生顯祖宣皇帝，顯祖生太祖高皇帝。景祖、顯祖併吞所近諸部，日强大。後以圖倫城主尼堪外蘭構古埒城主阿太章京於明，明寧遠伯李成梁圍之。阿太章京子婦，景祖女孫也，故景祖偕顯祖救之，城陷，皆被殺。明乃詭言非本意，歸二祖喪，授太祖都督敕印。而黄道周博物典彙則云：建州都指揮王杲爲邊患，總兵李成梁不能制，以顯祖有膽略，令率兵討，果往返八日，禽之。成梁忌其狀貌非常人，詭請視火器，陰設反機害之。時太祖方四歲，李成梁佯哭之盡哀，迎太祖兄弟，厚致餼養。太祖稍長，讀書有謀略，十六歲始出之建地，遂日與弟厲兵秣馬，動以復父讐爲辭。自萬曆三十四年貢後，以邊關勒索無厭，遂不復貢云云。

太祖初起，止有顯祖遺甲十三副。萬曆三十四年，自號聰明貝勒，討尼堪外蘭，遂克圖倫城，旋克嘉班城。尼堪外蘭逃走明撫順所，不納，太祖追及，誅之。萬曆四十四年丙辰，諸貝勒大臣上尊號爲覆育列國英明皇帝，建元天命。三年，率步騎二萬伐明，以七大恨告天。明經略楊鎬四路出師，號四十七萬，三路大敗，杜松、王宣、趙夢麐、劉綎諸將皆戰殁，遂克開原、鐵嶺。六年辛酉，取瀋陽，旋取遼陽，河東大小七十餘城皆降附，遂徙都遼陽，號東京。七年壬戌，取廣寧，進逼山海關。明經略熊廷弼、巡撫王化貞遁入關，降者復四十餘城。旋又克義州。十年乙丑，遷都瀋陽。十一年丙寅，攻寧遠城，寧遠道袁崇煥、總兵滿桂固守，不下。八月太祖崩，第八子四貝勒即位，是爲太宗文皇帝，改元天聰。五年辛未，取大淩河。九年乙亥，貝勒多爾袞收服察哈爾全部，獲傳國璽。明年丙子，建國號曰大清，改元崇德，群臣上尊號曰寬温仁聖皇帝。是年冬征朝鮮，大破之，國王李倧降。七年壬午，鄭親王濟爾哈朗克塔山、杏山城，太宗長子肅親王謚武王。豪格亦作合格。克松山，擒明總督洪承疇，旋克錦州，降總兵祖大壽。八年癸未八月，太宗崩。開國大略具此。

十月

中吴紀聞　宋　龔明之

初三日　近傳僧道懸光之術始見於晉書佛圖澄傳以油脂塗掌事，今日閱宋人龔明之中吴紀聞載兩事云：元豐間朝廷選使往諭高麗，命林希，希力辭，遂出知池州。初，希買卜於京師，孟詺爲作卦影，畫紫袍金帶人對大水而哭，林以爲高麗須涉瀚海，故力辭。及知池州，繼遭喪禍，其驗乃在此也。

又韓中孚將遊上庠，聞市肆有精軌革術者，往筮之，畫一金章紫綬人，有賁色瓶在其旁，後有一人，處圓圈中，術士謂曰：君此行中途必爲貴人所留。及行次南徐，故人朱行中龍圖爲郡守，倒屣迎之，延於郡圃。朱平生愛一賁色酒壺，因宴出示之。圃中有草庵，其狀甚圓，韓寢於其間，與卦影所畫無一不驗。

文之大病

初八日 文宗間有鉅儒宗工講究不到者，故其難其慎，間不容髮，往往偶不及察，遂貽千載口實。宋人王得臣麈史譏歐陽文忠作族譜序，言不知姓之所自，而昧昭穆之序，則禽獸不若也。其譏訶亦至矣，然歐陽氏得姓凡幾年，其間文學之士蓋亦多矣，文忠始爲之譜，斯言恐未爲得也，卓哉論乎，一經道破，直令作者無地自容。又李泰伯盱江集中與胡瑗書，其後有云：「觀送程令序，斥言今之縣令不得其人，而末一句乃曰與君家有代授之契，如是則尊公亦今之縣令耳。蓋文之大病不可不察，若尊公之治有異於前之云者，願少稱述，不然，則削此一句，以存有隱無犯之義，甚善。」皆至論也。國朝杭大宗道古堂文集譏王充論衡，謂充悉書其祖父之劣行，且創或人問答，揚己以醜其先，甚至謂母驪犢騂，無害犧牲，祖濁裔清，不牓奇人，是真名教之罪人。又言近時臨川陳際泰作書誡子，而以村學究刻畫其所生，其端實自王充發之，乃知作文須面面都到，尤不得使一毫矜氣，快意時愈宜留意，蓋恐一逞筆則不知所之矣。歐陽諸公之失，皆矜氣使之也。

盱江全集　宋　李覯

十二日　購得李泰伯先生盱江全集一部，十册。此書按欽定四庫書録言明左贊删其中駁孟一書，並點竄其文，使改而尊孟，殊爲庸妄。今因不得其原本，姑仍贊本録之而附訂其謬云云。余尚有明槧殘本，僅三帙，今此本乃雍正間其後裔所刻，詩文集共三十七卷，年譜一卷，外集三卷，與四庫所收者同。末又附其侄山甫詩文一卷，卷首有盱江先生像，又有明成化三年吏部驗封主事左贊請修泰伯墓及立祠一疏，蓋贊亦南城人也。書中字多訛脱，又半爲不知病狂人塗抹，甚至有改竄者，字跡汙率，語句不通，又往往破句讀讀之。慶曆民言三十篇中，惡札幾徧行墨間，甚可痛恨。因其罕遘，故買之，付錢四百文去。

晉書　唐　房玄齡

二十四日　夜讀晉書劉琨、祖逖傳，余於今春三月間讀晉書列傳略皆上口，而今又邈如隔世矣。健忘若此，可歎也。晉當永嘉之亂，惟祖士稚有名將才，餘皆不足數，劉越石志大力弱，房琯、張浚流也。晉之不亡者，以羣雄蠭亂，故聰勒有所顧慮牽制。至温太真起，而南渡之基定矣。繼以桓元子、謝安石，皆晉第一流人物也。

文章軌範　宋　謝疊山

二十八日　偶閲謝疊山氏文章軌範七卷，共六十九篇，皆取古文之有資於場屋、耑爲舉業設者。其選分放膽、小心二目，以昌黎與于襄陽書至盧陵氏春秋、朋黨、縱囚諸論共二十二篇爲放膽；以蘇老泉管仲論至陶靖節歸去來辭共四十七篇爲小心，皆標揭其篇章句字之法。大率韓、柳、歐、蘇之文，韓文居三十二，大蘇居十二，而廁入諸葛出師表及陶辭兩篇，詮次無序。唯論歐陽公文章爲一代宗師，然藏鋒歛鍔，韜光沈馨，不如韓文公之奇奇怪怪，可喜可愕。學韓不成，亦不庸腐；學歐不成，必無精彩。獨上范司諫書及所選三論，氣力健，光焰長。又論東坡平生作詩不經意，意思淺而味短，獨潮州韓文公廟碑詩、司馬温公神道碑、表忠觀碑銘三詩奇絶，皆刻意苦思之文也，殊爲當時創論。欽定四庫全書提要言其中獨前出師表、歸去來辭兩篇無圈點批注，似有所寓意。凡所標舉，動中竅會，古文之法，亦不外此云云。今按所選如元結大唐中興頌序、辛棄疾紹興辛巳親征詔草跋等，皆寥寥數字，而亦收入，殊所未解。顧元序標注頗精細，辛跋不經見，因並録之，以便吟諷也，其勾注圈點皆依樣。

清白士集　清　梁玉繩

二十九日　至文淵堂書肆，買得明槧秦淮海集一部五册、梁玉繩清白士集一部八册。玉繩字諫庵，翰林學士同書之子，所著有史記志疑及此集，内共六種：班史人表考九卷、吕子校補二卷、元號略四卷、誌銘廣例二卷、瞥記七卷、蜕稿四卷，又庭立紀聞四卷，乃其子學昌所輯，元號補遺一卷，半爲日本年號，從其國所刻大成年代廣録出，半乃錢唐諸以敦校補。諫庵以諸生終，蜕稿乃其所作詩文，膚淺不足存。人表考搜采頗博，尤便於省覽。吕子校補乃補畢秋帆校所遺。元號略取古今帝王紀號及僭僞、盜賊、外國，皆采及錢幣金石，分專號、重號二目，以韻編次。又帝王俱詳書全謚名字、年數、陵號，皆爲自來所未有。誌銘廣例以元人潘昂霄金石例、明人王行墓銘舉例及國朝黄梨洲金石要例三書標采錯雜，兼病漏略，爲之别正摘補，體式大略具備。瞥記多參考經史，亦近來説部之錚錚者。

十一月

顔氏家訓　北齊　顔之推

初九日　顔氏家訓最切實可從，其考據亦細，略采數則：

月令「荔挺出」，鄭玄注：「荔挺，馬薤也。」説文云：「荔似蒲而小，根可爲刷。」廣雅云：「馬薤，荔也。」通俗文亦云馬藺。易通卦驗玄圖云「荔挺不出則國多火災」。蔡邕月令章句云「荔似挺」。高誘注吕氏春秋云荔草挺出也。然則月令注荔挺爲草名，誤矣。

禮云：「定猶豫，決嫌疑。」離騷云：「心猶豫而狐疑。」案尸子曰：「五尺犬爲猶。」說文云：「隴西謂犬子爲猶。」吾以爲人將行，犬好豫在人前，待人不得，又來迎候，如此往還，至於終日。斯乃豫之所以未定也，故稱猶豫。或以爾雅曰「猶如麂，善登木」，既聞人聲，乃豫緣木，如此上下，故稱猶豫。太史公記曰「寧爲雞口，無爲牛後」，此是删戰國策爾。按延篤戰國策音義曰：「尸，雞中之主；從，牛子。」然則「口」當爲「尸」，「後」當爲「從」，俗寫誤也。此說不可從。延字之義不見所據，況口、後協均，古語如是；牛子爲從，尤所未聞。

金華善記人物

十四日 是日舟中子實爲言金華人物葉蓁者以詩名，性善記，嘗閱人家乘一過，即其世次、名字、生卒數千人不忘。成進士後即死，年不壽，故所作無傳者，惟天台山寺有藏經，多評注者，皆蓁筆也。樓上層者字更一，詩學昌谷，有集。善記亞於蓁。盧標者字鞠人，博極群書，嘗作婺志萃數十卷，專輯山水人物故事之隱僻者，補自來金華郡志所遺，已付梓，他著作尚夥。又嘗掌教臨海，聞其修輯亦不亞金華也。三人者死未久，顧僻縣下僚，無有知其姓氏者，爲記之於此。

中醫南北派

子實東陽人，名炳暹，會稽教諭春鄂先生杼之子，春鄂先生精堪輿及醫學，子實皆得其傳。醫學自金人劉完素守真倡諸病皆屬於火之論，著素問玄機原病式一書，多以寒涼之劑攻蘊熱之病。元人朱震亨丹溪傳其學，著格致餘論、金匱鉤玄諸書，謂陽易動，陰易虧，獨重滋陰降火，立「陽常有餘、陰常不足」之論。雖完素主於瀉火，震亨則主於滋陰，實開直補真水之先，而大旨不離乎闌温補、戒燥熱，故所製越鞠丸不及後人之用逍遥散。而所用黄蘗、知母，沿其波者往往戕傷元氣，蓋完素河間人，北地賦秉剛强，兼以飲食醇醲，故攻其有餘，往往奏效，而不宜南方之脆弱。此北學也。自明吴人薛己立齋用八味丸、六味丸直補真陽真陰，以滋化源，著醫案七十八卷。其治病務求本原，而意歸温補，吾鄉張介賓會卿主之，作景岳全書，以人參、附子、熟地、大黄爲藥中四維，更推人參、地黄爲良相，大黄、附子爲良將。其持論謂人之生氣，以陽爲主，難得而易失者惟陽，既失而難復者亦惟陽。因專以温補爲宗，力救劉、朱鹵莽滅裂之弊。此南學也。顧自薛己之死以瘍，故訢之者遂謂温補之弊終於自戕。其後趙獻可作醫貫，執其成法，遂以八味、六味通治各病，甚至以六味治傷寒之渴。而傳景岳之説者，往往不究證候與氣血盛衰，概補概温，謂之王道，不知參桂誤用，亦足殺人，其流弊一也。兩者幾如朱陸異同，相持求勝。吾鄉之以醫名及儒而習此事者皆奉張氏之書爲圭臬。今日程子實論及是書，謂即以吾浙言，治金華以上諸郡則可，治寧紹諸郡則不可，蓋寧紹地下濕多水，水性熱毒，感其疾者正宜以凉藥攻之，濕則滋毒，故不可用。然其書論病原證候甚備，且理深細，習醫者不可不讀，惟不入於偏可也。余謂吾鄉柔脆極矣，水生之人陽氣常患不足，攻伐之説，正未可言耳。

綺琴閣詩草 清 吴麐珠

十五日 燈前偶閱廬江閨秀吴綺琴詩，頗有足采者，如夜讀先大夫我意草有感云：「捧讀遺編漏欲殘，迢迢人静夜生寒。音容恍似承歡暇，手澤須防繼世難。猶憶退朝時起草，每成佳句喜忘餐。傷心東閣梅梢月，倦倚窗前淚暗彈。」送兄入楚云：「浩劫憑誰問，飄流涕濕巾。同爲避亂客，獨作宦遊人。親老猶無恙，官清不厭貧。廿年逢故土，相見亦前因。」皆全首格律渾成。絶句如有感云：「雁序分飛後，淒涼各遠遊。可憐明月夜，五處淚同流。」哭弟婦云：「鸞飛鳳折忍相抛，阿母年高幼女嬌。奉倩神傷宜自愛，淒涼莫憶可憐宵。」送仲芬姪女于歸云：「怕聽樓頭旅雁過，幾番離别奈愁何。多情不及天邊月，隨處清光照綺羅。」皆不愧詩人吐屬。其他斷句如「淺醉香教浪蝶癡」，及歸寧詩云：「十五年來憔悴甚，笑人還説舊容姿。」則不勝風流自賞矣。女史名麐珠，字紱媛，故左都御史吴芳培女孫，章子實室也。以廬江家破，偕子實隨其翁璧田太史流寓紹興云。

琅嬛集 明 張岱

二十三日 夜閲張宗子先生岱琅嬛集，先生著書頗富，如史闕、鵑舌啼血録、西湖夢尋録諸書，余甚慕之，而不得見。所見者石匱藏書及陶庵夢憶兩種耳。今節子從富人孫某借得其詩文集四册，係鈔本，間有評語，詳其詞意，爲當時人與宗子友者所筆，故稱之曰「宗老」云。

十二月

晉書　唐　房玄齡

初二日　晉書世多詆之，以其蕪而尚排偶也。然駢驪行文，自六朝至五代，詔策誥誡，無不出此，是當時所尚，即爲史體矣，安見論贊之必須散文乎？唯其書好載纖佻雜事，而賈充遇司馬文王，陸雲遇王弼，嵇康、阮瞻之遇鬼，甚至載及荒幻，頗傷史體甚。至其論贊，則區區類別，盡當情理，訴斥奸佞，無微不著；又多責備賢者，殊上足正班史之忠佞混淆，下不同宋祁之刻而無當。行文尤抑揚反復，求得其平，往往如人意中所欲言，典切秀鍊，而不以詞累意。蓋其書多出太宗御定，當貞觀右文、儒學極盛之時，固足以集藝林之大成也。

其傳文紕誤，固多可摘。即以八王列傳論，如楚隱王瑋之矯詔誅汝南文成王亮及衛瓘也。亮傳稱自亮被執，時大熱，兵人坐亮車下。時人憐之，爲之交扇，將及日中，無敢害者。瑋出令，斬亮者賞布千匹，遂爲亂兵所殺。而瑋傳云賈后夜逼帝作詔，使瑋廢亮、瓘，瑋遂勒兵殺之。有勸其並殺賈模等者，瑋猶豫。旋及天明，帝乃用張華計，出騶虞幡解兵，言楚王矯詔，瑋遂下廷尉。臨斬，出懷中青紙詔示監刑者，人皆冤之。夫帝固惟詔瑋廢二公也，而瑋乃誅之。亮、瓘及賈后、張華諸傳，固皆稱瑋以奪北中侯憾二公，故乘此報怨，是瑋矯詔擅害國老，死有餘罪，而何冤乎？又亮傳稱亮至日中始被害，而瑋傳言天明瑋即被執，然則亮之死果在何時也？瑋既執矣，而猶能於日中下令殺亮乎？亮傳固稱楚兵夜攻亮府，瓘傳亦言清河王遐夜收瓘，而裴楷傳亦稱楷以與亮、瓘姻親，逃匿婦翁王渾家，與亮子一夜八徙得免，則瑋之作難於夜而曉就戮也明矣，史書亮之死，誤也。此一事也。

齊武閔王冏之與長沙厲王乂相攻也，冏傳稱乂得河間王顒檄，即發兵攻冏府，大戰城内，矢及御前。明日冏敗，爲乂所擒。而乂傳云，冏先遣將陳艾襲乂，乂率數百人馳入宫，乃放火燒冏府，大戰三日，始誅冏。則又情事時日俱相差也。此又一事也。舉此可以概其他矣。若其諸志，則昔賢多詆其疏舛紕誤，較他史獨甚。予致力甚淺，不能知也。

咸豐七年

正月

海賦 西晉 木華

十五日　讀文選木玄虛海賦。王弇州卮言以是賦從洪水發端，可移用之九河，不免辜負大海；結亦似未了。後之評文選者，俱以爲不然。然細思此等大題目，起法實難。玄虛從禹治九河、水盡歸海著想，爲海之大發源，雖似略大舉小，亦避熟趨巧法也。至結處歸到神仙杳冥，而又總之以包乾之奥、括坤之區，宏往納來，何有何無等語，似亦更無餘義。而讀之若不滿者，則禮足而詞未足之病耳。或以爲故留不盡之地，殊不然也。

四月

王忠文公集 明 王褘

初一日　閲明王忠文華川集。華川以文與宋潛谿齊名，開有明一代風氣之先。今閲之了不動人，何也？其擬左傳文及補昔人名作不傳者，若李文饒丹扆六箴表等，尤無謂。許衡傳至數十許頁，從來史體亦無繁冗若此者。其周官毛詩急就章，則殊便於初學，可録以教子弟。

七修類稿 明 郎瑛

初九日 郎瑛七修類稿辯證類有論梅雨一條，持論甚通，劄録於此：

碎金集云：「芒種後逢壬入梅，夏至後逢庚入梅。」神樞經又云：「芒種後逢丙入梅，小暑後逢未出梅。」人莫適從。予意作書者各自以地方配時候而云然耳。觀杜少陵詩曰：「南京犀浦道，四月熟黃梅。湛湛長江去，冥冥細雨來。」蓋唐人以成都爲南京，則蜀中梅在四月矣。柳子厚詩曰：「梅實迎時雨，蒼茫覺晚春。」此子厚嶺外之作，則又知南粵之梅雨三月矣。東坡吴中詩曰：「三旬過久黃梅雨，萬里初來舶趠風。」又埤雅云：「江湘、二浙四五月間有梅雨，黦敗人衣服。」是知天時自有不同如此。

虞兆隆天香樓偶得農占云：「芒種後逢壬日或庚或丙日進梅，閩人以壬日進梅。」風土記云：「天道自南而北，凡物候先南方。」今驗江南梅雨將罷，而淮上方梅雨；又逾河北至七月少有黴氣而不覺。今吴、楚俗以芒種後壬日立梅，壬日芒種，即是立梅；夏至後庚日出梅，庚日夏至，即是出梅。若芒種後逢壬早，夏至後逢庚遲，則梅多至十八日；若遲早相反，則梅少，僅八日，俗以此占黴氣之淺深云云。今江以南出霉入霉，俱如此説，而越諺又有「夏至落雨做重霉，小暑落雨做三霉」之語，往往皆驗。

飲食之大

十九日 昔人謗直不疑盜嫂，而不疑曰：「我乃無兄。」或譖第五倫爲吏時篣婦公，光武問倫，而倫曰：「臣三娶婦，皆無父。」又華嶠漢記載帝又問倫曰：「卿爲市掾時，有饋母一笥餅者，卿歸而奪笥，探口中餅，信乎？」倫曰：「此皆以臣愚蔽生是言。」後胡紘劾朱子設食母以粗惡飯，母一日就鄰家食歸，而曰：「他家那得有如此好飯。」小人誣蠛類如此。然觀朱子以脱粟飯取怒於紘，或其奉親亦未能如茅容，則口實之來，固有自耳。紘以不能得隻雞斗酒恨朱子，固千古小人之尤。然觀南史庾杲之傳，言杲之遷駕部郎，清貧自業，食惟有韭葅、瀹韭、生韭，任昉以「食鮭二十七」戲之，言三九也。而樂頤傳又言：「吏部郎庾杲之嘗往候頤，頤爲設食，惟枯魚、菜葅，杲之曰：『我不能食此。』頤母聞之，自出常膳魚羹數種，杲之曰：『卿過於茅季偉，我非郭林宗。』」蓋自時杲之方自王儉府僚爲吏部郎而已，侈滿如此。觀梁世范雲訪孔休源於少府孔登宅，登備水陸之品，雲唯食休源赤倉米飯、蒸鮑魚，不舉登之饌，史遂以爲佳話。然則學古之道固徒哺啜矣。

嗚呼！飲食之於人大矣。昔人感一飯之德，至以千金爲報。顧榮、陰鏗皆以予行炙者一臠之惠，得免於死。而劉毅以求子鵝於庾悦不得，後毅得志，挫折悦，致憤鬱以死。劉穆之以求檳榔於婦兄，有常饑何用此之戲，其後富貴，乃以金柈盛檳榔餽之。唐嚴綬未顯時過閿鄉尉李達，達方飯他客，不召綬。後綬爲河東節度使，達罷彭城令，過并州入謁，不知帥即綬也。綬方大晏賓客，召達至，讓曰：「君昔召客食而不顧我，今我召客亦不敢留君。」達慚懼不得去，左右引出，悸而瘖，賓佐令狐楚爲請始得免。新唐書載之，不將綬修怨爲非，此易所以有飲食致訟之象也。東晉羅友告桓温云：「從公乞食，明日且復饑。」嗚呼！友其見幾而不辱者乎？庚申五月初二日有感一事，因附識於此。

七月

通志　宋　鄭樵

七月朔　偶以鄭漁仲通志與范蔚宗後漢書相較，略有删節，大約皆言辭之無要者。又以較班史亦然，而叙事處不減一筆，即字之閑冗可省，或古拙難解者，皆仍原文，此以知昔人不輕改古書，宋時猶有此風。至元以後，則且妄改聖經矣。

校書

初二日　加丹後漢書、爾雅正義、劉熙釋名、沈彤儀禮小疏諸書，間亦加評注。諸書皆竭終歲力不能徧者，而一日雜舉之，蓋有所思，即取而閱，閱時有所得即取而加丹，涉獵而荒，職是之故。況重以健忘之上上者耶？

王星誠詩　清　王星誠

十八日　閲平子汴中詩五律三首、七律一首，俱未能全美，非作者絶構。然五言如「客中閒日少，貧裏酒名低」、「薜陰藏古佛，花氣閉虚堂」及「寺寂見時貧」等語，皆非此中三昧人不能道。季貺尤賞其吹臺七律，然太似七子，此等題又易於入格，不足奇也。余嘗評同人詩：素人如李廣飛將，神出鬼没，然無部伍行陣，卒犯之無以禁。叔子如王武子賭射八百里駮，一矢破的，又如桓宣武樗蒲，不必得則不爲。予自謂如劉將軍，遇小敵怯，遇大敵勇。子九如王長史，語甚不多，可謂有令音。平子如見何次道飲酒，令人欲傾家釀，言其能温克也。季貺如會稽王，有遠體而無遠神。蓮士如王僧綽，采蠟燭珠爲鳳凰，工巧奪目，爲人打壞亦復不惜者耳。唐太宗言當今名將衹世勣、道宗及薛萬徹，世勣、道宗不能大勝，亦不大敗；萬徹非大勝則大敗。以諸子言之，叔子、平子、蓮士乃世勣、道宗之流，素人則如萬徹也。又晉祖士言謂梅陶、鍾雅等曰：「君汝潁之士，利如錐；我幽冀之士，鈍如槌。以我之鈍槌捶汝利錐，何如？」若蓮士所謂汝潁之士如錐者也。又評。

八月

本語　明　高拱

初八日　夜閲高文襄拱本語，多指駁古人瑕纇，尤不滿於程、朱，其機鋒利甚，往往令人解頤，惜僅六卷，不禁看，所謂「書當快意讀易盡」者。

李太白詩　唐　李白

初十日　太白七絶，東川七律，予俱不解其佳處。太白如送孟浩然之廣陵云：「故人西辭黄鶴樓，煙花三月下揚州。孤帆遠影碧空盡，惟見長江天際流。」謂其超拔則可，若狀黯然之景，則不如許渾之謝亭送别云「勞歌一曲解行舟，紅葉青山水急流。日暮酒醒人已遠，滿天風雨下西樓」也。春夜雒陽聞笛云：「誰家玉笛暗飛聲？散入東風滿洛城。此夜曲中聞折柳，何人不起故園情。」謂其婉曲則可，若論高妙，則不如李益之受降城聞笛云：「回樂峰前沙似雪，受降城外月如霜。不知何處吹蘆管，一夜征人盡望鄉。」及從軍北征云「天山雪後海風寒，横笛偏吹行路難。磧裏征人三十萬，一時回首月中看」也。與賈舍人至泛洞庭云：「洞庭西望楚江分，水盡南天不見雲。日落長沙秋色遠，不知何處弔湘君？」較之賈至作云：「楓岸紛紛落葉多，洞庭秋水晚來波。乘興偏舟無近遠，白雲明月弔湘娥。」似賈詩略遜其不著色相。又巴陵贈賈舍人云：「賈生西望憶京華，湘浦南遷莫怨嗟。聖主恩深漢文帝，憐君不遣到長沙。」較之戴叔倫之湘南即事云：「盧橘花開楓葉衰，出門何處望京師。沅湘日夜東流去，不爲愁人住少時。」及劉長卿之送裴郎中貶吉州云：「猿啼客散暮江頭，人自傷心水自流。同作逐臣君更遠，青山萬里一孤舟。」似更爲含蓄。

然晚唐諸人亦間有及此者，非絶詣也。他若「越王句踐破吴歸」一首，格創而詩無餘味。「一爲遷客去長沙」一首，僅句調好耳。「朝辭白帝彩雲間」一首，氣勢可取，謂爲神妙，誠未見得。以及「此行不爲鱸魚膾，自愛名山入剡中」、「但使主人能醉客，不知何處是他鄉」、「兩岸青山相對出，孤帆一片日邊來」、「只今惟有西江月，曾照吴王宫裏人」、「月光欲到長門殿，别作深宫一段愁」、「郎今欲渡緣何事，如此風波不可行」，皆常語也。

上皇西巡南京歌固非絶句正體，不必論矣。至於「夜發青谿向三峽，思君不見下渝州」，則病其晦拙；「桃花潭水深千尺，不及汪倫送我情」，則病其無聊；「美人一笑搴珠箔，遥指紅樓是妾家」，則病其淺露；「夜懸明鏡秋天上」，則俗句也；「一叫一回腸一斷」，則劣句也。其不膾炙人口者且置之。

東川詩僅七首，自明何、李盛稱之，與王右丞並。更前、後七子至陳卧子、李舒章輩，皆學之無異詞。本朝陳伽陵詩亦云：「更憐絶代東川李，七首吟成萬顆珠。」然其中惟送魏萬之京云：「朝聞遊子唱離歌，昨夜微霜初度河。鴻雁不堪愁裏聽，雲山況是客中過。關城曙色催寒近，御苑砧聲向晚多。莫是長安行樂處，空令歲月易蹉跎。」清華朗潤，通首俱佳。其他如「早晚薦雄文似者」送司勳盧員外、「坐卧閒房春草深」題璿公山池、「新加大邑綬仍黄」寄綦毋三、「西嶺雲霞色滿堂」同上，皆拙句也。送李回云：「知君官屬大司農，詔幸驪山職事雄。歲發金錢供御府，晝看仙液注離宮。千巖曙雪旌門上，十月寒花輦路中。不覩聲名與文物，自傷流滯去關東。」此一首亦秀健，然「雄」字究屬强押。宿瑩公禪房聞梵及題盧五舊居二詩尤劣。此論詩文必須自出手眼與？

五行節氣雜録

鄭康成中庸注：「木神則仁，金神則義，火神則禮，水神則信，土神則智。」孔穎達疏云：「木神則仁者，皇氏云東方春，春主施生，仁亦主施生。金神則義者，秋爲金，金主嚴殺，義亦果敢斷決也。火神則禮者，夏爲火，火主照物而有分別，禮亦主分別。水神則信者，冬主閉藏，充實不虚；水有内明，不欺於物，信亦不虚詐也。土神則智者，金木水火土無所不載，土所含義者多，智亦所含者衆，故云土神則智也。」此以知五行推算之由來已久。

王應麟云：「『吉日庚午，既差我馬』，此午馬之證也。季冬『出土牛』，此丑牛之證也。」至吴越春秋子胥以越在巳地，故作蛇門；而吴在辰，其位龍也，故小城南門上，反羽爲兩鯢以象龍角。然他經傳中絶未之見。王充論衡物勢篇曰：「五行之氣相賊害，寅木其禽虎也，戌土其禽犬也」云云，始全見十二物之名。

二分二至，始於堯典之日中、宵中、日永、日短數語。汲冢周書時訓解始有二十四節名，其序云：「周公辨二十四氣之應以順天時。」然大戴禮、夏小正已有啓蟄、雨水等名，則或夏時已有之；抑或出漢儒附會，俱未可知。左傳桓五年「啓蟄而郊」；國語楚語范無宇曰「處暑之既至」，韋昭注「七月節也」；管子亦有清明、大暑、小暑、始寒、大寒之語，蓋起於周無疑。唯周以前驚蟄在雨水前，至漢始改雨水在正月，驚蟄在二月，故淮南子天文篇已先雨水後驚蟄也。王應麟云：「左傳『啓蟄而郊』，正義云：『太初以後，更改氣名，以雨水爲正月中，驚蟄爲二月節，迄今不改。』其改啓爲驚，蓋避景帝諱。」周書時訓「雨水之日獺祭魚，驚蟄之日桃始華」，易通卦驗先雨水次驚蟄，此漢太初曆也。又按劉歆三統曆穀雨三月節，清明中；而時訓及通卦驗清明在穀雨之前，與今曆同。然則二書皆作於劉歆之後，時訓非周公書明矣。

爾雅疏曰：「甲至癸爲十日，日爲陽；寅至丑爲十二辰，辰爲陰。」此二十二名，古人用以紀日，不以紀歲，歲則自有閼逢至昭陽十名爲歲陽，攝提格至赤奮若十二名爲歲（名）〔陰〕；自漢以前，初不假借。自王莽下書，言「始建國五年，歲在壽星，倉龍癸酉」；又言「天鳳七年，歲在大梁，倉龍庚辰」；厥明年，歲在實沈，倉龍辛巳」。又銅權銘曰：「歲在大梁，龍集戊辰。」又曰「龍在己巳，歲次實沈」。自此後漢書張純、朱穆等傳皆見之。荀悦漢紀言漢元年實乙未也；曹娥碑云「元嘉元年，青龍在辛卯」。然其時制詔章奏符檄之文，皆未嘗正用之。自三國鼎立而後，文人多舍年號而稱甲子。杜預左傳集解後序至追言魏哀王二十年太歲在壬戌矣。

古無以一日分十二時之説。經傳中紀其時者皆曰日中，曰晝日，曰日昃，曰東方未明，曰昏，曰夕，曰宵，曰昧爽，曰朝，曰日中昃，曰旦，曰質明，曰大昕，曰日側，曰見日，曰日下昃，曰日旰，口日入。史、漢猶然。至紀夜則用星，如詩言「三星在天」，春秋傳言「降婁中而旦」，是也。不辨星則分言其夜，曰夜中，曰夜半，曰夜鄉晨。分言其夜而不詳，於是有五分其夜而言甲乙丙丁戊，謂之五更，亦謂之五夜者。又淮南子天文篇「日出暘谷爲晨明，登扶桑爲朏明，至曲阿爲旦明，至曾泉爲蚤食，至桑野爲晏食，至衡陽爲隅中，至昆吾爲正中，至鳥次爲小還，至悲谷爲餔時，至女紀爲大還，至淵虞爲高舂，至連石爲下舂，至悲泉爲懸車，至虞淵爲黃昏，至蒙谷爲定昏」，是一日夜分十五時也。左傳卜楚丘曰「日之數十，故有十時」，是言一日祇十時也。而杜元凱注則曰夜半、雞鳴、平旦、日出、食時、隅中、日中、日昳、晡時、日入、黃昏、人定，是雖不立十二支之名，而一日分爲十二，始見於此。趙翼陔餘叢考以爲十二時之分，蓋自太初改正朔之後，曆家之術益精，故定此法，如五行志日加辰巳之類，皆漢法也。

太公六韜有「開牙門常背建向破」之語，見通典所引，乃六韜逸文。其建、除、滿、平、定、執、破、危、成、收、開、閉十二字，全見於淮南子天文訓。

已上皆集録諸家説部所載者，惟取所引原書校其差錯外，並不更加辨核，以人多習用而不知。雨窗少暇，寫之以便檢閱，亦困而學之之一端乎？

絲竹管絃

十一日　中山靖王聞樂對有「道遼路遠」句，王逸少蘭亭序有「雖無絲竹管絃之盛」句，皆重複之尤者，至以爲蕭選不收蘭亭序以此，真耳食之言矣。吴曾能改齋漫録、王楙野客叢書，以「絲竹管絃」四字本出前漢張禹傳，未爲語病。按漢書禹傳云「禹性習知音聲，内奢淫，身居大第後堂，理絲竹管絃」云云。然後人究不宜用。

宋祁重散姚鉉重駢

宋子京修唐書，矯駢儷之習。其詔疏往往改整作散，乃至不收徐賢妃諫太宗疏及德宗興元赦書，爲世所詬。姚鉉選唐文粹，又力矯其失，故於平淮西碑收段而棄韓，以段作對偶而韓作散體也。段碑若「逐餘孽如鳥雀，獮殘寇似狐狸」等句，尚成何語耶？

侍中之貴

侍中在唐宋爲極貴，漢時雖輕，已爲禁密寵要之職，然多貴戚子弟爲之。至執虎子以從，孔安國以大儒特令掌唾壺。又黄門令爲宦者，而自安帝前皆參用士人，故史游爲元成間黄門令而作急就章。噫，以峨冠博帶之流而不恤與僕妾頑童爲伍，其亦與元之八娼九儒相去幾希矣。紙筆之用大哉，足參天地。而筆創於秦之武夫，紙仿於漢之宦者，真不可思議。

霍嫖姚考

霍去病之爲霍嫖姚，人皆知之，然去病初從衛青出塞拜票姚校尉，乃其始進之階，自後拜驃騎將軍，大司馬封冠軍侯，立功沙漠，卒謚曰景桓，則凡頌大帥者宜曰霍冠軍，或霍驃騎、霍景桓，而不當曰霍嫖姚也，又「嫖姚」字亦作「飄鷂」。

太尉之重

太尉自漢爲極位，至唐尤重，加此者，如長孫無忌、李光弼、李懷光、李愬輩，不過數人。李德裕拜太尉疏辭言尚父、子儀尚不敢當此職，近來如李載義等多超拜保傅云云，宋代雖定爲武階第一，入正二品，宋初以太尉爲正二品，至徽宗政和時改官制，遂定爲武階之首。然如王旦、向敏中輩皆加太尉，是北宋猶極重是官。南渡後武臣勳高，官爵不足爲酬，稱太尉者往往皆是，如岳忠武、李忠襄顯忠、劉武穆琦、孟忠襄珙皆爲太尉，雖皆有大功，然資望猶不甚高。北宋時惟种忠憲師道以宿將拜太尉，然种已官樞密使，且亦靖康用兵時之制，至於王德邵、宋淵、吳挺、夏全之流爲太尉者，更不足論矣。

二字謚考

漢以來謚以兩字者爲重，如酇文終侯、留文成侯外，惟霍光謚宣成侯，霍去病以大將軍貴寵有功，謚景桓侯，王鳳、王商俱以元舅大將軍之貴，鳳謚敬成侯，商謚景成侯。孔光以太師謚簡烈侯，餘皆一字。東漢謚尤矜重，三公多不賜謚，得兩字者僅四人。馬援以后父有大功，謚忠成侯，楊賜、劉寬俱以三公侍講皆特贈驃騎將軍，賜得謚文烈侯，寬得謚昭烈侯。袁逢以三公嘗爲三老，謚宣文侯。此外如鄧元侯禹、吳忠侯漢、寇成侯恂、馮節侯異、賈剛侯復、岑壯侯彭之元功，李恭侯通、竇戴侯融之貴重，樊恭侯宏、陰貞侯識、梁忠侯商之懿戚，皆僅得一字焉。

三國時蜀以諸葛孔明功德蓋世，謚忠武侯，若關漢壽之謚壯繆，趙子龍之謚順平，乃以夏侯霸得謚故追謚諸將，而關功績尤著，趙以當陽之役力護後主，皆得兩字謚，其餘張桓侯、馬威侯超、黃剛侯忠、龐靖侯統皆一字焉。法翼侯正之見重先主，陳祗謚忠侯之獲寵後主，蔣恭侯琬、費敬侯禕之委任如諸葛等者，皆無加謚。

魏無兩字謚法，吴則單謚亦僅四人，張文侯昭、昭子定侯承、顧肅侯雍、陸昭侯遜是也。嵇紹謚忠穆，亦元帝追贈。晉世兩字者稍多，然亦自東渡後，用以待重臣貴戚，如周忠烈玘、温忠武嶠、王文獻導、郗文成鑒、卞忠貞壼、庾文康亮、庾忠成冰、何文穆充、褚元穆裒、蔡文穆謨、桓宣武温、桓宣穆沖、虞孝烈潭、郗文穆愔、謝文靖安、謝忠肅琰、謝獻武玄、王獻穆珣、何忠肅無忌、王文恭謐等二十人。其後，宋、齊、梁皆以兩字爲重。

梁徐勉卒，有司議謚，以居敬行簡曰「簡」，武帝加執心決斷曰「肅」，謚簡肅公，可以概見。元魏諸帝皆兩字謚。後周不甚重兩字謚，其初，賀拔貞獻勝、賀拔武壯岳兄弟，尚以兩字見異，後則李襄公虎、李武公弼、于文公謹、韋襄公孝寬、豆盧召公寧，皆一字矣。隋惟楊素謚景武，其他元勳如高熲、賀若弼皆不終。韓擒虎史不載謚。至所尊寵者李明公穆、李文公德林、長孫獻公晟皆一字。

唐代兩字謚漸衆，然亦比單謚爲難得，即以淩煙閣功臣論，魏文貞徵、房文昭公玄齡、虞文懿世南德業尤重，高文獻士廉國戚老臣，李景武靖、李貞武勣功冠一時，段忠壯志玄勇節最著，尉遲忠武敬德卒於高宗時，爲宿老，故皆雙謚。其餘如杜成公如晦、趙元王李孝恭、屈突忠公通、殷節公開山、柴襄公紹、長孫襄公順德、張襄公公謹、劉襄公政會、秦壯公叔寶等，皆祗一字矣。高宗武后時，劉文獻仁軌號爲元臣，狄文惠仁傑亦稱國老，以及玄宗世姚崇謚文獻、宋璟謚文貞、蘇頲謚文憲、張説謚文貞、九齡謚文獻、嘉貞謚恭肅、又韓休謚文忠，皆開元名相也。中興郭、李諸將，興元功臣李忠武晟、馬莊武燧、渾忠武瑊，憲宗時如李忠懿吉甫、裴文忠度、杜宣獻黄裳及高威武崇文，無不兩字者。觀獨孤及議謚呂諲曰肅，嚴郢駁之，謂國家故事，宰臣之謚皆有二字，以彰善旌德，呂公盛烈宏規，不可備舉，請謚曰忠肅。及重議略曰：「謚法在議美惡，不在字多，二字謚非古也。其源生於衰周，施及戰國之君，漢興，蕭何、張良、霍去病、霍光俱以文武大略佐漢，時致太平，其事業不一，謂一名不足以紀其善，於是有文終、文成、景桓、宣成之謚，雖瀆禮甚矣，然猶褒不失人。唐興，參用周漢之制，謂魏徵以『王道佐時近文，愛君忘身近貞』，二德並優，廢一莫可，故曰文貞公。謂蕭瑀『端直鯁亮近貞，性多猜貳近褊』，故曰貞褊公。其餘舉凡推類，大抵準此，皆有爲爲之也。若跡無殊途，事歸一貫，則直以一字目之，故杜如晦謚成，封德彝謚明，王珪謚懿，陳叔達謚忠，温彦博謚恭，岑文本謚憲，韋巨源謚昭，唐休璟謚忠，魏知古謚忠，崔日用謚昭，其流不可悉數。此並當時赫赫以功名居宰相位者，謚不過一字。由此言之，二字不必爲褒，一字不必爲貶。若褒貶果在字數，則是堯、舜、禹、湯、文、武、成、康不如周威烈王、慎靚王也。齊桓、晉文不如趙武靈、魏安釐、秦莊襄、楚考烈也。杜如晦、王珪以下，或成或明，或懿或憲，不如蕭瑀之貞褊也。歷考古訓及貞觀以來制度，似皆不然。今云國家故事宰相必以二字謚，未知所出，魏晉以來，以賈詡之籌算、賈逵之忠壯、張既之政能、程昱之智勇、顧雍之密重、王渾之器量、劉惔之鑒裁、庾翼之志略。彼八君子者方之東平，宜無慚德，死之日並謚曰肅，當代不以爲貶，何嘗徵一字二字爲之升降乎？請依前謚曰肅。」云云。然及亦是一時之辨，未爲定論。其實，唐固重兩字謚。凡死節者如李忠懿憕、盧貞烈奕、顏忠節杲卿、顏忠烈真卿、段忠烈秀實，皆兩字，可知其重矣。

趙宋單謚頗僅見，然謚最重者曰「忠獻」，趙韓王、韓魏公、張魏公及秦檜、史彌遠祇五人也。次曰「文正」，王沂公、司馬温公、范希文、陳魯公康伯及鄭居中、蔡卞共六人，若李昉、王旦本謚文貞，以避仁宗嫌名，遂改稱文正。曾公亮初謚忠獻，劉摯駁之，而改宣靖。張知白初謚文正，詞臣駁之，而改文節。夏竦亦謚文正，温公及劉原父、王洙再争之，改文莊。足見其重矣。次曰「正獻」，杜祁公、吕申公、吴充、范祖禹、陳俊卿、袁燮也。次曰「文忠」，富鄭公、歐陽兗公、蔡齊、陳堯叟、王堯臣、蘇子瞻、劉沆、胡寅、張九成、留正、周益公、真西山也。京鏜初謚文忠，後改文穆。此據葉紹翁四朝聞見録，蓋誤。真西山初謚忠文，其後人訟言朝廷，始議予謚謂同蘇軾，不謂同王龜齡，乃改文忠，蓋龜齡謚忠文，以兩字先後之異爲輕重，尤奇。朱子初議追謚亦爲文忠，後單謚爲文。然宋初以來「文」字實不甚重，如楊文公億、王文公洙是已。至王荆公謚爲文，而後人遂以謚朱子。四朝聞見録謂考亭初謚文正，劉彌正謂先生當繼唐韓文公，又嘗著韓文考異一書，宜特字曰文。從之。若一字謚，尤不以爲重，如錢思公惟演、陳恭公執中是已。自朱子定爲單謚，而周元公、程正公、純公、張明公、張宣公、吕成公，皆一字矣，遂相沿以一字爲重耳。

歷代謚法輕重

六朝謚最重「文獻」，齊書王晏傳晏與王儉不平，儉卒，禮官欲謚爲文獻，晏啓武帝曰「晉王導得此謚，自爾以來不加素族」。晏出，謂人曰：「平頭憲事已行矣。」儉果謚爲文憲。蓋謚法「博聞多能曰憲」，注謂「雖多能，不至於大道也」。是知「憲」爲中謚矣。唐以來文人多得此謚，如令狐德棻、孔穎達、岑文本、獨孤及、許孟容、張薦等，皆謚曰憲也。唐代謚最重「文貞」，苗晉卿初謚懿獻，元載感其舊恩，諷改文貞。又楊瑄初謚文貞，蘇端持異議切詆，德宗雖貶端，然改瑄謚曰文簡，終唐之世，得此者亦可數。如魏徵、張柬之、蘇瓌、苗晉卿、陸象先、宋璟、張説、韋安石、崔祐甫九人是已。閻立本謚貞，無「文」字，見唐會要，新唐書作文貞，蓋誤。又姚崇謚，新唐書作文獻，而張説撰崇神道碑文作文貞，趙明誠金石録言崇子奕碑亦言崇謚文貞，蓋崇父懿已謚文獻，父子罕有同謚者，當以碑爲正云云。予按新唐書所載謚多采後人小説，而崇父子碑係同時人所作，是崇謚文貞無疑也。又按鄭珣瑜傳，珣瑜卒，太常博士徐復謚曰文獻，兵部侍郎李巽言「文者，經緯天地，用二謚非春秋之正，請更議」。復謂「二謚周漢以來有之，珣瑜名臣，二謚不嫌」。巽曰「謚一正也，堯舜是也，二謚非古也，法所不載」。詔從復議。是皆唐重二謚之證也。

唐時謚頗不重「文」字，韓文公、白文公外，有褚文公無量、賈文公至、徐文公堅、盧文公從愿、李文公磎、劉文公知幾、劉文公知柔、馬文公懷素、李文公翺、令狐文公楚、崔文公融、孫文公逖、權文公德輿、王文公丘、蘇文公珦、韋文公湊、韋文公貫之、韋文公叔夏、席文公豫，共廿一人。

王楙野客叢書言：本朝單謚「文」者惟楊大年、王荆公二三人而已。考唐會要單謚「文」者十九人，單謚「貞」者四十人，如閻立本輩亦曰貞，是何正人之多也？予按唐代有三世謚「貞」者，吏部侍郎韋肇，肇子同平章事貫之，貫之子邠寧節度使澳皆謚曰貞，肇不肯見元載，貫之不肯見李實，澳不肯因召對受判户部之命，又立身皆有本末，俱無愧於此一字者，貫之後陰謚曰文。通計唐代謚「文」者凡廿三人，王裕、崔融、孫逖、劉知幾、馬懷素、王丘、褚無量、劉知柔、蘇珦、徐堅、韋湊、席豫、賈至、盧從愿、權德輿、韋貫之、韋叔夏、韓愈、白居易、令狐楚、李翺、李磎、陸希聲也。王裕見王方翼傳，尚高祖妹，官隨州刺史。

朝野雜記慶元末，京丞相薨，賜謚文穆，其子沆請避家諱改文忠，言者以爲楊億巨儒，既謚曰文，議者欲加一「忠」字，竟不之與矣。欲加一字猶且不可，況以二字又欲極美乎？望敕攸司，自今議謚務當其實，若定謚已下，其子孫請更易者以違制論。從之云云。李氏此書不能論其得失耳，此亦足見「文忠」之重，單謚「文」之輕矣。

李心傳建炎以來朝野雜記甲集卷九：「大臣謚之極美者有二，本勳勞則『忠獻』爲美，論德業則『文正』爲美。有國二百年，謚忠獻者才三人，趙韓王、韓魏公、張魏公是已。謚文正者亦三人，王沂公、范汝南公、司馬温公是也。其品可知矣。李司空、王太尉皆謚文貞耳。宣政間蔡卞、鄭居中亦謚文正，終不足録。渡江後，秦檜謚忠獻，實博士曹冠爲之」云云。按，伯微此書成於寧宗嘉泰三年，故不知有史彌遠之謚忠獻、陳魯公之謚文正也。陳魯公初謚文恭，至理宗朝始改文正，又其後李侗以朱子之師、蔡沆以朱子高第亦皆追謚文正。又按文獻通考胡世將亦謚忠獻，南渡時川陝宣撫副使，陳振孫直齋書録解題有胡忠獻集六十卷。

六朝門地

十三日　門地固不可不講，然貴以德行爲重。昔人謂六朝風氣極敝，然有後世所不可及者，如嚴流品、重家諱等數端是也。唐以來尚有此風，至宋時士大夫多輕去其鄉，於是，門閥淆亂，而譜學亦遂絶矣。余謂自晉過江後，世家固皆有風概，如劉宋時右軍將軍王道隆權重一時，躡履到蔡興宗前，不敢就席，良久方去，竟不呼坐。元嘉初，中書舍人狄當詣太子詹事王曇首，不敢坐。其後中書舍人弘興宗爲文帝所愛遇，上謂曰：「卿欲作士人，得就王球坐，乃當判耳。殷、劉並雜，無所益也。若往詣球，可稱旨就席。」及至，球舉扇曰：「君不得爾。」弘還，依事啓聞，帝曰：「我便無如此何。」又路太后兄孫黄門郎路瓊之宅與中書令王僧達鄰並，嘗盛車服詣僧達，僧達將獵，已改服，瓊之就坐，僧達了不與語，謂曰：「身昔門下騶人路慶之，是君何親？」遂焚瓊之所坐牀。太后怒，孝武帝曰：「瓊之年少無事，詣王僧達門見辱，乃其宜耳。」又張敷傳敷遷正員中書郎，中書舍人狄當、周赳並管要務，以敷同省名家，欲詣之。赳曰：「彼若不相容接，便不如勿往。」當曰：「吾等並已員郎矣，何憂不得共坐？」敷先設二牀，去壁三四尺，二客就席，敷數呼左右曰：「移我遠客。」赳等失色而去。

齊中書舍人紀僧真得幸於武帝，容表有士風，就帝乞作士大夫。帝曰：「此由江斅、謝瀹，我不得厝意，可自詣之。」僧真承旨詣斅，登榻坐定，斅便命左右曰：「移吾牀，讓客。」僧真喪氣而退，告武帝曰：「士大夫故非天子所命。」數事甚足爲衣冠生色。

至唐高宗顯慶四年，詔許敬宗等改太宗時所修氏族志爲姓氏録，以后族武氏爲第一，其餘悉以仕唐官品高下爲準，凡九等。於是，士卒以軍功致位五品，豫士流，時人謂之勳格。未幾，李義府爲其子求昏山東之族不獲，以私恨勸高宗下詔令後魏隴西李寶，太原王瓊，滎陽鄭温，范陽盧子遷、盧渾、盧輔，清河崔宗伯、崔元孫，前燕博陵崔懿，晉趙郡李楷等子孫，不得自爲昏姻，然族望爲時所尚，終不能禁。要莫如唐蘇州刺史袁誼之言曰：「所貴於名家者，爲其世篤忠貞，才行相繼故也。」自以其先自宋太尉淑以來盡忠帝室。謂瑯邪王氏雖奕世台鼎，而爲歷代佐命恥與爲比。至哉言乎！可謂卓識者矣。辛酉附識。南史荀伯子傳伯子常自矜藉蔭之美，謂王弘曰：「天下膏粱，惟使君與下官耳。宣明之徒不足數也。」宣明，謝晦字，晦爲伯子妻弟。予謂潁川荀氏自爽附董卓，或附曹操以傾漢，顗附司馬氏以傾魏，勖附賈充以傾晉，薄與組又轉側於永嘉、建興、建武、大興之世，真可謂名德相繼，與瑯邪王氏固是勍敵。讀此言令人失笑。

書王莽傳後　清　方苞

三十日　方望谿書王莽傳後謂「此傳尤班史所用心，其鉤抉幽隱，雕繪衆形，信可肩隨子長，而備載莽之事與言，則於義無取。莽之亂名改作，不必有徵於後，其奸言雖依於典誥，猶唾溺耳。徒以著其譸張爲幻，則舉其尤者以見義可矣，而喋喋不休，以爲後人詠嘲之資，何異小説家。漢之朝儀禮器，一切闕焉，而具詳莽所易職官地域之號名，不亦舛乎」云云。余謂莽僭號十六年，孺子嬰居攝二年，又平帝五年，政皆由莽，合二十三年之事，惟於一傳見之，固不得不詳盡。若漢之朝儀禮器，則自有志，又散見於霍光、韋玄成諸傳，不得以此爲譏。唯備載莽書奏及諸頌莽功德之言，其中如張竦爲陳崇請益莽國奏，累五六紙，皆浮辭讕語，令人髮指，有汙簡牘，鄭樵通志盡削之爲善也。

九月

舅姨之稱

初一日　儀禮鄭注「姑之子爲外兄弟」，「舅之子爲内兄弟」。爾雅「從母之子爲從母晜弟」。母之姊妹爲從母。山堂肆考云「兩姨之子謂之外兄弟，姑舅之子謂之内兄弟」，已與鄭説微異。黄勉齋與鄭子恭乃從母昆弟，而稱之曰內弟，蓋誤也。至妻之兄弟，則爾雅曰「婦之黨爲婚兄弟，壻之黨爲姻兄弟」，婿之父爲姻，婦之父爲婚。亦有明文。而劉熙釋名乃曰：「妻之昆弟曰外甥。甥者生也，他姓子本生於外，不得如其姊妹來在己內也。」説疏謬不通，蓋引爾雅文而誤。不知爾雅原文：「姑之子爲甥，舅之子爲甥，妻之晜弟爲甥，姊妹之夫爲甥。」郭注「四人體敵，故更相爲甥」，是本不專指妻之兄弟而言。且爾雅明言「謂我舅者，吾謂之甥也」，然則姊妹之夫有舅稱乎？至本朝王漁洋稱其婦兄曰內兄，則太不典矣。近世俗並稱爲舅，是又反熙之説而不爲其母地者也。釋名云：「舅，久也；久，老稱也。」孫炎云：「舅之言舊，尊長之稱。」而可以妻之兄弟當乎？余嘗謂舅之名本尊，而忽卑，誤始於五代。楊行密呼妻弟朱延壽爲舅，見唐書及通鑑。然用之俗而已。後漢書張禹傳：禹祖況族姊爲皇祖考夫人，注：「皇祖考，鉅鹿都尉回是也。」光武見況喜曰：「乃今見吾大舅乎？」是呼祖母之弟，故爲大舅也。大者尊辭，猶祖之稱大父也。

姨之名本卑，而忽尊，誤由於漢世，經生承用之而不知。按爾雅云：「妻之姊妹同出爲姨。」衛風曰：「邢侯之姨，譚公維私。」左傳蔡哀侯稱息嬀曰吾姨也。皆妻姊妹之稱。至母之姊妹，則爾雅明言「母之姊妹爲從母」，儀禮喪服章皆同，未嘗有別稱。至劉熙乃云母之姊妹曰姨，禮謂之從母，爲娣而來，則從母列也；故雖不來，猶以此名之也。此説一出，至晉杜預注左傳「穆姜之姨子也」句，遂謂穆姜姨母之子，與穆姜爲姨兄弟。孔穎達疏云「據父言之謂之姨，據母言之當謂之從母，但子效父言，亦呼爲姨」云，則亦想當然語也。熙蓋以漢世有此俗稱，不知改正，反從而爲之辭。釋名之迂妄，多此類也。後世反呼妻之姊妹爲小姨。今俗又稱妾爲姨。案漢書文帝紀「母曰薄姬」，注引如淳曰「姬音怡」，今隨音而訛爲姨也。

尚書廣聽録　清　毛奇齡

二十八日　余素喜毛西河氏諸經説，以其筆舌雋利，爲經生家獨出，顧武斷處太多。今日偶閲其尚書廣聽録，名論雖不乏，略舉其不可通者。如以放勳爲堯名，重華爲舜名，文命爲禹名，似已。而於皋陶之「允迪」二字，知其不可通也，則曰：「古史記載之體，或記事，或記言，皋陶之曰『允迪厥德』，記言者也。」然則皋陶何以獨不記名而記言乎？康誥之命康叔，以封衛之時與事言之，則書序言屬成王者爲是；以篇中「朕其弟小子封」及「寡兄」等稱謂言之，則蔡傳言屬武王爲是，此疑固自難解。乃毛氏必欲伸序抑蔡，引徐仲山日記，謂周公假武王之命以作誥，猶武王合文王之年以紀歲，此皆不忍亡先王之義，是蓋謂成王不敢專封康叔之名，而歸本於武王，故周公假王命以作誥，亦推其意於武王也。顧讀書必求情理，無論武王有意封康叔與否，當日未必有遺言，即封康叔時言之，其命固儼然出成王也。周公奉王命以作誥，所奉者成王之命，非武王，則其稱「王若曰」者，亦必假成王之詞，斷無舍今王而假口於先王者也。即欲歸本武王，豈不可措詞，而必冒其兄弟之稱，代先王爲鬼語乎？古今立言，斷無此體，是不通之尤者也。善乎宋之孫宣公曰書序僞作也。觀左傳，康誥與伯禽、唐誥並命，康誥有篇，伯禽、唐誥豈無篇？亦不宜爲孔子之所删，而書序百篇中不列其名，作僞露矣。堯典、舜典之分合，武、成之移改，今古聚訟不休，要皆不可據。惟顧命一篇，蘇東坡譏其失禮，固當。伏生今文乃合康王之誥爲一篇。國朝顧寧人氏説是篇有脱簡爲最確。其説以「越七日癸（丑）

〔酉〕」，伯相命士須材」句止，爲顧命篇；而以下叙殯葬事盡脱矣。至「狄設黼扆、綴衣」句起，乃是成王葬後，叙康王即位於廟見諸侯之事，直訖「王釋冕，反喪服」句，爲康王之誥，而「狄設」句以上文亦盡脱。此雖似鑿空，而按之禮制，無一不合。辛酉附識。以上二説俱未確，爾時未能究漢儒之説，多惑於宋儒故耳。今按近儒江都凌氏曙公羊禮説「先謁宗廟」一條，駁顧氏説甚爲精確。其曰「康王之誥末有『王脱冕反喪服』句，顧氏謂未没喪不稱君，而今書曰王麻冕黼裳，是踰年之君也。然則踰年即没喪乎？既已没喪稱王，又何故釋冕而反喪服耶？則顧氏必當云『群公』以下十六字亦是衍文，而後其説可通也」云云，尤爲通暢。凌氏又言天子大斂後，新君吉服即位，告廟見諸侯，有八證，皆確。

十月

斷午門戲劇

初三日　是日觀演斷午門一齣，乃附會狄梁公撻張六郎事。唐書武后時撻懷義者有宰相蘇良嗣，鞫張昌宗者有中丞宋璟，今乃移贈梁公，蓋合兩事爲影子者。余嘗謂以武后之淫虐，此二事爲最難。若申屠嘉召責鄧通、吕端鎖王繼恩，韓魏公處置任守忠，皆不足奇也。

唐書合鈔　清　沈炳震

十二日　晨刻，有人以沈東甫唐書合訂八十册來售，索直錢八千。此書余素慕之，購而未得。今閱之，乃錯雜新、舊唐書而成者，其本紀用舊書，列傳參用新書，表、志則用新書而訂正之，雖可謂集二書之長，然既不得爲古人原書，亦不得爲東甫自作之書，其病殆與李映碧清南北史合注同。近見彭文勤、劉金門宮保合成五代史記注，後閱俞理初正燮癸巳存稿，言此書是俞先得朱竹垞稿本續綴成之，以呈劉宮保者。然宮保序及例述言文勤先成梁家人傳至唐六臣傳注十六卷，餘以所收宋人書二百餘種，貯一大篋中以付劉。劉後任山東學政，購得竹垞稿本。其顛末甚詳，未嘗言及俞也。則以歐史爲主，而散附薛史及王溥五代會要，皆全載三書原文，不遺一字，體例爲最善耳。東甫此書未嘗不可傳，顧不能無遺憾。今日又卒不能得錢，遂還之，亦可惜也。旋以番銀四餅買之。

舊唐書 後晉 劉昫

二十二日 閱舊唐書馬周傳。所載兩疏，支離糾纏，第二疏尤甚，不過「節用愛人」一語，反覆幾千百言，殊覺可厭。雖其中亦有人所難言者，然以比賈誼治安策，何其詞氣之弱歟。賓王以立談取卿相，至今推命世才，當時岑文本比之蘇、張、終、賈，宋子京至惜其不能如傅説、吕望，後世有述。今傳中載周建白，惟定品官服色、長安街置鼓警衆及此兩疏。

其第一疏，請增崇太上皇大安宮，及九成宮避暑當以太上皇故速反，及停宗室勳臣世襲刺史、勸太宗當親享宗廟、樂工授官不可預朝班，共五事，其言雖直，然不免回護將順處。當高祖時，孫伏伽以萬年縣法曹上書諫三事：一獻鷂雛、琵琶、弓箭者之不宜賞勞，一太常官借婦女裙襦五百充散妓服之淫樂宜廢，一太子諸王左右之宜慎擇。至有云「陛下勿以唐得天下之易，不知隋失之不難也」，高祖立擢治書侍御史。其事與賓王相類，而伏伽言較切直，故以高祖之納諫遠不如太宗，而褒擢反過於周。其後伏伽止大理卿，周至中書令，則周之機辯，固自有過人者。其實賓王之才，尚不如五代時之王朴也。

舊唐書以駢儷行文，蕪詞冗字，往往不免，一遇散文，尤形支絀，而當時奏疏又皆沿六朝對偶之習，率不能爲古文。賓王前疏稍雜整句，故尚成章；後疏全用散行，遂疏冗無倫次。因思史記婁敬説漢高都關中一篇，千古下覺戍卒猶有生氣。賓王稱王佐才，而讀其言令人生厭，此李習之所以歎唐史官才薄，不足發明，使後之觀者，文采不及周、漢之書也。余嘗謂作史固不忌駢體，然首推晉書諸論贊，華而切事情，秀而有骨力。至盛唐以降，駢體益弱，六朝家法無復存者，惟薛文惠公五代史尚有佳處，爲可觀耳。

河東先生集　唐　柳宗元

二十七日　柳柳州文佳處最露，然如段太尉逸事狀、先太夫人墓表，均噪絶千古。顧段狀叙事潔而乏精采；墓表雖哀咽，而俱出以排句，亦近膚調；曹溪六祖及南嶽和尚兩碑，東坡極稱之，然俱窪泓易盡，未見佳處，豈古人之欺我耶？抑學問之未至耶？甚矣論文之難也！又李習之常自負其高愍女碑、楊烈婦傳兩作，謂不在班孟堅、蔡伯喈下，然愍女就死事，本足生色，碑文寫此處亦簡凈，而後一段敷演閑文，議論甚平熟，不及杜樊川之傳竇桂娘也。至楊烈婦勉其夫守城而城卒完，事似奇而理實庸，本不足以奇其文，習之欲以簡老勝，而筆力散弱，亦無足觀。使習之即成唐史，亦不過與宋景文頡頏，且恐出其下耳。唐代韓昌黎外，若杜牧、孫樵，始可與言史矣。

十一月

唐名臣無謚

朔　唐薛收謚獻，見金石志。馬周謚忠，褚遂良謚文忠，裴冕謚獻穆，俱見文獻通考，而新、舊唐書皆不載。謚乃重典，史不宜闕，況以高唐之恩遇，河南之節概，尤不可無謚者。嘗怪唐時最重謚法，而名臣如長孫無忌、裴寂、劉文静、韓瑗、來濟、張仁愿、郭元振、張巡、許遠、劉晏、李德裕、鄭覃、温造、殷侑、王鐸以及程知節、薛仁貴、王方翼、程務挺、黑齒常之、李抱負等，尤卓卓著人口者，皆不得謚，豈盡史闕之歟？觀鄭畋之謚以李茂貞請而始得，畋之忠勳，唐末所僅見，又以功名終，而謚典尚不及，唐之賜謚慎重可知矣。然以楊炎、元載之得罪誅死者，其後尚俱議贈謚，炎初謚肅愍，孔戣駁之，改爲平厲。載初謚曰荒，後改成縱，則知史之遺失者多也。且諸公多死節及寃死，以後皆恤贈有加，或至陪葬配享，而獨不賜謚，此可疑也。宋元明大臣及著名者無不得謚，然如明神宗朝補謚諸名臣尤衆，而潘季馴之治河績著古今者，竟至遺漏，惜哉。宗室如江夏王道宗、信安王禕、丞相梁國公峴、丞相石等之功績志行，俱無易名之典，可謂薄已。

對史志策

初四日　偶理破篋，得辛亥鄉試落卷策五道，取閲之，不覺泚汗。自以制藝取士，舉子死守墨卷，蕪穢滿口，如蛆含糞，即有稱老師宿儒者，則讀乾嘉時舊墨，講四書題鏡，摸索先輩，儼然擁皋比，自稱絶學。而翩翩然自命時髦者，亦羣望而畏且高之，以爲是不適時之技耳。噫，人亦同具此耳目，即平時終身不見一書，而皓首場屋，豈不見策題所指是何學、所問是何書乎？余雖屢試被擯，獨以此事未精爲愧。數十年來，主司亦不知策問爲何事，且深惡士之條對者，故試策久無傳作。是科主試者以理學自命，居然刊行試策，然止三篇，不能備題。而發策既不精，後三道尤荒舛，所刻者第廿八名張鼎對三禮一篇，此人頗讀書，能留心，其補王應麟漢制考數條尤精細，但不知坊刻懷挾本有否。又第六十五名伊樂堯兩篇，伊素以博學稱浙西，其對道學篇，問既浮泛，對尤空衍，固不必論。其對史志之學者，則以注續漢書之劉昭爲劉孝昭，南齊宰相王儉撰七志，以爲在隋經籍志後，而辨隋志之稱五代史志者，則葛藤不可解。蓋一時猝檢巾箱本而成，實不知其來歷也。此皆史學之最粗易曉，而荒謬如是，誠哉其博學也。然榜揭後，浙人翕然尊之，主試者又以其五策進呈，浙人視其策如商彝禹鼎，神物可怖，不敢捫視。噫，可嘆也。而余舊所對策，亦無以遠勝伊者，是又能無顔汗耶？今即取第二道對史志者稍删改一二，録之於此，其餘四策俱不足存。

蓋聞作史之道，必兼三長。編史之體，每多遞變。綜其疏密，可得指歸，請略言之。梁江淹云：

「修史之難，無出於志。」而志之體裁，本於三禮。自史遷創爲「八書」，其後班固改書稱志，蔡邕避志稱意，華嶠改志爲典，以及或曰録，或曰記，稱雖互異，體各相因。班固漢書十志，最稱精博。其地理、藝文兩志，有固所自注者，足見其用心之勤。然天文志乃其妹昭所續，亦多本史遷天官書。八表亦成於昭。而後漢書昭傳復云又詔馬融兄續繼始成之。五行志或云出於劉義，蓋亦雜採諸家者。顧獨不立兵志，以刑法志統之。識者謂聖王不言兵刑，遷史以律書包兵刑，最得其意。班史寓兵於刑，雖不及遷，猶爲未遠。至唐書始有兵志。而北宋時錢文子作補漢兵志一書，則不過借漢事以規時，非真嫌漢書之少此也。陳壽三國志以志名，而僅有紀傳，故沈約在齊時撰宋書，志遂兼載，魏、晉以來，未免失於限斷。而考見始末，頗爲詳備。晉司馬彪續漢書八志，梁劉昭注之。范蔚宗作後漢書，有紀傳而無志，唐章懷太子注之，本兩書各行，宋余靖判國子監，始建議以八志補范書之闕。蔡邕十意，已不得見。邕叔父質撰漢官典職儀一卷，雜見後漢書、續漢志注所引。邕蓋有得於家學者。其餘若衛宏漢舊儀、應劭漢官儀，皆名曰「儀」，而實志也。華嶠撰後漢書，據堯典之名，改志爲典，然晉書嶠傳言嶠所撰書「十典」，未成而卒。歷經其子徹及徹弟暢，父子三人踵而爲之，始成十典。則志學之難固然矣。

其後若唐六典、杜佑通典，皆名曰典，而亦志也。魏收作魏書，其紀、志、傳皆收一人所作。而陳振孫書録解題云：「天象志是張太素書，蓋唐時收所作者已亡，故取補之。」猶明元紀、孝静紀、皇后傳，收書皆缺，而以魏澹書補之也。地形志據武定分裂之制以爲言，則收以居東魏時據所目見者言之耳。而自永安以前，爾朱入洛，圖籍盡亡，已無可考。然不得不謂之疏也。王儉撰七志乃專記經籍者，其例始於劉向别録。向子歆又撰七略。至晉荀勗爲秘書丞，仿别録作中經簿，儉又依七略作七志，亦取裁中經簿，而門類不同。隋志三十卷，其經籍區分四部，亦不盡依荀勗，而當時稱爲五代史志者，以貞觀朝先修梁、陳、北齊、北周書，後撰隋書，以前四書皆無志，故作志兼該五代。隋書最後成，遂列於隋書之中，實不僅隋志也。新唐書藝文志遂於隋書八十五卷下，别列志三十卷，亦見歐陽氏之精細。惟卷數不免重出，致後人疑耳。若舊唐書經籍志，固止載隋書八十五卷也。至鄭樵之通志，乃輯自三皇及隋之紀傳，而統名之曰志。又取各史之志，綜爲「二十略」。自負其十五略，謂非漢、唐諸儒所能。而其書或失之簡，或失之疏，惟氏族、六書、七音等略爲精，其他議論非不可觀。其職官五略，盡襲通典全文，即其所分「二十略」之目，既有藝文略，又有校讎略、圖譜略、金石略。夫圖譜雖不可亡，金石有裨正史，然不可附之藝文乎？校讎略不過論數篇，尤宜入之藝文，而自爲門類，甚無謂也。謚法向附喪禮，而漁仲既撰禮略，又有謚略。謚略又僅撮載字數，分上中下三等，不載謚法，而亦自爲一門，可乎？以律吕歸入樂略而無術算一門，又其疏也。以較之馬氏文獻通考，且遠不逮焉。又其自序痛詆班固以下無譏，而所綜諸紀傳，僅去其序論述贊，而如晉書、南、北史之近小説者，概不剪裁，又何意乎？要之，自來史志之可據者，班氏爲最，歐陽氏次之，沈約、魏收及隋書志又次之。隋書各人分撰，舊本每篇或題名或否，固已不能盡知。新唐書雖或云天文、曆志出於劉羲叟，世系諸表出於吕夏卿，而要爲歐陽氏所裁定。其他號爲志者，若葉隆禮契丹國志，宇文懋昭大金國志，則又雖以志名，而紀傳錯出。其曰雜記、雜録、雜載者，皆誕妄無端緒，多近小説，不足以考見制度，此又不足論者也。

方今册府宏開，國史方略，繼述代光。高宗純皇帝時，命儒臣撰續通志、續通典、續通考，又撰皇朝三通，皆仰禀聖裁，悉由睿鑒，以及政典圖誌，氏族源流，皆燦然大備。而宫則有史，八旗則有通志，詞林則有典故，國子監則有志，鉅猷偉製，纖悉畢昭，以大清通禮、大清會典綜其綱，以萬壽盛典、幸魯盛典、南巡盛典、禮器圖式、滿洲祭天祭神典禮諸書詳其目。而經籍則有欽定四庫全書提要，尤爲考訂之淵海，著述之會歸，照耀千古，廣集大成。有志於珥筆之選者，孰不願讀東觀未見書，以充其學識哉？

冬至考

初五日 按冬至古多僅稱至日，易曰「至日閉關」，郊特牲曰「周之始郊日以至」，左傳曰「土功日至而畢」，孟子曰「千歲之日至」，皆冬至也。左傳亦稱南至，「僖五年春王正月辛亥朔日南至」，「昭二十年春王二月己丑日南至」，是也。惟禮月令「仲夏日長至」，「仲冬日短至」，則冬至固當稱短至，而郊特牲又云郊祭迎長日之至，後人因以短至爲長至，蓋本乎此。萬斯大學禮質疑云：「就日之長短極至而言，則曰長至，曰短至，就日行南陸北陸之極至而言，則短至曰南至。其以短至爲長至者，蓋一取極至之至，一取來至之至，意不同而義不相妨也。」其説頗圓。

十二月

巜

初五日　古文畎作𡿨，澮作巜，川作巛，皆見説文。而後漢書輿服志云乾巛有文，則以巛爲坤字，本於家語執轡篇「此乾巛之美也」，王肅注：「巛，古坤字。」陸德明易經釋文云：「坤本又作巛，巛今字也。」毛居正六經正誤曰：「巛字三畫作六段，象小成坤卦。巛古坤字，陸氏以爲今字，誤矣。」鄭樵通志六書略曰：「坤卦之☷，必縱寫而後成巛字。」本朝盧弨弓周易音義考證，謂巛六畫，中不連，連者是川字。王司空引之經義述聞云：「按説文坤，地也，從土從申。土位在申，是乾坤字正當作坤。玉篇坤下亦無巛字，而於川部巛下注曰古爲坤字。然則本是川字，古人借以爲坤者。蓋古時坤川之聲，並與順相近，故假借用之。自廣韻二十三魂坤下列巛，注曰古文，而集韻類篇並沿其誤，以假借字爲本字矣。」

大曆十子詩

十六日　上午，看大曆十子詩。十子中如錢、郎、司空、二皇甫，詩境皆如孤花倚石，楚楚可憐；又如寒山古寺，清磬數起。但才力太弱，長句聯語，往往合掌，無變化之迹。七言尤甚。其所以勝宋人者，雅俗之別耳。宋人若放翁，氣力盡可雄視十子，而不免有村氣。十子詩其秀固在骨也。至於古風，則中唐如二劉者當時推大家，遠非十子所能頡頏，尚無一篇合作。蓋自李、杜、高、岑、韓、孟外，固無人足以語此者，況十子耶？若論絶句，則李十郎之雄渾高奇，不特冠冕十子，即太白、龍標，亦當退讓。韓君平清婉，亦其選也。王、韋五古，又不可與李、杜六子等論矣，乃天籟也。

陳壽祺詞　清　陳壽祺（珊士）

二十日　珊士出近作詞一帙見示，皆不減飲水、側帽集中語。此事向推東漚，次屈指玉井，今得珊士而鼎足立，若論其空靈輕俊，似當出玉井上也。至如「漠漠水邊樓，過了重陽，猶有閒風雨」，緜邈無際，真才人極筆矣。

咸豐八年

顔氏家訓　北齊　顔之推

正月初一日　下午噤門聽雨，偶閱顔氏家訓中有「曾子七十乃學，名聞天下，荀卿五十始來遊學，猶爲碩儒，公孫弘四十餘方讀春秋，以此遂登丞相，朱雲亦四十始學易、論語，皇甫謐二十始授孝經、論語，皆終成大儒，此並早迷而晚寤也」云云，又不覺自憙矣。然此自憙之一念，又恐誤我十年耳。曾子之説恐無稽，昔人曾辨之。

清河書畫舫　明　張丑

初七日　下午進城，至倉橋書肆，借得明人張青父丑清河書畫舫十四册，歸閲之。其論書畫頗不減元人，間附考證，亦多有據。又全載昔人題跋及諸評論，皆有意致可觀。丑自贊者亦楚楚不俗，最宜於賞鑒家。昔錢思公嘗言於廁上觀雜書，未免太褻。若此者，正當擱之舟中馬上耳。

北史　唐　李延壽

二十三日　終日閲北史。竊怪周、隋間大儒，如熊安生、何妥、劉炫、劉焯輩，皆無耻小人，而偏付以絶學，深所不解。然則經術足取人耶？明人張璁、程敏政輩黜前儒馬融、戴聖，是矣。王肅、杜預亦有足罪；王弼以清談解周易，何休以讖緯解春秋，其學未醇。若賈景伯已非顯過，乃至議及鄭仲師、盧子幹、鄭康成，則妄矣。鄭衆自左馮翊遷大司農，康成亦以公車徵拜大司農，是先鄭、後鄭皆終於司農，自來獨以□□□□□。劉更生風節文學，弁冕漢廷，而乃以少喜方術，嘗上言鑄黄金不成，謂之左道亂政，已爲妄詆。又貶其初以獻賦進，不幾吹毛求疵乎？篁墩嘗主會試，以關節私授唐寅等，得不謂之左道乎？荀況，周、秦間大儒，其言性惡，亦意見獨得之偏，未足爲累；服虔、范寧立身無過，而概斥之。皆非君子成人之美者也。

四書集注補　清　王復禮

二十四日　偕諸弟進城，至倉橋買得王復禮四書集注補四本。復禮號草堂，康熙間杭州人，其書皆駁朱注，而必考其説之所本，不似西河之肆詈。所訂正者，亦俱博稽衆説，最得其平。自序文亦佳。惟卷首題曰「明經衛道之書」，則猶是明人習氣，可厭耳。

唐宋詞論

二十九日　夜與羣從論詞云，詞之高渾者，太白憶秦娥云「西風殘照，漢家陵闕。」固見力量，然不如稼軒菩薩蠻云「鬱孤臺下清江水，中間多少行人淚。西北是長安，可憐無數山。青山遮不住，畢竟東流去。江晚正愁余，山深聞鷓鴣」，更爲包括。狀幽景者，李中主浣溪紗云：「細雨夢回雞塞遠，小樓吹徹玉笙寒。」不若程正伯摸魚兒結韻云：「但記得當初，重門鎖處，猶有夜深月。」謁金門云：「小院重門深幾許，畫簾香一縷。」史梅溪（探春慢）（綺羅香）春雨結語云：「猶記得，門掩梨花，剪燈深夜語。」尤爲含蓄。馮延巳之「風乍起，吹皺一池春水」，語雖工，而未窮形相，石湖眼兒媚云：「溶溶曳曳，東風無力，欲皺還休。」又謁金門云：「泥泥縠紋無氣力，東風如愛惜。」真善寫春水矣。太白菩薩蠻「暝色入高樓，有人樓上愁」，亦不如稼軒滿江紅云「滿眼不堪三月暮，舉頭已覺千山緑」更沉警也。蓋唐與五代此事風氣初開，雖有高意，而其辭未暢；至南宋，則盡發無遺，而姜白石創僻滯之體，以爲正聲，劉龍洲變粗獷之辭以爲别調，詞道亦遂凌雜矣。

六月

齊東野語 宋 周密

初七日 周密齊東野語言漢租最輕，雖三代亦所不及。自高、惠以來，十五税一；文帝再行賜半租之令，二年、十二年至十三年，乃盡除而不收。景帝元年亦嘗賜半租，至明年乃三十而税一，即所謂半租耳。自是之後，守之不易。故光武詔曰：「頃者師旅未解，故行什一之税，今糧儲差積，其令三十税一如舊制。」是知三十税一，漢家經常之制也。以武帝之奢靡無度，大司農告竭，當時言利者析秋毫，至於賣爵更幣、算車船、租六畜、告緡、均輸、鹽鐵、榷酤，凡可以佐用者，一孔不遺，獨於田租不敢增益。田有災害，吏趣其租，于定國以是報罷。用度不足，奏請增賦，翟方進以是受責。重之以災傷免租，始元二、本始三、建始元、元康二、初元元、鴻嘉四。初郡無税，食貨志。行軍勞苦者給復。高二年。陂湖園池假貧民者勿租賦。初元元年。又至於即位免、祥瑞免、行倖免，文帝三，武帝元封元、四年、五年，永始四，天漢三，宣帝神爵元，元帝初元。民貲不滿三萬免。平帝元始二年。而逋租之民又時貸焉，何與民之多耶？此三代而下享國所以獨久者，蓋有以也云云。考核詳悉，可謂名論不刊。

予按宋世法最寬而賦極重，真德秀傳言借民間税，至預征至六七年後。然則密之言，其有慨而發者耶？

古人談睡眠

初八日　比日苦熱，爲數年來所無。喘處小室中，不敢窺窗外寸尺地，真昌黎所謂「如坐甑釜遭蒸炊」者。生復多病，坐卧無以自適。宋人詩云：「讀書已覺眉棱重，就枕方欣骨節和。」此本爲老人習懶者言耳。予年始壯，乃已漸厭讀書，頗知「眉棱重」三字之確。惟素躁，不喜睡。今日偶閲齊東野語，有引陳希夷詩云：「花竹幽窗午夢長，此中與世暫相忘。華山處士如容見，不覓仙方覓睡方。」然則睡亦有方耶？遺教經乃有「煩惱毒蛇，睡在汝心。睡蛇既出，乃可安眠」之語。近世西山蔡季通有睡訣云：「睡側而屈，覺正而伸，早晚以時。先睡心，後睡眼。」晦庵以爲此古今未發之妙。然「睡心」、

「睡眼」之語，本出千金方云云。乃黑甜滋味，終不能强作解人。每至晨冬旭早，午夏茶餘，輒欲嘗試。而胸中常若有事，匪但景光可惜，亦自嫌非盛年所宜也。然今年暑夕，尤苦卧室向西，頹陽暴枕席，烈烈焰發。牀又隘甚，繩俱穿破，草薦又隘牀之半，思買一竹簟不能得。今午有小偷入室，持茶壺及汗衫去，盜亦不仁甚矣。

齊東野語　宋　周密

十八日　終日閲齊東野語，其間辨證疑義，如宰予「晝寢」作「畫寢」，以下有朽木糞牆之語，乃出隋人侯白即著啓顔録者。論語注；孟子「三宿出晝」作「畫」，當讀作「獲」，亦作胡卦切，乃高郵黄彦利之説；引史記田單傳畫邑人王蠋賢爲證。皆新。他若辨黄金屋緣起；四皓名姓；李廣數奇之數當作命數解，引宋景文言江南本漢書乃所具切，「角」乃「具」之訛耳。不必從注音所角切。魏收「文章逋峭難爲」之語，「逋峭」字見木經，乃梁上小柱名，取其有折勢之義。而集韻「庯」字下云「庩，屋不平也」，庯、逋二字相近；「詩章易作，逋峭難爲」二語，見魏書温子昇傳。王西莊十七史商榷譏其誤以子昇語爲魏收語，但魏書係收所作，庯峭二字殆出收之潤飾，公謹不誤也。辨古今左右之輕重；辨史記、通鑑綱目之誤；皆確鑿。至所載南宋事，如張魏公富平之敗、淮西之變、符離之潰三案；曲壯閔始末；紹熙内禪，趙忠定取禍之由；韓侂胄函首畀金之失；端平時趙文仲、全子才入洛之未爲全失；開禧用兵之議由於孝宗；濟王之冤，成於理宗；皆詳書情事，曲得其平。至如李全之亂；淳紹歲幣之增；趙范襄州之變；倪思「昆命元龜」之辨，皆紀之甚悉，有裨史學。近時趙翼陔餘叢考言公謹曾爲賈似道客，故此書頗有回護處。今按其書，於侂胄、彌遠尚似末減，獨至似道專盜陷害事，言之不一，何嘗有掩諱跡耶？

野語謂古字「禄」與「角」通用，故樂書作「觮」，鄭康成注禮書，「角」皆作「禄」。是矣。而謂角里先生當作「甪」，不當從刀下用；不知古字有角無甪。明人楊升庵嘗笑宋人崔偓佺對太宗言「角里」字云：「刀下用爲権音，兩點下用爲鹿音，用上一撇一點，俱不成字，爲盲人之論。」焦弱侯亦言之。嗣後，方密之以爲孫愐唐韻載「角」於沃韻，云又音覺，而郭恕先佩觿乃致辯「角」「甪」爲兩字，因而王伯厚之博洽，作姓氏急就，亦分角、甪，而不知其誤，云云。公謹亦引偓佺語而不能知「甪」之當作「角」，且不知兩點、一點下用之俱不成字。近時畢秋帆尚書經典文字辨證於角部云：「甬正、角通、甪俗。」尤爲明顯。

莊子「越雞不能伏鵠卵」，伏音扶富切，烏抱卵也。後漢書「大丈夫當雄飛，安能雌伏」之「伏」皆同，亦見野語。

學林　宋　王觀國

二十一日　王觀國學林一書，余深喜之。其論字學尤精確，惟論史及古人，亦不能無小舛。如

「開元通寶」一條下，引唐書食貨志云「武德四年鑄此錢，有司進錢模，太穆皇后誤以手掐之，遂有指甲痕」云云。按太穆皇后卒於涿郡，時高祖尚爲太守，後十餘年登祚，至武德四年，則后殂已久矣。且唐志亦無此語也。此記出唐人一小説，以爲楊貴妃事，亦謬。開元通寶乃鑄於高祖時，開元係錢名，非年號，安得以爲玄宗時楊妃掐指痕乎？

「同姓名」一條下云，唐代宗時武威郡王李光進顯矣，憲宗時又有振武節度使李光進。不知憲宗時之李光進，本姓阿跌，乃河曲奚人也，至鎮振武時，憲宗以其功，特賜國姓，學林乃云惡知其非本宗，誤矣。

其論唐太宗，以爲帝作晉武帝論，譏其不能廢惠帝，而不自知高宗之不君更甚於惠帝；譏其不能除劉元海，而不自知女武之禍更甚於元海；則更迂謬。夫高宗爲太子時，仁孝賢明，固儼然令主，較惠帝昏愚奚啻霄壤？即以後日言，高宗初政，亦有可觀，自武后册立，始漸庸妄，然其智尚足以保身，且終其世，内外肅然，威加夷狄。即受制武曌，亦不過干朝政，稱二聖耳。其諸淫酷惡跡，俱至高宗没後，始肆行無忌，不比賈南風之於惠帝也。

至謂太宗不能除女武之禍，則尤可笑。夫武后在太宗時，一後宮才人耳，年稚位卑，豈顧慮及此？即朱子綱目於太宗年大書以武氏爲才人，意謂著亂萌，戒人君之不能遠色，爲紫陽特筆深識所寓，不知書此事以甚高宗之罪則可，若欲歸獄太宗，則唐制才人位不過正五品，初非尊寵之命。唐初制：四妃正一品，九嬪正二品，婕妤正三品，美人正四品，才人正五品，至開元時省婕妤，遂升美人爲正三品，才人爲正四品。

而胡三省通鑑注以爲正六品，不知何據。武氏當時亦全無見幸之跡。且武氏乃士彠之女，士彠爲唐初舊臣，故納其女後宮，並非專以色召者，而可因高宗之不肖致亂，歸咎前人乎？此宋儒刻而無當之論也。觀國以劉元海爲比，誤矣。

其論藝事一條，引閻立本伏池左，吮丹粉，望坐中賦詩者慚汗，歸告其子，以繪事爲戒。觀國因推説之，以爲士君子不可使藝勝德，而引晉王羲之、王獻之、劉伶、嵇康、石崇，唐虞世南、褚遂良、歐陽詢、薛稷、顔真卿、柳公權，諸人皆當時之賢，而王氏父子以書，劉以酒，嵇以琴，石以富，虞、褚六公皆以書，俱爲以藝勝德；且引戴逵之不爲王門伶人，殷羨之不爲寄書郵，二子可謂先識，云云。夫酒與富，豈亦藝乎？劉乃隱於酒耳，石崇亦無可賢者，嵇康固不以琴傳，獻之自能書外亦鮮可稱。至於歐、柳，謂以藝掩，是矣。而永興之重德，河南之直節，魯公之忠烈，豈藝勝德者乎？薛稷一生惟學書，至晚年官位已重，乃以知竇懷貞逆謀，伏國法死，豈猶足爲賢，而與虞、褚、顔三公並稱，何其史學之疏也？至殷洪喬爲人致書，豈亦是一藝，恐其將來以此掩德耶？尤令人失笑矣。

大抵宋人論史及古人是非，無不可笑。以蘇子瞻之通達而不取孔明，温公之賢而不取李文饒納悉怛謀事，他無論矣。

日間閲齊東野語，譏唐高祖少恩，謂其太原起事時，不能少忍須臾，待諸子之至，致楚哀王智雲死於東都，爲墮世民之計，亦屬夢語。當高祖起義時，副留守王威、高君雅已密圖殺害，煬帝又有逮捕之命，事機之會，間不容髮，豈得從容顧戀，萬全而後動哉。且未發之先，遣人召建成、元吉、智雲於河東，建成、元吉皆已間道奔歸，太宗豈特欲陷一幼弟而速之哉。而云墮其計，又謬之謬者也。

梁玉繩瞥記載乾隆丁酉十月上諭：「四庫全書館進呈李廌濟南集，其詠鳳凰臺詩有『漢徹方秦政』句，因檢北史文苑傳叙，亦有『頡頏漢徹，跨躡曹丕』之語。始皇酷虐無道，自可顯斥其名；曹丕則爲篡逆，稱名亦宜。若漢武帝尚爲振作有爲之主，黷武惑仙，乃其小疵，豈得直書其名？著交武英殿，將北史文苑傳叙改爲『漢武』；其李廌集亦一體更正。」云云。大哉王言，可謂千古獨出之識，昔人無道及者。

往年有人以毛稚黄巽書求售。稚黄名先舒，錢唐人，國初有盛名，因取觀之。其首卷論唐高祖、太宗及宋太祖、太宗倫紀事，稱宋以「太祖」、「太宗」，而稱唐二帝皆以名。余舉謂友人曰：「前代帝王，自非商辛、楊廣，皆不應斥名，況唐高祖創業之君，太宗古今推令主，尤後代所宜尊崇，稚黄又與宋二帝同論，乃一以名，一以廟號，兩兩相形，又非以此寓褒貶，而稱謂淆亂，匪惟無識，且亦不知文章體裁，無論其文之拙也。」遂還其書。今日偶憶之，漫記於此。

七月

唐六典　唐　張九齡

十三日　日間閲唐六典，參證以通典、新、舊唐書職官志。其最不可解者，唐制上州刺史從三品，中下州刺史正四品，諸司員外郎僅從六品，而自員外出爲下州刺史者爲極貶，以上州刺史入爲員外郎者爲優遷，雖重内輕外，亦不至如此懸絶。況唐中葉以後，京官俸入甚微，而在外藩鎮之權重於宰相，乃終唐世刺史之輕如此，何也？

又安、史亂後，其節度使偏裨封王及加開府特進者，車載斗量，甚有仍執廝僕之役者，然一歸京師，則授秩高下懸殊。如李晟在鳳翔，已爲開府儀同三司，封合川郡王，官金吾衛大將軍，散官及爵皆從一品，官正三品矣。及入朝，乃授神策都將，後以功加兼御史中丞，則僅五品也。蓋唐時官自宰相外，最重翰林，次則尚書。尚書以吏部爲重，侍郎、郎中、員外亦然。次則御史大夫及中丞。中丞本正五品上，會昌時升從四品。五品以下官，首重中書舍人，次吏部諸司郎中，次侍御史，次補闕，次拾遺、監察御史。其最輕者將作匠、少府監、殿中監，官皆〔從〕三品，而多以處勳臣子弟。唐兩京記以祕書監爲宰相病坊。次則太府卿，司農卿，文人亦鮮爲之。九卿清望官，以太常寺爲首，每以待耆德舊輔，其屬博士，尤爲儒臣華選。若國子監、祕書監，亦稱清曹，長官秩皆從三品，而閑散多不樂居。

太子詹事，唐初頗重，中世以後亦漸輕。其三品中最閑者，左右散騎常侍及親王傅也。常侍本金蟬珥貂，處省中，備侍奉顧問之職，而朝士以其閑冷，號曰貂卻。見孫光憲北夢瑣言。此其輕重之大略也。韓昌黎爲中書舍人，時相惡之，左授左庶子。按唐制，左右庶子秩正四品上，而反爲左授，蓋中書舍人往往有入相者也。李紳爲御史中丞，以被言改兵部侍郎，時當敬宗時，中丞尚正五品，侍郎正四品上也。

唐宋時，職官、散官、勳、爵多參差不可解。唐制，開國男從五品，而宰相有不得爵者，有首輔僅得男爵者，如裴休封河東縣男，李珏封贊皇縣男，齊映封河間縣男，楊收封晉陽縣男是也。上柱國正二品，而長安、河南諸京縣令有加上柱國者，唐人元、白、杜牧等文集制誥中屢見。宋制，宰臣食邑滿萬始封國公，見孔平仲談苑，蓋唐制亦如此。又按唐書常袞傳，袞以門下侍郎弘文、崇文館大學士代楊綰當國，而散官終朝議，無封爵。郭子儀言於帝，遂加銀青光禄大夫，封河内郡公，是唐宰相有不得封爵之證也。

宋代如蘇子瞻，官至兵部、禮部尚書，爲從二品；又兼端明、翰林二學士，爲正三品；爵武功縣伯，勳上輕車都尉。皆正四品；而階止朝奉郎，爲正七品。其墓志及本傳皆謂公自元祐以來，未嘗以歲課乞遷，故官止於是。蓋所歷者是職，而階未及换，故官仍止七品耳。然何至懸絶如此，且必待自乞，而所司曾不一爲檢核耶？王介甫廣西轉運使蘇安世墓志銘謂君以進士起家，三十二年爲廣西轉運使，而官止於屯田員外郎者，以君十五年不求磨勘也云云。然則爾時不以歲課乞磨勘者，並官與階皆不轉矣。

八月

廿二史劄記　清　趙翼

初五日　閱趙翼廿二史劄記。其書惟取歷史事蹟之稍新、制度之稍異者，分條連貫，多摘其舛誤，於它書罕所徵引，然殊便讀史者之記誦，亦案頭之一助也。其所記已徧及廿四史，而云「廿二」者，蓋仍合新、舊唐書及新、舊五代史爲一耳。

九月

絇

初七日 屨頭之飾曰絇，鄭康成以爲狀如刀衣鼻，孔穎達謂今見有屨鼻如刀衣鼻者，蓋漢制也，云云。然云屨鼻，則又似今之屨梁矣。屨之繫曰綦，二字皆出於儀禮，絇有其俱、其遇兩音，綦有渠之、渠記兩音，綦古文作𥿋，説文引詩「縞衣綦此綦字解作蒼艾色，爲未嫁女所服。巾」作綥，又誤爲綼。

歐陽文忠集 宋 歐陽修

十四日 夜坐閱歐陽文忠集中濮議及或問數篇，以儀禮喪服「齊衰不杖期」章「爲人後者爲其父母報」一句爲主，謂降其服，不降其稱，乃聖王之制，仁義並用。因援漢宣帝稱其父史王孫爲悼考，光武稱其父南頓君爲皇考故事，而謂濮王宜但稱親，不追崇封爵，因塋爲園，即園爲廟，令王子孫世承其祀，云云。議論甚正而當。

至謂先王以父子天性之親最重，生我者不可降，惟降其外物而已。而里巷鄙俗之人，乃謂人不可以貳父，遂絶其所生者之親，至以爲諱，此兩制禮官、臺官議之所本也。則辭意未免强執過當。且痛詆當時諫官若范純仁、吕誨、吕大防、趙瞻等之庸愚狂妄，借此泄平日之怨，肆行誣詆，對君悖慢，求得罪爲名高云云。而其後英宗榜朝堂詔，遂明揭誨等及傅堯俞諸人營私誣罔之罪。

歐公又謂臺官與兩制相爲表裏，意氣愈盛，無所畏忌，英宗日後每語及此，未嘗不擊案痛憤。是公於當時諸君子幾欲得甘心矣。呂、范輩皆一代名臣，公作此議已在神宗時，諸公皆迭進用，名位日盛，而公下筆時乃不爲少留地步如是耶？

按濮議之興，公與韓魏公在政府，祇執「皇伯」二字之無稽，原未嘗稍及尊崇之典。英宗一見皇太后責政府手書，遂急詔罷議，自是久不言及。而呂、范諸公執其一得之見，遂豫以漢哀、桓待其君，而指歐公爲首議之人，比於董宏、朱博，言一不行，遂空臺求去。宋時待臣子最寬，朝廷愈留之，則求去愈力。甚至趙瞻、堯俞等以奉使契丹，不及同貶，乃力請出外。歐公謂趙瞻至對人言官家留我只少下拜。司馬溫公及韓持國以請留誨等不聽，亦力請偕去。此最儒者習氣可厭處。且以當日魏公之定策國老，而臺官劾其交通宦官，熒惑太后，嘻，何其甚也。然歐公言當日儒官知禮者，如太常博士孫固，上疏亦主儀禮以稱親置園爲是，而閧然群詆爲奸邪，自是識者亦箝口不敢言。而歐公以蔣之奇議相合，遂援引爲御史，此則未免各以意氣行事矣。

明代張文忠、桂文襄、霍文敏、席文襄諸人議興獻禮，援據較明，本可不煩言而解。而內閣及外廷百僚皆力主一議。明之諸帝，皆草芥其臣，世宗一怒，遂至竄戮略盡，天下遂群以奸邪坐張、桂諸人，而諸人議論雖正，實皆以此希驟進，心術本與歐公懸殊；所貶者又皆老成俊乂，故張、桂尤爲衆惡所歸。此雖所遺之有幸不幸，亦可以觀君子小人之得失矣。

十月

牙行會館考

二十九日　今之牙行，起於戰國，呂氏春秋「段干木晉國之駔」，説文曰：「駔，會也。」謂合兩家之賣買，如今之度市也。

會館兩漢時已有之，後漢書史弼傳，弼受誣事，當棄市，前孝廉魏劭與同郡人賣郡邸，行賄於侯覽，是也。又前書朱買臣常從會稽守邸者寄居飯食，及拜太守，出歸郡邸，直上計時，會稽吏方相與群飲，不視買臣，云云。蓋漢時州郡舉秀孝者及公車徵者，皆偕計吏入都，處於郡邸，故今赴會試者，猶稱計偕耳。

今州縣私羈人於班房，起於漢初。漢書惠帝紀「有罪當盜械者，皆頌繫」，注曰：「頌者，容也，言見寬容，但處曹吏舍，不入狴牢也。」

十一月

尚書今古文疏證　清　閻若璩

朔　閱閻百詩尚書今古文疏證，其末有議孔門從祀一條，援嘉靖中黜荀子例，欲退象山、陽明；

又以王弇州説，欲退歐陽文忠而進范文正。范公入祀固無愧，而歐公事業亦不相下，文章經術則更遠出其上，欲進彼而退此，可爲無謂。至議及陸、王，則尤妄矣。

後漢書 南朝宋 范曄

初五日 夜閲後漢書，劄記一二則：

母有呼子以字者，張劭母呼劭曰元伯，趙苞母呼苞曰威豪是也。

袁安之玄孫閎，以奉高之字稱於世，見郭泰傳及黄憲傳。而閎傳但云字夏甫，不言奉高，然則東漢人已有二字者矣。袁閎字夏甫，袁閬字奉高，乃別一人。今范書於黄憲、郭林宗傳「閬」字皆誤作「閎」，後人遂沿其訛，予已考正之。然東漢人卻有二字者，隗囂將王元字惠孟，見囂傳注引三輔決録；而馬援傳稱之曰王游翁。王延壽字文考，而注引博物志稱之曰王子山。尊客自記。

韓融與荀爽、鄭玄同以高隱名，見申屠蟠等傳；而融附見其父韶傳，乃僅言其官終太僕，餘無一事可紀。陳重、雷義之交誼，與張劭、范式並稱；而袁敞傳乃載雷、陳二人爲人請托。此史家微文見意處。陳雷事，錢竹汀廿二史考異中亦言之。

東漢尚名節

十四日 東漢人最尚名節，然如荀淑、黄憲名最著，竟無一事可紀。郭泰亦以游談得名，不及陳寔也。經生家如鄭少贛父子，乃俱有將才，司農更比節蘇武，顧皆以儒學掩矣。司農之孫泰，欲以豪俠圖董卓，事雖不成，而能脱虎口，亦奇材哉！

南宋書　明　錢士升

二十二日　夜雨，閲明相國嘉善錢士升南宋書，至雞鳴方罷。錢公爲崇禎朝賢相，亦以文名，而此書蕪穢疏冗，甚無端緒。叙事往往入鄙俗語，其論多以駢儷行之，亦有卑陋可笑者，而佳者尚可節取。於張浚傳頗致貶辭。朱子與唐仲友互訐事，見仲友本傳及王淮傳，亦具有斟酌，是亦少有所見者也。

十二月

永懷堂古文　明　葛鼒　葛鼐輯

十四日　坐舟至倉橋街，以洋一元買得明人葛鼒所選唐、宋、元二十二家文一部。唐四家：顔魯公、陸宣公、李衛公、杜樊川。宋十六家：韓魏公、范文正、司馬温公、范忠宣、鄒道鄉、二程合爲一家、李盱江、張文潛、黄山谷、楊龜山、王梅谿、朱文公、陸象山、陳龍川、真西山、文文山。元二家：劉静修、虞道園。其去取殊未善，前有錢牧齋序文，深詆當時吾越孫氏之評經、楚鍾氏之評左傳，爲僭妄之尤，其論甚美。又有楊維斗序。其書共廿二本，板多訛舛。王漁洋嘗欲選陸宣公、李衛公、劉賓客、皇甫湜、杜牧、孫樵、皮日休、陸龜蒙之文爲八家。予欲以劉、皇甫、杜、孫、皮、陸，更合元次山、獨孤及、李習之、李觀、歐陽詹、劉蛻爲十二家文，而以陸宣公、李衛公合王子安、楊盈川、張燕公、權文公爲六家，蓋皆以駢體見長者也。惜諸家集多未備，所見者惟唐文粹中數篇耳。姑志此以俟異日。次日越縵又記。

春秋闕如編　清　焦袁熹

國朝焦氏袁熹春秋闕如編一部，四庫提要極稱之，其書止成公七年，乃未完之作也。花齋本春秋繁露一部、吴正子注李長吉集一部，乃四庫所收之本，予向有其書而缺外集一卷，今此爲全書，惜塗抹已徧耳。

歷代官制

二十五日　博士及郎中皆秦官。東漢以前，凡易、書、詩、春秋三傳、三禮諸經博士，皆隸太常，通謂之太常博士。至魏文帝始别置太常博士四人，掌禮儀謚議事，然諸經博士猶隸太常。晉以後，因武帝泰寧四年始立國子學，别置國子博士一人，而太常與國子始分矣。

秦有郎中令，以掌宿衛宫殿門户。漢因之，其屬有五官中郎將、左右中郎將三署。武帝以後，更名光禄勳，而所統三署，各有中郎、侍郎、郎中，皆更直執戟宿衛，通謂之三署郎，亦曰執戟郎。其稱侍郎者，謂其更直侍衛也。稱郎中者，謂其宿衛居中也。其職入則直宮門，出則充車騎，乃今世侍衛之職。唯成帝置五曹尚書，又置郎四人，分掌曹事，爲如今之曹郎。至東漢光武，始置三十六司曹郎，又重尚書之職，掌議政事，及出納命令，而以郎官爲之屬，始有尚書諸曹郎之官，其人皆由三署郎及孝廉年未五十者，試以牋奏，以次選補，初稱郎中，後稱侍郎，五歲授大縣令。後以賞薄，乃授刺史二千石，此明帝所謂「郎官上應列宿，出宰百里者」是也。馬氏文獻通考謂明帝此語仍指三署郎者，非是。三署郎無出宰百里之事。

若員外郎，則起於隋文帝開皇三年，諸曹各置員外郎一人，以貳曹事。煬帝又改爲承務郎，唐高祖復改爲員外郎。至六朝有稱員外郎者，乃員外散騎侍郎耳。

辛酉附識。後漢書鄭弘傳，舊制尚書郎限滿，補縣長令史丞尉。弘爲尚書令，奏以爲臺職雖尊，而酬賞甚薄，至於開選多無樂者，請使郎補千石令史爲長。帝從其議。按漢制，縣萬户以上爲令，不滿爲長；令千石，長四百石，小者三百石。是建初以前，郎官但補縣長，自後始得補縣令。建初者章帝年號也。又續漢書志引蔡質漢儀曰：尚書郎三十六人，惟客曹郎主治羌胡，事劇，遷二千石或刺史。是則終漢世尚書郎得授二千石刺史者少也。

今稱都水司爲都官者，非也。都官郎始於魏明帝青龍三年，因漢司隸校尉下有都官從事一人，掌中都官不法事，故立此一曹以掌京師百官非違得失。至隋開皇時，乃專掌配没奴隸簿録俘囚及良賤訴競之事。唐宋因之，乃刑法官也。自劉宋時置都官尚書，即今刑部尚書也。若都水司，乃昔之水部郎，亦起於曹魏者。改都官尚書爲刑部尚書，始於隋開皇三年。今刑部各司下猶分憲、比、都官、司門四科。

今稱户部爲農部，非也。農部郎亦始於曹魏。因漢成帝置郎四人，其一主户民墾田，如氾勝之爲郎，教田三輔之類，故魏立此曹。晉改爲屯田郎，亦曰田曹，東晉及宋齊皆以左民曹郎中兼屯田事，陳亦以左民尚書領之，至隋始屬工部。是今之工部屯田司乃農部也。又按郎中之名，雖由來舊矣，然自漢迄六朝，凡史傳及文集所載，皆單稱某部郎，或某曹郎，無中字，至唐以來始稱郎中耳。

侍郎實始於隋煬帝，自漢以來，不過有其名耳。漢之侍郎，三署郎也。東漢之侍郎，三署郎、諸曹郎及黄門侍郎也。魏、晉、宋、齊、北魏、北齊之侍郎，黄門及散騎侍郎也。梁、陳、隋初之侍郎，諸曹郎也。六朝又有王公侯國侍郎，名位尤卑，皆非今侍郎之職。至煬帝始於六曹尚書下置侍郎各一人，以爲之貳，乃今侍郎矣。唐遂以中書門下侍郎爲宰相矣。宋元豐更官制，亦以左右僕射兼中書門下侍郎者爲宰相；其但爲中書門下侍郎者，亦宰相之亞也。元豐改參知政事爲中書門下侍郎，而升尚書左右丞並爲執政官。

唐自開元二十六年，改翰林供奉爲學士，以張垍爲之，別置學士院，專掌内命，稱曰内職；肅、代以後尤重，號爲内相。然無定品，自諸曹尚書，下及畿縣尉校書郎，皆可充其選。其立班各依本官，惟内宴在宰相之下，一品之上。學士院與翰林院本屬兩署，翰林院設於玄宗初，凡書畫琴棋、醫筮之流皆可居之，名曰待詔。學士院惟學士草詔寓直。其稱翰林學士者，以別於弘文、集賢諸學士耳。

唐最重進士，然登第後不過得遠小縣簿尉，並多不謁選者，必再登宏詞及制策諸科，如賢良方正、直言極諫、才識兼茂諸科，皆名制科。或試書判拔萃，乃得拜畿縣尉及校書郎、集賢校理等官，最高者得擢左右拾遺；否則爲節度觀察使、辟掌書記，及推官、巡官等職。由使府入者，多拜監察御史，始可望通顯。其實監察御史不過正八品官，拾遺從八品官也。宋代進士，亦須更試制策及宏詞，方得改官。唐許士人兼應數科，有兩舉制科者，蕭昕再中博學宏詞，授壽安尉。柳公綽舉賢良方正、直言極諫科，補校書郎，間一年再登其科。有兼舉宏辭、賢良者，裴度擢進士策中宏辭科，補校書郎，舉賢良異等，授河津尉。開元以後，重進士而明經之科漸輕，李珏舉明經，李絳勸其改舉進士，而亦有既舉進士再舉明經者，許孟容擢進士異等，又第明經，調校書郎。

唐兩省本以中書居右，門下居左，而政事常先中書。如狄仁傑以内史總機務，姚崇以紫微令總機務是也。自元和以後，宰相先拜中書侍郎，後轉門下侍郎，首相係銜，皆以門下侍郎。宋元豐更官制亦如之。又唐首相多兼太清宮使。侍中長門下省。中書令長中書省。唐初因隋舊制，改侍中爲納言，中書令爲内史令；未幾，復爲侍中中書令。高宗時，改門下省爲東臺，侍中爲左相；改中書省爲西臺，中書令爲右相。旋復故。武后改門下省爲鸞臺，侍中爲納言，中書省爲鳳閣，中書令爲内史。睿宗復舊。玄宗改門下爲黄門省，侍中爲黄門監，中書爲紫微省，中書令爲紫書令。自天寶以後，門下中書侍郎皆爲正相；侍中與中書令不常置。如郭子儀爲中書令，李光弼、馬燧爲侍中，皆以優崇元勳，不復預政事也。

王厚齋困學紀聞引李文簡歷代宰相表云，中書、門下班序，各因其時。代宗以前，中書在上，憲宗以後，門下在上。大曆十四年崔祐甫與楊炎皆自門下遷中書，不知何時升改。元豐定官制，亦以門下侍郎居中書侍郎之上。慈又按，唐書趙憬傳，憬進中書侍郎，與陸贄同輔政，贄於裁決少所讓，又徙憬門下侍郎，繇是不平。是在貞元時猶以政事先中書也。

國朝從祀之典

二十六日　偶與客論國朝從祀之典，記之於此。自康熙五十四年以宋臣范仲淹從祀文廟，雍正二年以縣亶、牧皮、樂正子、公都子、萬章、公孫丑、漢諸葛亮，宋尹焞、魏了翁、黄幹、陳淳、何基、王柏元、趙復、金履祥、許謙、陳澔明、羅欽順、蔡清、本朝陸隴其二十人從祀，其戴聖、何休、鄭衆、盧植、服虔、范寧、六人皆係明嘉靖時張孚敬議去者，鄭、盧、服、范各祀於其鄉，戴、何諸人悉罷黜。陸贄、韓琦八人，禮部皆議從祀。奉諭旨：「戴聖、何休未爲純儒，鄭衆、盧植、服虔、范寧謹守一家言，轉相傳述，視鄭康成之淳質深通，似乎有間。至陸贄、韓琦勳業昭垂史策，自是千古名臣。著再議。」

嚴氏詩緝補義　清　劉星燦

三十日　夜對燭看近時鄞人劉星燦所著嚴氏詩緝補義，多正朱子集傳及嚴氏之説，徵引頗富，而取裁亦當，其心力亦云勤矣。燭再見跋，倦而就寢，殊有裴晉公撥商陸火之感也。

咸豐九年

正月

陳于鼎序文 明 陳于鼎

十四日 夜雜閱陳龍川酌古論、高新鄭本語。復閱陳于鼎所輯歷代職官沿革志及所作資治通鑑序文，甚拖沓不足觀。

柳亭詩話 清 宋俊

二十二日 終日閱宋俊柳亭詩話。俊，山陰人，國初諸生，著有岸舫集。詩學晚唐，頗有佳者。是時蕭山毛西河方主越中風雅，故俊詩頗似之。詩話引徵群書，雖間傷細碎，然雜博終有可取。其論詩亦瑕瑜互見，大致得者爲多也。

古今南人宰相

三十日 予欲作古今南人宰相表一書，采自漢迄明，仿班氏古今人表，分九等。其入國朝者不敢論定,亦班氏例也。春秋末如越之文種、范蠡、計然等皆不及,以侯國不得例也。若楚雖南服,以今日而論,湖廣居天下之中,非偏於南,故自漢以來楚人之爲相者,皆不列也。若彭城,若沛,若淮南,若淮西,今雖皆屬南省,然地居中原,又風氣偏於北,故自蕭何、曹參以下皆不列也。西漢時,南人宰相無一焉。東漢若江夏,若蘄,若廬江,若舒,若壽春,皆有矣;而會稽、吴國、豫章諸郡,則惟吾鄉鄭公弘、朱公儁兩人焉。顧鄭公以清慎稱,無大功業;朱公討賊立勳,而爲台司則逼於逆臣,無可展者。至孫氏立國江左,而顧雍、陸遜始號名相矣,然則風會固有時而開歟?晉亦惟顧和、陸玩數人。齊高帝嘗欲相張緒,而王儉以南士少居此職止之。武帝又嘗謂沈文季曰:「南士無僕射,多歷年所。」文季曰:「南風不競,非復一日。」故六朝迄隋,罕可稱述。至有唐而褚遂良、張九齡、陸象先、陸贄,始大顯矣,然終寥寥可數也。宋真宗欲相王欽若,以祖宗秘讖「南人不可作相」爲疑,而卒用之,顧欽若終以不賢稱。繼用丁謂,謂吴人,力袒南,而謂身陷奸邪之目。然自是以後,晏殊、杜衍、范仲淹父子,乃蔚然繼興矣。遞乎前明中葉,復有斥南之論,王濟之作論力辨之。要之宋以後,則名臣固南産爲多也。聖帝明王,主賢無方,惟在人之自爲耳。予輯是書,將欲以會得失之源,集法戒之益,其書倘成,不可謂非有用者也。

二月

三國志　吴志　晉　陳壽

初三日　閲吴志大略畢。承祚固稱良史，然其意務簡潔，故裁制有餘，文采不足。當時人物不減秦漢之際，乃子長作史記，聲色百倍，承祚此書闇然無華，范蔚宗後漢書較爲勝矣。晉書、南、北諸史又專務文藻，而筆力不及，宜馬、班之高視千古也。

三國時，魏既屢興大獄；吴孫皓之殘刑以逞，所誅名臣，如賀邵、王蕃、樓玄等尤多。少帝之誅諸葛恪、滕胤，皆逆臣專制，又當別論。惟大帝號稱賢主，而太子和被廢之際，群臣以直諫受誅者，如吾粲、朱據、張休、屈晃、張純等十數人，被流者顧譚、顧承、姚信等又數人，而陳正、陳象至加族誅。吁！何其酷哉。自古宫闈之釁，未有至此者也。獨劉氏立國四十三年，僅一黄皓以弄權聞，然亦無所陷害。昭烈惟誅劉封、彭羕，後主時惟誅劉琰、楊儀，四人皆以罪死。其夷族者惟魏延，則以楊儀等文致其反狀也。然則先主、孔明之治蜀，有萬非魏、吴所及者。作法於厚而國祚不延，天厭漢德久矣，論古者於此有深喟耳。

裴松之注博采異聞，而多所折衷，在諸史注中爲最善，注家亦絶少此體。朱弁曲洧舊聞稱蘇子瞻嘗謂劉壯輿曰：「三國志注中好事甚多，道原欲修之而不果，君不可辭也。」壯輿曰：「端明何不爲之？」東坡曰：「某雖工於語言，也不是當行家。」後南宋人蕭常撰後漢書，以蜀爲正統，其所采事皆不出注中也。

世説新語　南朝宋　劉義慶

初四日　閲世説新語。此書遭劉辰翁、王世懋兩次删補，殊堪痛恨，劉孝標之注更零落不全。予購求善本有年，竟未得也。

閨怨詩翻案

初九日　閨情詩，唐人最善翻案，然亦多重複者。王右丞云：「不省出門行，沙場知近遠。」意佳矣。張仲素云：「夢裏分明見關塞，不知何路向金微？」乃更翻進一層。聶夷中云：「生在綺羅下，豈識漁陽道？良人自戍來，夜夜夢中到。漁陽萬里遠，近於中門限。中門逾有時，漁陽常在眼。」則又自出新意。而于濆遼陽行詩曰：「遼陽在何處？妾欲隨君去。義欲齊死生，本不誇機杼。誰能守空閨，虚問遼陽路？」語尤悲而决絶。此皆本於沈休文之「夢中不識路，何以慰相思」，而各能自出機杼，歷久常新。

國朝黄仲則焦節婦行末云：「妾聞瀚海風沙一萬里，郎兮幾時飛渡此。妾死尚欲隨郎行，看郎白骨沙場裏。」則又從唐人翻進一層，而語尤加痛也。曹鄴云：「青天無停雲，滄海無停津。遣妾空牀夢，夜夜隨車輪。」語工矣。聶夷中云：「君淚濕羅巾，妾淚滴路塵。羅巾今在手，日得隨妾身。路塵如煙飛，得上君車輪。」同一用車輪也，而語意俱變。邵謁云：「若作轍中泥，不放郎車轉。」則變而益新。韓偓云：「醒來情緒惡，簾外正黃昏。」李中云：「海燕歸來門半掩，悠悠花落又黃昏。」韋莊云：「落花寂寂黃昏雨，深院無人獨倚門。」則詞意都同，而皆不害爲佳，此俱翻案之工者。若王昌齡云：「忽見陌頭楊柳色，悔教夫壻覓封侯。」而李頻復云：「自怨愁容長照鏡，悔教征戍覓封侯。」則直襲其詞而意味頓盡矣。今日偶閱唐詩，姑舉一二，論之如此。

十月

十駕齋養新録　清　錢大昕

朔　夜閱錢氏大昕十駕齋養新録，乃隨時劄記之作，不及日知録、蛾術編諸書之賅博，而考證古義，搜輯佚文，亦卓卓可傳。其論古人若好惡等字，皆無虚實動静之分，乃後人强别以音聲者，因引大學「國治」及「治其國」兩治字，陸德明一音直吏反，一云當讀平聲，而「齊修正誠格」字皆不聞有兩音，何獨於一治字辨之？爲尤可笑。論甚新確，足破千載之蔽。

餘論古字通用，若「曰」與「聿」通，「勉」與「俛」通，「嬙」與「牆」通。「斫」無坎音，今俗作「斫」，固非；作「砍」，亦俗字。「予尾翛翛」之「翛」當作「修」，古無「翛」字。「上帝板板」之「板」當作「版」，説文無「板」字。「贊」字當作「摯」，「贊」乃俗字。大學「新民」當依舊文作「親民」。皆有至義。其論史學亦細密。論雜學頗多采綴它書，罕所推發，因爲作兩跋，大略論之如左。案，「板板」之「板」，畔之假借字也，畔者反也。

十一月

杜工部集　唐　杜甫

十八日　與叔子夜談少陵詩，悟入微至，有非語言所能盡者，今略舉一二。哀王孫起四語云：「長安城頭頭白烏，夜飛延秋門上呼。又向人家啄大屋，屋底達官走避胡。」上兩語皆知爲樂府語也，不知其下二語之妙，乃真樂府滴髓，看似笨拙可省，然正是質實獨到處。「又向人家啄大屋」七字，真千鈞筆力，上兩語人盡能之，此兩語不可到也。丹青引云：「將軍魏武之子孫，於今爲庶爲清門。」真是古文叙記筆法，而卻淵源雅、騷，非昌黎之以文爲詩者比。「爲庶爲清門」兩「爲」字，樸老絶倫。舞劍器行，此題若入作家手，無不用排場起步，而直起云「昔有佳人公孫氏」，便覺有百尺無枝氣象。北征中「山果多瑣細，羅生雜橡栗。或紅如丹砂，或黑如點漆」，此兩語忽賦一小物景狀，極似無謂，而下即接云「雨露之所濡，甘苦齊結實」，乃覺數語真有無數關係，全篇血脈俱動，此所謂神筆也。

即其他累句，如古柏行云「萬牛回首邱山重」，又云「異時剪伐誰能送」；洗兵馬云「尚書氣與秋天杳」，又云「奇祥異瑞争來送」；諸將云「曾閃朱旗北斗殷」等語；語意盡拙，然不能累其氣力。

惟如飲中八仙歌、前後苦寒行，皆下劣之作，雖膾炙人口，不值一哂。同谷七歌及八哀詩亦非高唱。秋興八首，瑕多於瑜，内惟「聞道長安似弈棋」及「蓬萊宫闕對南山」兩首，可稱完美。「崑明池水漢時功」，上半首格韻俱高，下半未免不稱，且此詩命意，亦終不可解。

其餘若「叢菊」一聯、「信宿」一聯及「請看石上藤蘿月，已映洲前蘆荻花」，皆輕滑不似大家語。「香稻」一聯，淺識者以爲語妙，實則毫無意理，徒見其醜拙耳。詠懷古跡第五首，「諸葛大名垂宇宙」一律，字字笨滯，中四語尤入魔障。萬丈潭云「孤雲到來深，飛鳥不在外」；題畫楓起語云「堂上不合生楓樹」；皆此老心思極拙處也。

至何大復謂古詩亡於杜，此真大而無當之言。人徒見杜詩之渾厚雄直，刻摯沈著，而不知其精深華妙，空靈高遠，多上追三百，下包六代。如麗人行乃深得樂府豔歌之遺，新安吏、石壕吏、新昏别、垂老别諸詩，何減十九首？其律詩如「花妥鶯捎蝶，谿喧獺趁魚」、「飛星過水白，落月動沙虚」、「細雨魚兒出，微風燕子斜」、「遠鷗浮水静，輕燕受風斜」等語，何嘗不細膩獨步耶？

予於杜詩，雖瓣香所在，顧僅得其大意，不求甚解，故鮮全首能背誦者。然舉其命脈氣息，即覺了了目前，奥窔深微，暗合無間，少陵復起，亦不以爲妄語耳。

咸豐己未浙江鄉試闈墨

二十二日 閲今年浙江闈墨，内刻擬程十餘篇，數十年來所未有者。浙墨久苦蕪穢，予向屏不一觀，今年題目爲堯有臣五人而天下治兩節，提調布政使徐樹人宗幹擬作及内監試朱緒曾作皆不愧名程。其餘才氣亦有可取者，内中第三之趙之謙，吾鄉人也，小有才，頗讀雜書，工書法、篆刻，亦能作駢儷語。而詩甚荒醜，尤拙於文，顧狂不可一世，國人皆賤之。頃聞與其座師汪承元者言曰「浙江有六怪，師一舉得其五，門生即怪魁也」。汪愕然曰：「然則其一何獨遺？」曰「一已持服，不及試矣」。汪大喜，時人傳以爲笑。

十二月

水滸傳 明 施耐庵

初二日 演義中如水滸傳真奇筆也。其書拉雜寫來，首尾斬截，叙致離合，變幻起伏，具有史記蒼莽深細之概。如張都監血濺鴛央樓、時遷火燒翠雲樓等書，最爲奇作也，餘亦多有佳者。其中矛盾駁雜蠢拙之弊，亦時不免。然總如黄河萬里奔騰，沙石而下。聖嘆評語尤有新意，其論兒一書亦大有名論，惟言子弟當先讀水滸，則小説家習氣語耳。有此才而不著書立説，顧用之於此等文字，固可惜也。

唐人萬首絶句選　清　王士禛

初五日　王漁洋唐人萬首絶句選本，四庫書目録提要稱其爲晚年審定最謹慎之作。竊謂漁洋他選若古詩選及徐迪功、高子業兩家詩選，亦俱精當；三昧集及十種唐詩選，俱能成一家言；此選未必遠過之。「玉樓天半起笙歌」一絶，竟至兩見，亦未爲精細。然名篇佳句，大略備矣。邇日偶取評點，時有獨得處，因以識一時興會所在、識力所到，不必爲定評也。今日加墨訖，他日或更有所見，當續寫上，亦不必他日眼力果勝今日也。但讀書不輟，自有此一番境界耳。

皮日休陸龜蒙詩　唐　皮日休　陸龜蒙

初六日　閲皮、陸兩家詩。魯望詩亦粗率，然儘有佳句；襲美較蕪俗。古文詞筆相似，多以峭折取勝，然亦以陸爲佳。陸文如甫里先生傳等作，皮所不逮也。顧讀兩家詩文，總覺清逸可喜，蓋山林煙水之思，得者爲多耳。

咸豐詩壇

十一日　閲俞巾山樾、孫琴西衣言、張海門金鏞諸翰林詩。内惟孫詩粗有體格，諸公皆一時名士也。計入都來所見日下名公詩集，如壽陽祁相國、朱御史琦、潘侍郎曾瑩、何太史紹基、孔閣讀憲彝諸家，相國䜱䜿亭集最清雅，侍郎小鷗波館集亦秀潤，均有可采。御史詩徒有腔拍，何詩一二語間有奇氣，顧甚蕪雜，餘不足論矣。其已往者，若陶侍郎樑、葉閣讀名澧，陶淺俗，葉膚廓，置之社中諸子中，皆洪主簿、沈縣尉之流也。

儲光義詩集　唐　儲光義

十四日　偶閱儲太祝詩，其田家雜興云：「種桑百餘樹，種黍三十畝。衣食既有餘，時時會親友。夏來菰米飯，秋至菊花酒。孺人喜逢迎，稚子解趨走。日暮閑園裏，團團蔭榆柳。酩酊乘夜歸，涼風吹戶牖。清淺望河漢，低昂看北斗。數甕猶未開，明朝能飲否？」讀之覺景物高爽，即有清風拂拂從紙上來，小病爲減。古人起病愈風，真有此快。此詩寫田居光景，不過眼前，以吾所處論之，亦非極難，而惘惘求官，遂墮塵紲。山水贈往，風沙饜今，緬此詩境，幾如苦海中望蓬萊三山，令人有不能作飛仙之歎。他日歸紡，終當以此詩爲程。臨川誓墓，東坡指江，得此不歸，便非人類。孟調已矣，當更與叔子、德甫諸君並盟斯語，因録其全篇以識信券焉。

太祝受賊僞署，其人頗與所言相戾，且詩雖取境高逸，而每入於淺俗，遠遜王韋，次慚孟柳，如此篇者，亦非數覯。然若同王十三維偶然作云：「野老本貧賤，冒雨鋤瓜田。一畦未及終，樹下高枕眠。荷篠者誰子？皤皤來息肩。不復問鄉墟，相見但依然。腹中無一物，高話羲皇年。」數語寫出淳悶氣象，真復不讓陶公矣。

敘録書三種

二十四日　偕叔雲、卣薌小游琉璃廠肆，買得王鳳喈光禄尚書後案、阮儀徵刻敘録書三種，爲汪容甫明經述學二卷、錢岳原教授溉亭述古録二卷、孔羿軒檢討儀鄭堂文二卷。容甫先生述學爲最精也。買孫刻元和郡縣志、盧刻荀子、春秋繁露、顔氏家訓，皆不成。

倚晴樓七種曲　清　黄燮清

閲海鹽黄韻珊孝廉所作傳奇雜劇。韻珊以詩曲名江、浙間，其中如茂陵絃、桃谿雪，亦儘有佳者，餘若鴛央鏡、淩波影等，皆拙劣不足觀。桃谿雪傳國初永嘉徐烈婦吴絳雪於耿逆之難完城死節事，有關名教之文，其詞亦頗有工者。茂陵絃傳相如、文君事，佳處已寥寥矣。帝女花傳思陵長平公主事，事本獨絶千古，而曲反不足相稱；間有雋語，亦未能哀感頑豔。其以周介生作嘉定伯之子，尤可駴怪。以爲故意弄奇耶？則傳奇雖小道，亦不應打諢如是，況事關易代名義之重，尤不宜顛倒耳目。以爲不知而誤耶？則金沙名士，竟作吴門牛醫兒，真堪噴飯。

又齣中出四僞官，爲魏學濂、張縉彦、□□□及介生。魏以忠臣之子，孝子之弟，屈意從賊，思有所報，繼未得逞，遂以死節，諸書載其事甚明。而韻珊偶據所見，入之逆案，嗣知其非，乃刊板易以朱純臣。夫純臣乃宗室世公，其從賊當與李國楨、魏藻德、陳演輩爲一類，不應入張、周諸詞臣列也。不學之弊，乃至於此，宜世之嗤鄙填詞家爲浪子生活乎。

宋學士集　明　宋濂

閱宋景濂集。文憲開有明文字風氣之先。余家有宋學士集，自少讀之，不覺其佳。丙辰歲更得其浦陽人物記，亦冗漫無取，顧常以其名重爲疑。丁巳，復得王忠文華川集，二公同師同官，又同得重名，爲明代冠冕。亟閱之，則迂拙薄弱，又出宋下。而四庫書目稱宋文醇深演迤，王文醇樸宏肆，真不可索解。今夕即坊間借得文憲全集，徹夜翻讀，竟無一賞心語。其常開平、康武義、華武莊、趙梁公、花東邱侯諸碑志，筆力孱弱，叙致拖沓。開平之采石戰功，花侯之太平死難，皆全無生色。其爲龍泉章溢墓誌，至五千餘字述其世系，云遠祖有曰嚴者，仕宋，以兵部尚書守泉州，遷南安，至唐康州刺史及遷浦城，是宋乃劉宋也。六部尚書之名定於隋，宋時衹有五兵尚書，安得有兵部乎？且泉州始於唐，亦非劉宋所得有，則無一不謬也。他文若燕書四十首，演連珠數十首，皆拙劣不足觀。序記書後，亦無佳者。予幼讀塾本古文，見有文憲秦士録一篇，即深厭之，今乃信所見之不謬矣。

咸豐十年

正月

述學　清　汪中

初三日　閲汪容甫述學，中釋「三九」二字凡三篇，引證明通，可悟讀書之法。其釋周官媒氏一條，議論雖痛快，然終是有意圓説「奔而不禁」四字之病，未免爲周禮佞臣。惟謂禮言男子三十而娶、女子二十而嫁，乃先王懸其極以爲之限，過此者罪之，非娶必至三十，嫁必至二十也。此卻新確。若謂奔而不禁，即所以恥之者罪之，恐即化千萬辯舌，不能以楊廣、朱温所不爲者加之成王周公矣。績溪胡氏培翬研六室文鈔云，按内則，聘則爲妻，奔則爲妾。聘謂以禮娶也，奔則不備禮之謂。周禮「奔者不禁」，「奔」字當如是解。昏禮有納采、問名、納吉、納徵、請期、親迎六者，仲春爲昏月之正，故謂當此時而有六禮不備者許之，恐其過時則傷，非謂淫奔也。此説甚精。

畿輔水利備覽　清　唐鑑

二十日　得紱翁書，並以唐氏鑑畿輔水利備覽及晏斯盛楚蒙山房集兩書見贈。唐字鏡海，湖南人，山東籍，而居於江寧。由翰林歷官江南布政，入爲太常卿。水利備覽引證明晳，議論俱切實可行。書中缺第五、第六兩卷。首列臆説一卷。

楚蒙山房集　清　晏斯盛

晏斯盛爲江西新喻人，乾隆初官至山東巡撫、户部侍郎。所著有楚蒙山房易經解十六卷，收入四庫。四庫書目録經部易類，有晏斯盛楚蒙山房易經解十六卷，内爲易學初津二卷，易翼宗六卷，易翼説八卷。裒然巨集，而轇轕扼塞，幾於一字不通。頗亦論説理學，有與方靈皋往復書，又爲太傅朱文端作墓表，此亦吾服其膽者。中惟江北水利書兩卷，雖不成文，而有裨實政。其人於世宗末由鴻臚少卿擢江蘇布政，殆亦吏幹之材，書即其藩吳時所作。嘗視學貴州，於黔中水道亦多所記載。足見災梨禍棗之中，未始不可收牛溲馬勃之用。隨地留心，開卷有益，特吾輩心力有限，不暇看及此等書耳。

樊榭山房集　清　厲鶚

二十八日　偶閲樊榭集，摘其雋詞秀語於左。「高柳初髡倚晚汀，幾時來此補魚經。昨宵知有稀疏雨，滴破一方青白萍。」池上。「衆壑孤亭合，泉聲出翠微。静聞兼遠梵，獨立悟清暉。」泠泉亭。「月在衆峰頂，泉流亂葉中。」靈隱寺月夜。「孤櫂不覺遠，窈然流水深。春煙沈大嶺，密雪響疏林。」西谿泛舟遇雪。「水光知月出，花落見風行。」晚步。「東風不信將三月，往事無多又四年。只有吳娘知可惜，折枝繡滿禿襟前。」皋亭山下看桃花。「微雨宜幽鳥，初涼健酒人。」秋夜雨中。「日晚水仙祠下去，青山影裏采蘋花。」湖上作。「黑鷲燕子翻階影，涼受槐花灑地風。」晝卧。「短燭照深緑，夜静山逾空。」宿永興寺。「松風颸纖碧，花影蓄深黛。」谿上。「遠水浮春寺，青山落晚罾。」春日泛舟北郭。「漫脱春衣浣酒紅，江南三月最多風。梨花雪後酴醾雪，人在重簾淺夢中。」春寒。「幽人與時鳥，共喜緑陰成。一逕千林暗，斜陽片雨晴。」緑陰。「小艇浄分山影去，生衣涼約樹聲來。」雨後坐孤山。「肉人不合尋常見，燈影娟娟雨半簾。」水仙花。「十角吴牛三尺箠，楝花點點響漁蓑。」梅雨。「夢回竹月攤書地，人道風潮損稼天。」寄内。「急雨淮上來，沈沈暗樓堞。須臾風引去，秋星照涼葉。」晚雨。「早梅門巷如人白，殘柳旗亭勝酒黄。」蕪城小春。「無賴東風轉柳條，雨從月額到花朝。少年記得嬉春事，斜日衣香第四橋。」西湖春雨。「仿佛南園築北碕，鴨毛小漲碧參差。行人羞照風塵鬢，手弄垂楊立少時。」滄浪亭。「淡日青門菘葉圃，涼風白屋槿花籬。」秋霽東皋。「横塘秋水明菰葉，老屋殘陽上蘚花。」南湖秋望。「將暖湖煙多晚碧，未花桃樹有春紅。」正月十一日湖上。「竹陰入寺緑無暑，荷葉繞門香勝花。」五月十三日遊智果寺。「深松耿禪燈，江黑疑有雨。」夜宿松寥閣。「列坐疏竹根，微泉各爲聽。」晚至谿上巢。「開門殘月在，下見數峰雪。雪際生白雲，窅暵不可説。」西谿曉起。「牆陰的的兩三枝，風信纔臨暝色遲。可是春人易惆悵，疏花明月不同時。」庭梅二月朔始花。「涼雲墮層阿，林莽時一漲。」下菰城。「燈市乍收三日雨，酒樓遠接一湖春。」春晴登吴山。「圓月出蒼莽，涼風生樹間。流光滿空際，西照徂徠山。」月夜宿羊流店。「滿空春雲生，冥冥垂半嶺。花村下微霰，歷亂不復整。夤緣出谿口，始見一峰影。」泛舟西谿。「自古浮天兩洞庭，千年詞客幾揚舲。愛君淡著有聲畫，收拾秋光補水經。」題馬秋玉洞庭詩卷後。「轉巷山光猶涴粉，入樓柳意半銷冰。」南湖殘雪。「晴煙暎竹澄，殘月轉花没。」曉過竹院。「微霄動川影，夾岸吹寒花。」新晴泛舟河渚。「春潭易爲緑，兼之山氣新。」回舟經深潭口。「緩櫂縱遥目，心與春流平。邀侣以事解，得朋因寡營。峰色煙上霽，竹風沙外清。一夜叢梅發，幾處山窗明。香中林鳥語，引我沿谿行。積翠點殘雪，陰淡寒自生。西崦未云夕，東畲方可耕。稚子肯迎客，花間啓柴荆。」同吴西林泛舟西谿看梅全首。「安排桑苧新茶閣，位置樵青賸釣船。」「繞牆細數遲生筍，縛架親扶已卧花。」移居。「涼雲竹枝外，秋水槿花邊。」偶出。「年光伏枕後，人事杜門中。」秋爽。「落葉徧深院，寒雲過斷鐘。」冬日集倬上人方丈。「花明正要微陰襯，路轉多從隔竹看。」繇金家堰入皋亭西麓至崇先寺。「寒香接天影，嵐色上花鬚。」過横山館伏虎禪院。「過牆禽動竹，開户鼠翻藤。」中塔院。「門閒花氣深，山空禽語響。」泛舟至龍居灣遵山徑入永慶禪院。「磵水落天光，時明疏竹底。」在澗庵。「徑草全侵屐，林花亂入雲。」雨中書事。「薄命已知因藥誤，殘粧不惜帶愁描。」「永安錢小空宜子，續命絲長不繫人。」「收燈門巷忺微雨，汲井簾櫳泥早涼。」悼亡姬月上。「夜半殘春雨，空樓遠響哀。因成合衣寢，夢索寓錢來。」雨夜舊房。「履綦聲已銷閑砌，粉指痕猶印故書。命似涼蟬偏易斷，情如暮雨肯教疏。」初秋有感。「玩梅小院疑前夢，聽雨閒房似隔生。」重過南湖有感。「水落山寒處，盈盈記踏春。朱闌今已朽，何況倚闌人。」湖樓題壁。「泥乾久積庭陰雪，日薄遲生水際煙。」首春卧病。「六飛當日駐錢唐，曾畫毛詩馬侍郎。五百年來遺墨盡，秋林曳杖見吴裝。」題馬和之小景。「新秋未徂暑，夜氣先侵簟。空館心悄然，求夢翻成魘。醒聞竹聲喧，播蕩仍掩斂。衹有故時簾，因風時一颭。」秋齋夜宿全首。「石勢渾如掠水飛，漁罾絶壁挂清暉。俯江亭上何人坐，看我扁舟望翠微。」歸舟江行望燕子磯。「鐘學龍吟春磵響，松和猿梵夜堂知。」春夜宿雲林。「遠風燈照牽，去聲。微月斷鳴船。」秋晚自臯亭至臨平。「鷗鳧不動偎前浦，煙雪相和畫數峰。」湖舫。「漁舟出清旭，鄰磬接空潭。」曉過曲水庵附汪遠仁句「茶香來坐具，梅影上行衣」。「斜陽一抹風廊影，葵寫圓花竹寫梢。」「好詩只在微茫裏，付與栖禽自在喧。」覓句廊晚步。「沙柳侵天影，風蒲學水聲。」篠園水亭。「幽雲生窆石，靈雨下稽山。」舟出偏門至禹陵遇雨。「煙縷乍消漁市散，一峰臨鏡學梳頭。」柳姑廟。「九月十月接天氣，裏湖外湖空水煙。門外晚風吹酒醒，秋容都上釣魚船。」九月晦日集雪莊。「緑窗剪舌教鸜鵒，催看龍舟獨後來。」西湖競渡曲。「柳邊夜笛清逾迥，山際秋燈淡欲無。」中元夜泛湖。「風回微雪瓜皮艇，雲破平林板凳橋。」臨平道中。「桐塢我舊過，陰森翳叢篠。隔林見梅花，謂是山月曉。」桐塢。「兩點船燈看漸遠，暮江惆悵獨歸時。」吴門別全謝山。「闌壓垣衣户網塵，嫩寒惻惻那禁春。一池好染羅裙水，只照梅花不照人。」西谿山莊有感。「記取飛塵難到處，矮梅下繫庳篷船。」泛舟河渚。「紅雨欲飛驚宿鳥，碧波不動待游船。」四照亭曉望。「司家橋頭進船路，三尺水滿上魚牀。」雨中泛舟北郭。「一湖春水窺山影，十里初陽上柳梢。」曉發南屏渡湖寫望。「鹿柴陰連竹，魚幢俯浸霞。」遊水木明瑟園。「對月心情多往事，阻風滋味又今年。」月夜泊吴江。「不分午風涼似水，爲他兒女颭釵符。」午日觀競渡。「幾折虚廊通淺渚，壞橋無柱上浮萍。」淮陰城北。「我家屋後百篔簹，戛雨吟風半畝强。莫怪披圖動鄉思，來時新筍正過牆。」題查蓮坡種竹圖。「十六巫兒兩手摻，相攜女伴話詀諵。生來阿縞何曾識，自剪秋燈吉貝衫。」阿城鎮。「葉落紛如汴隄雨，鴉栖寒似灞橋人。」寒柳。「爐煙浮江光，帆影移竹翠。」焦山登雙峰閣。「上番梅開色，斜陽雪滴聲。」立春前一日作。「花房鸜破嘴，柳色鵝脱轂。」雪霽。「夕陽紅送僧歸寺，山色青隨客度橋。」口占。「今年寒食閑蹤迹，半在僧坊半酒樓。」寒食湖上治春絶句。「烏絲剡紙蠶頭字，白紵吴歌鴨嘴舟。」贈張嘯齋。「須記並船分袂處，僧鐘茶火隔秋雲。」惠山下與西疇別。「百年大雅存吟草，二月東風滴酒花。」二月十五日同人展周穆門墓於湖上。「山容正媚偏逢雨，酒價初高只爲花。」泛舟遇雨。「白日如年娱我老，緑陰似水送春歸。」晚春感興。「暮雲青草夾岡埭，春水小風陵口船。」晚次陵口。「潮水侵籬滿，江雲入竹疏。」入瓜州城。「薄雲淡日商量雪，翠柏黄梅點綴貧。」庚午除夕。「浮雲三塔遠，落日大江陰。」送蔣秋涇還檇李。

太鴻學問淵洽，留心金石碑版，尤熟於遼宋軼事。其詩詞皆窮力追新，字必獨造，遂開浙西纖哇割綴之習。世之講求氣格者，頗詆諆之，以爲浙派之壞，實其作俑。然先生取格幽邃，吐詞清真，善寫林壑難狀之境，其佳者直到孟襄陽、柳柳州，次亦不失錢、郎、皇甫。昔人評顧況詩爲「翕輕清以爲性，結冷汰以爲質，煦鮮容以爲詞」，先生殆可當之。惟七古意務數典，而才力又苦逼窄，未免襞積餖飣，毫無生氣。議者舉其最弱之體，而概其他製，又因學者之不善而集矢先生，誠爲過也。予詩與先生頗不同軌，而生平偏喜先生詩。同社中叔子、孟調、蓮士，雅有同嗜。三子中，叔雲有其秀，孟調有其幽，蓮士有其潔，所趣固近，宜其尤相契矣。今日天氣初暄，小室對爐，稍有春意。體中微疾，客懷益深，因取先生詩，讀而摘之，便如置我雲門柯山中，松賡谷吹，花韻波香，秋琴獨張，春舷孤扣，不復知户外十丈軟紅塵矣。先生遊迹，北至廣陵，東至越，南至婺。而笠屐所事，則於西湖西谿，窮極幽討。數其六十年中，僅兩至京師，皆不久歸去，山水之福，令人羡妬。其能貧而不出者，則以當時有揚州馬氏兄弟爲之供饋也。井丹高潔，雅不甘讓先生。獨安得如玲瓏山館主人，爲晚世之鄭莊、孔北海乎？徵君詞亦精細，苦乏韻致，遠不及詩也。

二月

壯悔堂集　清　侯方域

朔　閲侯朝宗壯悔堂集。朝宗文，氣爽而筆靈，頗有飛動之觀，惜根柢太淺，不學無術，多近小説家語耳。余自十八九歲時見其文，甚喜之。嗣於壬子冬得其全集讀之，大驚，以爲雋爽勁利，幾於無篇不佳。今日重閲，深歎其徒有機勢之勝，全無醖釀之功，其佳處往往直到龍門，離合變化，俱有神會；而用事之陋，措詞之淺，乃多近傖父面目。足見古人作文，須讀書養氣，行文不必徵典，自有經籍之光。以朝宗之天分，而能加以學力，杜牧、皇甫湜不難到也。

國朝古文推方望谿、魏叔子爲最，彭躬庵、姜湛園、邵青門、毛西河次之，此皆卓卓成家者也。魏根柢筆力俱勝，而氣稍霸。彭筆力相等，而稍稍軼於法度。方最醇正有風度，顧未免平淡太甚。姜、邵皆講求藴蓄，極自愛好，顧所就不大。毛文名不及諸家，而所作俱兀傲俊悍，法度井然，不在姜、邵之下，其殆以博學掩者也。與朝宗輩流者，若王于一、儲同人、李穆堂，亦間有佳篇。王太近小説；儲多有時文氣；李多泛然酬應之作，佳者尠矣。汪鈍翁自命正宗，文亦稍有風神，顧迂冗蕪拙，不知剪裁。湯潛庵儒者之文，喜尚無語録氣，叙事固非所長。自王以下，皆不能成家者爾。

壯悔堂集　清　侯方域

初二日　昨夜閱朝宗文，論之如右。私念向與叔子兄弟俱極賞之，以爲國朝一名家。今觀其若吳伯裔伯元傳、張渭徐作霖傳、寧南侯傳、與田仰書一二佳作外，殊覺底藴盡露，大異曩日所見。昨自書肆攜其集兩册歸，以一借叔子，不知叔子觀之當作何語。今晚叔子亦甚詆其淺陋，不足爲古文家，向日稱之太過。乃相對大笑，竊各自喜近年讀書進境如是也。

廣虞初志　清　黄承增

初五日　閱黄承增所輯廣虞初志。此書自十七歲時閱之，雖亦有嫌其蕪陋不近理者，然如李杲堂、馮山公所傳節義事，殊喜其有生氣。至二十四歲，始知山公之文近小説。今日閱杲堂諸文，最佳者爲高中丞傳略，餘亦全不知古文體裁。其集自辛亥歲見之於戚好家，多載國初軼事，固亦不可没者耳。

唐宋名家詞論

初七日　閱徐釚詞苑叢談。卣香喜填詞，近日選寫唐宋名家詞，苦邀予商定，予年來頗知工夫不暇用之此處，强復應之。然其中寫春思如晏叔原之「落花人獨立，微雨燕雙飛」；寫離情如温飛卿之「過盡千帆皆不是，斜暉脈脈水悠悠」，柳耆卿之「今宵酒醒何處，楊柳岸曉風殘月」，秦少游之「斜陽外、寒雅數點，流水繞孤村」，賀方回之「一川煙草，滿城風絮，梅子黄時雨」；寫閨情如張子野之「何堪更被明月，隔墻送過鞦韆影」，陳子高之「病起心情終是怯，困來模樣不禁憐，旋移針綫小姑前」，蘇東坡之「紅窗睡重不聞鶯，困人天氣近清明」，孫夫人之「慵慵，滿院楊花不捲簾」，周清真之「寶釵落枕夢魂遠，簾影參差滿院」；寫送別如查荎之「斜陽影裏，寒煙明處，雙槳去悠悠」；寫悼亡如張曙之「黄昏微雨畫簾垂」；寫春游如歐陽永叔之「當路游絲縈醉客，隔花啼鳥唤行人。日斜歸去奈何春」；寫静景如周清真之「静看燕子壘新巢，又移日影上花梢」；寫韻事如陳去非之「杏花疎影裏，吹笛到天明」；寫豔事如柳耆卿之「卻傍金籠教鸚鵡，念粉郎言語」；皆不著語言，而讀之足以移情，此固詞之上乘也。其他寫情之至，賦景之工及以心思詞藻窮力追新者，不過此道中當行語耳，已落第二義矣。至以氣格超妙、筆力變化見長，更不過詞之别出一宗者也。

醒世姻緣傳　清　蒲松齡

十六日　無俚，閲小説演義名醒世姻緣者，書百卷，乃蒲松齡所作，老成細密，亦此道中之近理可觀者。

張祥河詩　清　張祥河

十九日　閲詩舲司空詩。司空華亭人，少以詩名江南。爲秦撫時，嘗以躭情詩畫爲言者所劾。今盡觀其所作，實亦未足以致人言也。其工拙姑不暇論，集中記其自部郎觀察山左時已將及艾，迄今三十餘年，歘歷中外，晉位六卿。頃以上三旬萬壽加恩，與大學士桂良、吏書許乃普俱加太子太保。福壽之隆，固不數有唐高常侍矣。

三月

禹貢注

初七日　讀禹貢注。自來陵谷變遷不一，禹時九河之道，周已僅存徒駭。漢成帝時，僅有三河遺跡可尋，他若大野、孟豬諸澤藪，業皆湮涸無存。黑水係雍、梁兩州之望者，至今杳無可考，則所謂九江、三江者，安得强爲分合？古今聚訟，紛紜莫決，皆若親見當時之經畫者，殊不必也。

三江之説，最可折衷者莫如郭璞岷江、松江、浙江之論。酈道元注水經用之，但其必欲强通禹貢一江分三江之旨，遂謂岷江水東注於具區，出爲松江；又一派東至會稽、餘姚入海；曲折附會，不合地理矣。蔡沈書傳亦主郭説，而謂三江不必涉中江、東江之文，但求其利病之在。揚州之域，則水之大者莫如揚子大江及松江、浙江而已。此言最爲了當。國朝全祖望從之。王鳴盛尚書後案，泥於「東爲北江，東迆北會於匯，東爲中江」之經文，遂力主鄭康成「左合漢爲北江，會彭蠡爲南江，岷江居其中，則爲中江」，謂足以盡破諸說。抑知經文「東爲北江」，乃係於「導漾」之下，此是記漢水入海之文。而下文更記曰「岷山導江」，乃有「東迆北會於匯，東爲中江」語，此係於「導江」之下，是記江水入海之文，固各不相涉。且「東迆北會於匯」句，經文亦全不見所謂南江者，康成遽注曰「東迆者爲南江」，不過以上文言「東爲北江」，下文言「東爲中江」，遂臆斷此爲南江。然細玩經文，漾與江異源；漢出於漾，東匯澤爲彭蠡，東爲北江入海，與江之流別，各不相蒙。即如鄭說，亦不得謂一江分三矣。

惟庾闡、酈道元、陸德明、張守節諸人所言松江、婁江、東江，亦曰上江，在今吴江縣白觀湖。則六朝以後吴地之三江，必非禹貢之三江。趙煜聖祖諱，借此字。以浙江、浦江、剡江爲三江，則越地之三江。國語、吴語、越語及吴越春秋之所謂三江者皆是，非禹貢之所稱矣。

王氏後案謂韋昭之注越語「三江」爲松江、錢唐江、浦陽江，此可以解國語，不可以解禹貢。浙江自杭言之曰錢唐，自越言之曰浦陽，一江而二名也。唐以後吴越爲財賦藪，而松江入海之口，亦漸淤塞。宋范仲淹、郟亶、單鍔諸人言吴中水利，皆謂宜開松江俾歸於海，則震澤底定，蓋松江等三江爲震澤之利害，即爲吴中水利之要領；而禹時則吴下土曠人稀，震澤入海處，必皆深闊，未嘗以此爲重，不可執後世事以解經。此論誠當。其主鄭説之三江，則不若郭義爲長也。因讀禹貢，論之如此。

廿二史考異　清　錢大昕

十九日　終日閱錢竹汀廿二史考異，共百卷。所論爲史記、漢書、後漢書、續漢書、三國志、晉書、宋書、齊書、梁書、陳書、魏書、北齊書、周書、隋書、南史、北史、新舊唐書、歐陽五代史、宋史、遼、金、元史。曰廿二史者，以續漢書併入後漢書也。其書皆參校同異，多有是正。史、漢尤兼考據經學，别正字體。晉書以下，大率於本紀、列傳、志、表中，互勘其歲月之差錯、官爵之先後、郡國之沿革，而兼采會要及歷朝各家詩文集以訂正之。

其論史記中「祖禰廟」一條，謂説文無「禰」字，禰即「爾」字，蓋言父於我最近，故曰爾也。後人加示旁。尚書作「藝祖」，馬融曰：「藝，禰也。」馬用史公説耳。

又「旗志」一條，謂志、識通用，説文無「幟」字。旗所以識别，故幟易爲識，史記屢見「旗志」字，用古文也。

又「親戚」一條，正義謂親戚者舜之父母弟妹，此非是。古人以親戚稱父母，大戴禮云：「親戚死，誰爲孝？」孟子云：「人莫大焉亡親戚、君臣、上下」，可知親戚之單指父母也。皆極精確。按列子曰：「秦之西有儀渠，立國者其親戚死，聚柴積而焚之，燻則煙上，謂之登遐，然後成爲孝子。」是亦以親戚稱父母也。又左傳昭二十年棠君尚謂其弟員曰：「聞免父之命，不可以莫之奔也，親戚爲戮，不可以莫之報也。」是皆以父母爲親戚之證。

此外王西莊先生亦有十七史商榷一書，去年曾見之廠肆，暇日當購歸閱之。

春秋公羊通義　清　孔廣森

二十二日　閲孔㢲軒公羊通義。三傳惟公羊最偏譎，何休注亦最駁。㢲軒偏信公羊，又謂左傳舊學湮於征南，穀梁本義汩於武子，而以何氏生於漢世，授受具有本原，三科九旨之説，體大思精，爲二傳所未有。其説皆偏。蓋以漢世最尊公羊，而休爲漢人，杜范皆晉人。乾嘉閒漢學極盛，㢲軒故爲此説，是亦蔽於漢儒者矣。

夫三傳各有師承，左氏事最詳，昔人謂其親見列國之史者，其言最確，故三傳自從左爲長。即如僖公十七年夏滅項，左氏以爲魯滅，公羊以爲齊滅，不書齊者，爲桓公賢者諱；此義本鑿。外滅未有不書國者，爲桓公諱而僅曰滅項，則何以别於魯滅之耶？諱伯主而引外惡爲内惡，夫子必不出此。左氏以爲僖公因淮之會滅之，齊桓怒而止公，夫人姜氏會齊侯以請之，乃得釋。故下又書公至自會，此自是當時實事。㢲軒謂左氏云魯滅者，未知内諱不言滅之義。然終春秋世魯自項外未嘗滅國，何以知其内諱不言滅乎？隱公二年，無駭率師入極，左氏亦僅曰入，不曰滅；公羊以爲諱滅而言入者，未可信也。趙匡曰：「滅而言入，實入者將如何書之？」此言頗當。又十九年邾婁人執鄫子用之。左氏以爲宋襄公使邾文公執之者，公羊不言所以，而何氏以爲邾鄫因季姬故，二國交忿，邾因鄫子至其地，執而用之。此本鑿空之談，㢲軒遂附會其説，而曰左氏壹不知季姬事實，乃歸惡於宋襄，又托子魚諫語；趙匡譏左氏凡謬釋經文，必廣加文辭，欲以證實其事，信哉斯言，云云。

此無論其蔑傳妄斷，即論季姬之事，經於僖公十四年書曰：「夏六月季姬及鄫子遇於防，使鄫子來朝。」至九月又書「季姬歸於鄫」。左氏以爲季姬來寧，公怒鄫子不朝，止之。季姬因會鄫子於防而使來朝，公乃歸季姬。公羊但曰非使來朝，使來請己也，其説亦可與左氏相通。曰請己者，即言請己歸鄫也，固絶無私會擇壻之言。而何氏創爲使來請娶己以爲夫人之説。夫春秋世雖淫亂，未有以諸侯女私會外侯要昏於父者。況魯號秉禮，僖公賢主，斷無縱其息女至此。此固何氏之最謬妄者。顨軒更曰：「季姬者，伯姬之媵也，伯姬許嫁邾婁，於上九年卒。禮嫡未嫁而死，媵猶當往，故是時魯致季姬於邾婁，行及防，遇鄫子而悦之，使來請己，僖公許焉。」則更無稽可駴。九年，經書伯姬卒，左氏無傳，公穀亦僅曰許嫁而不言何國。漢人有曰許嫁邾婁者，亦不知何據。且伯姬卒以九年，亦無遲至五六年之久而媵始行者。媵既行則邾有迎，魯有送，豈得塗遇目成，挺身更嫁？即後世之峒苗徼蠻，亦無淫佚若此者。顨軒更引白虎通義曰「伯姬卒時，娣季姬更嫁鄫，春秋譏之」，以爲即此注之證。班氏等説雖有師承，然總不如左氏之親承聖教；況其説亦不過曰季姬更嫁於鄫，終不見私許事。自邵公以鄙倍之見申私説，宋胡安國、元趙汸和之，顨軒更附會其詞，而春秋幾成穢史矣。
聖祖仁皇帝御案從左氏而闢公穀，前人若蘇子由，近人若李穆堂，皆深斥何氏此詁之悖。總之，左氏或有浮誇處，不過張皇文飾，其事自有本末。二傳雖已多疏舛，然各有師授，非向壁虛造之談。唐之啖助、趙匡，生千餘載之後，憑其私智小慧，而欲盡廢傳記，可謂小人之無忌憚者。宋劉敞、孫復輩繼興，流及明代，其怪詭百出，幾以解經爲笑柄，真讀書之厄也。

巽軒此書，喜學漢人注書文法，多曲奧其句，未免筆鈍舌强。然博識細心，其可取處甚多。又言何氏設例與經詭戾，序中舉其不通者數端；注中亦時有異同，往往兼采左、穀，旁及諸家，擇善而從，多所補訂，是固非專己守殘者。且亦深譏啖、趙之徒，横生異義，深爲經病，而時不免轉引其説以難左氏，則所謂蔽耳。

蒙齋集　宋　袁甫

二十八日　在子恂家看宋人袁正肅甫蒙齋集，閩中仿武英殿聚珍本也。正肅奏疏剴切詳明，具見風力。南宋甬上人物如袁氏、樓氏者，文學政事，奕葉映耀。正肅之祖文，著甕牖閑評，考據淵洽。父正獻公燮，著絜齋毛詩經筵講義及絜齋集，根柢深厚，皆有本之言。其後入元，則文清公桷清容集，又爲一代之宗。樓氏自揚州安撫使名璹者進耕織圖詩，其後宣獻公鑰、迂齋先生昉世爲儒學名臣。兩家名德俱隆，而俱無宋世頭巾習氣。其學問切實，文章博雅，亦無當日空疏塵俗之弊，故可貴也。

閏三月

述學　清　汪中

朔　江都汪氏中曰：「爲人後者爲其本宗之服，經於曾祖父母、祖父母無文以記，於兄弟降一等推之，而知其不可行也。此曾祖父母、祖父母，雖不爲之後，猶是正尊。小功，兄弟之服，不可以服其祖。齊縗三月，降則無服。準之經意，其服本服無疑也。持重於大宗，服不二斬，故降其父母，期親無數，並服何嫌。」慈案，汪氏之説非也，正尊之服不容有二，已既出後，而還祖其本宗，是二本矣。儀禮喪服篇大功章「姑姊妹適人者服同」，小功章「爲人後者服其姊妹適人者」而不及姑，鄭注不言姑者，舉其親者，而恩輕者降可知。而馬氏則曰，不言姑者，明降一體，不降姑也。自宋開寶禮，姑適人者服小功，蓋據伯叔無大功例，期降一等，降爲小功，不知從伯叔父、從姑之服小功，以五服爲斷，故不得有大功。若姑則父之一體，雖已適人，恩不遽殺，自以服大功爲宜。汪氏援女子子適人者爲曾祖父母、祖父母並不降以例爲人後者之服，亦非女子有歸宗之義，故不斬降曾祖耳。

後漢書　南朝宋　范曄

初五日　夜讀後漢書，札記二則。和熹鄧后之賢，亞於明德。史於后紀中，盛讚其徽美，然跡其不肯立平原王，安帝已長，終不還政，俱有可議。史故於安帝贊中，指其計金授官諸弊政，而有哲婦家索之譏。又於周章、杜根傳中，一言其貪孩抱立殤帝，又平原王疾本非痼，以前既不立，恐後爲怨，乃立安帝。一言其臨朝權在外戚。乃知史諱之於紀而散見他紀傳中，蓋以鄧爲賢后不欲加貶，固善善從長之義也。至史稱鄧騭淳謹冤死，然據杜傳，則擅專之罪已著，而周章至欲矯詔誅之，想見其人，當優於竇憲而絀於馬廖矣。

顧亭林論蔡邕之頌胡廣、黃瓊，幾於老韓同傳，即使幸成漢書，必爲穢史。然此頌乃係熹平六年，靈帝思感二人，圖畫於省内，詔邕爲之頌，是其應制之作，非由於己，不得爲譏。予按，邕嘗議以和安順桓四帝無功德，宜去其廟號，董卓從而奏行，此真小人無忌憚之尤。夫禮祖有功而宗有德，然列朝既已加崇，豈得一旦臣子妄議斥革？況當卓之世，帝可廢可殺，太后可弒，而先帝獨不可濫膺一宗號乎？是其諂媚奸臣，削弱王室，無君之心，莫此爲甚。漢法擅議宗廟者棄市，惜王子師不能以此正言誅之耳。其後唐末蘇楷附朱全忠，請改昭宗謚號，至後唐時，將正其罪，楷遂憂怖死，是猶邕作之俑也。

多識録　清　練恕

初九日　從書肆攜得近人練恕所著多識録兩册，歸閲之。恕字伯穎，廣東連平州人。父廷璜，官松江知府。恕以道光戊戌卒，年僅十八。所爲書有後漢公卿表、西秦百官表、北周公卿表、五代地理考、明謚法考、後漢書注刊誤及散體文數首。武進李兆洛申耆、寶山毛嶽生生甫、長樂温訓伊初等爲之序及傳，皆深以奇才早夭爲惜。其所著雖不過循覽鈔集之功，無所補正，文亦未能成就，然細心輯録，具有本原。其作後漢公卿表時僅十一歲，毛生甫言其時並未見萬季野歷代史表，而致力精密，儼成著作，真異人矣。至西秦北周二表，則補萬氏之缺略，其自序言本欲兼補前涼、後涼、西涼、南涼、北涼、北燕、夏七國，以咯血疾作而止。然則使其人至今存，則儒林中當首屈一指，不在閻顧諸人下矣。

其文多論史，具有見地，句法亦有志學古，筆力頗横老。今之老師宿儒，多有至死不見史、漢者，以恕視之，何啻糞土耶。李申耆序中稱其所見秀而不實者，歙人金朗甫、汪安甫、武進董方立、嘉定黄潛夫及恕爲五人，皆少年精著述者。因歎其餘工文字、能讀書、矯矯殊於衆人者，又不啻數十人，何天之靳之使不壽？而古時若丁鴻十三歲受夏侯尚書，張堪七歲受梁丘易，皆至成立，爲得於天獨厚，其寄慨可謂至矣。

毛生甫序其後漢公卿表，言嘉定錢晦之補正熊方後漢書表，舍司隸校尉而列河南尹，不知東京司隸校尉威權重於西京，而河南尹等七郡，皆其所部。伯穎此表列司隸校尉，不列河南尹，其綜貫審覈，洵不可以年少易。至其不列大將軍，以不常置，然東漢大將軍爲五府表，不可不列，惟雜號將軍則不當列耳。是其所就，居然與考據家争得失矣。

後漢書注刊誤僅三葉，共十六條，皆祇就紀傳互勘，不但駁注，其所稱華陽國志、東觀記，皆即注中所引者言之，遽名刊誤，未免大言。

明謚法考載季代人多闕略。要其專精檢閱，力疾不懈，固古今間出者也。予幼喜詞章，十年來漸知向學，而不耐搜討，所爲史學，皆旋作旋廢。若此君者，乃所謂讀書種子乎？泚筆記之，殊有虚生之感。

鍾山札記　龍城札記　清　盧文弨

夜閲餘姚盧召弓學士鍾山札記、龍城札記，多説文之學。其書共六卷，雜綴四部中誤字異義之類，與錢氏十駕齋養新録頡頏。

作也。

三水小牘 唐 皇甫枚

十一日 閲唐皇甫枚三水小牘，叙述濃至，傳義烈事亦簡勁有法。雖卷帙甚寡，自稱名作也。

耳食録 清 樂鈞

十七日 閲臨川樂鈞所著耳食録，蓋學聊齋志異而作者，筆滯而詞陋，間有修潔者，終不免措大氣。鈞字宫譜，號蓮裳，與吴嵩梁蘭雪、羅聘兩峰等爲友，亦乾嘉間名士也。

越縵堂甲集詩

二十三日 夜删越縵堂甲集詩，計去二十餘首，盡焚之，内惟東門外渡東橋弔余忠節公、遊梅山梅尉寺、寓山四負堂謁祁忠惠公像三詩須補作，餘多近遊述興等七律，皆拉雜摧燒，亦一快事也。乙集中亦删去七首，尚在藁中。

予自甲辰歲刻意爲古歌詩，間亦橅擬老杜。嘗作觀皇太后七旬萬壽燈七律，其中虚字全學少陵「西蜀櫻桃也自紅」一首以呈先君子，弗喜也。次日游蘭亭，乃降而擬大曆、七子，猶記其四語云：「勝事難忘三月節，名山如見六朝人。亭前竹辨迷茫路，澗裏橋通宛轉春。」先似塾師定可否。塾師遽大誇曰：「真錢郎矣。」即封達先君子。先君子圈「名山」七字，批曰：「尚有思致。」予竊喜，自是遂學錢郎。繼乃沈溺於袁簡齋，日孜孜於俚俗纖滑，以爲名章雋語也。至歲庚戌，予已二十二歲矣，始稍知倉山之惡劣。與王平子往復論榷，學晚唐及放翁、漁洋。偶作律絶中不了語，自謂神韻絶世。至壬子，閱朱竹垞明詩綜一書，漸識氣格之正。嗣爲五七律，頗有合作。古詩則描畫四皇甫、薛考功、徐迪功諸家。冀以上追陳拾遺、張曲江，而其中實無見解，聲體或肖，皆得糟粕而遺神明。蓋皇甫諸公尚不免面目太重，予窮力擬之，於唐人婉約空靈之旨，杳未窺其境界，故所作遂盡成僞體。是年落解後，洊臻憂患，一切感事傷時之作，近體頗駸駸日上，高者逼杜陵，次亦不失爲中唐，而古詩終無所悟。癸丑交子九，旋交叔子兄弟，結言社，相切劘，爲漢、魏、三謝、杜、韓之學。而諸子皆推予善學杜，遂悉致其學。於古近體腔拍太熟，真僞雜出，幾爲李于鱗、鄭善夫追步後塵。然五古漸老成，七古亦大方，較往時遠矣。至乙卯，忽欲汎濫諸名家，以冀無所不有。或擬香山、東坡，或擬錢、劉，擬沈約、何遜。嘗閱楊升庵集，偶仿之作秋月篇，成以詫人曰：「此何如楊炯、李益？」然風格氣韻，僅可與十郎駿驔，而予意實尚以盈川爲不屑。於是自憙益甚。每戒豔體，菲薄玉臺。時有友人比之李空同，如關西大漢搦鼻爲女兒唱，轉成笨伯。予獨自負弗顧也。丙辰，館孫蓮士家，蓮士長於小詩、豔詞，而偏喜效予作。予亦時效其體。雖性有夙就，各不能相强，然漸得細密之功。此予自丁巳以前作詩之境詣也。年來諸體不無寸進，則得於讀書覽古者半，得於處窮履困者半。而自乙卯迄今六年，喜研經學，雖苦健忘，而經籍光華，益人非淺。

四月

希夷夢　清　汪寄

初十日　夜閲小説演義名希夷夢者，附會韓速及閭丘仲卿兩人事，首述韓通殉難，李筠阻兵，皆慷慨有生氣。次述速與仲卿力圖復周，所志不遂，間奔江南，投林仁肇。後主畏宋，不能用，乃至黄山，失路，至一洞，遇陳希夷。值方睡，二人亦就寢。遂夢至東海尾閭下曰浮山，有浮石、浮金兩國，二人爲其將相數十年。巡海，見一人抱小兒浮海上，出之，則陸秀夫，所抱者即帝昺，已死矣。乃知宋已亡，二人驚愕而醒，仍在洞中石榻上，希夷猶未覺也。意境甚佳，惜筆舌累贅，不能稱耳。

五代篡奪爲常，顧皆不能十年，獨至宋而傳國竟及三百年，其得天下又易於前代，讀史者不能平焉。蓋朱庶人，固盗賊之劇，然未始不以力征經營，後唐得天下最正，湯武不能及，而失之甚易。則莊宗末路昏狂，咎由自取。至清泰帝本出外姓，雖亡國甚慘，非人心所係。石敬塘之罪，僅亞朱温，顧亦身歷數百戰，自小校至大鎮，四十餘年，爲唐爪牙，因翦國仇。其篡唐室，亦以戰鬥得之。劉、郭已爲襲取，而出身甚艱，出帝淪陷。漢之得國非竊，隱帝昏暴，周士反戈有名。惟周、宋之際，世宗賢明，克定禍亂，享國不永，沖齡踐祚，宋祖雖有戰功，不過稟受成規，效績裨貳，乃兵符一出，國璽遽移。周之艱難戡定之天下，拱手而去，是周於天下最有功、失天下最無罪。宋承其業，遂以混一，安享者八帝。

至欽宗蒙難，建炎南渡，猶藉國初削平江南、吴越之餘業。其初得江南，乃藉世宗大舉伐唐之功，當日十國，南唐最强，有併吞中原之勢，自石氏至郭氏，惟廪廪求免侵伐之不暇。南唐不服，則中原不定；淮南不守，則南唐不能自存。故世宗決計親征，幾得幾失，始克淮南，而混一之勢成矣。柴氏之勤，趙氏之安，千古而下，有深憾矣。而尤可惜者，則在南唐，名義最順，土地最廣，不特中原引領，即契丹亦以正統歸之。烈祖詒謀，老成周至；元宗温恭有文，而信任不專，僉壬翻覆，遂以致敗。馴至後主，雖仍積弱，然境内感戴，民士思效，劃江而守，事猶可爲。值周、宋易代之時，内外倉卒，文武皇駴，太原劉氏裂眥深仇，眈眈伺間，腹背巨患。淮南李重進日日思發，江南朝發一旅，夕即歸命，從此長驅，直擣中原，與并人夾擊。宋祖雖善用兵，所任者不過苻、石、慕容等十將，趙普一學究而已，況周氏舊臣難保無爲韓通之繼者。江南以故國遺胄，奮其兵威，委任重進，用其師以爲導，連和劉氏，許分其地，更約契丹，出兵涿、定，以爲聲援，復我疆土，修我陵寢，都秦跨洛，不失舊物，真萬世一時也。畏懦不振，坐遺人禽，觀於林仁肇請復楊泰之策，忠臣效命，感泣鬼神，此之不從，反行誅戮，乃知姓不再興，天實爲之。後人若陸游、李清輩之著書，歸以正統。近時海寧陳鱣作續唐書，暢中其義，其亦是非之所在，興亡之致惜，有不能已於人心者夫？

宋史儒學傳序

十三日　錢氏大昕十駕齋養新餘録卷中載餘姚邵二雲嘗擬作南宋事略，以續王偁東都事略，錢氏爲酌定儒學、文藝、隱逸三傳目録，其儒學列楊時至黄震四十五人，附傳十人，予爲擬作儒學傳序，起草於此。

自漢書傳儒林，歷史因之，至宋而有道學之别。嗚呼，誰爲此名？可謂不學者矣。道者，六經是也。儒者之所習，無二學也。維伊雒立教，漸爲空虚，高言愈張，實學滋晦。朱熹思以博考審辨求踐履之實，而其時程學大行，專門名家之儒久絶於世，無所師受，不能通曉其訓故，至於注詩述易，遂爲無本之義，多取不根之談，詩棄小序，尤爲口實。斯豈通人之蔽？抑亦晚學之徵乎？要其弟子若蔡元定、蔡沈父子，皆能有所著述以翼經教，視夫程、陸之門人，有殊焉。

九淵兄弟負絶人之才，具高明之識，深窮理欲，抗異新安，分道並馳，至今睽轍，師心太過，幾流猖狂。衷其間者，惟吕祖謙永嘉之學，醰醰近古。而際代學者馳騖洛、閩，敷説心性，併爲一談。深而益膚，暢而益支，乃轉相推崇，以自掩飾。蓋亦知所學根柢不堅，姑習大言，謂堯、舜、禹、湯、文、武、周、孔、思、孟命脈真傳至是始出，漢唐千載，未涉其境，更取異名，别於「儒林」，以文其不學之跡。言語日繁，性道日歧，沿及明代，五百餘年，遂無有知學問者。嗚呼！可慨也已。是真儒學之厄，聖道之累也。顧其人類能狷介自守，名節與立，若真德秀、魏了翁、楊萬里、陳傅良、葉適、袁燮之徒，亦皆有功業卓卓可稱者，固不可謂性理之學無裨實事矣。因取其尤異者爲儒學傳，著於篇。

錢氏以鄭樵入文藝，顧夾漈之學雖疏，要其所就，不得以文藝概之也。通志一書，彈時迭出，而册府之載，終爲大著，七音、六書、天文等略，安必無前人未發者乎？故予謂儒學宜增鄭樵一人，爲四十六人也。

荀子　戰國　荀況

十六日　偶閱荀子，摘其奇句僻字。

木直中繩，輮以爲輪，其曲中規，雖有槁暴，暴，步角反，又蒲報反，說文「暴疾有所趣也」。考工記鄭注「蔽暴陰柔後必橈減幬革暴起」。不復挺者，輮使之然也。蘭槐之根是爲芷，其漸之滫，君子不近。滫，溺也。盧氏文弨曰：「案說文、廣韻皆言滫久泔也。」醯酸而蜹聚焉。蟹六跪而二螯。跪，足也，「六」疑當作「八」。螯，說文作「[illegible]」。不問而告謂之傲，傲，喧噪也，或曰讀爲嗷。問一而告二謂之囋。囋即讚字，謂以言强讚助之。若挈裘領，詘五指而頓之，順者不可勝數也。詘與屈同，頓猶頓挫提舉高下之狀，順者不可勝數，言全裘之毛皆順矣。猶以指測河也，以戈舂黍也，以錐飡壺也。問楛者勿告也。楛與苦同，惡也，問楛謂所問非禮義也。以上勸學篇。

不善在身，菑然必以自惡也。菑讀爲災，菑然，災害在身之貌。庸衆駑散，則刦之以師友；怠慢僄棄，則炤之以禍災。刦，奪去也，言以師友去其舊性也，炤謂照燭之，使知懼。良賈不爲折閱不市。折，損也，閱，賣也。盧氏曰：「案說文云閱具數於門中也。史記『積日曰閱』，此當謂計數歲月之所得有折損耳。」行而供冀，非漬淖也。供，恭也。「冀」當爲「翼」，或曰李巡注爾雅冀州曰冀，近也。恭近，謂不敢放誕也。凡行自當恭敬，非謂漬於泥淖也。盧氏曰「供疑是張拱之義」。行而俯項，非擊戾也。擊戾，謂項曲戾，不能仰者也，擊戾猶言了戾也。蹞步而不休，跛鼈千里；纍土而不輟，丘山崇成。以上修身篇。

「山淵平，天地比。比謂齊等。齊秦襲。襲，合也，齊在東，秦在西，相去甚遠，若以天地之大包之，則曾無隔異，可合爲一。入乎耳，出乎口。未詳。鉤有須。未詳，或曰鉤有須，即丁子有尾也。丁之曲者爲鉤，須與尾皆毛類，莊子音義云夫萬物無定形，形無定稱，在上爲首，在下爲尾，世人謂右行曲波爲尾，今丁子二字，雖左行曲波，亦是尾也。卵有毛。」司馬彪曰：「胎卵之生，必有毛羽，雞伏鵠卵，卵不爲雞，則生類於鵠也。毛氣成毛，羽氣成羽，雖胎卵未生而毛羽之性已著矣，故曰卵有毛也。」「盜跖吟口，名聲若日月，與舜禹俱傳。」「吟口，吟詠長在人口。」「與時屈伸，柔從若蒲葦，非攝怯也。」「見由則兑而倨，兑，說也，言喜於徼幸而倨傲也。見閉則怨而險；喜則輕而翾，輕謂輕佻失據，翾小飛也，言小人之喜輕佻，如小鳥之翾然，音許緣反，或曰與懁同，說文云「懁，急也」。憂則挫而懾；通則驕而偏，窮則棄而儑。」儑當爲濕，方言云「濕，憂也」，字書無儑字。「誰能以己之潐潐，受人之掝掝。」潐潐，明察之貌。「掝」當爲「惑」。掝掝，惛也。以上不苟篇。

鯈䱁者，浮陽之魚也。胠於沙而思水，則無逮矣。鯈䱁，魚名，今字書無䱁字，蓋當爲鮁，說文云即「鱣鮪鮁」字蓋鯈魚，一名鯈鮁。浮陽，謂此魚好浮於水上就陽也。胠與袪同。去於沙，謂失水也。孝弟原愨，軥録疾力。「軥」與「拘」同，拘録謂自檢束也。疾力謂速力而作也。陶誕突盜，惕悍憍暴。陶，當爲「檮杌」之「檮」。突，凌突不順也。「惕」與「蕩」同。呥呥而噍，鄉鄉而飽。呥呥，噍貌，如鹽反。噍，嚼也，才笑反。鄉鄉，趨飲食貌。今使人生而未嘗睹芻豢稻粱也，惟菽藿糟糠之爲睹，則以至足爲在此也。俄而粲然有秉芻豢稻粱而至者，則瞲然視之，曰此何怪也？彼臭之而無嗛於鼻，嘗之而甘於口，食之而安於體，則莫不棄此而取彼矣。粲然，精潔貌。牛羊曰芻，犬豕曰豢。豢，圈也。瞲然，驚視貌，與「獝」同。嗛，當爲「慊」，厭也。仁者好告示人，告之示之，靡之儇之，鈆之重之。靡，順從也，儇，疾也。靡之儇之，猶言緩之急之也。「鈆」與「沿」同，循也，撫循之，申重之也。餘刀布，有囷窌。

刀、布皆錢也，刀取其利，布取其廣。囷，廩也，圓曰囷，方曰廩。窌，窖也，地藏曰窖。窌，匹貌反。以上榮辱篇。

突禿長左，軒較之下，而以楚霸。突謂短髮可凌突人者。莊子「蓬頭突鬢」是也。長左，左腳長也。軒，曲輈也。較，兩騎上出式者，詩曰「倚重較兮」，軒較之下以楚霸者，言不勞甲兵遠征伐也。此謂孫叔敖。徐偃王之狀，目可瞻馬。其狀偃仰而不能俯，故曰「偃王」。瞻馬，言不能俯視細物，遠望纔見馬。尸子曰徐偃王有筋而無骨。仲尼之狀，面如蒙倛。倛，方相也。其首蒙茸然，故曰「蒙倛」。周公之狀，身如斷菑。爾雅「木立死曰椔」。「椔」與「菑」同。皋陶之狀，色如削瓜。如削皮之瓜，青綠色。閎夭之狀，面無見膚。言多鬚髯，蔽其膚也。傅說之狀，身如植鰭。植，立也，如魚之立也。伊尹之狀，面無須麋。「麋」與「眉」同。禹跳湯偏。尸子曰禹之勞，手不爪，脛不生毛，偏枯之病，步不相過，人曰「禹步」，鄭注尚書大傳「湯半體枯」。堯舜參牟子。「牟」與「眸」同，參牟子，謂有二瞳之相參也。奇衣婦飾。奇衣，珍異之衣。婦飾，謂如婦人之飾。以上非相篇。

喬宇嵬瑣。「喬」與「譎」同。宇或曰大也，放蕩恢大也。嵬，狂險也。瑣，謂爲奸細之行也。此謂它囂魏牟。綦谿利跂。「利」與「離」同。離跂，違俗自足之貌，謂離於物而跂足也。綦谿，未詳，蓋與跂義同也。此謂墨翟、宋鈃、陳仲、史鰌。終日言成文典，及紃察之，則倜然無所歸宿。「紃」與「循」同，倜然，疏遠貌。宿，止也。言雖成文典，若反覆紃察，則疏遠無所指歸也。此謂慎到、田駢。治怪説，玩琦辭。「琦」讀爲「奇異」之「奇」。此謂惠施、鄧析。世俗之溝猶瞀儒，嚾嚾然不知其所非也。溝讀爲「怐」，愚也。猶，猶豫也。瞀，闇也。嚾嚾，喧囂之貌，謂争辯也。此謂子思、孟軻之道，世儒信之，非也。離縱而跂訾。離縱，謂離於俗而放縱。訾，讀爲恣。跂恣，謂跂足違俗而恣其志意，皆違俗自高之貌。士君子之容，其冠進，進，謂冠在前也。其衣逢，逢，大也。其容良，儼然，壯然，祺然，未詳，或曰祺，祥也，吉也。蕼然，未詳，或曰蕼當爲肆，謂寬舒之貌。恢恢然，廣廣然，昭昭然，蕩蕩然，是父兄之容也。其冠進，其衣逢，其容慤，儉然，恀然，爾雅曰恀，恃也。恀然，恃尊長之貌。輔然，相親附之貌。端然，訾然，未詳，或曰與「孳」同，柔弱之貌。洞然，恭敬之貌，禮記「洞洞乎其敬也」。綴綴然，不乖離之貌，謂相連綴也。瞀瞀然，不敢正視之貌。是子弟之容也。吾語汝學者之嵬容，其冠絻，絻，當爲「俛」，謂太向前而低俯也。其纓禁緩，未詳。或曰讀爲紟，紟，帶也，言其纓大如帶而緩也。其容簡連，簡連，傲慢不前之貌。連，讀如「往蹇來連」之「連」。填填然，滿足之貌。狄狄然，狄讀爲「趯」，跳躍之貌。莫莫然，莫，讀爲「貊」。貊，静也，不言之貌。瞡瞡然，未詳。或曰「瞡」與「規」同。規規，小見之貌。瞿瞿然，瞪視之貌。盡盡然，極視盡物之貌。盱盱然。張目之貌。酒食聲色之中，則瞞瞞然，閉目之貌，莫干反。瞑瞑然。視不審之貌，謂好悦之甚，佯若不審也。禮節之中，則疾疾然，訾訾然。謂憎疾毁訾也。勞苦事業之中，則儢儢然，不勉强之貌，音吕。離離然。不親事之貌。偷儒而罔，偷儒，謂苟避事之勞苦也。罔，謂罔冒不畏人之言也。無廉恥而謑詢，謑詢，詈辱也。元刻作「謑訽」。案説文「謑，胡禮切」，重文「謑」，一字也。漢書賈誼傳「奊詬亡節」，奊音絜。是學者之嵬也。弟佗其冠，神禫其辭，弟佗未詳。「神禫」當爲「沖澹」，謂其言淡薄也。禹行而舜趨，是子張氏之賤儒也。以上非十二子篇。

文王誅四，四謂密也、阮也、共也、崇也。武王誅二，史記云武王斬紂與妲己，尸子曰武王親射惡來之口，親斫殷、紂之頸，手污於血，不盥而食，當此之時，猶猛獸者也。周公卒業，謂伐三監、淮夷、商奄也。可炊而傹也。「炊」與「吹」同，「傹」當爲「僵」，言可以氣吹之，而僵仆。傹音竟。是猶伏而咶天，救經而引其足也。「咶」與「䑛」同，經，縊也。伏而咶天愈益遠也。救經而引其足愈益急也。以上仲尼篇。

荀子三十二篇，爲二十卷，唐楊倞注。近代盧氏文弨、謝氏墉校證本最爲精細。周末荀孟並稱，至唐不廢，宋儒始加苛議，明人張孚敬輩遂黜其文廟之祀。其實諸子惟荀最醇，四子書外，所當首屈一指。楊氏注亦多古義。謝侍郎序言小戴所傳三年問全出禮論篇，樂記、鄉飲酒義所引俱出樂論篇，聘義子貢問貴玉賤珉亦與德行篇大同；大戴所傳禮三本篇亦出禮論篇，勸學篇即荀子首篇，而以宥坐篇末見大水一則附之，哀公問五義出哀公篇之首，則荀子語載在二戴記者甚多，而本書反鮮讀者。又觀其義兵篇對李斯之問，其言仁義與孔孟同符，而責李斯以不探其本而索其末，切中暴秦之弊。顧以嫉濁世之政而有性惡一篇，與孟子性善之説相反，要繩以孔子相近之説，皆爲偏至之論。然孟子偏於善，則據其上游；荀子偏於惡，則趨乎下風。過與不及，師商均不失爲大賢也，云云。謝氏論之至矣。顧予猶有説焉。

荀子生衰周，力尊仲尼，與孟子之識學無稍差。而其非十二子篇，乃兼及子思、孟子，遂大爲宋明儒者口實。後之善荀子者，謂其門人竄入之言，非荀子意，以是爲荀子辨。予謂孟子之學，一傳以後無聞者，即弟子中惟樂正子稍能自見，餘亦無有單詞片語闡發先生之學者。荀子殆因其徒之不善而歸咎其師。其云略法先王而不知其統，猶然而材劇志大，聞見雜博云云者，萬章、公孫丑之徒皆不免此。荀子固確有所見，而以爲是子思、孟軻之罪，其於十子皆曰是某某，而此獨曰是某某之罪，則詞固有所輕重矣。其下云子張氏、子夏氏、子游氏之賤儒，皆非無所指而言者也。戰國士習多僻，諸賢之門人守道不篤，流爲僞儒，固必然之理，無足怪者。荀子道醇學博，固不當求之於字句，然其文亦自巉絶可喜，諸子中亦惟荀與管兩家最多奇字。予欲識而出之，以卷葉多，僅及其三卷而止。今日小極，神思昏損，不能再事觚管，暇日當更摘之爾。

容齋隨筆　宋　洪邁

二十二日　看容齋隨筆，自一筆至五筆訖。南宋人如洪景盧學問賅洽，爲不數見。此書考證多精，識議亦勝，並時説部最爲可觀。予嘗論南渡後王觀國學林之經學、字學，吴曾能改齋漫録之雜學，王應麟困學紀聞之史學，可謂薈萃衆有，縱横一時，撮其所長，蔚乎可述。洪氏雖不能奄有諸妙，頗亦兼著厥能。至記時事之詳，有裨尚論，亦周密齊東野語之亞。志當代朝章官制，與費衮梁谿漫志、岳珂愧郯録可相參核。宋時説部，據予所見，其號稱佳者，若朱翌猗覺寮雜記、張淏雲谷雜記、沈作喆寓簡、孫奕示兒編、姚寬西谿叢語、劉昌蘆浦筆記、趙與旹賓退録、何薳春渚紀聞、陸游老學庵筆記、葉夢得石林燕語、避暑録話，雖標新領異，各有獨得，而或瑣屑爲累，或踳駁太甚，或意見偏執，或篇幅寥狹，皆僅備取裁，無當鉅製。惟朱弁曲洧舊聞，大指多論宋事，而間及前史，皆極精核，最爲可貴。要之諸家當理學盛行之時，不務心性空談，獨爲根柢實學，於以箴陋砭荒，厥功甚偉。

洪氏此書，尤儉歲之粱稷、寒年之纖纊。予自壬子閲此，訖今將十年，其中所引原委，仍未能周知，間欲抉摘一二疵謬，而記憶不真，首尾莫具，少時所誦經史，轉有荒落迷忘無從取證者。歲月已多，學殖不進，對之悚慚。文敏父子兄弟，最喜東坡之學，頗有愛而不知其惡者。其論史亦有腐語，論文尚有見解，論詩則無不可笑，此固南宋習氣如是也。四庫全書目録謂惟王楙野客叢書可與對壘，顧予僅見陳繼儒秘笈中所刻本，未睹王氏之全書，不能懸斷耳。

五月

賈子新書　漢　賈誼

初三日　閲賈子新書。賈子十卷，五十八篇。自班氏漢志儒家者流載賈誼五十八篇，隋志載賈子十卷，自明至國朝四庫書所收，皆佚其三篇，今盧氏文弨始據史記小司馬説及宋淳祐八年潭州本，考得其過秦論中篇，分爲上中下三篇，僅缺其問孝篇及禮容語上篇。

是書自宋陳振孫直齋書録解題已決其非誼本書。今觀其首列過秦論三篇，已見史記；其次宗首篇以下至鑄錢篇，凡四卷二十九篇，皆即漢書所載奏疏五篇割裂成文，而顛倒錯謬，言不成文理，亦全無首尾次第。又强分篇目，而下或注以「事勢」二字，尤爲無謂。其第五卷傅職篇以下，或旁注「速語」二字，亦不可解。又別有速語一篇，亦言人主美惡之事，其命名之義，殊無所指。盧氏稱其傅職、輔佐、容經、道術、論政諸篇，古雅淵奥，非後人所能僞撰。顧傅職及保傅、保傅篇語亦見漢書。胎教諸篇，語多本之大戴禮。容經等篇，不免以奇僻之言，藻繪凡近；古拙之句，雕飾淺庸。餘篇亦大率掇拾左傳、國語、莊、列、吕覽、淮南、新序、説苑、韓詩外傳而成，其爲僞作無疑。

顧賈子既有其書，則竄亂之中，未必無一二真處；誼之遺言佚辭，亦時有藉此傳者，宜其爲好古之士珍惜也。今略疏其語於此。

尋常之室無奧剽或作「宎」，注云恐當作「阼」，蓋本禮記仲尼燕居文「室而〔無〕奧阼，則亂於堂室也」。之位，則父子不明，六尺之輿，無左右之義，則君臣不明。禮篇。 朝廷之視端沵，即「流」字。平衡。容經篇視經。 端面攝纓，端股整足，體不搖肘曰經立，因以微磬曰共立，因以磬折曰肅立，因以垂佩曰卑立。同上立容。 胻不差而足不趹，視平衡曰經坐，微俯視尊者之膝曰共坐，仰首視不出尋常之內曰肅坐，廢首低肘曰卑坐。同上坐容。 臂不搖掉，肩不下上。同上行容。 飄然翼然，肩狀若沵，足如射箭。同上趨容。 其始動也，穆如驚倏，其固復也，旄如濯絲。同上跘旋之容。「跘」與「盤」同。 煦牛而耕，曝背而耘。春秋篇。 衣苴布，食⿰豆粦餕。⿰豆粦字無考，當是豆食之餘屑。先醒篇宋昭公出亡事。 犬群嗥而入淵，彘銜菹而適奧，燕雀剖而虮虵生，「虮」即「虺」字。 食蘁菹而蛭口，蘁字疑蘆字異文。 浴清水而遇蠆。耳痺篇。吳王夫差事。 大夫种繫領謝室，謝室即請室。 渠如處車裂回泉。渠如處當即皋如，吳越春秋作「句如」。同上，越王勾踐事。 楚國雖貧，豈愛一蹄屨哉，思與偕及也。論誠篇，楚昭王語。昭王敗走，屨決而失，行三十步，復旋取，左右問之，王云云。 親愛利子謂之慈，反慈爲嚚。 子愛利親，謂之孝，反孝爲孽。 愛利出中謂之忠，反忠謂之倍。 衷理不辟謂之端，反端爲趽。趽有曲意。 合得密周謂之調，反調爲盭。同戾。 欣憮可安謂之熅，反熅爲鷙。憮字無考，當是和悅意，熅當謂温藉也。 安柔不苛謂之良，反良爲齧。 緣法循理謂之軌，反軌爲易。 亟見窕察謂之慧，反慧爲童。 容服有義謂之儀，反儀爲詭。 動静攝次謂之比，反比爲錯。 纖微皆審謂之察，反察爲旄。與耄同。 誠動可畏謂之威，反威爲圂。道術篇。此類凡五十六句，兹摘其尤雋者。故欲以刑罰慈民，辟其猶以鞭狎狗也，雖久弗親矣。故欲以簡泄得士，辟其猶以弧怵鳥也，雖久弗得矣。大政篇下。君子將入其職，則其於民也，旭旭然如日之始出也；君子既入其職，則其於民也，暯暯然如日之正中。君子既去其職，則其於民也，暗暗然如日之已入也。脩政篇。粥子對周文王語。墻薄咫亟壞，繒薄咫亟裂，器薄咫亟毁，酒薄咫亟酸。連語篇。咫，語助詞，猶則也。

兩朝識小録　清　朱茂曜

十五日　崇禎中以枚卜事，有造爲二十四氣之目以中朝臣者。其二十四人曰：殺氣吴甡，棍氣孫晉，戾氣金光宸，陰氣章正宸，妖氣吴昌時，淫氣倪元璐，瘴氣王錫衮，時氣黄景昉，羶氣馬嘉植，賊氣楊枝起，晦氣王士鎔，霸氣倪仁楨，疝氣周仲璉，糞氣房之騏，痰氣沈維炳，毒氣姚思孝，逆氣賀王盛，臭氣房可壯，望氣吴偉業，雜氣馮元飈，濁氣袁愷，油氣徐汧，穢氣瞿式耜，尸氣錢元慤。見兩朝識小録。

兩當軒集　清　黄景仁

二十日　夜就叔雲卧裏同閲黄仲則兩當軒集，係常州新刻本，詩詞俱較多，然都無取，蓋仲則生平已删之作。又有詩話數則，其論李東川、高青丘詩，亦未盡當。

名賢輪回説

二十四日　釋氏輪回之説，殊未可非。昔人所載張平子後身爲蔡伯喈，諸葛武侯後身爲韋西平，鄒陽後身爲蘇子瞻，智永禪師後身爲房次律，李長者通玄後身爲張天覺，鄧仲華後身爲范淳夫，曾子後身爲王沂公，謝靈運後身爲邊鎬，李贊皇後身爲趙忠定。自宋以後，見之説部者尤多，惟所云徽宗爲李後主後身，高宗爲吴越忠懿王後身，斡離不爲藝祖後身，伯顔爲周世宗後身，則皆人心報復之私，未足爲據。近來侯官林文忠公傳爲徐孝穆後身，故公名則徐，字少穆，則當時石麒麟之徵，至再世而大驗矣。此中宿業，往往方外及文人爲多，若謝客兒爲邊佛子之説，則何其恒河一轉，慧業便頓滅爾許耶。

宋稗類鈔　清　潘永因輯

二十五日　閲宋稗類鈔。予觀宋人説部頗不少，每欲集自世説、語林，以至明季説部，依各代正史紀傳名氏次序，爲載其正史所不載者，各條下仍注明原書出處，而爲之考異，並加按語，論斷其真妄。其史傳中無名字者，則依類序入，名之曰史臏，以乏書寫之役而止。今來京師，又苦無書。廠肆載籍寥落，不特遠遜蘇州，且不及杭越；士大夫家又都不講此事，無可借者。日前從某伶家索得此書，亦以無俚遣永晝而已。長安文武，衣冠衮衮，乃反不及歌郎幸舍尚有一二市販之本，可爲慨歎。

竹書紀年

二十七日　竹書紀年出於晉世，自唐孔穎達斥爲不經，今所存者，又爲明人竄亂，已非原本，然三代佚事，多有賴此存者，足以補經傳之闕。

如帝啓十年，放王季子武觀於西河，武觀以西河畔，足證左傳「夏有觀扈」、國語「啓有五觀」之文。自韋昭、酈道元以五觀爲即五子之歌所云太康弟者，國朝閻氏若璩、惠氏棟力主其說。而以今所傳五子之歌，其文與事不合，乃出自古文尚書，爲晉人僞撰。孫氏星衍亦以五子即五觀，乃一人，而又謂之者，往也。歌、戈、過，古字通，乃夏侯國名，其後爲浞澆所據。「五子之歌」，乃啓命五觀往封於歌之文，猶微子之命、蔡仲之命類也。王氏鳴盛又以爲竹書及逸周書，皆言啓命彭伯壽征武觀，武觀來歸。蓋其後又道太康以荒淫，遂致失國。則五子之歌，必是史臣記五子淫樂致亡之事。而皆云五、武字同。五子之爲武觀，確然無疑。愚案，諸説雖皆有本，然未免逞新立異；必云古文尚書爲僞託，亦未敢盡信。蓋五觀是一人，乃啓之奸子；「五子」又别是五人，則皆太康母弟也。五觀亦稱五子，見逸周書嘗麥篇，蓋觀是國號，武是名，以音近而爲「五」，故亦曰五子。若作歌之「五子」，乃是五人，皆賢者也。孫氏説歷引歌、戈、過三字之通者，然即其說，亦當云五子之命，不當云五子之歌也。王氏尤是想當然語，書百篇無專記荒樂者，故皆未敢信。

盤庚元年，自奄遷於殷，足以證書盤庚篇「不常厥邑，於今五邦」之文。湯遷亳，仲丁遷囂，河亶甲遷相，祖乙遷耿及奄，爲五邦。馬融注數商丘而不及奄者，乃未見竹書之文。書序明言祖乙圮於耿，則更遷於奄無疑。鄭康成謂祖乙去相居耿，而國爲水所毁，修德以御之，不復徙，亦是未見竹書而爲此想當然語。祖乙初遷已圮矣，至盤庚，更歷七主一百二十五年，而始遷都，豈祖乙以下世能修德乎？若追數商丘，則湯自商丘遷亳時尚爲諸侯。盤庚所云五邦，自皆指王畿而言，不當復及侯國事，否則，自契至於成湯凡八遷，何不併數之而云十二邦耶？至孔傳以爲並殷言之，則更無此文義矣。況殷即係亳故都之地，亦不得云五邦也。幽王十一年，申侯、魯侯、許男、鄭子立宜臼於申，虢公翰立王子余臣於攜，周二王並立。平王二十一年，晉文侯殺王子余臣於攜，足證左傳「攜王奸命，諸侯替之」之文。此皆三代興廢之大，其事具有本原，不可僞造，安得以不經斥之？

若其事之荒唐爲後人口實者，如舜囚堯，伊尹自立，太甲殺伊尹等，最爲害理。沈約謂後人竄入，非汲冢本文。國朝徐氏文靖、雷氏學淇曾辨之矣。周以前之史，尚書、春秋外惟此僅存，良可寶貴，今日偶記及，因論之如此。雷氏字瞻叔，號竹卿，順天通州人，嘉慶甲戌進士，貴州知縣。著有古經考、天象考異、世本注、夏小正疏、韻辨、亦囂囂齋經誼考諸書。予有其所注竹書紀年，甚博辨。雷氏兄弟十人，七登甲乙科。父鐏，以乙科官知縣。著有古經服緯考，亦行於世。

六月

䜌𩐁亭後集　清　祁寯藻

初五日　得紱翁書，並以壽陽祁相國䜌𩐁亭後集見贈，即復。相國早負詩名，比年致政，聞望益高。其詩源本香山、東坡，致力頗專，故其前集頗多清雅之作。惜書卷不足，工夫未純，如三五村家女，姿首明秀，練裙竹釵，楚楚可人，而時不免寒儉氣、鄙俗語。後集則皆甲寅移疾後所作，老年頹唐，可采者殊寥寥矣。中惟哀歌五章，爲烏壯武烏蘭泰、吳文節文鎔、塔忠武塔齊布、江忠烈忠源、羅忠節澤南、吉勇烈吉爾杭阿六公作，其序以六公最有功於國，爲盛衰所繫，故歌以當哭，乃最有關係之文，其詞意亦老卓。哀塔忠武一章，稍有嫩句。以江忠烈、羅忠節合爲一首，曰「楚兩忠」。又爲吳文節辨乘羸出走之誣，尤足爲詩史。吳公黄州之死雖烈，然一戰即敗，喪水師數百艘，與五公之轉戰數千百里、力屈而死，似爲有間。相國蓋以其歿而遭誣，又其歷任填撫，皆廉勤有爲，故躋之五公之列，亦可謂公是矣。

予謂六公中尤難者羅忠節公，以諸生從戎，視諸公之當重任、握兵符，難易相去千百。而傾貲結一旅之衆，輾轉虎豹之窟，卒能自奮，大小百餘戰，戰無不克，復郡縣以數十計，江西、湖南北以其身爲安危，死之日，天下聞者無不喪氣。嗚呼，偉哉！官至浙江寧紹台道，加官至布政使，贈官至巡撫，賜謚建專祠，真古所謂烈丈夫者矣。

元史類編　清　邵遠平

初七日　夜閲邵遠平元史類編，其書雖筆力孱弱，然於舊史具有增削，斷制亦多審當，采證碑志，俱鑿鑿可從，較之（朱國禎）（錢士升）南宋書、周濟晉略，固自遠勝，與陳鱣續唐書可相驂驔，皆精於事例、劣於文字者也。宋史蕪冗疏略，前賢迭攻，而徽欽以前九朝，尚有王偁東都事略一書。故邵二雲欲修南渡以後作南宋事略，迄不能成。（朱）（錢）相國南宋書，至嘉慶初始出，乃或似小説，或似朝報，或似帳簿。晉書雖諸志多訛舛，又傳中好采小說，爲世儒所詬，然其文采不可没，論贊尤精深華妙。濟改之作晉略，濟江陰人，有名道光間。則枯寂陋略，使當時人皆無生氣。讀未數傳，令人欲睡，誠妄費筆墨者矣。去年予於吴門書肆見有西夏書，忘其作者姓名，錯雜宋事，不立紀傳名目，不知其所終始。洪稚存曾著西夏國志，惜尚未見有行世本也。

史之無叙傳考

初九日　自馬、班至李延壽，作史皆有叙傳，所以成一家言。晉書以唐太宗御纂而諸臣分修，故不得有叙傳。三國志則陳壽以蜀臣仕晉，斥故國爲僞朝，其叙傳無所附，故亦不立。歐陽五代史記本係私撰家藏之書，而廬陵先世皆仕南唐，既斥李氏爲僭竊，自不敢復叙其家世於後。且文忠方斥三主之名，深醜其先代之受禄，更不屑叙其閥閲矣。自是而後，史皆官修，遂不復講此事。鄭漁仲作通志，改司馬遷、班彪父子作列傳，而延壽叙傳竟忘采入，李氏人物最繁，魏齊世臣最爲弁冕，鄭氏乃至遺漏，遂使名德如李沖、李神儁、李虎者，竟不見於志傳中，亦可謂荒率不檢之甚者矣。三國志蜀書不立夏侯霸傳，五代史周臣不立李穀傳，皆史家疏舛處也。夏侯霸傳，魏志亦無有。李穀傳，宋史爲補立。

龐鴻書致宋雪帆書　清　龐鴻書

夜閲常熟龐閣學致宋雪帆侍郎書，言四月初六日常州陷後，無錫、蘇郡皆不戰而破，其實賊徒無多，皆由逃兵潰勇及焦湖船木排鉤手戲班地棍，羣肆焚掠，此時但得三千鋭師，三吳立可收復，賊之不足畏，三尺童子皆能知之。又言賊尚在丹陽，而何督於閏三月三十日先棄常郡而走，糧臺各官、闔城文武一時俱散，徐撫軍遣員遏何督於滸關，有誓不相見之語，傳令制軍從兵入城者以軍法從事，且邀總兵馬德昭至蘇爲守禦計。而四月初四日，廣勇即縱火焚虎邱及閶、胥二門，火三日不絶。張玉良先不守常州，退屯無錫，賊至，亦不出戰。初十日賊陷無錫，復退入蘇垣，兵賊莫辨，紅巾徧郊，遂於十二日繼失蘇郡，云云。令人憤恨。何、張之肉，其足食乎？徐撫軍德優於才，值大軍瓦解、亂民四起，遂以身殉，亦可悲也。

元史類編　清　邵遠平

初十日　閱元史類編。類編採取它書，如元典章、元文類及各家文集説部，亦多矜慎。惟叙次冗漫，不知刊削，其間虚字往往有甚可笑者。予家有南沙席世臣所刻掃葉山房别史五種，爲東都事略、南宋書、元史類編及葉隆禮契丹國志、宇文粹中大金國志。除事略外，四書多糅雜無次，紀載荒率。席氏又讐校甚疏，訛脱滋衆，予甚嫌之，每以事略夾入爲可惜。嗣得國初仿宋刻本，始大慰，而餘史幾屏不觀。嗣閲錢唐梁玉繩瞥記，頗稱邵氏之書爲足成一家學。丙辰長夏，復取觀之，旋以事輟去，迄不細讀。

今重閲次，其列傳中補儒林、文苑、忠義及宋之降將、元末群雄，誠當矣。而「忠義」、「孝友」、「節義」俱雜編爲旌德傳，二字殊不古雅。又合「叛逆」、「僧道」、「方技」、「僭僞」爲雜行傳，二字尤不倫。至如王文統，雖以通李璮被誅，然其事曖昧，且爲元開代宰輔，朝章國制多創其手，是當入列傳，而儕之鐵失囊加台之列，誤矣。

擴廓即王保保。雖跋扈拒命，然始終爲元功臣。其擅殺太原左丞孫景益及朝廷所置官吏，亦因擴廓方出師南征，而諸將李思齊、張良弼等忽挾嫌拒命，據地反攻，其時奇皇后及太子以私憾擴廓不肯擁立之故，轉右思齊等；又命其部下關保、貊高合思齊等兵討之。擴廓武臣，不忍委屈，遂激而爲此。及擒關保、貊高後，思齊一言謝過，遂即釋然，卒爲元死拒明兵。擴廓自大敗徐達、李文忠等十五萬衆於和林，明兵遂罕敢出塞。又從元主轉徙金山哈剌那海以卒，妻毛氏殉夫自經死，此豈得列之叛逆耶？明太祖亦嘆王保保爲好男子，是亦宜入列傳，而置之叛逆，尤爲失當。李思齊後雖降明，然事跡皆在元末，又於元事最有關係，亦當立傳。又陳友定盡節於元而不爲立傳；蔡子英之義不屈節，出塞從故主；王翰及伯顏子中之仗節而死；僉院柏帖木兒、漳州路達魯花赤迭里彌實與友定稱閩中三忠，而皆不爲立傳，尤疏謬。

若李璮於宋則爲幹蠱之忠臣，於元自爲叛臣。至群雄中，若張士誠、方國珍，皆就撫受元官爵，而士誠卒稱王，國珍亦反覆，皆當與韓林兒、徐壽輝、陳友諒、明玉珍等另立僭僞傳，而以士誠、國珍居首，邵氏入之雜行，尤非。且「雜行」二字，自來史傳中所無。歐陽五代史記創立雜傳一門，以居長樂老一流人，固爲諸人朝秦暮楚，無所附麗，不得已而創此格。今邵氏所列諸人，若叛臣、宦官，方伎、方外、僭僞，俱確有名目，而設此無稽之名，又何爲乎？

其以太祖、太宗、定宗、憲宗未一天下，目曰「世紀」，是矣。至世祖以下，則宜直曰「本紀」，而必遵其曾祖經邦宏簡録之例，標曰「天王」，而不名「本紀」。豈知春秋書天王乃因周稱王之故；元稱皇帝，何有天王之稱？宏簡録中乖舛百出，本不足議，何必仿之以重其失耶？

元代屢罷科舉，又有漢人、南人之分。金地爲漢人，宋地爲南人。漢人至中書平章，而不得爲丞相，南人無入中書省、樞密院、御史臺者。顧尊崇前代聖賢，及宋儒周邵而下，皆加封贈。文學之士，亦多加優禮。其待當世之儒，若許吴兩文正，徵聘之虔，有過於漢世之待樊英，所謂築壇設席猶待神明者。故其一朝，文章風氣最爲陵弱，而稍知翰墨者，無不立致重名。上者回翔臺閣，王公倶敬禮引重，無敢猜害；次亦爲行省、行臺、州郡所邀致；貴家富人，傾筐倒屣，得其一吟一句以爲榮。終元世百年，内難屢作，大臣往往致死，而文臣無敢加陷害者。其一朝獨無文字之獄，非後世所可及也。

元武宗傳位其弟，出於至誠，宋宣公以後一人而已。乃仁宗負心，立其子而出武宗子和世㻋即明宗。於漠北；英宗復放和世㻋弟圖帖睦爾於瓊州。即文宗。至泰定帝立，乃召還圖帖睦爾，封懷王，妻以公主之女。是仁英薄於明文兩帝，而泰定以裕宗嫡長孫、英宗叔父，入繼大統，倫序最順，且有恩於文宗者，乃文宗得位，不追仇仁英，而甘心泰定，蒙以與弑英宗之惡名，殊不可解。

又文宗崩後，丞相燕帖木兒固請立皇子，而文后不答失里氏力申先帝讓國初意，必欲立明宗子，堅拒不從。乃以明宗次子懿璘質班在都，先立之。甫二月，寧宗殂。燕帖木兒復申前請，文后復不聽，遠迎順帝於廣西。是文后之賢，尤爲古今罕有，其於順帝兄弟，可謂恩義深至。乃順帝後至元六年，追發文帝弑兄事，撤其廟主，並痛詆文后，謂陰構奸臣，離間骨肉，罪惡尤重，徙置東安州，尋加毒害，並殺其子，可謂慘忍無人心者矣。夫明宗行在暴殂，事誠可疑，揆之人子不共戴天之義，固無所釋仇；然其事隱秘，終無佐證。況文宗如果行此慘逆，文后必有微知其事者，豈有不懼其報復，而必舍己子，力擁立之，以速此禍？史謂燕帖木兒以明宗之崩，實與逆謀，故不欲立順帝。果爾，則燕帖木兒時方以元功封太平王，獨爲丞相，權勢無敵，何不堅擁皇子以杜禍萌？且以此事微言之文后，以恐猲之，則宮闈亦必心動。而俱計不及此，誠不可解。

予疑明宗之事，原不過疑案，順帝欲實其事，遂附成諸臣與謀之罪，作史者循其聞見，未必深推當日之情事耳。然則武宗之公，文后之賢，皆貽大患。三代以下，誠不可以行古之道乎！公羊罪宋宣公爲首禍，武宗行之而繼敗，先儒持議之苛，固有爲而作者耶。近時孔廣森顨軒氏著元武宗論，復申公羊之義，其論甚美，以文多不録云。

清明上河圖　宋　張擇端

二十一日　從巳蘭處借觀仇實父所臨宋張擇端清明上河圖，神采殊不足，殆後人臨仇本者。然繪法精密，宮室城堞廬舍之屬，約周廣數十里，人物以萬計，想見當日汴都之盛，不必更问樊樓艮嶽矣。程瑶田通藝録云孫退谷庚子銷夏記，以上河圖爲南宋人追寫故京清明繁盛之景，然上有宣和小璽，則非南宋人所寫。後閲朱存理鐵網珊瑚載元人楊準跋云故宋翰林張擇端所畫清明上河圖，金大定間燕山張著跋謂張擇端字正道，東武人，畫是圖當汴京盛時也。

南村輟耕録　元　陶宗儀

二十五日　閲陶宗儀輟耕録。元人説部最尠，其可考見故事者尤不經見，此書殊爲傑出者矣。

二十六日　閲輟耕録。九成，天台人，故載元末江浙事尤詳。若張士誠之起事，及取浙西諸郡之本末，楊完者之功罪，邁里古思之被禍，皆詳載曲折，得是非之公。其記宋六陵事，並載羅有開唐義士傳、鄭元祐林義士傳，及周密癸辛雜識所記陵使羅銑事，而不能定其爲誰。明人彭瑋譏其漏略，乃采元史及梧谿集、鐵厓集諸書以補之，謂唐、林乃同事者。

予謂癸辛雜識所記，事事抵牾。欽宗梓宮並未南還，何得有木燈檠之事？理宗之頭，被楊髡截爲飲器，楊誅後以賜帝師八思巴，何得云被人盜去？蓋公謹特傳聞之訛詞。若唐、林二人事，其初記者本不相違戾。唐傳云「斷木爲匱六，各署曰某陵某陵」，則唐所收乃高、孝、光、寧、理、度骨，葬之蘭亭天章寺。唐爲越人，其事在楊髡初發冢時。林傳云：「林故爲杭丐者，賄番僧求高冢、孝冢兩朝骨，得之，爲兩函，歸葬於東嘉。」林乃温州人，爲宋尚書省架閣，居杭，其收骨在楊髡裒陵骨至杭築塔之時。當日賊髡兇焰方熾，唐草澤孤生，潛謀創舉，豈得多人與事？不過一時激厲里中少年，勇諾急發，景熙即在越，亦必不獲與謀。唐以理宗顱大，不敢易，其事甚秘。景熙在杭，又復不忍其慘，私購高、孝之骨。此固異常痛變，稍有人心者無不悲憤，則同時有此兩事，原不足異。唐收骨時，諸陵露發，其財賄已盡，所餘枯胔，當時邏守必疏，故六宗得以盡易。至林收骨時，則已聚而作塔，爲壓勝之物，收視自有厲禁，故僅求得思、阜兩陵之骨，而不知已非真者。其事之各不相謀，固彼此甚明。即周記所云羅陵使者，其事或不能盡實；而公謹當時人，又爲杭産，亦必非一無影響而言。羅銑之慟哭不去，買棺收斂，及所云僧聞、僧澤、宗愷、宗允等之兇惡、諸陵寶物之富，皆是實事。其云收斂者，或楊髡但取諸帝骨，而孟、韋以下諸后骨皆在所棄，故銑得收之。或銑既棺斂後，楊髡復下令築塔耳。蓋唐傳固云陵初發時，棄其骨草莽間，則諸凶徒之不屑意可知，唐乃得分散拾之，而銑所斂者亦唐既易之骨矣。唐不敢易理宗骨，故其頭被截，又與公謹所記不相背也。欽宗陵木燈檠事，殆以徽宗陵朽木事附會連及。則祐陵之朽木一段，亦必是實事。

至其年歲，亦當以唐傳中所稱戊寅爲然，而周記云乙酉者誤。陶氏謂戊寅距丙子宋亡之歲不三年，此時庶事草創，妖髡得以肆其惡；至乙酉則已將十載，法制已明，安得有此事？誠爲知言。世祖英明，待宋亡主及宗室皆以禮。乙酉爲至元二十二年，其時安童爲相，必不任楊髡爲此凶逆之事。

史云至元十四年，命楊璉真伽爲江南釋教總統，時歲在丁丑。次年戊寅，發陵固當在是年。而續綱目乃云桑哥專政，與楊璉表裏爲奸。僧嗣古妙高上言欲毀宋諸陵，桑哥矯制允之，遂移其事於乙酉。按，桑哥由總制院使爲平章政事，在至元二十四年丁亥，則年代又不合矣。是其事爲戊寅無疑。至聚訟不決者，尤以唐、林兩傳各載詩數首，皆大致相同。按，景熙有霽山集五卷，玉潛著作無傳者，則諸詩自是景熙所作。蓋唐事當時已傳遠近，景熙與唐皆浙東人，自必以同志故，更締交好。其時又有謝皋羽、王修竹一流人，咸相往來，倡和歌詠。其有曰「雙匣親傳竺國經」者，乃景熙自詠其事。下云「水到蘭亭轉嗚咽」，則明詠天章寺事矣。至林傳云林於宋常朝殿掘冬青一株，置於所函土堆上，則係唐事之傳訛。陶氏固已疑東嘉與會稽相望千餘里，豈能容易持去；縱持去，又豈能不枯瘁，是其誤顯然。後來吾越人傳此事者，必歸之唐，而斥林爲妄；甌人則又歸之林，以詩爲確據。明人修元史，亦强合之，而不明其本末。國朝全謝山、徐笠山諸公皆屢辨之。越中遂祀唐、林爲兩義士祠。予特爲辨白於此，其情事昭然，各無可争矣。

徐名廷槐，吾鄉人，乾隆時進士，博學有重名。曾著南宋六陵事本末一書，予曾見於昭代叢書中。今盡忘矣。霽山六陵諸詩，最淒婉可愛。並録於此，以便諷誦。「馬箠問髐形，南面欲起語。野麕尚純束，何物敢盗取？餘花拾飄蕩，白日哀后土。六合忽怪事，蜕龍掛茅宇。老天鑒區區，千載護風雨。」「冬青花，不可折，南風吹凉積香雪。遥遥翠蓋萬年枝，上有鳳巢下龍穴。君不見，犬一作「羊」。之年，羊一作「馬」。之月，劈歷一聲天地裂。」「冬青花，冬青花，花時一日腸九折。隔江風雨清影空，五月深山落微雪。石根雲氣龍所藏，尋常螻蟻不敢穴。移來此種非人間，曾識萬年觴底月。蜀魂飛繞百鳥從，夜半一聲山竹裂。」「珠亡忽震蛟龍睡，軒弊寧忘犬馬情。親拾寒瓊出幽草，四山風雨鬼神驚。一坏自一作「未」。築珠丘一作「宫」。土，雙匣親傳竺國經。祇有春一作東。風知此意，年年杜宇哭冬青。」「昭陵玉匣走天涯，一作「空山急雨洗巖花」。金粟堆寒起暮雅。水到蘭亭轉一作「更」。嗚咽，不知真帖落誰家。」「珠皃玉雁又成埃，一作「喬山弓劍未成灰」。斑竹臨江首重回。一作「玉匣珠襦一夜開」。猶憶一作「記」。年時一作「去年」。寒食節，一作「日」。天家一騎捧香來。」又謝皋羽冬青引：「冬青樹，山南垂，九日靈禽居上枝。（白衣）〔知君〕種年星在尾，根到九泉護龍髓。恒星晝隕夜不見，七度山南與鬼戰。願君此心慎勿移，此樹終有開花時。山南金粟光離離，白衣人拜地下起，靈禽啄粟枝上飛。」

輟耕録於紀時事之外，間附考證之學，頗亦精覈。惟好載鄙俚之詞、委瑣之事，殊不免近市井家言，有甚可笑者。四庫書目録亦謂自穢其書也。

四六法海　明　王志堅

二十七日　閲四六法海。此書所收頗多不常見之篇，唐「四傑」之作尤夥，四庫書目録頗稱之。又謂其隨事考證，亦皆典覈。按其中如辨死姚崇能算生張説事，謂崇卒時，説方在并州，無由得往弔，類有見地。至王勃作滕王閣序，時勃已以罪廢，往省其父於交趾，途經南昌，遂有此作，旋即渡海溺死，年二十九，傳記甚明，而志堅猶仍十四歲之妄説。是誤始於王定保摭言，豈知其稱童子者，乃對都督尊官言之，謙辭云爾。村學究造爲此説，遂相傳訛，志堅亦未能正也。

六朝五代之正統

二十八日　正統之説，紛紜不決。歐陽文忠、司馬文正失之拘，楊鐵厓仍其腐説；楊升庵又失之偏，皆不能折衷於理。其中最難定者，爲六朝五代。必以統歸晉、宋、齊、梁、陳，猶可説也，五代以朱温、石敬瑭爲正統，則大謬於聖人矣。要之，正閏者當論邪正，不當論内外；當推當日之人心，不當據當日之地勢。宋儒於六朝進江表而退關洛，其意在内諸夏、外夷狄也。顧晉得於魏，魏得於漢，乃禪讓之賊，自是簒弑相承，以訖於陳，不正甚矣。元魏道武以一成一旅，奮起平城，何異夏之少康？且其先代雖臣屬於晉，其後亡於秦而晉不能救，道武又自興於諸胡，非得國於晉。乃以劉宋之簒爲正，而元魏爲僭，何其顛倒乎。

唐之亡也，天祐、天復之號不絶於天下，而必尊朱温之凶豎爲帝，尤害於理。宋儒於五代，其始也，帝梁而寇河東；其繼也，尊石晉漢周而僞南唐，其意在重中原輕諸國也。顧朱温罪惡之首，石氏叛臣，實階戎禍；劉氏乘間而竊國；郭氏倡亂以弑君；皆聖人所必誅。與其帝朱温，不若帝王建、帝楊行密也。與其帝石氏，不若帝契丹也。與其帝郭氏，不若帝北漢劉旻也。太原李氏一日不滅，則唐一日不亡，其名正言順無論矣。南唐即云其世系不可知，然昭烈之於漢，亦未必昭穆盡可據也。帝南唐不猶愈於石、劉、郭、柴乎？洪景盧謂漢晉後當以宋、齊、梁爲正統，而接之以北周，由周傳隋及唐。蓋以梁既滅於周，則陳可不數，而陳氏又終滅於隋也。予謂即如其説，梁元帝江陵之陷，時爲西魏恭帝之元年，雖政出宇文，而元氏固未改步也，何得遂爲北周？況魏戕元帝後，立梁岳陽王詧於江陵，是爲宣帝，傳明帝、後主三世始滅於隋。宣帝乃昭明太子之子，蕭氏世嫡，得國甚正，是固當以隋繼梁，不當以周繼梁。此皆人心之公、萬世不易之論也。

七月

元代官制

初三日 元代宰執既設中書省，世祖以任用桑哥，又設尚書省，其權重於中書，旋即罷去，而樞密院、御史臺之職較中書省爲親要。如伯顏以左丞相出師，及平宋後，得同知樞密院事，是樞密之職近於中書省矣。故漢人如耶律楚材、楊惟中爲中書令，其後如耶律鑄、史天澤、賀勝、賀惟一爲左丞相，而樞密院如商挺、張文謙、張易等皆止拜副使，無爲正使者。蓋副使班尚在中書左右丞下，而知樞密院則不授漢人也。御史臺稽察庶政，大夫之權，出宰相上，如燕鐵木兒已以中書右丞相録軍國重事知樞密院，而文宗謂曰：卿已爲省院，惟未入臺耳，改遷御史大夫。漢人惟世祖時張雄飛以御史中丞行御史臺事，然亦未拜大夫。其後賀勝既以漢人爲左丞相，子惟一拜御史大夫，辭曰：故事臺端非國姓不授，特賜蒙古氏，更名太平。足見大夫職之要且近矣。

臺中治書侍御史之官，在參知政事之上。如許有壬由參知政事拜治書侍御史，張德輝自當成遵、陳祖仁等皆由參議中書省事拜治書侍御史是也。元代南人不得官中書及臺諫，江浙、湖廣、江西、閩廣爲南人。惟世祖時程鉅夫爲中丞，順帝時危素爲參政耳。漢人亦自成宗後，雖官平章、左右丞，稱宰執而不得預政。至仁宗延祐元年，以劉正平章政事，商議中書省事，高昉參知政事，爲用漢人預政之始。

考之李孟傳，孟於武宗至大三年授平章政事同知樞密院事，及仁宗嗣位，真拜平章政事，乃知前固未嘗與政矣。又元制在外立十一行中書省，設丞相、平章、左右丞、參政、郎中等官，如京師。世祖及武宗時皆嘗改爲行尚書省，不久復舊，後罷丞相，其平章亦稱相君，左右丞亦稱執政。順帝時以兵興復置各省丞相，漢人惟爲左丞及參政，無爲平章者。又至元十四年，初立行御史臺於揚州，置大夫、中丞、治書侍御史、監察御史等官，秩皆如内臺，統淮東、淮西、湖北、浙東、浙西、江東、江西、湖南八道。未幾河西、遼陽、雲南等處各立行臺。仁宗延祐二年，定立陝西行御史臺，統漢中、隴北、四川、雲南四道，爲西臺。其江南行臺統建康、浙東、浙西、海右、湖北、湖南、廣西、廣東、海北、閩海十道爲南臺。淮東、淮西、山南、山東、山西、河北、河南、遼東、道隸内臺，爲二十二道，各設廉訪司。二十七年，徙揚州行臺於建康，專涖江南之地，號南臺。河西、遼陽行臺皆罷。大德初，移雲南行臺於陝西，號西臺。終元世東西兩臺，與内臺並峙，轄各道提刑按察使司，後改肅政廉訪司，漢人亦無爲大夫者。元末，明兵破集慶路，文宗以潛藩在金陵，即位後改建康路爲集慶路，御史大夫衛國忠肅公福壽殉節，命太尉納麟爲南臺御史大夫，遷行臺治紹興，時至正十六年也。二十四年，張士誠以呂珍守紹興，大夫普化帖木兒不屈死。此元代用人之大略也。

元初又於山東、江淮、荆湖、江西、四川等處立行樞密院，後併入行省。順帝至正十六年，復立行樞密院於杭州，命行省丞相兼知院事，而邁里古思以行樞密判官分院於紹興，石抹宜孫以行樞密判官分院於處州。世祖中統三年，立十路宣慰司以總軍民，秩一品。至元十三年丙子平宋，復設諸路宣慰司，以行省官爲之，並帶相銜。其已立行省者，不更設宣慰司。是宣慰司與行省抗衡，猶唐宋之使相，其權甚重。十五年，以行省宣慰多謬濫，大加裁汰，削所帶相銜。自後宣慰之職漸輕，以得行省左右丞爲超擢。順帝至正十八年，董摶霄以平山東功，由山東宣慰使遷河南右丞，是也。

又元初掌兵柄惟左右萬户，至太宗始立劉黑馬等三萬户，後增立七萬户；而劉黑馬以燕薊之兵駐天城，嚴實以山東之兵駐鄆州，史天澤以河東、河北之兵駐真定，張柔以燕南之兵駐滿城，爲漢地四萬户，皆挈地歸附，爲開國首功之家，子孫世襲，兵衆尤强，是雖亞於左右都總管萬户，而權任隆赫，猶古諸侯之方伯連率，非僅節鎮之比。及混一以後，此官漸輕，初猶與總管抗行，繼則遂爲偏裨，不過如今營守備之職矣。

世祖至元二年，定蒙古人充各路達魯花赤，漢人充總管，改府爲路，改太守爲總管。州縣則蒙古色目人爲達魯花赤，漢人爲州尹、縣尹，皆一同判行文案。其曰路者，即府也。而又有散府，如世祖本紀，至元八年分歸德爲散府；十五年改江南總管府爲散府者七。散府長官，蒙古、色目人仍曰達魯花赤，漢人則曰知府，如李齊爲高郵知府，李思齊爲汝寧知府，是也。順帝至正十二年，潁州沈丘人察罕帖木兒與羅山人李思齊同起義兵，授察罕汝寧府達魯花赤，思齊汝寧府知府，察罕色目人，思齊漢人也。察罕後歷定河北、關陝、冀寧、河南、山東，官至平章政事，爲山東降人田豐、劉福通降將王士誠所刺，追贈潁川王，謚忠襄。養子擴廓帖木兒，即王保保也。思齊亦累以功至陝西平章、許國公，元末遂據長安，朝廷調遣皆不行，屢與擴廓兵爭。順帝詔分潼關以西屬思齊，東屬擴廓，各罷兵還鎮，後爲明兵所破。以二人皆係元代結局，故附識其本末於此。元代官制頗不易詳，史志亦疏舛，因略疏如左。

予嘗謂近世江、淮、浙、閩間建置節帥，頗失地利。唐以揚州以北爲淮南，自潤州至杭州爲浙西，治潤州，明、越、台、婺、括、温、衢、睦八州爲浙東，治越州，故長江、錢江天塹之險，皆爲地利。元亦以揚州、淮安屬河南行省，而建康、平江、常州、鎮江屬浙江，建江浙行省於杭州，雖統轄太廣，然立御史臺於建康，設浙西宣慰使，轄今蘇、松、常、鎮、杭、嘉、湖七府；設浙東宣慰使，轄今寧、紹、台、温、金、衢、嚴、處八府，頗爲控制得宜。且自漢順帝分吴郡、會稽以來，漢晉雖皆以屬揚州，然其時郡守兵力甚足，各可爲守，而吴郡統丹陽至錢唐，時未有杭州。會稽統浙江以東諸縣，直包甌閩，凡二十六縣。三國吴時，置臨海、建安、東陽三郡，而會稽仍兼督諸郡事，爲都會，歷東晉不改焉。控制江海，形勢甚固。劉宋以後，更以會稽爲東揚州，遂成巨鎮。王逸少爲會稽内史日，嘗請析會稽爲越州。

要之，揚子、錢唐兩大江，明爲王公設險之所，從未有合淮揚於三吴、包杭越爲兩浙者，自明代分隸浙西於浙江應天，國朝因之，立江蘇省，北割淮揚，而大江之險失。東分蘇松，而浙西之略殊。浙江省既失浙西之半，巡撫駐杭州，西則三吴平衍，無山川以爲之限，東則錢江之險無可用，而甌、括險阻遼遠，鞭長莫及。國初浙閩總督駐温州，猶可聯絡首尾之勢，洎移治福州，幾限内外。今日疆事日亟，謂宜設江北巡撫，治揚州，統淮、徐、廬、鳳、潁諸郡。設浙西巡撫，治鎮江，統杭、嘉、湖、蘇、松、常諸郡。設浙東巡撫，治紹興，統寧、紹、台、金、衢、嚴、温、處諸郡。更設兩浙總督，駐杭州，以重江界，而閩浙兩江總督俱可罷。並罷安徽巡撫，仍設上江巡撫，統江寧、安慶、池州、太平、寧國、徽州諸郡，治江寧。今或僑治徽州，移江西巡撫治九江，謹其分地之守，責其犄角之功，形勝或失，刑誅立加，是誠在當國者熟籌地利矣。

國學議　元　袁桷

初五日　元袁文清公桷國學議有曰：自宋末年尊朱熹之學，脣腐舌敝，止於四書之注，凡刑獄簿書金穀户口，靡密出入，皆以爲俗吏而争鄙棄，清談危坐，卒致國亡，而莫可救。近者江南學校教法止於四書，髫齓諸生，相師成風，字義精熟，蔑有遺忘。一有詰難，則茫然不能以對。甚者知其學之不能通也，於是大言以蓋之，議禮止於誠敬，言樂止於中和。其不涉史者，謂自漢而下皆霸道，其不能詞章也，謂之玩物喪志。又以昔之大臣見於行事者，皆本於節用愛人一語，功業之成，何所不可？殊不知古者教法，春夏學干戈，秋冬學羽籥，若射御書數，皆得謂之學，非若今所謂四書而止，云云。嗚呼！袁公當皇慶、延祐時，道學方極盛，南北學者無不以昌明朱子之教爲己任，仁宗始詔行科舉，儒臣程鉅夫等力言經學當主程朱傳注，於是定制，易詩經四書皆用朱氏，尚書用蔡氏，而其流弊已有如此者，豈非空疏之學害人甚哉？

袁公，吾浙慶元人，當時故宋世家，多居越明，皆被朱子之教，越與金華爲鄰郡，金、許、王、何四先生尤推朱子嫡傳，故浙東爲道學之窟，清容生長服膺，而能爲是言，其亦卓然特識者矣。乃明代、國朝，踵循其弊，流及今日，士夫幾無識字者，乃並四書集注亦復茫然。

乾隆間，惠、戴、孫、王諸君子力昌漢學，思拯其弊，一時誦習鄭賈之士，彬彬輩出，未數十年，終至澌滅。嗚呼！儒生區區之力，焉足以敵功令耶？全謝山嘗譏袁公絶不知學，其作史静清墓誌，竟不言其紹朱子之傳，不知其於新安之學固有所不滿耳。

新唐書　宋　歐陽修　宋祁

初六日　閲新唐書隱逸王績、朱桃椎、孫思邈、賀知章、秦系、張志和、陸羽、陸龜蒙諸傳。宋子京文好爲古澀，昔賢病之，然以傳高隱諸公，則筆墨簡潔，肖其爲人，殊可尚也。朱桃椎傳嘗織十芒屩置道上，見者曰居士屩也，爲鬻米茗易之，置其處，輒取去。而南史朱百年傳云：百年以樵若置道頭，輒爲行人所取，明旦已復如此，積久方知是朱隱士所賣。須者隨其所堪多少，留錢取樵若而去。二朱事殊相類。又桃椎傳上云「被裘曳索」，下云「夏則羸，冬緝木皮葉自蔽」，亦未免矛盾。此傳僅八行寥寥百七十二字，尚不能無誤，是其疏處。自晉書以下，往往有此病，舊唐書、宋史尤多，不勝指駁矣。又閲儒學傳一卷，不及舊唐書之詳贍也。

楞嚴經

初七日　終日閲楞嚴經。釋教中金剛、圓覺、楞嚴、華嚴四經，猶儒家之四子書，而楞嚴尤爲禪宗上義，名言雋旨，往往玄悟超然。顧辭每泛衍，義多重複，亦易令人生厭。彼中理蘊，固淺於吾儒遠矣。

太子之賢者

初八日　易震卦爲長子卦，而首云「震來虩虩」，「爲恐致福」。至六五位尊，則云震往來厲，爲無時而不危之象。上六處震極，則云「震索索，視矍矍，征凶」。聖人垂戒至切，故青宮爲毓德之地，元王約曰：「太子，潛龍也，當勿用之時，不可爲飛龍之事。」

以予觀古來太子有賢稱者，多不祥。若吳孫權太子登早卒，太子和以讒死，晉惠帝愍懷太子爲賈后所害，魏太武景穆太子以憂卒，梁武帝昭明太子以憂卒，唐高宗太子孝敬皇帝以酖死，金世宗宣孝太子不得位卒，元世祖明孝太子以聞内禪議憂卒，皆英明早著，中外歸心，其時諸帝亦多委以大政，而中道夭隕，不得其志，豈非易之所謂位不當者乎？諸太子中景穆、宣孝、明孝尤賢，使其得位，皆三代下不數見之主，是尤關乎運會矣。他若齊武帝文惠太子、南唐元宗獻武太子，才優於德，皆盛年早薨，又降愍懷、昭明一等矣。漢武帝戾太子、唐中宗節愍太子，不忍一朝之憤，而子盜父兵，自取夷滅，尤不足言。唐順宗在東宫，天下陰受其賜二十年，而當時無赫赫名，明仁宗早以勳賢爲太子，而卑巽自牧，遭漢庶人之譖，惟以恐懼悟上，二君卒有天下，可謂合於易道，然猶皆不獲享年，殆以久在儲貳，得決庶政，已折除九五之福耶。故魏曹丕爲太子，抱辛毗頸而曰：「知我喜未？」雖婦人亦知魏之不昌也。

元史類編　清　邵遠平

初九日　復閲元史類編。其疏謬愈出，至叙次之沓冗，文辭之鄙淺，更不必言。四庫不收此書，有以也。

漢高帝之稱高祖

十二日　漢高帝廟號太祖，而自來多稱高祖，漢末潘勗魏公九錫文云「高祖之命將墜於地」，又云「對揚我高祖之休命」，或謂其本於周書之「無壞我高祖寡命」，乃創業之君之通稱，非誤以「太祖」爲「高祖」也。然予按史記、漢書，已皆稱高祖本紀，其紀首皆曰：「高祖沛豐邑中陽里人，姓劉氏。」他紀傳亦多稱高祖，而稱高帝者十不一二，稱太祖者未嘗一見，然則高帝之稱高祖，子長時已然矣。

臨川四夢　明　湯顯祖

十三日　玉茗素不知音律，其著四夢皆信手而出，多强譜以就其詞，故輕重雜糅，有一句至十六七字者。欽定納書楹曲譜言其次以入律甚費鈎刋，然其驚才絶艷，壓倒元人，言南曲者奉爲圭臬，蓋文章之工固不在此也。驚夢、尋夢兩齣尤天仙化人之筆，即不喜讀曲者亦不能廢矣。

八月

思適齋集　清　顧廣圻

朔　得定子書，並元和顧河之孝廉瑞清以其祖澗蘋先生廣圻思適齋集見贈，即復書謝。思適齋集凡十八卷，爲賦及詩三卷，詞一卷，文十四卷。先生邃於考訂之學，尤精校讎，其序諸書及題跋，皆一時絶學也。

校禮堂集　清　凌廷堪

十二日　閲校禮堂集。次仲精於禮學、律樂，賦頌誦法蕭選，雖少精警，亦未失雅道，詩亦不俗。所論辨經解古義，皆確實有本原。間有偏執，精者爲多。又以同時諸儒皆略於乙部，獨稱錢辛楣之史學，其自著有後魏書音義，惜未及見，今集中有自序，甚佳。洪稚存更生齋文集中亦有是書叙，言有四卷，所載戴東原、汪容甫事蹟甚備。

先生爲翁覃谿弟子，故集中稱覃谿不無過當。又少與阮文達爲布衣交，集中屢見之。考次仲以布衣入都，覃谿首知之，力勸其赴舉。及落解，遊揚州，時文達甫冠，尚未遊庠，次仲即極相推許。致覃谿書，言揚州惟得容甫、伯元二人。於此亦足見先輩眼力之高。校禮堂集中所載書啓，往往具首尾稱謂，殊多不典。蓋其集係後人所刻，全録其稿本，不知削去，故有稱「大弟大人」之類。

思適齋集　清　顧廣圻

爲思適齋集作跋。因此集係上海徐渭仁所刻，校勘未精，又有妄删去者。河之再三爲予言，屬記之於書，遂係以三跋。

戈載詞　清　戈載

吴人以戈順卿爲詞宗，奉之甚至。三十年來，大江以南無敢訾之者。其詞辨别上、去二音，謂獨得律吕分刌，持守甚嚴，而語意膚拙，乃白石老仙之末派耳。順卿父名宙襄，字小蓮，亦吴中老宿，乾嘉間有盛名，聞其博奥不在當時諸經師下，有半樹齋文集。宙襄以母喪毁卒，年六十三，吴人稱爲戈孝子。

陳奂經學

近來老儒，若江蘇陳奂碩父之經學，直隸苗夔仙鹿之小學，及戈順卿之詞學，海内幾以魯靈光視之。實則戈詞僅足當曲譜讀，苗之著述無所見，偶見其一二題跋，文字俱不甚通。陳爲段懋堂弟子，授受具有淵源，所著有毛詩傳疏，乃舍鄭箋而别爲説者，多取康成以前諸儒之説，徵引浩博，自逞雄辨，蓋段氏之教如此也。凌次仲有言，今爲漢學者多喜駁康成，殊不可解。汪容甫言吾最不喜，今之爲古義者，偏信私決，惡莠亂苗。昨河之言陳氏毛詩疏中，凡宗廟、社稷、國學之地，衣裳之制，多據古籍單辭，或古本一字之異，盡翻前説，繁徵記傳，以實其言，至於不知所從。此真經學之弊。然其淵洽貫串，固近日學者中碩果僅存矣。京師諸稱古學及詩文家，直皆不識一字、不通一語者耳。

紅樓夢　清　曹雪芹

十三日　閲小説紅樓夢，此書出於乾隆初，乃指康熙末一勳貴家事，善言兒女之情，甫出即名噪一時，至今百餘年，風流不絶，群屐少年，以不知此者爲不韻。凡智慧癡騃，被其陷溺，因之繭葬豔鄉者不知凡幾，故爲子弟最忌之書。予家素不蓄此。十四歲時，偶於外戚家見之，僅展閲一二本，即甚喜，顧不得借閲全部，亦不敢私買。十七歲後，洊更憂疢，又多病，雖時得見此書，不暇究其首尾，而中之一二事、一二語，鏤心鉥腎，錮惑已深。十年以來，風懷漸忘，人事亦變，遂有禪榻鬢絲之懺，要亦非學道所致也。戊午夏常病，看書輒眩瞀，乃取稗販市書以寓倦目，因及此種。適家慈以寇警憂驚，屢形不懌，令子婦輩排日讀小説演義，若西遊記、三國志、唐傳、岳傳，以自消遣。予因暇輒講此書，多述其家事，及嬉遊笑駡，以博堂上一粲。今復因病閲此，危城一身，高堂萬里，不覺對之嗚咽。

此書相傳所稱賈寶玉，即納蘭成德，按之事蹟，皆不相合，要爲滿洲貴介中人。其中矛盾盭戾甚多，此道中未爲高作。自言改定者爲曹雪芹。袁子才詩話稱雪芹爲江寧織造之子，或又謂容若自撰。

以予觀之，蓋即所謂賈寶玉者創草初稿，故於私情密語，描寫獨真。曹雪芹殆其家包衣，因爲鋪叙他事，加以醜語，嗣又有淺人改之，不知經幾人手，故前後訛舛，筆墨亦非一色也。涇縣朱蘭坡先生藏有紅樓夢原本，乃以三百金得之都門者，六十回以後與刊本迥異。壬戌歲，餘姚朱肯夫編修於廠肆購得六十回鈔本，尚名石頭記。雪芹爲曹練亭子，練亭名寅，曾官江寧織造、兩淮鹽政。著練亭詩鈔，又嘗校刊字學五種、揚州詩局十二種。

九月

校禮堂集　清　凌廷堪

初二日　閒讀凌次仲校禮堂集，於其中論酷吏、論正統、論文體及論吴任臣十國春秋、論書顧命、論宋代黨人諸篇，皆繫以長評，多有可觀者，亦近日讀書之一得也。

新唐書　宋　歐陽修　宋祁

初九日　夜讀新唐書韋皋張建封嚴震韓弘傳一卷。子京贊以爲皋、建封、弘本諸生，震興田畝間，未有以異人，使不遭遇，與庸夫汩汩並齒而腐可也云云。夫自來賢傑，孰不興於卑微？而子京獨有感於之數公者，以唐代重進士制科，數公皆書生，不由科第，因時自奮，爲中興名臣，身備將相，以福壽終，故特有慨於科目之限人。使當日者，南康無楚琳之難，徐州無希烈之釁，許國無其舅劉玄佐之憑藉，即得一官，亦浮湛僚裨間耳。嚴忠穆臣節最著，德宗奉天興元之變，最爲有功；而其入官，以農家子數出資助邊，得爲州長史，稍用才能，至節鎮開國公。然非遭時險巇，首倡迎蹕，亦安能功施竹帛如此哉？故國家屯蹇之際，誠志士屈抑自信之時也，要不能不階尺寸，自爲風雲。如韋以隴州、張以馬燧之薦、嚴以韋稹之治狀、韓以外家，否則山澤終槁，若數公者，正未可僂指矣。嗚呼，可感也夫。

子京贊又以爲皋、弘雖陰慝，卒能以言自解，長没天年。此論大謬。忠武豈得與隱公並稱？其始隴州之節，誠貫神人，至治蜀二十一年，史雖有侈横之譏，然平雲南蠻，通南詔，大破吐蕃，擒其元帥論莽熱，其功烈爲西南劇，豈隱公區區保宣武者可同年語？史所指厚賞以結士，務私其民，列州互除租，凡三歲一復，僚掾雖顯，不使還朝，謂非純臣。顧忠武屢出師，非賞不濟，互復以蘇民，不得云私。且於正供無闕，庫藏無虧，即過爲惠施，奚病於國？署用僚掾爲屬刺史，亦取其習於民俗，周於利害，故用以收指臂，皆不得爲咎。若其遺劉闢謁王叔文，請盡領劍南，此乃闢之妄，非忠武之意。夫當德宗播在奉天，朱泚據京師稱帝，忠武僻守一州，賊又以猛將精兵戍監其地，本道大帥已遭屠害，翻城應賊，逆勢滔天，不於此時覬便遊移，而出萬死一生，密謀誅叛，間道自通。既已勢極侯王，任崇將相，反爲私計，以冀非分，不待智者而決矣。

史又謂劉闢階其厲，卒以叛，此尤不然。闢之狂易，殆無人理，豈必有所據依，然後出此？觀其起事，僅能襲取梓州，一遇王師，覆敗無地，易平如此，何厲之階？史但見忠武卒後，闢即構逆，以爲貽患朝廷。不知當日杜豳公已言闒妄書生，可鼓而俘。故所命之帥，僅高崇文、李元奕等一二不知名之邊將；所遣之兵，僅神策諸軍，其輕之不以爲意，固可知也。使忠武素所訓練百勝之士，有肯爲闒用者，闒又能稍因忠武之規模，恐兩川不復爲唐有矣。史官無識，輕著貶辭，至以功節鬱茂、三代而下不數覯之臣，加以暖昧之罪，惜哉。彼韓隱公者，其所表表，惟斬吴少誠之使，及誅宣武驕兵三百人耳。都統淮西，逗撓危國，至於聞捷不怡，拜詔驁侮，齊蔡盡滅，勢屈入朝，跋扈彰明，卒得惡謚。幸有肅公爲弟，恭公爲子，或忠勤以繼節，或謙遜以幹蠱，閥閲顯榮，得全身名，而竟媲肩南康，同科陰慝，不幾老、韓合傳，胡、黄並頌與？

劉禮部集　清　劉逢禄

初十日　張問月以武進劉申甫先生逢禄禮部集見贈。禮部爲莊述祖氏甥，與李申耆先生齊名，稱二申。博綜群經，兼通説文音韻之學，尤精於公羊春秋，著公羊釋例等書十一種。又著易、書、詩等經解十餘種。其音學、星學、算學及它撰述復十餘種。春秋諸書，阮儀徵及李紳琦已爲梓行，予未及見。尚書今古文集解三十卷、詩聲衍二十七卷，皆最所經意而未出於世。又嘗欲仿陸氏經典釋文例，集異文古訓爲五經考異。嘗病説文部首過繁，稽考不易，且多有所從得聲之字，反不見於本書；而一字重文別體，或分收各部，欲仿爾雅體，並其重俗，補其古訓，增其闕文，以便初學。二書尤足以津逮後人，爲必不可少之書，惜皆未成。予向欲爲之，而荒陋鮮暇，未敢屬稿。他日得書略富，當窮數年之力，以畢斯志，蓋不過鈔集讎校之功多，而穿穴研貫之事少，徑軌可尋，或猶可勉强卒業也。

先生集十一卷，爲賦一卷，雜文一卷，詩詞一卷，其餘文八卷，皆説經議禮及所著各書序。先生它學本外家，而公羊春秋則所心得，最服膺何氏之學。其集中説禮論學，皆推本公羊及何氏，精覈博辨，自爲專家；而過尊劭公，上自左氏穀梁，下迄許鄭諸儒，皆致攻駁，是其所蔽。詩賦皆肆力於漢魏，而理致膚拙，所得者鮮，然賦皆灑灑數萬言，鬱勃閎肆，詩亦多古色古調，亦足見汲學之深矣。其第十二卷，附録其子承寵詩文，博麗自喜，有得於家學者。先生爲相國文定公孫，由庶常官儀曹，遇事據經斷律，有古人風。行狀所載道光四年，河南學臣請以湯文正公從祀聖廟，議者以湯公康熙中在上書房獲譴難之。先生奮筆議曰：「后夔典樂，猶有朱均；吕望陳書，難匡管蔡。」議遂定。是年，越南貢使以所頒諭旨稱之以外夷，請改爲外藩。部臣難更易詔書，先生牒示曰：「周官大司馬職方氏，夷服去王國七千里，藩服去王國九千里，是藩遠而夷近也。」使者忻然而退。即此兩事，傳之史册，可以爲儒臣重矣。是集板藏於家，坊市無傳者，深可寶也。

新唐書 宋 歐陽修 宋祁

十三日 閲新唐書馬植、楊收、路巖、盧攜、鄭畋、王鐸、王徽、韋昭度、張濬、周寶、王處存、趙匡凝及王重榮、王珂父子、楊守亮、守信、顧彦朗、彦暉兄弟、楊晟等傳。憶丙辰歲讀鄭畋、王鐸、王重榮父子傳三過。戊午歲讀舊書楊收、路巖、王處存及畋等傳至五六過。以諸人皆關係唐季甚重，故特留意，而過輒茫然。今日讀諸傳復數過，明日不知復何處去矣。至楊守亮等人本無取，事尤難記，更不必言。惟愛顧彦暉傳云：「所佩劍號巿簩賓。嘗語諸將曰：與公等生死同之，違者先齒巿簩賓。」三字頗生新。子京諸傳叙事皆支離，其王處存、趙凝一贊尤迂冗。楊收傳中論琴均一事，前後踳駁，蓋於音律之學，未曾留心者。鄭畋、王鐸、楊收諸傳，又皆不如舊書之詳盡也。

十六日　秉燭讀鄭餘慶及子澣、澣子處晦、從讜傳。又鄭絪傳，又鄭珣瑜及子覃，朗，覃子裔綽傳。又賈耽傳，又杜佑及子式方、從郁、式方子悰、從郁子牧傳，又高郢及子定傳，又令狐楚及子綯、綯子滈傳。

唐之世家，自以鄭氏及河東裴氏、京兆韋氏、趙郡李氏、蘭陵蕭氏、博陵崔氏六族爲最；而鄭、李人物尤著。如絪、餘慶、從讜、畋、珣瑜、覃、朗七宰相，文忠、文昭司空覃以此官致仕，卒於武宗時。李德裕方柄政，與覃素厚，而史不言贈謚，蓋記載之闕。唐代名臣以禄位終，有贈官而無謚者甚多。雖或失書，然鄭畋以宰相建大功，卒贈太尉，僖宗思其忠力，又贈太傅，而無謚，李茂貞爲請，始謚文昭，則又似不盡爲史闕。然覃以名德元老卒於盛時，而史並不言贈官，必有闕文也。固爲名臣，若貞公之叱主書滑涣、争醫工崔環授五品官，宣公之奏止中尉除制用白麻，文獻之詰李實進奉，司空朗卒亦贈此官，而無謚，覃、朗兄弟皆稱司空也。之不肯令文宗觀起居注，劾中人李敬寔不避道，皆有風力。貞公重厚有文，文獻志節終始，宣公相業稍次，而史稱其篤實，可謂不愧世家矣。

綱傳但載其孫顥尚萬壽公主，而通鑑載顥父祗德官江西觀察使，「江西」二字記未真。聞顥營作相，寄書曰：「聞汝已爲户部，是吾必死之年，今又營作相，是吾必死之日也。」顥懼而止。祗德固辭疾，以太子賓客分司，後復爲浙東觀察使，值裘甫亂，不能抗，以王式代之，是亦謹厚長者，而唐書不及，乃采掇之疏。

高貞公初節，忠孝備著，及晚爲相，以不敢忤王叔文，獲譏於世。夫當安禄山陷京師，毅然解衣，請代父死，時方童騃耳。至第進士，則極諫代宗營章敬寺；爲郭子儀掌書記，則力救判官張曇；佐李懷光府，則力抗兇焰，圖反正，謀泄引詰，正辭不撓。而後乃依違於一書史幸臣，既不能執正其罪，復不能潔身去位，其所謂爵禄盛而忠孝衰耶？

賈元靖之待樊澤，可謂大臣之度。不納張獻甫言，恐其爲變，挈以從行，弭亂效節，公忠達權，可謂大臣之心。推誠李納，館其兵不疑，獵其境不懼，使自畏服，不敢有謀，可謂大臣之才。及正揆席，乃亦箝於叔文，雖病諸心，不能有異，乞退不得，汩汩以終。嗚呼！若二公者，皆一代之傑，而晚節少刓，名德遂減，史册蒙議，千載闇然，可不戒哉？史稱叔文非有梟傑之惡、磐石之勢，徒藉久侍東宫之故，乘順宗風瘖，乃倚王伾，結李忠言，以通牛昭容，輾轉爲奸，遂據勢要。後日宦官一怒，太子監國，叔文就死，如磔孤雛。而其始，以賈、高二公之宿德，鄭文獻、杜安簡之重望，同時在位，皆俛顔承順，得非叔文之才固有以異人，而其任八司馬，所行多善政，諸公亦心服之耶？然則史之目以奸回者，殆以其起小吏，不爲流品所容，又多得罪正人，敗不旋踵。唐世重門户，遂群附以惡名。而順宗實録又出韓退之手。退之深嫉伾、文者，史遂因而用之，殆非信辭矣。

又閲王師範、平盧節度。孟方立、昭義節度。時溥、武寧節度。朱宣、朱瑾、宣，天平節度，瑾，橫海節度。孫儒、淮南節度。高仁厚、東川節度。趙犨及弟昶子珝、犨以彰義節度治陳州，加領太寧、浙西兩節度，又領忠武節度，仍治陳州。昶、珝繼爲忠武節度，皆留陳州。珝後徙同州節度留後。田頵、寧國節度。朱延壽、奉國節度。陳儒荆南節度。等傳。

唐末之亂，甚於漢之建安、晉之永嘉，往往一鎮裂爲數鎮，鎮復數盜分據，作傳者每一人下附數十人，頭緒紛雜，難於疏記，彼此矛盾，前後枘鑿，固所不免，但子京於大事不能無差錯處，是其病也。如孟方立傳，謂昭義節度使高潯擊黄巢，保華州，爲裨將成隣所殺，還據潞州，方立攻隣斬之。而王徽傳云，昭義高潯與賊戰石橋，敗績，其將劉廣擅還據潞州，别將孟方立殺廣。是一云成隣，一云劉廣，名氏不同也。

又方立傳云：時王鐸領諸道行營都統，方立請於鐸，願得儒臣守潞。鐸使參謀中書舍人鄭昌圖知昭義留事，欲遂爲帥。僖宗自用舊宰相王徽領節度，徽固讓昌圖。而徽傳云：「帝以兵部侍郎鄭昌圖權守潞，士心多附方立，昌圖不能制。朝議以大臣鎮撫，即授徽檢校尚書、左僕射、同中書門下平章事，領昭義節度使。」是鄭昌圖之用，一云帝命，一云鐸命也。楊行密、孫儒、錢鏐傳所載争常、潤、蘇三州事，皆彼此差繆，不及盡指出矣。

以當日之梟獍縱橫，豺虺充斥，而尚有如趙犨兄弟父子之治陳州，張言後改全義。之治河南，及王師範之忠孝有禮，皆季代之祥麟瑞鳳也。師範之事親也，以舅得罪故，爲母所怒，則立堂下，日三四至，不得見，三年拜省户外不敢懈。其事君也，昭宗以師範附朱全忠，命楊行密部將朱瑾攻青州，且欲代爲平盧節度，而師範聞昭宗在鳳翔，哭曰：「吾爲國守藩，君危不持，可乎？」乃與行密連盟，潛兵赴難。及聞弟之被執，則以數十萬衆遽降於全忠，可謂賢者矣。乃卒見齕讎人，湛族於洛，臨死執義，謂不可令昭穆失序，慚於先人，宴飲從容，以次就坎，又何其天道之冥昧耶？抑天將舉世禽獸之，而人道不絶者，違天不祥，故必盡滅乃止，無俾遺種於世耶？哀哉！

唐亡於黄巢，其自粤至都，兇鋒無敵。而抵荆門關時，爲襄陽節度使劉巨容所扼，大敗，幾獲巢。諸將請追斬之，巨容曰：「朝家多負人，不如留賊爲富貴。」故巢復熾，遂陷兩京。所謂「民無信不立」也。

趙犫三世治陳二十餘年，力抗鉅寇，吏治甚著，陳人安如平時，勝於當時錢氏之保浙矣。朱宣、朱瑾兄弟，雄長山東，而卒滅於朱温。宋人陳龍川譏其不能約縱諸鎮，犄角進取，而僅首尾相救，自取滅亡。然宣、瑾嘗結時溥、李克用而皆不濟，且所據爲鄆、濮、曹、兗、齊、沂、海七州，地皆濱海。温以全豫之力，南至淮，西界晉，北包趙，東面而制兩鎮，尚十餘興師而始克宣。瑾以出掠食，其子乃降，卒假吴兵，大破温於清口，斬其大將龐師古，報克兩鎮之仇，亦可謂英雄矣。

國朝全謝山謂李晉王之蹷於太原，國幾亡，由不救河中王珂，致蒲絳入於賊，失國屏蔽。但晉王豈輕爲人弱者？其時良將已盡，又有狄難，故以王氏甥舅之愛，而答其女書，謂道且斷，往救必俱亡，不如歸朝廷。蓋度之於勢，實不能救也。天方長亂，厚賊之毒以亡唐室，夫豈人謀哉？朱宣傳云：宣令賀瓌守濮州，爲朱友裕所攻，委城走。友裕進擊徐州，時溥求援於宣，戰不勝而還，溥遂亡。而時溥傳云：朱友裕率軍攻溥，溥求救於朱瑾。瑾兵二萬，與溥合攻殺全忠將霍存，瑾食盡還兗州。全忠使龐師古代友裕，遂滅溥。是救溥者，一云朱宣，一云朱瑾也。

以上數條，不知吴縝糾繆中已及之否。吴氏皆未及。客中無此書，姑記於此，以備健忘。

新唐書　宋　歐陽修　宋祁

十九日　夜讀歸崇敬及子登、登子融、奚陟、崔衍、盧景亮、薛苹、衛次公、薛戎及弟放、胡證、丁公著、崔弘禮、崔玄亮、王質、殷侑及孫盈孫、王彦威傳共一卷，又白志貞、裴延齡、崔損、韋渠牟、李齊運、李實、皇甫鎛、王播及弟起、起子龜、龜弟式傳一卷。歸宣公崇敬、王靖公彦威他無可稱，皆當入儒學傳。崔懿公衍、薛常侍戎皆以節行著，又皆爲循吏，崔宜入孝友傳，或循吏傳，薛救馬總事，宜入卓行傳。殷司空宜與李絳、温造等傳同卷。王敬公播、文懿公起兄弟宜別與它宰輔傳爲一卷。文懿子式亦名臣，其始雖交鄭注，不得遽加以巧宦之目。此皆體裁之可議者也。

後漢書　南朝宋　范曄

二十三日　讀後漢書南匈奴傳、烏桓傳、鮮卑傳。范史於外國傳殊不甚經意，蓋蔚宗生江左，不知西北事，故諸傳多失考覈。然叙致嚴謹，接續分明，自是良史。章懷注甚荒略，視以前之注優劣懸絶，固以草草終卷故也。又讀西羌傳序論、西域傳序論，辭義並精。其論西羌，追咎趙充國之遷先零於内地，馬文淵之徙當煎於三輔；論匈奴，致罪竇憲燕然之捷，不復南單于於陰山，而更立北單于於故庭，遂令南虜久居河西，終亂華夏。皆識見絶高，不僅爲當時中原未復，創深索虜言耳。

南史　唐　李延壽

二十四日　閲南史齊豫章文獻王嶷等諸王傳。自來宗藩之禍，無過於蕭齊，而賢王之多，亦無過於蕭齊，天道瞢昧，誠不可解。顧文獻尤朱邸之表率，而身極富貴，殁備哀榮，子孫多才俊，皆見免危世，顯用異代，雖以子恪之疑，猶被原赦，是亦爲善之報矣。竟陵文宣王於武帝諸子，最稱賢哲，以王融事見疑鬱林，憂憤早卒，讀史者咸以爲惜。顧竟陵文弱，使稍假以年，必不能止宣城之篡，其優柔寡決，必將與鄱陽同敗，得以先時令終，可謂天幸。明帝之肆虐，皆竟陵成之，太阿授人，自湛其族。南史譏其當斷不斷，信哉。齊書成於蕭子顯，子顯即豫章王之子，故爲其父傳，備極美辭，而諸王亦多致褒飾。南史則皆本齊書耳。

二十五日　閲南史陳郡袁氏傳一卷。袁氏雖以忠節名，然淑之死，殊不足重。顗之起事雖正，原心可誅。直以妄庸，自取夷滅，與孔覬不可同年語矣。昂初爲齊守而盡誠梁世，憲身勸後主而受官隋朝，皆不得云歲寒之節。泌至先降侯景而終委身陳氏，乃文帝亦深義之，蓋六朝人固不識有綱常者矣。當日王、謝至望易姓以遷階級，故袁氏遂爲世所希。以人物論，粲與昂庶其傑也。

研六室文鈔 清 胡培翬

二十八日 閱績谿胡竹村先生培翬研六室文鈔十卷。先生爲凌次仲氏弟子，成嘉慶己卯進士，出高郵王文簡之門，由内閣中書舍人官户部郎。先生之學精於禮，嘗病儀禮賈公彦之疏漏略牽附，多違失注意，重爲儀禮義疏一書，尤其生平心力所萃，惜未及見。其它著有燕寢考二卷，阮文達已刻入皇清經解中。是集皆説經之文，其無關經義者概弗羼入。所考訂禮制名物，皆深求經注之間文，不逞私見，故謹嚴精確者爲多。

其考燕寢，謂諸侯大夫士皆東房西室，無左右房，又室中惟東向開户，南向無户，力申其説，與同時諸經生反覆論辨，至數十萬言。

又謂廟寢之室，止有一牖在室之南，其北無牖。燕寢則有北出小牖，詩所云「塞向」之「向」者是也。皆獨創之論。

他如考宗廟、路寢、明堂之同制，大夫之無二朝，以國語所云外朝内朝，據韋昭注，謂外朝君之公朝，内朝家朝也。又據考工記「外有九室，九卿朝焉」，鄭注：「九室如今朝堂，諸曹治事處。」及詩緇衣鄭箋「卿士所之之館，在天子之宫，如今之諸廬」，謂韋氏所云君之公朝者，非路門外每日朝君之所，乃治朝兩旁之室，諸臣治事之處，其地在公朝而實爲私朝。若大夫家內，惟寢門外有一朝。玉藻云「將適公所，居外寢」，下云「乃出揖私朝」是也。東夾西夾之與東箱西箱，左个右个，左達右達，名異實同。屏爲天子諸侯之塞門，而廟惟天子有屏。朝則天子外屏，在應門（天子正門）外；諸侯內屏，在雉門（諸侯正門）內。禮記明堂位「疏屏，天子之廟飾也」，明非諸侯所得有。鄭注「疏屏」云：「今桴思也。」「桴思」亦作「罘罳」，或作「罘思」，或作「浮思」，或作「覆思」，亦作「復思」。「刻之爲雲氣蟲獸，如今闕上爲之矣。」據此則桴思是覆屏之屋。近儒金氏鶚謂屏上有屋以覆牆，刻畫疏通，故曰疏屏也。釋名曰「罘罳在門外」，此言天子之外屏；又云「蕭牆在門內」，此謂諸侯之內屏。諸侯不得有桴思，故以屏牆言之。蕭者肅也，屏皆築土爲之。

孔子生月，穀梁於襄公二十一年十月之下，書「庚子孔子生」；公羊於是年書「十有一月庚子孔子生」。又謂生年當從史記作襄公二十二年，以今所傳乃公羊之誤本。據陸氏經典釋文，於公羊傳止載「庚子孔子生」五字。云傳文上有十月庚辰，此亦十月也。一本作十一月庚子，則知公羊本與穀梁同。其一本作十一月者，即今所傳之誤本。而宋濂孔子生卒辨載馮去疾之説，謂是歲八月置閏，十月庚子，已在十一月之節。穀梁云十月，據月書；公羊云十一月，據節書者，非也。

儀禮聘禮「賓及郊」，鄭注：「郊，遠郊也。周制，天子畿內千里，遠郊百里。以此差之，遠郊，上公五十里，侯伯三十里，子男十里，近郊各半之。」「侯」下脱「四十里」三字，「子」下脱「二十里」三字。據毛詩魯頌孔疏引鄭此注，正作「遠郊，上公五十里，侯四十里，伯三十里，子二十里，男十里」。故儀禮賈疏謂「畿方千里，王城面五百里，以百里爲遠郊。若公五百里，中置國城，面二百五十里，故遠郊五十里」。是皆以五之一爲遠郊也。又云自此以下至子男差之，可知孔、賈所見本同，而今所傳本爲脱誤無疑。又按爾雅「邑外謂之郊，郊外謂之牧，牧外謂之野，野外謂之林，林外謂之坰」，郭注：「邑國都也。假令百里之國，五十里之界，界各十里也。」邢疏引聘禮注亦作「侯四十里，子二十里」。近邵氏作爾雅正義，反據儀禮訛脱之注，削去邢疏之文，是其一失。周制五等之封，見於司徒。侯與伯，子與男，封疆廣狹既殊，則郊制不得合爲一明甚。

禮記喪大記「寢東首於北墉」墉，今本訛作「牖」。下，鄭注謂「君來視之時者」，未的。此經係總記君、大夫、士之禮，不得以此句專爲大夫言。據經文，上云「君、大夫徹懸，士去琴瑟」，下云「君夫人卒於路寢，大夫世婦卒於適寢」，可證。且果係君來視疾，則經當直云君視。且如下文大斂君至節，必更詳其儀矣，亦不得僅云寢東首於北墉下。蓋此是君、大夫、士疾時所同，故記者不復別之。

曲禮「夫人自稱於諸侯曰寡小君」，乃記者之誤。寡小君是臣下對他邦人之稱，聘禮、雜記、論語可證甚明。諸侯不得自稱寡君，夫人安得自稱寡小君？孔疏謂古者諸侯相饗，夫人亦出，故得自稱。考之禮，饗食賓主皆有擯贊傳辭，亦無夫人對他國君自稱之禮。

論語言齋之「居必遷坐」，謂常居在燕寢，齋則遷正寢。而江氏鄉黨圖考，謂平時坐於奥，齋則將祭，有不敢居尊位之意，乃臆説之誤。皇侃義疏，謂「祭前先散齋於路寢門外七日，又致齋於路寢中三日」，路寢門外無堂無屋，非可居之地，於經無據，當從孔、賈禮疏散齋、致齋皆在正寢爲是。正寢，天子諸侯謂之路寢，大夫、士謂之適寢。而祭義所云「致齋於内，散齋於外」，内外以身心言。故鄭注「致齋」，思其「居處」、「笑語」、「志意」、「所樂」、「所嗜」五者，「散齋，不御不樂不弔耳」。陳氏祥道禮書曰：「散齋，夜處適寢，亦豫外事；致齋，晝夜處適寢，不豫外事。」檀弓篇云：「君子非有大故不宿於外，非致齋也，非疾也，不晝夜居於内。」鄭注：「内，正寢之中。」皆有明證。

「肉雖多不使勝食氣，爲食禮言之。唯酒無量不及亂，爲燕禮言之。」此本其師凌氏說。引儀禮公食大夫禮，初設正饌，有牛俎、羊俎、豕俎、魚俎、臘俎、腸胃俎、膚俎、醓醢、麋臡、鹿臡，加饌有牛膷，牛炙、牛胾、牛鮨、羊臐、羊炙、羊胾、豕膮、豕炙、豕胾、魚膾；而黍稷六簋，宰夫設之；稻粱二簠，公親設之。賓初食稻粱，卒食黍稷，不以醬湆，是所謂不使肉勝食氣也。燕禮「尊於堂上東楹之西者兩方壺，尊於堂下門西者兩圜壺」，自獻酢酬迭行，以及爵行無算，而君有命徹冪，則必降階下拜，明雖醉正臣禮也。賓醉而出，鍾人爲之奏陔，則以所執脯賜鍾人，明雖醉不忘禮也，是所謂不及亂也。

儀禮喪服小功章「爲人後者爲其姊妹適人者，不言姑」，鄭注：「不言姑者，舉其親者，而恩輕者降可知。」鄭義殆謂舉姊妹可以概姑也。然經何以亦不言世父叔父乎？喪服言爲人後者爲本宗之服三：一曰爲其父母；二曰爲其昆弟；三曰爲其姊妹。是三者，一爲人後即有之，是凡爲人後者之所同也。若本生姑，惟出後在稍疏者有之。苟後於同祖之世父叔父，則姑即其姑，無本宗與所後之別，是以經祇言姊妹不言姑也。左傳疏云：「古人謂姑爲姑姊妹，父之姊爲姑姊，父之妹爲姑妹。」此後世有此稱，周公制禮則無之。爾雅釋親止云「父之姊妹爲姑」。白虎通義云：「父之昆弟不俱謂之世父，父之女昆弟俱謂之姑，何也？姑當外適人，疏，故總言之也。」惟左傳襄公十二年，靈王求后於齊，晏桓子曰：「無女，而有姊妹及姑姊妹。」既云姊妹，復云姑姊妹，或當如疏所云。

周禮媒氏「仲春之月，令會男女，奔者不禁」。內則云「聘則爲妻，奔則爲妾」。聘謂以禮娶也，奔則不備禮之謂，此經奔字當如是解。賈疏解爲淫奔，違失經注之意。

舍采當從康成説。舍爲釋，采爲菜，始入學必釋菜禮先師。菜，蘋蘩之屬，以月令、文王世子皆有「釋菜」字。學記云「皮弁祭菜」，不云釋而云祭，則其爲祭先師之禮益明。而鄭司農解爲舞者皆持芬香之采，及或謂見師以菜爲摯。或謂學者皆人君卿大夫之子，衣服采飾，舍采者，減損解釋盛服，以下其師。或謂舍猶置也，初入學必禮先師，置采帛於前以摯神。諸説皆非。釋菜之禮，古人不獨入學用之。周禮占夢「舍萌於四方」，鄭注：「舍即釋字；萌，菜始生也。」士喪禮「君釋采入門」，鄭注：「禮門神也。」喪大記作「君釋菜」。士昏禮：「若舅姑既殁，則婦入三月，乃奠菜。」是祭祀之禮多用菜。

儀禮鄭注：「豐形似豆。」賈疏謂「此豐若在宗廟，或兩君燕好，亦謂之坫，致爵在於上。」不知儀禮有承觶之豐，有承尊之豐，皆與反坫無涉。皇侃論語義疏云：「坫築土爲之，形如土堆。」禮記孔疏亦云「築土爲之」。則與豐似豆之形及用木者豐，斷木爲之。迥别。明堂位云「反坫出尊」，則坫之設在尊南，非以承尊；又所承者爲飲畢虚爵，與豐承實觶者異。公食大夫禮「飲酒實於觶，加於豐」。射禮「飲不勝者，未飲，洗觶酌奠於豐上；既飲，奠於豐下」。是豐所承者爲有酒之觶，非虚爵。賈疏又云年和穀豆多有，故從豆爲形，尤誤釋豆字義。穀豆之豆，古多謂之菽，其以豆言者，始見於禮記投壺「壺中實小豆焉」。説文豐字下云：「豆之豐滿者也，從豆象形。一曰鄉飲酒有豐侯者。」按，儀禮鄉飲酒禮無豐。聶氏三禮圖云：「豐，罰爵，象人形。豐國名也，坐酒亡國，戴盂戒酒。」崔駰酒箴：「豐侯沈酒，荷甖負缶，自戮於世，圖形戒後。」説文豐侯之義當如此，其句必有訛脱。

毛詩碩人傳云：「君聽朝於路寢，夫人聽内事於正寢。」以古者后夫人皆别有正寢、燕寢，下至大夫妻亦然。其制前爲君路寢，次君燕寢，次夫人正寢，次夫人燕寢。天子路寢一，燕寢五，后亦然。諸侯路寢一，燕寢三，孔、賈疏謂燕寢二，非。夫人亦然。夫人常居在燕寢，每日聽事在正寢，正寢即夫人朝處，左傳所謂内宫之朝。考工記云：「内有九室，九嬪居之。」注疏謂「内九室，九嬪治事之處」。此王后禮，其諸侯夫人正寢之前，亦當有世婦群妾治事處。齊雞鳴傳云「夫人纚笄而朝」，即謂每日朝群妾之正寢也。孔疏昧於古義，乃謂纚笄而朝君，不知君聽朝，群臣咸在，夫人安得至前？即云夫人有朝君之禮，亦當在内寢，非君聽朝之時。諸説俱精而博，有功於經學甚鉅。

至其論儀禮「爲人後者爲其本宗服」一條，謂自父母、昆弟、姊妹，及昆弟之長殤、姊妹之適人者外，其他期功之親，經所不言其服者，皆當以所後之親疏爲斷。儀禮之所謂人後者後大宗，古者惟大宗得立後，大宗尊之統。重大宗所以尊祖，尊祖所以明一本，故不得不抑小宗。爲人後者，其本生之父母、昆弟、姊妹，先聖以一體之親與他親異，特制爲降一等之服，不以所後之親疏爲斷。其本宗餘親，固不得援生我及我所同生者爲例。自賈疏有「本宗餘親皆降一等」之語，是則爲所後之正親、旁親、外親，既悉如親子爲之服，而於本宗之正親、旁親、外親，又悉以親子之服推之，而一一爲降等之服，斯一人而二本矣。

慈銘按，汪容甫氏述學論爲人後者爲其本宗曾祖父母、祖父母之服，禮經無文以記，於兄弟降一等推之，而知其不可行。蓋本宗之曾祖父母、祖父母，雖不爲之後，猶是正尊。小功兄弟之服，不可以服其祖，齊衰三月，降則無服。準之經意，其服本服無疑也。持重於大宗，服不二斬，故降其父母。期親無數，並服何嫌？曾祖上殺，益無嫌矣。女子子適人者，爲其父母期，爲曾祖父母、祖父母並不降，傳曰不敢降其祖也，斯可爲例。而胡氏答湯若孫論本生祖服書謂「爲人後者，以女子適人者爲例，通典已載崔凱駁議云：『女子出適人，有歸宗之義，故上不降祖，下不降昆弟之爲父後者。』與孔倫謂婦人歸宗故不敢降其祖義同。但凱謂爲人後者爲本生祖當服大功，尚未合儀禮後大宗之義。且女子出嫁，祖父母止一而已，不聞又有祖父母也。夫之祖父母，從服大功九月，不服期。若爲人後者，爲所後之祖父母及本生祖父母皆服期，非二祖乎？」云云。竊謂汪氏之議通乎情，胡氏之議執乎禮，胡氏謂如果本宗期功之親皆降一等，經何以獨無一言？傳注亦無一言及之，則安知非如汪氏說皆服本服？故經傳不必更言。且餘親皆以所後之親疏爲斷，經傳注亦何以不見明文？要之胡氏謂古重大宗及人無二本二祖之義，自是正論，所謂天經地義，而汪氏謂「期親無數，並服何嫌」，二語尤精當不易。權而無失乎禮，足以輔翼經注。

且胡氏固爲古之立後惟大宗而言，古惟諸侯、大夫、士得立宗，有宗法即有世爵禄，故特重大宗，所以承宗廟、明祖統也。天子諸侯絶旁期，則大夫士之爲後者自不得顧其所生之餘親。若晚世則小宗支子無不立後，有以小宗繼小宗者，有以大宗支子繼小宗者，固不得概援尊祖重統之義。古人同爨，尚相爲緦，如皆以所後之親疏爲斷，今往往有授室後出繼五服之外者，其幼爲祖父母鞠養，以至娶妻，而一旦自居疏屬，視其祖父母之歿，怡然若路人，豈先王制禮之意乎？禮非天降地出，人情而已矣，所當通經權以爲之制，不害乎禮，不傷乎情，酌恩義之際，救厚薄之偏，則爲人後者爲本宗曾祖父母、祖父母，從汪氏說可也，餘親期功皆降一等，從賈氏說可也。若出後大宗，與凡爲世爵世職之家及有承蔭者，則猶古諸侯大夫之義，當從胡氏說，餘親悉以所後之親疏爲斷矣。

十月

武宗外紀　清　毛奇齡

初五日　毛西河武宗外紀。武宗昏暴，有明諸帝之僅見者，所謂彼狡童兮，幾足與蒼梧、鬱林爲匹。其屢遊宣府，至卒與西虜遇，及南京之行，皆足以亡國殺身。而竟免者，以孝宗之德在人，又幸其在位僅十六年而殁。明之熹宗雖號失德，然遠勝武宗之狂悅，而熹宗承神宗廢弛，遂成亂階。唐憲宗之後有穆宗，宣宗之後有懿宗，皆與武宗相似，皆以承賢父之業，獲盡天年。而穆宗之子敬宗遂以召禍，懿宗之子僖宗馴至喪敗。此左氏論欒黶、欒盈之旨也。使武宗南巡以後，不遽夭殁，亦將有百倍宸濠之變矣。

蜀檮杌　宋　張唐英

張唐英蜀檮杌。五季之亂，而有孟昶時之錦城，真西方極樂國土矣。吴越號完實，而錢氏苛税斂民，武肅、文穆父子，佳兵構怨，以視蜀中斗米三錢、城居者至不識稻麥苗，相去奚啻霄壤也。孟蜀王處回爲太子太傅，其家財敵内府三之一，號曰寶精。李昊爲宰相，貲貨巨萬，妓妾數百，笑王愷、石崇爲窮儉乞兒。而考之諸書，二人皆以謹厚致位，無赫赫名，絶不見植賄剥下之跡，而皆致富如是，其時之繁盛可想。

論語筆解　唐　韓愈

韓昌黎論語筆解，此書疑出依託，然解義簡嚴，具有古訓。

孟子外書　宋　劉攽

孟子外書四篇。此書具多微言精理，與七篇毫無差謬，不解邠卿何以不取？劉攽注甚略，殆亦僞託。其書以馬廷鸞鈔傳，廷鸞宋末宰相，貴與之父也。

嚴介谿文集　明　嚴嵩

初六日　閲嚴介谿文集。其中碑誌諸作雖平弱，然頗簡潔，無蕪冗之病。吾鄉若陶莊敏公諧、孫忠烈公夫人楊氏墓碑，皆其所作，當時固以元老大手筆爲榮，今日幾同佛頭著糞，可爲慨歎。觀其自撰先塋諸碑，歷叙孤寒之跡，時已爲少師，世蕃亦爲太常少卿，請假修墓，而詞氣抑然，自稱不肖無以副先德，亦似非喪心昧良者。使不及敗而早死，後無奸子，亦足安其邱壟。所謂名德不昌，乃復有期頤之壽也。其前列湛文莊諸人序文凡十餘篇。朱竹垞嘗言甘泉一序，尤令人張目，不謂道學者貢諛乃如是，然則如升庵、荆川，固不足責矣。

古文辭類纂　清　姚鼐

初七日　閱姚姬傳先生所選古文辭類纂。其書凡分論辨等十三類，自唐、宋八家文外，惟前及國策、史、漢、騷賦，後及明之歸有光，國朝之方苞、劉大櫆，餘不入一字，蓋一家學也。

竹書紀年統箋　清　徐文靖

初八日　閱徐位山先生文靖竹書紀年統箋。此書乃先生八十二歲時所作，援據精博，薈萃經史，真必傳作也。然其中不能無疑者。如夏太康即位居斟鄩，畋於洛表，羿入居斟鄩，四年陟。仲康元年即位，居斟鄩。徐氏謂羿居斟鄩，不自立而立仲康也。七年仲康陟，世子相出居商丘，依邳侯。徐氏謂相爲羿所逐，失國居商丘也。帝相元年即位，居商。徐氏謂宋、商、商丘三名一地。又據括地志謂古商丘亦羿所封之地，是羿居斟鄩而立仲康，又就封於商而立相也。八年寒浞殺羿。九年相居於斟灌。徐氏謂相與羿居商丘，羿既見殺，故相出居斟灌也。十五年商侯相土作乘馬，遂遷於商丘。徐氏謂此商丘當爲帝丘。蓋相土作乘馬，以兵車衛相，遂遷帝丘。左傳「衛遷於帝丘，衛成公夢康叔曰，相奪予享」，杜注：「相居帝丘，今濮陽是也。」二十六年寒浞使其子澆滅斟灌。二十七年澆伐斟鄩，大戰於潍，覆其舟，滅之。二十八年，寒浞使其子澆弑帝。徐氏謂相居斟灌，澆滅斟灌而不弑帝者，以尚有斟鄩在。既滅斟鄩，遂敢於弑帝也。歷綜諸事，前後觸迕，皆不可通。

太康既爲羿所距，仲康何又與羿同居？羿既挾天子據斟鄩矣，何又就封於商與相同居？羿之拒太康，必以廢昏立明爲名。太康在外，仲康當已爲羿所立，作史者必須太康四年崩後始書仲康元年耳。相既爲羿所逐，其時禹故都有安邑，稱冀都，郡縣志今陝州夏縣。啓故都有夏邑，郡縣志今潁川陽翟縣，禹始封於此。竹書紀年，帝啓元年即位於夏邑，歸於冀都。何乃轉徙羿之封地，自陷虎狼之域？相既自斟灌徙帝丘，斟灌今山東青州壽光縣，帝丘今直隸大名府開州，相距數百里，斟鄩又在今河南河南府鞏縣，何得滅二斟之後，即能弑相？其時商侯相土既爲司馬，商頌所稱相土烈者，何又毫無表見？相土既能作乘馬以衛帝，乃二斟滅而不能救，坐視帝之弑而不敢出聲息，是時帝丘及商丘皆入於浞，相土復居何所？且自契爲舜司徒，始封於商，故詩曰「天命玄鳥，降而生商」，毛詩譜曰「商者契始封之地」；國語「元王勤商，十四世而興」。是商既爲契世守之地，何得又以封羿？羿既以有窮國君入據太康之都，雖未篡大位，已代夏政，何時復封於商？要之殷、周以前，書闕有間，古事茫昧，不可得知。竹書紀年雖云可據，然自魏安釐王時入冢，至晉太康中始出，其中朽壞斷佚，已自必多。更歷至今，數遭兵燹，傳寫脱誤，試觀晉郭璞注穆天子傳、唐司馬貞史記索隱、宋董逌廣川書跋諸書中所引，今已不全，可知非復原本。讀者惟藉以考證古事，則自多得處；若欲即其事一一疏通之，則求合反離，未有不窒礙者。以此爲僞書而廢之者固非，以爲無一字不符合者，亦好古之過也。

又按，紀年所云「帝相十五年，商侯相土作乘馬，遂遷於商丘」者，當是專記相土之事，與夏后無涉。世本：「契居番，昭明居砥石，相土居商丘。」左傳：「陶唐氏之火正閼伯居商丘，相土因之。」則此自爲紀商侯之遷。故後至帝芒三十三年，又書「商侯遷於殷」，徐氏箋謂當是玄冥之子子亥，是也。若夏后相之居帝丘，或當是仲康初崩之時，羿有自立意，相爲所逐，乃奔帝丘依邳侯。竹書「仲康七年陟，世子相出居商丘」。王氏應麟地理通釋以商丘爲帝丘之誤者，是也。次年相即位於商者，殆以是時相土能自强，故往依之，遂任相土爲司馬。相土以商侯輔政，故紀年於帝即位居商後，遂書征淮夷，三年征風及黄夷，七年于夷來賓，詩所稱「相土烈烈，海外有截」，鄭箋謂「截，整齊也」。相土入爲王官之伯，出長諸侯，其威武之盛烈烈者可爲明證。至八年寒浞殺羿，九年相居於斟灌者，計浞初殺羿，必務爲恭順，有請帝相還都之舉，故相居斟灌以近之。時相土枋政，浞亦不敢爲惡。至十五年，相土作乘馬遷於商丘，商是國名，商丘是其國中之地名，皆在今歸德府境。蓋契始封商，而其子昭明居砥石，地雖遷而國固仍爲商也，則砥石即可稱商；帝相之居商，必即是砥石。至此相土遷於商丘，或是返契之故國，契封商，未知居何地，古無所考。或是相土更遷之地，皆不可知。其後更五年，至帝相二十年，寒浞始滅戈，蓋相土已卒，浞無所畏，始漸萌逆節，馴至滅二斟，弑天子，竟革夏命矣。自相土遷商丘後，紀年不復見其名。至少康十一年，始見使商侯冥治河。冥爲相土之曾孫。夫自帝相十五年壬子，至少康十一年丙辰，閱六十五年，而相土已傳曾孫，爲司空，治河，則當羿浞時相土已老，其卒於遷商丘後之五年中可知。冥之祖昌若，父報圉，兩世皆一無表見，則相土卒後，商之微弱又可知也。

予説雖似鑿空，然求之竹書本文，其事甚明，於詩經、左傳亦俱吻合，按以情理，無不曲當，考古者必有取焉。即以解詩「相土烈烈，海外有截」二語，亦是絶好一篇相土論，可資尚論之識。

昏禮辨正　清　毛奇齡

夜閲毛西河昏禮辨正。中以納采問名，據儀禮士昏禮謂二禮一日並行，祇以一使將事。問名乃問女所命之名，及其生之年月日，但曰問名者，舉一以該二也。鄭注謂問母姓者非。又謂納徵即納聘。昏禮自納采至親迎皆奠雁，惟納徵用幣者，以雁乃贄物，非禮物。又據穀梁謂納采、問名、納徵、請期祇四事，無納吉之禮，問名後不當又納吉。以命卜當在納采之前，卜亦不必告女家。皆援據甚確。

又謂曾子問「婦三月而後廟見始成婦」之説，乃指舅姑已亡者。若舅姑在，則婦至之夕，舅姑迎之，登堂交拜，行賓主之禮，然後帥以謁廟。次日質明，上堂行婦見禮，謂之成婦，不必至三月始廟見也。尤足發千古之蔽。西河説經，雖有無道秦之譏，然其明快直截處，往往如是。

至其謂爾時越俗，婦至不謁廟，不拜舅姑，牽婦入房，合巹就寢，直同野合。至請召賓客簡帖，不曰三日廟見，則曰兒媳某日行廟見禮，以凶喪之禮行之於常，則吾山、會兩邑皆嚮無此風，聞蕭山亦不如此，或當日彼邑人有行之者耶？吾鄉昏禮大端多合於古，先之以行媒，多請士友戚好爲之，皆備禮盛洽具相迎送。繼以過帖，或副以銀幣，曰傳紅，即納采也。將娶則請庚，即問名也。繼以過禮，亦曰行聘，俗語曰發盤。即納徵並請期也。惟親迎之禮鮮行者，婦至則壻先出迎交拜；古以舅姑爲主人，今以壻爲主人也。質明古昏禮以昏，今天下亦多成禮於夕，獨吾越以子時至辰時爲昏期，此最失禮。壻導以見廟，乃見舅姑於堂，又以次見夫族内外少長，是夕始合巹同枕席焉。

三節詩 清 湯貽汾 陳景雍 李仁元

初九日 偶於友人寄存破篋中料檢文書，得吴其泰廉訪所刻三節詩一册、吴縣吴鍾駿侍郎、滕縣王東槐觀察行狀各一本、相國杜文正公列傳稿一卷，隨閲之。

三節詩爲武進湯貽汾、商丘陳景雍、濟源李仁元。湯字雨生，以祖父死事蔭，積官至副將，盛事詩酒爲名聲，老被廢居金陵，癸丑死粵寇者。著有琴隱樓集，蕪率無可取。其無題云：「輕煙緑蠟三更榻，香汗紅羅五月衣」，稍有風致。

陳字熙堂，由進士爲縣令，殉節湖北之通山縣。所著春影樓詩，僅廿五首，頗有通侻孤直之概。如塞下曲云：「健兒枕人頭，老馬齧人骨。」呈月坡師云：「我佛全其體，吾儒重於用。」翥山署中雜詩云：「寒風偶一吹，沙泥落書几。獨立楝花風，徘徊踏苔翠。」窺園云：「窺園記前度，芳草隨屐香。重來徑已没，草生如我長。芟除力偶廢，滋蔓遂相連。見惡不見美，誰謂順其天。」旅病云：「旅人少歡樂，慣受風霜侵。小病不自覺，覺病病已深。藥方固無用，殘卷聊搜尋。含怒强言笑，恐失僮僕心。」皆真率自喜。

李字資齋，陳甥也。道光乙巳成進士，年僅二十，由舍人宰江西鄱陽，與賊力戰死，一家皆歿。所著静觀齋詩，出入於韓、杜、温、李，格高采警，直到老成，乃百年來僅見者也。惜其殉難時，著作盡失，此卷乃其寫似廉訪者，吉光片羽，殊可寶貴。如風穴洞云：「人馬踏嵐光，暝嶂蒼然合。巖陰氣漠漠，石古春颯颯。」淩雲閣云：「排空峰下突，湧峻檻孤上。」王屋云：「一峰正崔嵬，萬壑低破碎。巖虛日晦明，谷沓泉向背。」轘轅關云：「入險漸覺高，下望懸如髮。呼吸屹當關，危途感倉卒。」奉先寺云：「剥蝕肅莊嚴，陰森溢飛動。冥冥妙香渺，黯黯山寒湧。」等慈寺云：「地偏樓閣寂，天闊鐘鼓警。」西華道中云：「涼意颯深波，清輝帶遠客。」柿林云：「遥陰山獨青，夕氣日更赤。」開母石闕云：「殿迴納晚翠，閣荒棲殘葉。」喜雨五律云：「三年但聞哭，一雨暫留春。未惜殊方濕，遥愁上賦貧。諸侯誠送喜，群盜尚窺人。野門頻消息，安危望重臣。」過先外祖故宅云：「釣遊前日事，池閣幾回新？忽忽廿年夢，蕭蕭重到人。著書懷孝緒，扶醉慟王筠。千里山邱感，梁園宿草春。」春雨枕上作云：「一雨滴蕭瑟，愁人聽到明。孤燈疏帳影，高枕遠雞聲。黯黯沈殘夢，迢迢入別情。模糊千里思，眠食感浮生。」秋夜云：「百蟲咽露急，一月轉天高。」夏夜直閣云：「獨夜仍爲客，微材已負官。」旅懷云：「衆中憐獨影，夢外渺鄉音。」懷李春舫師南陽云：「月明唐子寺，花發宋公園。」出都感懷云：「青雲三殿夢，白髮兩閒心。」莘縣夜感云：「河山新歲感，笳鼓異鄉愁。」秋夜七律云：「縹渺長空數雁鳴，千門急杵動高城。沈沈鼓角涼無際，颯颯關河夜有聲。遠道秋風驚戰伐，故園新思愴縱橫。客窗寂寞催寒雨，短燭單衣感別情。」過無錫懷薛曉帆湘云：「同趨北闕三千里，獨往南谿五六年。他日酒樽悲更遠，近時詩卷向誰傳？龍峰日没山光重，鶴瀆煙生樹影圓。思汝吟春復樗散，圖書雞犬載行船。」重謁商丘外家感賦云：「樓臺舊隱仍泉石，婢僕新來訪姓名。」懷耿石村雲南云：「三月鶯花仍輦下，九華煙雨夢梁州。」其餘七古如嵩嶽觀日出圖云：「老魚低目陰魅走，赤波剥剥鳴銅精。」又云：「黑風夜撼壁間松，一卷生紅照秋雨。」七絶如雜事詩云：「玉篦金合證蘭因，燕語鶯飛感夢春。剛是貴宮扶病起，下簾香細更無人。」詠張無頗。「一曲飛鴻急玉箏，螺杯璅碗酒還傾。王郎小妹工容態，魂斷豐肌帳底聲。」詠汝陰許生。「洛橋曉月憐紅淚，鄂渚清波怨緑裾。旎髮涵眉十年事，湘煙無限暮春初。」詠泛人。「惆悵詞人沈下賢，秦宮草長夢如煙。金鈿香繡高樓冷，摇落梨花似去年。」詠沈亞之。皆佳作也。此君稍假以年，直可追古作者。

吴鍾駿王東槐杜受田行狀

吴侍郎行狀，侍郎字畋聲，一字崧甫，號晴舫。父頤，嘉慶辛酉進士，户部主事、軍機處行走，嘗主癸酉科廣西鄉試，號得士。侍郎道光壬辰進士第一，以修撰主甲午福建試，得黄宗漢少宰。乙未主湖南試，得胡林翼宫保、孫鼎臣侍讀、何紹基編修，皆以經濟文章名。嘗兩任浙江學政，識拔多允衆望，爲山陽汪文端後所僅見。嘗舉爲學之方，分經學、小學、史學、文學、詩學、字學六條，爲告教，頒所部郡縣學以詔諸生。其經學、小學二條尤詳慎，得讀書之法。予之稍知向學，實源於此。先生詔人皆漢學，嘗以不得見先生著述爲憾。今行狀言，先生嘗謂經文多古音古義，非明於小學，不能審音定義，故於許氏説文參究最精。取近儒金壇段氏之説，删繁録要，成説文段注輯覽四卷。它著有群經音辨録七卷、禹貢舉要一卷、駢雅輯證七卷、師漢齋經義雜識十卷。生平無它嗜，藏書萬卷，經手校者過半，有漢書地理志校勘記一卷、唐文粹校勘記四卷、西漢文選十二卷、唐文薈鈔十八卷、唐詩選八卷、宋人律詩選二卷、劍南詩選二卷、元詩選十卷。自著悟雲書屋詩文集六卷、師漢齋試藝二卷，俱未刻，藏於家。先生嘗爲陳碩父刻詩毛傳疏，而自著者概未刻，蓋先生於癸丑六月歿於福建學政署，其撰述之志固未竟。今吴中遭亂，先生遺書當已不保，可愾惜也。

近來士夫稍知學者，無不言先生爲公卿中第一人，而皆以未見其書，遂疑其未嘗著作。予所交先生鄉人，如顧河之、張問月，皆好古力學，而亦不知先生著書如此之多。先生官吾浙最久，遺愛滿士林，而浙人無知其學者，先生亦未嘗有所率厲提倡，其不肯以根柢示人耶？抑薄待後生而以爲不足與學耶？是不可解也。

先生嘗直上書房，授瑞敏郡王讀，以文字受宣宗知最深，嘗呼爲「老教讀師」。乙未歲，以在假未與翰詹大考，宣宗語之曰：「汝寫作俱佳，如與試，未有不前列者。」己酉歲，上書房考試試差，以方攝倉場總督，未與試，特詔視學浙江。謂曰：「汝學問素好，朕早知之。」丁未歲，禮部遵旨議文廟禮節，删去自行一叩禮；更有議欲酌改移拜位至階上者。先生曰：「文廟拜下，歷代相承，今欲從簡而議拜乎上，此正聖人所謂泰也。」具疏力言其不可，遂止。今上御極，詔開言路，先生請慎擇州縣官；又請宫殿廟宇及地名、官名宜避大行皇帝諱，皆報可。其自浙江學政移福建，時黄少宰方撫浙，餞於江干，先生贈以「佩韋」二字。及先生殁，少宰挽之云：「韋佩敢忘兩字，心喪何止三年。」此皆可紀者也。

王觀察字蔭之，由檢討官御史、給事中。道光二十八年，詔議開礦章程，觀察即日上疏，謂「督撫奏請開采，決非廉吏；紳士呈請開採，斷非良民。既乖政體，且開亂源」。事遂得寢。三十年正月，今上初即位，詔以大行遺命，無庸建立聖德神功碑。謹當遵行。至諭令無庸郊配廟祔，事關崇鉅，下群臣集議。觀察上疏曰：「蓋謂德有無窮而禮有所止，后稷配天，不及文王，文王配帝，不及武王。我朝七聖配天，亘古未有，聖聖相承，傳世永久，郊壇之上，必無餘地。大行皇帝洞見唐、宋之失，遺命不行郊配之禮，裁義至精。夫讓善祖宗，至孝也；立法垂世，至仁也。拘相衍之成例，昧繼述之遠圖，使至德顯謨，掩而不彰，臣子之所不敢出也。臣愚以爲郊配之禮，宜謹遵硃諭，無庸舉行，爲得禮之宜。」奏入，忤旨，還其疏。未幾，又疏陳初政缺失，所指斥事關親王樞相，留中不報。時以國用支絀，言利之徒乘新政得間獻計，觀察上疏謂正供之外，別無生財之法，剴切二千餘言。未幾，擢内閣侍讀學士，出爲湖南衡州府知府。故事，學士外擢，次當得按察使或布政使，無爲知府者。上召見，問以官階，次日，上語左右曰：「湖南當李源發滋事，特令王某拊循之耳。」旋擢福建興泉永道，移湖北鹽法武昌道。壬子八月，備粵寇於岳州，旋丁母憂，返武昌。十二月初四日，賊陷武昌，觀察溺幼女於井，與妻蕭氏皆自縊，幼子去病被掠去。事聞，廕其子宜勗世職騎都尉，又賞其三子皆舉人。若觀察者，可謂真諫官矣。

予自入都，所見鉅公誌狀以百數，往往位望極崇，而無一事足録，或强文飾之，皆游移不根。若吴公之文學，王公之風節，近之碩果也。吴公必入儒林傳，王公當入列傳，不宜以忠義一節録之矣。兩公事皆彰灼在人口，故特記之。又其行狀皆蕪穢不成文字，用亟取其事，使有聞於世。杜文正列傳乃國史館稿本，文正以今上授讀恩，備歷榮貴，殁贈太師，賜上謚。手詔有「日承清誨，銘切五中，卿之不幸，實朕之不幸」及「十七年情懷，付與逝水」等語，恩禮之隆，冠於昭代。其殁也，以咸豐二年五月，命偕福州將軍怡良赴山東、江南查辦災賑事務，行次清江浦暴卒，時豐北決口未合，兩省水淹者甚廣，州縣紛紜，杜公操之急，至山東，盡以事屬藩司劉源灝，甫抵江南界而殁，外間頗有異論。杜公嘉謨碩畫，無所表見，聞其造膝密勿，挽回爲多，天下至今惜之。傳文皆謄吏牘，蕪穢不治，全無可採。惟載咸豐元年詔罷增生、附生報捐，復設訓導。先是，道光二十二年，給事中李蒓奏開是例，下部議行，文正疏言：「教授、學正、教諭、訓導，品級雖殊，師儒則一。向例祇準廪生報捐，若增生、附生，歲科兩試，未居前列，必是文理中平，甚或荒疏譾陋，苟力能援例，皆得抗顔爲師，將優等者凡屬寒畯終爲生徒下等者，苟有資財便爲師長，學問文章皆可不論，考課懲勸將何所施？隳士子讀書向上之心，妨國家造就人才之道。」至是給事中汪元方亦以爲言，遂得停止。又道光二十七年，奉旨删去文廟丁祭自行一叩禮之後，太常寺復奏準删贊跪承祭官跪一節，至是，祭酒勝保以爲言，詔下禮官議，文正議請上香獻帛獻爵時，贊引官仍贊跪，承祭官仍跪，拱舉畢而興。詔從其議。二事得儒臣之體焉。

白田雜著　清　王懋竑

十一日　閱白田雜著。予中先生爲樓村先生之從子。樓村年五十八中康熙壬午舉人，次年癸未會試、殿試皆第一。先生亦年五十一始成康熙戊戌進士。世宗朝，以安慶教授與漳浦蔡文勤公同被召，爲翰林院編修。蔡公傅高宗，而先生傅和親王，年餘，丁母憂歸，遂以病廢。生平最用力朱子之學，而辨别其真僞。謂綱目係初年未定之書；家禮並非所作，條疏而指駁之。即四書集注，如盤銘、鴻雁、麋鹿之類，皆多所訂正。其他如論公子之宗道，謂一君之後爲一大宗，百世不遷，周公、康叔、蔡叔各分封，而周公爲長，故以魯爲宗國。至孟子時，滕之臣猶稱吾宗國，而别子各爲祖不相宗之説非。考孟子入梁及齊伐燕之歲月，謂入梁當從通鑑惠王之後十四五年。通鑑從竹書紀年，惠王三十六年始稱王，更爲後元年，至十六年卒，子襄王立。齊伐燕當從史記爲湣王十年。史記誤以惠王後元年爲襄王元年，於是謂襄王元年稱王，五年予秦河西地，七年盡入上郡於秦，十二年楚柱國昭陽敗其兵於襄陵，與孟子不合。又於襄王之後、昭王之前多哀王一代，與世本亦不合。此當從通鑑者也。通鑑不知孟子中「齊宣王」皆「湣王」之誤，遂以爲齊宣王十九年伐燕，殺王噲，是年宣王卒，子湣王立；又二年燕人立太子平。不知宣王卒於周顯王之四十五年，又三年爲慎靚王元年，燕王噲始立，又七年齊人伐燕。温公欲附會孟子，乃上增齊威王十年，齊威王卒於周顯王之二十六年，在位三十六年，通鑑謂卒於顯王三十六年，在位四十六年。下減湣王十年，齊湣王即位於周顯王之四十六年，在位四十年，通鑑謂立於赧王之二年，在位三十年，而移宣王之十年以就伐燕之歲。其增減皆未有據。而謂燕人畔在湣王時，與孟子亦未合，此當從史記者也。至戰國策以伐燕爲齊宣王，亦後來以孟子而改。按蘇秦死於齊湣王之初年，蘇秦死，蘇代乃出遊，説燕王噲讓國，其非宣王時明矣。辨漢火德之説起於王莽、劉歆，東漢因之，謂封禪書黄帝得土德，夏得木德，殷得金德，周得火德，秦得水德，蓋本鄒衍説，秦始皇用之，以周火德，秦滅周，從所不勝爲水德。漢初用赤帝子之祥，旗幟尚赤，而自有天下後，仍襲秦舊，故張蒼謂漢爲水德。文帝時，公孫臣言當改用土德，色尚黄。至武帝改正朔，色尚黄。至劉歆三統曆，乃謂夏得金德，殷得水德，周得木德，秦在木火之間，漢得火德。王莽篡位，自以黄帝之後，當爲土德，而用劉歆説，盡改從前相承之序，以漢爲火德。東漢重圖讖，以赤伏符之文，改用火德，班志遂以屬之高帝，誤矣。賈誼諸人説皆以漢爲土德也。元后傳，莽更漢家黑貂，著黄貂，此則漢因秦舊，用水德之未改者。皆確鑿可據。故精博雖不及後來諸家，亦説部之善於辯證者。

論史事兩卷，兼訂通鑑及綱目之失，亦多謹嚴。所論僅自秦迄晉，於三國事尤詳，雖間不免頭巾氣，然如謂蔣濟乃爲司馬懿所劫，非懿之黨。李豐、桓范，魏之忠臣，莫有過者，陳壽不立李豐傳，其所叙皆不足據。高柔、盧毓、傅嘏皆黨附司馬，爲魏逆臣，通鑑叙李豐事，載其父恢語，及傅嘏、杜畿論豐語，皆出傅玄所撰傅子，玄乃嘏從父兄弟，其言皆出愛憎之口。王祥以至孝稱，而濡跡魏晉之際，與吴之孟宗同，皆爲可惜。張昭爲吴之社稷臣，其議迎曹操，亦過爲權計，不欲以孤注一擲。江表傳謂權即尊位，會百官曰：「如張公之計，今已乞食矣。」昭大慚，伏地流汗。昭之剛直，權夙見憚，必無此事。魯肅意欲協和吴、蜀，故臨殁不薦吕蒙自代。潘濬以治中典留荆州事，乃與傅士仁共守公安而聽其迎降，及孫權慰勞，遽下地拜謝，更爲權用；樊伷謀以武陵郡附劉氏，而濬自請兵往討平之，此全無人心者。楊戲季漢諸臣贊，列濬於麋芳、傅士仁，誠不爲過。孫策禮任張昭、張紘、虞翻，權皆不復用，昭幾不免，翻且竄死，陸遜亦以憤恚卒。周瑜、魯肅幸早死不與其禍，而亦恩不及嗣。惟顧雍、潘濬從容諷議，得安其位，所愛重者惟吕蒙、凌統、甘寧、周泰輩，遠不逮策。皆有特識者也。

周光祖詩　清　周光祖

十二日　雪甌來，以近作五律五首見眎，皆穩秀老成。如「盆花招瘦蝶，硯水潤饑蠅」、「一水繞修竹，數峰明夕陽」、「谿魚朝曉日，山鳥落初花」，上足希大曆十子，下不失永嘉四靈。雪甌在言社同人中，亦錚錚健者。自去年入都相見，從不言詩。予甚疑其此事已荒，頗時規以宦情太濃，文章竟廢，殊非向來學行相友之心。乃不料其所作殊能自進。雪甌氣豪質麄，昔年律詩無此境界，蓋近日頗肯讀書所致也。

唐史論斷 宋 孫甫

十三日 閱唐史論斷。此書爲孫公一生精力所注，極自珍秘，司馬、歐陽諸公皆甚推重之。其議論按切情事，平正可依，無宋人迂疏刻覈之習，雖筆舌冗滯，固不害爲有用之書。東坡舉其所論「褚遂良不譖劉洎」、「太子瑛之廢由張説」、「張巡之敗緣房琯」、「李光弼不當圖史思明」、「宣宗有小善而無人君大節」五事，謂皆舊史所不及。然正不止此也。

閱秀水諸氏錦饗禮補亡，寥寥數葉，聞後來有補之者，尚未見及，然其辨疏皆謹慎不苟。

玉堂薈記 清 楊士聰

夜閱楊士聰玉堂薈記。士聰明末以諭德降闖賊，竄名逆案者。此書乃崇禎癸未所作，所記皆當時朝事，亦間及詼諧戲瑣。其叙述國故，多有可觀。其書頗不經見，此乃寫本，上書「乾隆五十二年門下宗再姪臨泗録」，不知何人，所寫訛脱甚多。士聰自序謂彙爲一帙，此乃分爲兩卷。又有細注删去

「緬鈴」一條。予嘗見楊山松孤兒籲天録，言士聰此書力詆其父嗣昌，至有槃瓠遺種之詈，今此本亦無有。又見禁書目録，載此書在抽毀類，然則此本固非全書矣。其中議論頗平允，惟不滿於張天如，其餘好惡俱無所偏也。

羅昭諫集　唐　羅隱

十五日　閲羅昭諫集，詩文共八卷，康熙中新城令張瓚所刻，四庫所收即此本。惟此本第八卷即兩同書，而四庫書目既於集部别集類收此八卷，復於子部雜家類列兩同書二卷，當數重出，殊不可解。昭諫所著讒書，自文粹所選外，不可得見，四庫亦無有。顧澗蘋思適齋集中有讒書跋，謂係拜經堂本，蓋武進臧氏刻者。讒書乃吴兔牀校刊，所謂拜經樓本是也。嘗問河之，云其家有之，今毗陵之板當已不保矣。昭諫詩格雖未醇雅，然峭直可喜，晚唐中之錚錚者，文亦嶄然有氣骨，如其詩與人也。

十一月

茶餘客話　清　阮葵生　東皋雜鈔　清　董潮

初三日　閲山陽阮吾山侍郎葵生茶餘客話，十二卷，頗多紀國朝掌故。海鹽董曉滄庶常潮東皋雜鈔三卷，雜論古今以及詩詞瑣事，與客話略同，雖嫌簡陋，然其論隋書不立文中子傳，蓋魏鄭公等欲尊其師，不屑與文學諸人伍，勢必別立世家，如史記之於孔子，而又無此體，故並此不書。又論吴虎臣漫録引晉孫綽表哀詩序，有「敢冒諒闇之譏以申罔極之痛」語，謂人臣亦可以言「諒闇」。按晉書山濤遭母憂，武帝詔有曰「山太常雖居諒闇，情在難奪」，是晉時固通稱。二條獨可取。他如載錢蒙叟獻豫王禮帖子，及見弘光於南京司禮監韓贊周第，伏地痛哭；又順治丁亥被逮繫金陵獄，而寄河東夫人詩，謬以東坡御史臺寄弟爲寄妻，且其時原配陳夫人尚在，而竟以河東君爲妻，足見其不惜行檢。載陳相國之遴之娶徐夫人事及相國獲罪始末；又謂相國於甲申四月作燕京雜詩十二首，雖蒼涼悲壯，頗多局外快心之語，蓋相國在明季以奸臣子永不敘用，故於其亡有幸心焉。載李穆堂主康熙辛卯會試得罪事，皆他書所不詳。

客話嫺於文獻之學，間及考古，則多疏舛。阮由乾隆壬申舉人，官至刑部侍郎。

社事始末　清　杜登春

初五日　閱杜登春社事始末。登春字九高，號讓水，華亭人。其祖萬曆丙辰進士，始與同郡爲「曇花五子」文會。父麟徵，字仁趾。崇禎辛未進士，官職方主事。於天啓中魏閹誅東林時，首倡「燕臺十子」之盟，旋與夏彝仲等六人立幾社，而張天如、周介生等立復社，兩社同時盛興，遂以黨禍綿結四五十年，自天啓至國朝康熙，歷兩姓四朝，屢釀事變而始歇絶。登春於崇禎癸未，已與夏存古等舉西南酒朋會，爲幾社後起，入國朝始補諸生，由拔貢官翰林孔目，外授知縣，終處州同知。此書詳載復社、幾社以及求社、景風社、贈言社、雅似堂、昭能社、同聲社、慎交社、原社、恒社、春藻堂、大雅堂之源流分合，水火消長，人才盛衰，世局變遷。登春承籍家世，鼎革後又久執牛耳，故所紀較吴梅村復社紀事諸書特詳。當日所尚，無非八股文字，而侈然號召，高自標置，所刻文或曰國表，或曰名山業，或曰秉文，直同喪心病狂，而張天如至謀起周宜興以固社局。順治中，疊經丁酉科場之創、己亥江上之獄，奉明旨禁社事，劉安邱相國至列之不赦之條；繼又有辛丑奏銷之案，而士氣囂張，侈口壇坫，結習日深，殊可厭惡。然其時文章氣節之士，無不出其中者。且朝廷既以時文取士，講究舉業，亦是分内事。比數十年來，國家開科愈數，貢額日增，而巍科上第之文，幾於不通一字，取士者無所謂程式，應試者無所謂揣摩，上下瞢然，相遇以詭，亦無有言及選政者。功名之事尚然，況古學耶？予嘗謂時文不出二十年，必爲功令所廢，即此可知也。

登春此書，可以考見易代之際六十年間東南風會，而朝政大局亦因以見。其記社中死節諸公，如吾邑祁忠惠彪佳死所居寓園池中，而以爲守邗溝死；東陽張忠穆公國維死金華，而以爲守京口死；周仲馭以弘光時與雷濆祚同死獄中，而以爲死於金沙破日；慈谿馮留仙、鄴仙兄弟，俱以甲申國變後間道南歸，相繼病卒，未及見南都之敗，而以爲起兵死，又何其舛也。

新唐書　宋　歐陽修　宋祁

初六日　閲新唐書張貞武孝忠、張獻武茂昭父子、田忠愍弘正、田孝公布父子、李恭公、揆，由宰相貶袁州長史。常河內、袞，由宰相貶河南少尹。趙貞憲憬、崔玄宰、造，以給事中拜相，罷爲右庶子。齊忠公映，以中書舍人拜相，貶夔州刺史。盧子玄邁、趙昭公、宗儒，以給事中拜相，罷爲右庶子。姜愛州、公輔，以諫議大夫拜相，罷爲左庶子。武忠愍元衡、李貞公絳、宋貞公申錫、顏文忠真卿、馬莊武燧、渾忠武瑊、李莊威、元諒，即駱元光。韓襄公游環諸傳。

新唐書　宋　歐陽修　宋祁

初七日　閱唐書杜宣獻黄裳、裴弘中垍、李貞簡藩、韋文公貫之、貫之子貞公澳、貫之兄綬、綬子孝公温傳一卷。高威武崇文，子敬公承簡、伊壯繆慎、朱靈公忠亮、劉威公昌裔、范宣武希朝、王魏公鍔、孟趙公元陽、王成公、栖耀，子威公茂元。劉公明、昌，南川郡王。趙成公昌、李豐州景略、任襄公迪簡、張萬福、高固、郝玭傳一卷。李光進終振武節度使。及弟忠公光顏、烏懿穆重胤、王沛、終忠武帥。楊元卿、終宣武帥。曹華、終義成帥。高瑀、終忠武帥。劉沔、終忠武帥。石雄終鳳翔帥。傳一卷。于厲公頔改謚思。傳一篇，康承訓終河東帥。傳一篇，李逢吉、謚曰成。元稹、牛僧孺、謚文簡，字思黯。竇群字丹列。及弟常、字中行。牟、字貽用。庠、字胄卿。鞏、字友封。劉栖楚、張又新、楊虞卿、字師皋。楊漢公、字用乂。楊汝士、字慕梁。張宿、柏耆傳一卷。姚貞公南仲、獨孤憲公、及，字至之。顧敬公、少連，字夷仲。韋獻公、夏卿，字雲客。段平仲、吕元膺、字景夫，終吏部侍郎。許憲公、孟容，字公範。薛存誠及子廷老、字商叟。李貞公遜及弟建傳一卷。

宋景文贊以「杜黄裳善謀，裴垍能持法，李藩鯁挺，韋貫之忠實，皆足穆天綷，經國體，撥衰奮王，菑攘四方。憲宗中興，寧不謂得人而致然耶？」李貞簡清執持相體，終始節概可觀，然當吴少陽請繼旌節時，不能決計討蔡，勸帝以節授之。韋文公能決鎮蔡之不可兼討，又料討蔡置韓弘爲都統，及令烏重胤、李光顔連營，謂諸將必持重觀望，久而始克，皆爲善於謀國。然當盜殺武忠愍時，白文公請急捕盜，而韋不悦，是先亦怵於藩鎮之焰矣。要之，憲宗時宰相，杜宣獻、裴文忠、李貞公絳、裴弘中爲最；李貞簡、韋文公、李忠懿次之。

予謂元和人才可稱極盛，足以上追漢之元朔，下軼宋之慶曆，而史臣未極鋪張，故跡較晦，所贊四人，未極其致也。康承訓平龐勛之亂，功烈第一，乃僅酬以河東一鎮，而即爲韋保衡、路巖所貶，唐之不競，宜哉。楊漢公拜同州刺史，鄭裔綽爭之，既詳叙於裔綽傳，復見於漢公傳，一字不異，此亦子京失檢處。

十駕齋養新録　清　錢大昕

初十日　錢辛楣養新録論郡望，言朱有沛國、義陽、吴郡、河南四望，而今人但稱沛國。沛之顯者，在漢爲朱浮，今朱氏不皆祖浮也。三吴之朱，當稱吴郡，若徽國之後則依文公自稱新安可也。張有清河、南陽、吴郡、安定、敦煌、武威、范陽、犍爲、沛國、梁國、中山、汲郡、河内、高平十四望，而今人但稱清河。張之顯者多矣，如季鷹、思曼之裔，則當云吴郡；茂先、道濟之裔，當云范陽；西平公軌之後，當云安定；平子之裔，當云南陽；不應概稱清河也。

廣韻顧姓出吴郡，不聞有他望。今顧氏所祖，不曰雍曰榮，則曰野王曰況，皆吴人也，而改稱武陵，謬矣。

陸有吴郡、河南二望，河南之陸出自鮮卑，本步陸孤，魏孝文時改爲陸氏。今陸氏皆宗績、續、遜、抗，則爲吴郡審矣，而轉有取於代北之陸。間有不稱河南而稱平原者，或以士衡爲平原内史而稱之，則吾未聞以所歷之官爲郡望者也。

又今人姓金者多稱其望曰彭城，此承吴越避諱，改劉爲金，姓改而族望未改，如仁山之後稱彭城，是爲當矣。若日磾之裔，出於匈奴渾邪王，封侯纍世，久居三輔，不應冒彭城之望。又謂自五季之亂，譜牒散失，至宋而私譜盛行，士既貴顯，多寄居他鄉，不知有郡望者蓋五六百年矣。故言王必琅邪，言李必隴西，言周必汝南，其所祖何人、遷徙何自，概置弗問，云云。

予按王氏太原之望，先於琅邪，漢司徒允時，祥、覽猶未興也。允傳已言世仕州郡爲冠蓋。又魏太尉王淩，允之姪也，先祥、覽而顯。晉時琅邪大興，而太原自魏司空昶，王渾、王濟、王濛、王恭皆此一支。至晉平北將軍坦之，亦世爲名臣。坦之子忱與國寶等始以貴驕敗，自是琅邪愈盛，而太原遂不振。然太原王瓊之族，大顯於北朝。至陳、隋以後，琅邪應「淮水絶，王氏滅」之言。唐時琅邪已遠不及太原，李肇國史補言滎陽鄭，岡頭盧，澤底李，土門崔，四姓皆爲鼎甲，太原王亦四姓之匹。至宋益微。

又按新唐書王貞公徽傳，徽京兆人，僖宗時爲宰相，號名臣，譜言其先本魏諸公子，至漢徙關中霸陵，以其故王家，遂爲王氏。徽十世祖羆，仕宇文周爲同州刺史，葬咸陽，子孫因家杜陵。曾祖擇從昆弟四人，至鳳閣舍人者三人，故號「鳳閣王氏」。訖大中時，登進士者十八人，位臺省牧守者三十餘人，是又於太原、琅邪外爲京兆一大宗也。

又按漢王陵沛人，王尊涿郡人，王章泰山人，王訢濟南人，王褒蜀人，王嘉平陵人，王商字子威，非成帝舅。亦涿郡人。而元后之父王禁，東平陵人，徙魏郡。其時惟王吉爲琅邪人，與諸家皆自爲族。東漢王常、王霸潁川人，王梁漁陽人，王丹京兆人，王堂廣漢人，王充會稽人，而惟王良爲東海蘭陵人，蓋即琅邪支也。魏晉時王朗東海郯人，殆亦與琅邪同族。而王修北海人，字叔海，與晉人太原王修小名苟子者爲二人。即王裒祖父，魏志王修傳作北海營陵人，而晉書裒傳作城陽營陵人，郡名改易也。王觀東郡人，王基東萊人，王經清河人，王隱陳郡人，是皆别於太原、琅邪者。今王氏惟稱琅邪，其稱太原者已鮮，餘無論矣。

吾李氏自漢將軍廣以來，稱隴西爲大望，至後魏而趙郡之李大盛，幾過於隴西，雖太和中定四海望族七姓，以隴西李寶爲首，趙郡李楷爲末，然魏書言孝文重門族，范陽盧，清河崔，滎陽鄭，太原王，並趙郡李爲五姓，衣冠所推。趙郡諸李人物尤多。世言高華者以五姓爲首。蓋隴西惟西涼武昭王後一支，趙郡則有東祖、西祖、南祖三支，又有申公房等。至唐代隴西爲皇族，而趙郡門閥猶盛，名相如李靖、李敬玄、李元忠、李絳、李吉甫、李德裕等，指不勝屈，然漸有冒隴西以自附皇族者。其賜國姓又不下百餘家，譜牒遂亂，不可識别。

又考漢有李尋平陸人，李通南陽人，李忠東萊人，李郃、李固漢中人，李修、李膺潁川人。魏有李豐（馮翊）人。晉有李熹上黨人，李密犍爲人，李重江夏人，李矩南陽人，又蜀李氏宕渠人，皆别於隴西趙郡者。至趙宋時有交趾李氏、西夏李氏。元代以後又有高麗李氏，明季遼東寧遠伯李成梁一族，即高麗之後，爲世將家。嗣更混淆淩雜，莫窮其原。

惟吾族自唐汝陽王璡以後，世系分明，代有傳述，乃千百中一二者焉。同邑山前村李氏，亦越中膏粱，而其家譜前列唐宗室，後云宋太尉忠襄公顯忠始遷於越。按顯忠本名世輔，係夏人降宋者。夏自拓拔思恭唐末以功賜姓李氏，何前後矛盾如是。近世不學，作志乘者往往不知檢史，遂有此等笑柄。

周氏汝南固爲巨望，而吴江夏太守周紡，爲吴郡陽羡人，傳子晉左將軍周處，孫（安豐）太守周玘等，世爲名將，是周氏有吴郡一大望也。

孔氏皆望曲阜，然春秋時如衛孔氏爲國大族，陳有孔寧，鄭有子孔，鄭公族，以祖之字爲氏。皆當有後人，不止宣聖一支。晉時吾越自孔愉後，名人輩出，爲會稽甲姓，則孔氏當有會稽望矣。

謝氏皆祖陳郡，而越之謝氏，自漢謝夷吾後，謝承、謝敷代有傳者。陳郡之謝，至東晉後始寓居於越，故晉初以孔、虞、魏、謝爲會稽四族，見世説。則謝氏當有會稽望矣。此類不可枚舉，因閲錢氏説，推論其大略如此。

拜經樓詩話　清　吴騫

十一日　閲海寧吴槎客騫拜經樓詩話四卷。槎客號兔牀，乾隆末貢生，以經學名，此書論詩俱無所解，所采入諸詩，亦都不足取。而考證數條，多新確可據。如據獨醒雜志，辨柳永墓在棗陽縣之花山，而真州仙人掌地之有柳墓，爲傳聞之訛。杜工部詩云「一戎終汗馬」，劉須谿以一戎爲不成語。海鹽胡宣子謂唐高宗有一戎大定樂。槎客更據梁元帝答群下勸進令有「一戎既定，罪人斯得」語，謂杜公有本。

容齋三筆誤據張茂先詩有「周任有遺規，其言明且清」二句，遂謂禮緇衣篇引詩「昔我有先」，正「其言明且清」，乃周任所作。槎客更據茂先詩上下文「責重困才輕」、「負乘爲我戒」二語，及文選此詩李善注引論語周任有言曰「陳力就列，不能者止」語，謂詩意乃恐違周任陳力就列之戒，而容齋云云，乃不觀上下文之過。

元錢惟善以七發之曲江爲即浙江，朱竹垞復以錢唐江干有廣陵侯廟，賦詩證之。槎客更據西湖遊覽志，廣陵侯乃宋陸圭，宣和中引兵攻方臘，敗之，没而與其三女效靈江岸，淳祐中封爲廣陵侯，賜廟號協順，謂宋之神號，不得以證漢之疆域。汪容甫述學中廣陵曲江證，言竹垞所據，以七發本篇有「弭節伍子之山，通厲胥母之場」語，不知浙江乃越地，非吴地。春秋吴越交兵，皆在今蘇州、嘉興二府之境，内外傳所謂江，並吴江也。又力辨竹垞謂江都更名廣陵在元狩三年之誤，皆甚確。

白樂天母看花墮井事，據陳直齋香山年譜引高彦休唐闕史所載甚詳，謂今鮑氏知不足齋所刻唐闕史無此事，蓋非全本。凡此類十餘條，皆可傳也。

新唐書　宋　歐陽修　宋祁

十二日　閲新唐書張憲公、薦，字孝舉。趙涓、李紓、鄭雲逵、徐岱、字處仁。王成公仲舒、馮伉、庾敬休傳一卷，又孔忠公、巢父，字弱翁。巢父從子貞公、戣，弟戡、戢，戡子温業。貞公孫緯、字化文，僖宗、昭宗時宰相，司徒、魯國公，贈太尉。穆寧、寧四子贊、質、員、賞，崔文簡邠、德公、郾，弟鄯、鄲。柳元公、公綽，字寬，從父子華。公綽子仲郢、字諭蒙。仲郢子玭，玭兄璞、珪、璧。楊貞孝、於陵，字達夫。馬懿公總，字會元。傳一卷。

張薦傳載其祖鷟事之舛誤，馬總傳叙與劉總易鎮事姓名相混，吴縝糾謬、顧炎武日知録言之詳矣。孔巢父至馬總傳爲一卷，子京蓋以孔戡、柳公綽、崔邠、楊於陵、馬總等之不相爲可惜；而又以穆、崔、柳代爲孝友聞家，謂君子之澤遠。顧寧之才節最著，其初以一尉能拒安禄山，斬僞令，檄州縣，並力捍賊，從顔真卿於平原，抗李光弼於徐州，抑李忠臣於淮西。及被誣貶，處散位，移疾者屢，而奉天之難，間道奔赴行在，至帝還京，即以秘監致仕，皆人所難。其尤異者，賊攻平原，勸真卿固守，真卿不從，而夜亡過河，故見肅宗言「不用穆寧言以至此」，此尤見其才識真有過人者。

嘗謂當天寶之亂，真卿起兵平原時，河北二十四郡皆一時響應，使從李崿之計，賊可早滅，而真卿輕以河北招討使讓賀蘭進明，事權遂奪，進明一敗，乃致狼狽。然諸郡雖陷於尹子奇，而博平、清河猶固守，且已收景城鹽爲軍用，餉輸不乏。又其時□□以□□歸，劉正臣以漁陽歸，真卿能守平原，即可絶燕趙，使賊有後顧憂，而輕棄以赴行在，遂致河北隔絶，蓋魯公忠義有餘而材武不足，寧此言繫於唐之存亡甚大，惜無有表而出之者。史稱寧居家嚴，事寡姊恭甚，其所撰家令今不傳，而戒諸子語，以事親養志爲大，吾志直道而已，殊足見嚴氣正性之學。資暇録載寧命諸子直饌，稍不如意則杖之，諸子將至直日，必探求珍異，羅於尊俎，然未嘗免笞叱。給事謂寧中子質。直饌，鼎前有熊白及鹿修，曰：「白肥而修瘠，相滋其宜乎？」即以白裹修和之而進，寧果再飽。飯訖，曰：「誰直？可與杖俱來。」將拜杖，曰：「如此珍味，奚進之晚耶？」云云，似太不近情。匡乂所言，當傳聞之過也。寧官既不顯，贇與質立身皆有本末，而官皆偃蹇，員、賞亦未達蚤卒，穆氏後遂無聞，積善之報何如耶？

柳公綽、仲郢父子俱爲名臣，公綽政績尤顯，内行又俱醇備。舊唐書載公綽家法，中門東有小齋，每平旦，輒出至小齋，諸子等皆束帶晨省於中門之外。公綽與弟公權及群從弟再會食，自旦至暮不離小齋。燭至，則命子弟一人執經史，躬讀一過，乃講議居官治家之法，或論文，或聽琴，至人定鐘聲起，然後歸寢，諸子皆昏定於中門之内。其肅雍愉懌之風，千載下令人羨豔。

仲郢子玭作家訓，推本於孝義節儉，言皆可儆而易從。其曰「門第高者，實藝懿行，人未必信。纖瑕微累，十手争指。」尤足爲膏粱子弟痛下鍼砭。昔人謂馬援誡兄子書，深惡論議人長短，而乃斥杜保爲天下輕薄子，遂致結梁松、竇固之恨，卒以受禍，可謂自反所言。魏司徒王昶誡子書，亦以不言人過爲要，故名其子姪曰默、曰沉、曰渾、曰深，欲其顧名思義，而書中亦歷言同時諸人之失，皆違本旨。柳氏家訓盛稱崔瑄、裴寬、高釴諸家之德，而所戒者爲王涯、賈餗、舒元輿，蓋以三人皆已湛族，無所顧忌，乃得引以爲懲，而詞氣和婉，亦無過辭，其慮固較文淵、文舒爲深矣。顧玭終貶死，兄弟亦俱不顯，珪至被劾爲不孝，父仲郢爲訴其誣。士人以公綽治家埒韓滉，而珪被廢，爲之愧悵。而公綽從父子華，亦能吏，乃其曾孫璨爲負國賊，至傾其宗，諸柳嗣遂不振，是皆天道之不可知者也。

公綽太醫箴曰：「天布寒暑，不私於人。人謹好愛，能保其身。端潔爲隄，奔射猶敗，氣行無間，隙不在大。」又曰：「氣與心流，疾乃伺之。」又曰：「馳騁勞形，叱咤傷氣。」公度子華之子，附子華傳。云：「未嘗以氣海暖冷物，熟生物；不以元氣佐喜怒。」皆可謂養生實訣。

新唐書 宋 歐陽修 宋祁

十三日 閱李洧、劉景公澭、王承元、牛元翼、傅良弼、李寰、史孝章、史忠憲等傳。唐時藩帥偏裨多得王公爵，獨史忠憲爲魏博、田弘正牙將，討齊、蔡常爲先鋒，稱名將，閱三十戰。其兄憲誠盜魏節，表爲貝州刺史。後歸國，歷涇原、朔方、振武三鎮節度使，又屢著勳績，至檢校尚書左僕射，而封僅北海縣子，此唐中葉後所僅見者。劉晏、字士安，附元琇、包佶、盧徵、李若初及晏孫濛、晏兄暹、暹孫潼等傳第五琦、字禹珪。班敬公宏、王敬公紹、李巽傳一卷。關播、董恭忠晉、陸長源、劉全諒、袁滋、趙宗儒、竇恭惠易直傳一卷。張鎰字季權、姜公輔、武忠愍元衡、從弟儒衡。李貞公、宋貞公傳一卷。于頔、王智興、子宰。杜兼、兼從弟敬公羔，子中立。杜肅公亞、范傳正傳一卷。裴文忠度，子昭公識，弟諗。傳一卷。牛文簡僧孺，字思黯，子蔚、蘩，蔚子徽。李宗閔、字損之。楊孝穆嗣復，子授、損。傳。錢徽、字蔚章，起子。崔咸、韋表微、高鉽及弟銖、鍇，子湜、馮懿公宿、節公定、李虞仲、字見之，父端。李文公翺、盧簡辭字子策。及弟弘止、字子彊。簡求、字子臧。三人皆綸子，官皆節度使。又簡辭子知獻，官至太尉。弘止子虔灌，官祕書監。簡求子汝弼，官太原節度副使，而知獻子文度、簡求孫文紀，皆貴顯於五代時。高元裕、字景圭。子剌公璩。封敖、字碩夫。鄭薰、字子溥。敬肅公晦、韋博、李孝公景讓傳一卷。李固言字仲樞、李貞穆、珏，字待價。崔珙及兄琯、鄭文簡肅。附孫仁表。等傳。

李巽爲人忌刻，然史言其爲鹽鐵轉運副使時，自劉晏後職廢不振，賦入朘耗，巽涖職一年，較所入如晏最多之年，明年過之，又明年增百八十萬緡，其才誠有大過人者。憲宗時，如巽與程异、皇甫鎛、王播、王鍔等繼掌財賦，雖云藝貨倖進，爲賢哲所譏，然皆有智力，非專聚斂。邇時軍興，實賴其力。故其先德宗好貨，所用白志貞、趙贊、裴延齡等，皆誕妄小人，病民而無益於國。陳京、杜佑號稱儒者，亦全不知先王食貨之經，剥下奉上，卒以召禍。嗚呼！同一聚斂也，德宗用之而亂，憲宗用之而治。使貪使詐，知人爲難。元和中興之功，豈偶然哉？

劉晏、韓滉，皆唐功臣之最也。天寶、貞元之不亡，二人力也。晏同時有第五琦，滉同時有包佶，亦其次也。鹽鐵使始於琦，輕貨賤物使創於佶。劉晏自言如見錢流地上，真圜法名言。劉晏每朝謁，馬上以鞭算，質明視事，至夜分止，雖休澣不廢。李巽至治家亦句檢案牘，簿書如公府，吏股栗脅息，常如與巽對。疾革，郎官省候，巽言不及病，但與商校程課功利，皆可謂公忠能舉職者矣。

静志居詩話　清　朱彝尊

二十八日　閲朱竹垞静志居詩話，此乃錢唐姚某即先生明詩綜内録出者，刊校不精，然殊便於省覽，不特有明一代朝野人物巨細畢見，而審定格律，别白體裁，無不精慎，巍然爲詩教指南。又間附考據之學，自來談藝家無此大觀。予自辛亥夏，手鈔幾十之七，生平得詩法之正，實源於此，瓣香所在，不敢忘也。先生殊不滿於「後七子」，滄溟、子相、明卿諸家，俱未免詆諆太過。選于鱗詩祇七首。予嘗見李、吴二家全集，固嫌蕪累，然佳處自不乏。即陳忠裕皇明詩選一編觀之，滄溟七言律絶，本領卓然；宗吴亦盡存名什。竹垞至譏明卿爲不知詩，抑何言之過歟？又言永嘉張蘿峰深嫉文人，忮刻過於夏嚴。然文忠立朝自有本末，其以議禮進，亦援經據經典，具有識力，不得謂詭道進身。生平又服膺姚江之學，表章甚至，其同時八才子之罹謫貶，多由桂文襄主之，竹垞乃擠之分宜之下，亦乖好惡之實矣。

史通　唐　劉知幾撰　明　李維楨評　郭孔延釋

十二月初六日　同珊士、叔子小遊廠肆，以京錢十一緡買王禮堂先生十七史商榷一部，錢五緡買史通一部，明人李本寧、郭延年評釋。史通自經紀河間删訂爲史通削繁，世争行之，元本遂不多見，此最可恨。古書即極有疵病，必須存其真面目，文之佳惡，作者自有之，讀者亦可自知之。况子玄學識冠絶史家，其議論間有偏戾，乃恐以譏毁國史獲罪，故託於讆言，偏詆經籍，誠不得已而言，昔賢論之甚詳。河間博洽，北方之學無出其右，而亦爲此鹵莽，踵明人之惡習，殊不可解。

予得李、郭此本，深可喜也。本寧爲嘉靖七才子後勁。所著大泌山人集，繁富過甚，朱竹垞譏其並不知詩，觀此書所評，往往精當，史學殊爲有得。延年名孔延，姓名罕見，而所附諸評，亦多佳者。河間批點史通，原本所取者記以朱筆，其紕謬者則以緑筆點之，冗漫者則以紫筆點之，然皆有糾正語。涿州盧敏肅坤僅以朱筆所取者付梓，致成節删之本。

十七史商榷　清　王鳴盛

十一日　跋十七史商榷一通。乾嘉間經儒蔚興，跨唐躋漢，而兼精史學者，惟錢氏大昕及王氏鳴盛，皆嘉定人也。王氏經學最著者有尚書後案，其雜家考據之學有蛾術編，而此書爲史事之薈萃，所論兼及舊唐書、舊五代史，仍曰十七史者，併新、舊合言之也。援引之博，覈訂之精，議論之名通，皆卓絶今古。尤詳於新舊唐書。所考唐事，頗多與予日記諸條相合，竊自喜所見之不謬，而又恨昔賢之多先得我心，愈歎後來著書之難也。

王氏自序謂讀史猶之讀經，但尚考其典制之實，不必横生意見，馳騁議論。顧其書雖校訛訂逸居十之七八，而亦時有創論。如論漢高帝失信廢義，惟利是視；論項氏失計在立懷王。

張星鑑文　清　張星鑑

十五日　作片致張問月，還所作古文八篇。其贈何願船刑部序、贈吕定子編修後序，論國朝學術盛衰之故，皆實有所見。何序言漢學宋學之優劣，尤能切至，而深嘆桐城姚鼐倡宋學以攻漢學，至以戴東原絶嗣爲攻擊朱子之報，自是人習空疏，真學遂絶云云，尤見讀書有得。姬傳本文士，而妄思講學，其説又便於寡陋庸妄之人，狂吠一作，群狺轉甚，未及四十年，而户鄭家賈之天下遂變爲不識一字，横流無極，鄒爲作俑。嗚呼，是豈國家之福哉？因評問月此文，極論之。

宋元遼史之簡蕪

史至宋元，可謂極壞，而元史尤不成體裁。蓋史莫簡於遼，莫蕪於宋，簡而蕪者則惟元，鄙陋不文，疏冗無法，又盡去論贊，馬班以來史體爲之大變。景濂、子充皆不學之人，雖以文章濫得重名，其全集具在，迂蔓平弱，全無足采，宜其所就止此。

顧宋史自揭陽王昂撰宋史補，莆田柯維騏撰宋史新編，祥符王維儉撰宋史記，朱竹垞静志居詩話謂臨川湯顯祖、吉水劉同升咸有事改修，稿尚未定。梁諫庵瞥記謂聞前輩言湯若士有宋史改本，朱墨塗乙，某傳當削，某傳當補，某人宜合某傳，某人宜附某傳，皆注目録之下，科段分明。王阮亭分甘餘話謂臨川舊本在吴興潘昭度家，恨無從購之。許周生云潘中丞昭度曾欲重修宋史，先爲宋史鈔，摭拾最富，友人楊鳳苞曾見其殘稿十餘册。全謝山云，顧亭林亦曾改修宋史，身後歸徐尚書健庵。吴門陳黄中有宋史編，惟闕天文、律曆諸志。錢辛楣養新録謂餘姚邵二雲嘗有志改修宋史，擬作南宋事略，以續王偁東都事略，篇目悉依王氏之例，予爲酌定儒學、文藝、隱逸三傳目録寄之，今二雲没矣，索其家遺稿無有存者云云。予謂亭林、二雲兩先生皆博極群書，又勤於著述，而其書不成，蓋有關定數，非可以人力强者。以崑山之有力而好事，竟不能終顧氏之志，真宋人之不幸也。柯希齋新編，竭一生心力而成之，亦不爲世所重，竹垞笑其目未見徐夢莘三朝北盟會編、李燾續通鑑長編諸書。王損仲宋史記，明季時經潘曾紘招曾異撰、徐世溥更定其書，未成而罷，何其難至是耶？今所傳自柯、王二書外，有仁和邵經邦弘簡録、嘉善錢相國士升南宋書，皆疏略卑陋，反遜本書。然則如湯義仍、劉孝則、陳和叔諸人者，其書幸不成，成必無可觀也。

歸震川亦有意宋史，觀其集中附宋史傳贊一卷可見，然震川長於文而疏於學，亭林、二雲則又長於學而拙於文。嗚呼，晚近以來，兼三長者，蓋鮮其人，欲求史事之精也，得哉？使震川得與顧、邵並時，震川秉筆而顧、邵裁定之，當可追跡范、陳，俯視歐、宋，乃史册之極選，藝林之至幸矣。

竹垞謂宋、遼、元三史取材諸書具在，其他宋、金、元人文集約存六百家，郡縣山水志以及野史説部又不下五百家，及今改修，文獻尚猶可徵，嘗欲據諸書考其是非同異，後定一書，惜乎老矣未能云云。使朱氏已有成書，後之能文者從而撰述之，則可爲全美。而雅志不遂，無所稟承，豈天必欲使良史之絶於世而留此遺憾歟？抑固有待於後之人歟？

予幼喜觀史，迄今三十外人矣，學殖愈荒，文章不進，顧著書之念，嘗形寤寐，但得稻田五十雙，當築室湖塘柯山間，養親讀書，十年以後，更竭十年之力，從事南宋九朝，以成一書，不敢望過前人；而朱氏所列群書，按籍可徵，又資國朝閻、顧以下諸君子考證議論，以爲指南，遵而勿失，殫文辭以佐之，當不在王氏事略下耳。浮泊京師，心力困瘁，身叢憂患，家遭亂離，未知何日得償斯願，思之慨然。若元史，則邵遠平類編一書，亦無足重，每欲即其書爲之改竄，更補其志表論贊，竊恐未暇兼及矣。

史通　唐　劉知幾

二十三日　終日閱史通，内篇自六家篇至自叙篇，畢十卷三十六篇。又閱外篇惑經、申左兩篇、疑古一篇。子玄惑經、疑古之制，尤爲世所詬病；其惑經論春秋之書所未諭者十二條、虛美者五條，猶多近理之言。若疑古十二條，至痛斥堯舜以及周公，猖狂甚矣。

咸豐十一年

正月

吴越春秋　東漢　趙曄

初九日　閲趙曄吴越春秋。吾越人之著作，以長君此書爲最古。長君在後漢儒林傳，史稱其從杜撫受韓詩，究竟其術，凡二十年。所著此書之外，尚有詩細及歷神淵。蔡邕至會稽，讀詩細而善之，嘗稱詩細過於王充論衡。及還京師，傳之學者，咸誦習焉。顧仲任論衡，爲中郎所秘，今乃盛傳，而詩細久亡，殊可惜也。此書則紀述疏舛，辭意蕪傿，頗覺遠遜論衡。其云越王無疆傳子王尊，孫王親，始爲楚所并，與史記言無疆以争伯爲楚所滅者大異。長君越産，習於故老傳説，東漢時周末紀載多有存者，必非無因之言。況其時史記已盛行，長君博學，豈未之見？而故爲此異説，則必實有援據，較史記自爲可信耳。

列女傳補注　清　王照圓

初十日　以錢二十五緡買得臨海洪筠軒先生頤煊讀書叢録二十四卷、歙縣金輔之先生榜禮箋三卷、江都焦里堂先生循群經宫室圖二卷、高郵王文簡公經傳釋詞十卷、棲霞郝蘭皋先生配王婉佺安人列女傳補注八卷、又敘録一卷、列仙傳校正本二卷及馬令南唐書一部。計前日博進錢二十二緡，今日盡以買書，亦一快也。尚歉二緡，借之叔子。日晚捆載而歸，適奴子告煤乏，默無以應，據案縱閲，自憙而已。

南唐有馬、陸二書，陸書頗多而馬書殊少，家居時曾購得明代仿宋刻本，紙槧殊佳，而首册乃鈔補者，字多訛舛。今此本不知刻於何時何地，尚端整無大誤。

洪氏、金氏、焦氏諸家，皆近儒經學之尤異，向求其書未能得。洪氏著作尤罕見。先生尚有弟震煊，亦精經學。台州爲吾浙濱海僻郡，而同時洪氏兄弟外，尚有金先生鶚字誠齋、沈先生河斗及黄巖施先生彬，皆專精訓故考訂之學，有名於代，今則鮮能舉其姓氏者。諸君書皆不傳，惟誠齋先生求古録，長洲陳氏奂爲刻之吴門，予未之見也。

王安人名照圓，字瑞玉，山東福山人，所著尚有詩經小記。蘭皋殁後，安人爲梓其遺書以傳。臧在東序列女傳補注，謂其時父子著述者惟王石渠觀察、即懷祖先生。曼卿學士，即文簡公。夫婦著述者惟郝蘭皋户部及安人也，倡隨之樂，冠絶儒林，訖今令人豔羡。其書援據古籍，别正文字，甚爲精細，殆不免户部所助。國朝乾嘉間，周、秦、漢古書，悉經諸儒校勘，罔不真審，而此書出於才媛之手，尤千古罕見。末附臧氏、王氏父子及馬瑞辰、胡承珙、洪頤煊、牟房、王紹蘭諸先生校正六十五條，皆精確。牟字星農，山東棲霞人，嘉慶戊寅舉人。官浙江知縣，曾署會稽縣事。其父廷，本名廷相，字默人，以優貢官訓導，著書數十種。但牟君爲縣時，試童子，曾拔予第一。其人絶不知文，予曾接其言論，全無學問，此又不可解也。

錢唐梁諫庵先生玉繩嘗謂，向與孫頤谷侍御志祖及仲弟處素履繩校正列女傳，欲刻入盧抱經群書拾補中，未果。嗣元和顧之逵字抱冲重鐫是書，其季廣圻即千里先生。作考證，多與舊校者相同。因取顧所未及者數十條，刻於所作瞥記之末，中亦多盧校語，云云。顧氏書，揚州阮氏所刻，其考證又刻入學海堂經解續集，暇當取梁氏所校者與此本參勘一過也。顧氏列女傳即近所行上截圖像、下截文字之本。顧氏所刻列女傳另是一書，仿宋畫者乃阮氏校刊，今入文選樓叢書。

説文解字述誼　清　毛際盛

二十二日　閱歙縣吴小巖雲蒸説文引經異字三卷、寶山毛清士際盛説文解字述誼二卷、説文新附通誼二卷。清士爲錢氏大昕弟子，此書多載其子生甫嶽生説，及生甫弟子嘉定王宗涑字叔倈。説。蓋清士既著是書，生甫續加考訂，王君復增益之，經父子師弟三人而始成，亦可謂難矣。吴縣潘榕皋奕雋説文蠡箋一卷。榕皋爲太傅文恭公世父，以曹郎致仕，重宴瓊林，加四品卿銜，著有三松堂集，以詩及書法名。吴氏書備載經典文字之與説文所引異者，據石經爲本，而參考他書。毛氏新附通義，取徐鼎臣所附字而證以古即某字，博稽故籍以發明之。潘氏書本名説文通正，乃備列古字之通用假借者，於經傳史子金石，搜括靡遺。三書皆説文支流之學，然非綜貫群言，又多見古本，不能爲此，有益於學者甚大。

乾嘉間，許氏之學極盛一時，窮探旁討，各信其說，而要以段氏玉裁説文解字注爲集大成。次則嘉定錢可廬先生大昭説文統釋六十卷，曲阜桂未谷先生馥説文義證五十卷，皆此學之奥區。錢書未刻，而近儒諸書引其説者已多。桂書曩歲始刻成於京師，後之治小學者，以段爲之經，錢、桂爲之緯，餘子爲之翼，則文字之精無不究矣。吴、毛、潘三書皆最後出，名不甚著，而古今字之增減，正俗字之分合，一覽了然，尤便記誦，其資助來學，誠非淺鮮。前賢爲其勞，後人爲其逸，即此是也。今日神思極昏，心目不接，閲之殊若罔罔。

經説 清 吴夌雲

二十六日 閲嘉定吴客槎明經夌雲經説三卷、小學説一卷、廣韻説一卷。客槎字德青，與錢辛楣氏同時，錢氏養新録中已采其説。經説本名十三經注疏鈔最，乃取其文字、聲音、訓詁之互異者，折衷許氏，爲之辨覈，至爾雅而止，尚闕孟子一經。小學説乃其較讐説文之稿本。廣韻説亦本名廣韻鈔最，嘉定王叔侯宗涑爲删節勘定，而海鹽陳偉長其榦刊行之，易以今名，多附王、陳兩君案語，皆能有所是正。

清波雜志 别志 宋 周煇

二月初六日 閲宋周煇清波雜志十二卷、别志三卷。自丙辰閲一過後，訖今重復，多已茫然。其中論古者寥寥，考據尤疏陋，惟儲胥、六詔二條稍可取。所載宋官制，則多可補史志之闕，其記神、哲、徽、高間事尤詳。於宣和北伐之舉，備載鄧洵武及柴欽、趙隆、安堯臣等諫沮之言；而於陳公輔所記蔡京不欲伐燕一節，亦詳書之，而疑其言出於高棟，謂恐不足憑，殊得好惡之正。四庫書目提要謂其以其祖與王介甫爲中表，故親串之間，不無回護，猶王明清揮麈諸録曲爲曾布解，云云。按其中如荆公爲錢公輔撰母夫人墓誌一條，言其執拗不止新法；日録一條，言神宗實録，王、蔡造端矯誣，亦未全爲左袒。惟屢稱秦會之，且言其文字簡古，是則可議者耳。

石笥山房集　清　胡天游

初八日　閲胡稚威先生石笥山房文，乃道光丙午山東所刻本，嗣又有淮上本，所載較多，訛舛亦稍正。聞杜儆君煦有手校本，搜采更廣，惜未梓行。此本文僅六卷，魯魚帝虎，幾不可讀。先生文之工，固不待言，其經學尤絶。乾隆丙辰舉鴻博，辛未舉經學，皆以先生爲第一。惜其書無傳。今惟散見文集中，若湯陵考、古冀耿地辨、耿非祖乙所遷辨、論周尺、與周内翰論洪範書數篇耳。先生自言嘗作地表一書，今亦無存。相傳其著述爲阮文達以千金購去，然儀徵經學自有本末。其所傳若詩書古訓、考工記車制考、十三經注疏校勘記、曾子十篇注、纂述歲月，皆可考見。他若大戴禮注釋、儀禮注釋，皆其專治之書，而未見於世，或疑文達揅經室集中諸經説，當有取之先生者，然以文達爲人大概觀之，斷不至是。其未爲諸生時，已爲汪氏中、凌氏廷堪諸經師所盛推，豈肯攘他人之作以爲己有？況儀徵表章同時諸儒不遺餘力，贍其家，刻其書，惟恐知之不盡，何獨於先生而遺之？且效郭象、何法盛之故智耶？蓋先生詩文皆隨手散棄，其所撰纂尤不自愛惜，遺失殆盡，固非儀徵所能見矣。

吾鄉之碩儒，以王方川先生及先生爲最，次則家松雲先生，皆無著作傳世。即儀徵詁經精舍中人，若何先生蘭汀、顧先生廷綸、劉先生九華，亦泯然無聞焉，足見傳者之難矣。王先生名增，乾隆辛卯進士第二人，由編修左遷知縣。松雲先生名堯棟，乾隆壬辰進士二甲第二人，累官至雲南巡撫。鄉先生之有遺書者，惟茹三樵先生敦和易學十種，最爲漢學之精詣，顧世不甚行。樊先生廷筠孟子注疏校補，其書未完，亦鮮獨絶之義。稍傳於時者爲范蘅洲先生家相詩瀋及三家詩拾遺兩書。國朝山、會人著書收入四庫者亦惟此兩書耳。

學行記　清　汪喜孫

十六日　午後遂詣廠肆看書，購其汲板初印三國志、全謝山鮚埼亭外集、汪氏學行記三書，俱不成。學行記乃汪氏中之子喜孫所輯，皆近儒著述之論其父書及同時往返論難之作，並墓志傳贊，共成二卷。

元遺山文集　金　元好問

十七日　閱元遺山文集。遺山詩格固高，文亦屹爲金元間一大家。元世潘文僖昂霄著金石例，屢引其所作爲據。詩集爲毛氏汲古閣刻本，所在多有，而文集罕得見。康熙間，無錫華希閔曾即元人刻本翻刻，流傳亦甚鮮。此本乃道光丁未定襄李鎔經合詩文刻之京師，錯迕訛奪，字畫甚惡，書有愈刻而愈亡者，即此是也。其文碑誌居十之八，多可考見史事，文亦落落大方，殊有風氣。而重滯平衍，時亦不免，頗覺遠遜於詩。與宋之周益公、樓攻媿，元之郝陵川、危太樸，先後相斠，蹊徑如出一致。其東平行臺嚴公實碑、雷希顔淵誌銘，最爲佳作。贈鎮南軍節度使完顔良佐即陳和尚碑獨拙劣，中叙其大昌原、衛州、倒回谷三戰之捷，及鈞州之死，皆闇寞率易，毫無生氣。而前後叙述非要，乃轉蕪冗。他作往往以空議冠首，多宋人理學膚語，尤可厭耳。

納蘭詞　清　納蘭性德

十八日　去年定子太史以成容若納蘭詞屬評點，久庋不還，今日既暇，因爲加墨一過。容若詞，天分殊勝而學力甚歉。予於乙卯秋曾選其佳者録之，時於此事猶未深入，故別擇尚疏。其詞長調殊鮮合作，小令、中令，多得鍾隱、淮海之悟。如：「寄語釀花風日好，緑窗來與上琴弦。」「記得別伊時，桃花柳萬絲。」「糊罷祇思眠，江南四月天。」「剛與病相宜，瑣窗重繡衣。」「没個音書，盡日東風上緑除。」「風也蕭蕭，雨也蕭蕭，瘦盡燈花又一宵。」「月上桃花，雨歇春寒燕子家。」「被酒莫驚春睡重，賭書消得潑茶香。當時祇道是尋常。」「煙絲欲裊，霞光微泫，春在桃花。」「滿地梨花似去年，卻多了廉纖雨。」「五月江南麥已稀，黄梅時節雨霏微，閑看燕子教雛飛。」「一般心事，兩樣愁情，猶記碧桃影裏誓三生。」「畫船人似月，細雨落楊花。」「簷影誰摇，燕蹴風絲上柳條。」「甚日還來，同領略，夜雨空階滋味。」「一鉤殘照，半簾微絮，總是惱人時。」皆清靈婉約，誦之使人之意也消。故所作不及伽陵、竹垞之半，才力亦相去遠甚，而迄今談藝家與朱、陳並稱，繇其獨契性靈，冥臻上乘，亦非一家所能及也。此本爲道光丁酉歲鎮洋汪元治所刻，合飲水、側帽二集，又搜其遺賸，共得三百二十三闋，所作大約已備。惜校讎不精，又指其琵琶仙、秋水等調爲自度曲，蓋全不知此事者矣。

説叩　清　葉抱崧

二十七日　閱趙秋谷談龍録、南匯葉抱崧説叩。抱崧字方宣，諸生，所著雜載經史子中語，僅寥寥十餘葉，多直録本書，鮮所發明，亦多耳目所習者。惟據封氏聞見記進士試時務策五道、雜文兩道並帖小經，其後改帖六經。又據王貞白有帖經日試「宫池産瑞蓮」詩，謂明經亦有試詩，駁顧氏日知録唐以詩賦取者爲進士、以經義取者曰明經之誤。據通典稱明經先帖文，然後行試帖經之法，試帖之名，與詩賦無涉，駁西河毛氏以唐人試詩爲試帖之誤。據儀禮喪服傳鄭注「繩菲，今時不借也」，賈疏云：「此凶荼屨，不得從人借，亦不得借人。」駁今詞人以草屨爲不借之誤。皆確。

又辨福副二字，謂福方遇反，副普力反。顔師古曰：「副貳之副，本爲福字，從衣畐聲。今呼一襲爲一福衣，取充備之意。副義訓剖劈，詩云『不坼不副』，周官有『疈辜』，並其正義。」今書史假借，以「副」代「福」云云。按，所引顔氏語出匡謬正俗。曲禮曰「爲天子削瓜者副之」，副爲剖劈，自是正義。說文有副字，無福字。金壇段氏曰：「副之則一物成二，因仍謂之副。因之凡分而合者皆謂之副，訓詁中如此者甚多。」福字雖見於龜策傳、東京賦，然恐此字因副而制，豈容廢副用福？自以段說爲精。

續方言補正 清 程際盛

二十八日 以錢唐梁氏刻杭大宗續方言與南匯吴氏刻校讐一過，並録程東冶先生際盛續方言補正二卷於上。程原名炎，字奂若，江蘇長洲人，乾隆庚子進士，官御史，著有周禮故書考三卷、儀禮古文今文考、禮記古訓考、說文引經考、說文古語考各一卷。

三月

炳燭偶鈔 清 陸錫熊

初四日 閱上海陸健男副憲錫熊炳燭偶鈔，不盈二十紙，皆考覈史書誤文，多論史記、兩漢，其外僅晉書二條、宋書一條、南史一條、隋書一條、金史一條，蓋未成之本。然所考甚覈，於地理之學尤精。健男號耳山，乾隆中，與河間相國紀文達公同充四庫全書館總纂，書目提要多出其手也。

東觀漢記　漢　劉珍等

初五日　閲東觀漢記二十四卷，掃葉山房翻刻武英殿聚珍本也。東觀記自明帝詔班固等撰始，至靈帝時蔡邕、盧植等訖功，而獻帝時楊彪復修補之，蓋屢經名儒之手，至三續而始成，其難至是。晉時以史記、漢書與此爲三史，至唐而漸佚，南宋而亡，學者憾焉。乾隆間，館閣諸公搜殘拾墜，釐爲二十四卷，稍存梗略，其功誠鉅，顧考其中范書所無者不過二十餘人，亦鮮有事蹟可紀。惟益州太守王阜事稍可録，而著其政績之異，並無實事，但侈陳瑞應，殊涉浮怪，蓋係其子孫家狀，或吏民碑頌之詞，全非國史之體，故蔚宗削之，但附見於南蠻、西南夷列傳云。

肅宗元和中，蜀郡太守王追爲太守，政化尤異，有神馬四匹出滇池河中，甘露降，白烏見，始興起學校，漸遷其俗云云。益歎范書去取誠爲不苟，而蔚宗洵千古良史，遠非伯喈所能及也。其以「王阜」作「王追」者，案「阜」乃俗字，説文作𨸏，大陸也；又𠂤，小𨸏也。𠂤俗作「堆」，儀禮士冠禮作「追」，注：「追猶堆也。」文選七發「踰岸出追」，李善注：「追亦『堆』字，今爲『追』，古字假借之也。」是蓋王名本作「𠂤」，傳寫者訛爲𨸏，世遂以「阜」俗字寫之，范書則用古假借字作「追」耳。

四庫書目提要言章帝之詔增修群祀，杜林之議郊祀、東平王蒼之議廟舞，皆一朝典禮之大，范書俱不詳載其文。他如張順預起義之謀、王常贊昆陽之策、楊正之嚴正、趙勤之潔清，概從闕如，殊爲疏略。案，范書章帝紀，元和二年，已載詔曰：「今山川鬼神，應典禮者，尚未咸秩，其議增修群祀，以祈豐年。」云云。杜林、東平王之議，范書亦載其事與文，首尾略具。蓋作史者但見其大端，已足以示後世，固不必一一詳述之也。若張順、王常之事，東觀記但於光武本紀中帶叙一語，此則范書偶漏之者。然此等本不甚有關係，固亦易於忽過。惟楊正、趙勤二人行事可述，似不宜闕，而二人皆止於功曹，亦尚非史册所必不可少者。且正祇一事，去之尤無大害，要皆不足爲蔚宗病，亦讀蔚宗書者所不可不知也。予故采其事，爲補録於范書中，而記其略於此，俾後之讀者有考焉。

後漢書　南朝宋　范曄

初八日　讀後漢書光武紀、明帝紀、章帝紀、和帝紀、殤帝紀。後漢書中八志，乃晉司馬彪續漢書志，自來多誤爲范氏作。國朝朱氏彝尊、錢氏大昕、紀氏昀、王氏鳴盛、洪氏頤煊、趙氏翼，皆辨正之，今日爲徧録於汲板范書之首。惟錢氏、紀氏，謂以司馬書併於范書，始自宋乾興中孫奭、余靖等奏請，則尚未確。梁書及南史劉昭本傳俱但云昭注范曄書，而昭自序云：「范志全闕，乃借司馬續書八志，注以補之，分爲三十卷，以合范史。」是合司馬志於范書，乃始於昭。故隋書經籍志云：後漢書一百二十五卷，范曄本，梁剡令劉昭注，即今所傳帝紀十二卷、志三十卷、列傳八十八卷是也。計共一百三十卷，而云一百二十五卷者，寫偶誤耳。

王氏謂章懷太子既用劉昭本後漢書，改其注矣，於志仍用昭注者，以注紀傳易，注志難，故避難趨易云云。錢氏謂章懷本但注范書，以志係司馬書，故仍昭之舊注，不爲更易，此説得之。當日有唐文治極盛，親王朱邸文學之士甚多，況既有舊注，但加考正，集衆手以成完書，何難之有耶？

經義雜記　清　臧琳

初九日　閲經義雜記，共三十卷。玉林先生爲康熙間諸生，與閻氏百詩爲友，所著尚有尚書集解一百二十四卷、大學考異二卷、水經注纂三卷、困學鈔十八卷、知人編三卷，顧世無知者。至嘉慶初，其玄孫在東先生鏞堂始表章其書，儀徵阮文達公爲刻雜記於廣東，復收入學海堂經解，於是先生之名始大著。其書精覈訓詁文字之學，國朝漢學實開其先，閻氏作序極推重之，顧歷百餘年而後大顯，書之傳不傳，固有數也。

三國志　晉　陳壽

十四日　閲三國志辛毗、楊阜、高堂隆、徐邈、胡質、王昶、王基、王淩、毌丘儉、諸葛誕、鄧艾、鍾會傳。

升平爲曹魏大儒，立朝正直，亦有古大臣風，而勸明帝改正朔，用地正建丑，以青龍五年春三月爲景初元年夏四月，此與唐武后之改用周正建子、新莽之改用商正建丑，先後何異？唐肅宗上元二年九月去年號，稱元年，以十一月爲歲首月，以斗所建辰爲名，次年復故。承祚譏其意過其通，於傳中略見其事，不詳載議論，可謂有識。王子師爲漢末忠臣之最，殺身湛族，僅遺兄子晨與淩二人，而彥雲盡忠於魏，復滅其嗣，此天道之不可知者。

十五日 閲三國志魏三少帝紀。

高貴鄉公經術文章，咸有師法，留心政事，常以夏少康爲念，真三代後不多見之令主。其決討司馬昭，亦不失爲英雄。後人見其敗死，謂之寡謀輕舉，爲魯昭公之續。不知楚莊王之討鬬椒、叔孫昭子之討豎牛、衛獻公之討甯喜、漢桓帝之討梁冀，即同時若吴景帝之討孫綝，後世若宋文帝之討徐傅、謝晦，周武帝之討宇文護，皆冒險奮發，卒底於成。事機之會，間不容髮，勇決速斷，固除亂之首務矣。後世人君，狃於魯昭、高貴之事，因循容忍，以釀大禍者，不知凡幾，可勝慨哉。

高貴自言「政使死，何所懼，況不必死耶」，二語慷慨激烈，千載下讀之猶有生氣。元魏孝莊帝謂甯與高貴鄉公同日而死，不與常道鄉公同日而生。二君英武，異代同符，其皆不免，則天也。

觀齊王紀中歷載其通論語，通尚書經，通禮記，皆遣使以太牢祀孔子、顔淵；高貴養老乞言，親行古禮，以王祥爲三老，鄭小同爲五更，皆穆然有東漢之風，令人起敬。操尚權詐，丕尚詞章，皆不重儒，而二君乃有此事，不可謂非高堂、叔平等之功也。

觀高貴紀所載太后追廢之詔，醜辭誣詆，令人髮指。以賢如髦而致斯慘酷，操之餘殃甚矣。其時儒學重臣若王祥、王沈、高柔、裴秀、盧毓輩，皆坐視此變，附和賊臣，經術之害，固有甚於匡、張、孔、馬者焉。

十六日 閲程大昌詩論、王柏書疑。程專攻小序，王割裂古經，無知妄作，議論皆無一可取，焚而絶之可也。

詩論 宋 程大昌 書疑 宋 王柏

可儀堂古文 清 俞寧世

閲俞長城寧世可儀堂古文。寧世以制義名，古文殊未窺堂奥，然如讀説命、讀金縢、放相辨、叩馬辨、坐懷辨、輪回辨、晏嬰論、漢高祖封項伯殺丁公論、平勃誅諸吕論、王祥非孝子論諸篇，議論盡有佳者。文筆多以簡峭取致，乃其制義長技，然亦痛快可喜，較之蕪冗者固勝矣。

其宋太宗論，謂宋非太祖之天下，乃太宗之天下，太祖之傳弟，勢所不得已，太祖不爲厚，太宗不爲薄。

明景帝論，謂南宫之變，禍由王直輩勸立英宗太子，而于謙不能引大義以明斥其謬，英有辱社稷之罪，景有安社稷之功，天下在景之子，不在英之子，則於情事皆未確當。

宋祖禪代之際，太宗居内，或有陰謀，然非太祖威名素著，豈足集事？觀其起事日，有司禁閉太祖家屬於佛寺中，太宗延頸待刃，固一無能爲。此據宋人説部，按正史陳橋之變，太宗固在軍也。而俞氏乃謂唐之天下，父以子成；宋之天下，兄以弟集，不亦謬乎？至太祖踐祚之後，削平諸國，僅遺太原一隅，又杯酒解諸將兵權，内外安帖，功德日盛，豈不足傳業子孫者？而俞氏乃謂太祖以鼠竊狗偷之才，豈能以母后一言，棄萬乘如敝屣，朝爲盜跖，暮爲夷齊？誠恐德昭即位，太宗將爲劉曜、當作「聰」，俞氏作「曜」，亦誤。石虎，皆無據之談。景帝固爲有功，見濟亦非不當立，然至見濟薨後，則上皇舊儲，復前星之位，夫復何疑？景帝、忠肅之失，在於此時不亟定東宮，使中外皇惑，變生意外。俞氏乃引晉元東遷，不立愍帝之子爲嗣，宋高南渡，不立欽宗之子爲嗣，謂亡國之子不可復立，尤爲迂謬。建興、靖康之元嗣，皆陷没胡虜，二帝亦未聞更有他子，何得援以爲比？羌無故實，空言取鬧而已。

至張説證魏元忠議，謂元忠以唐臣仕周，張昌宗誣元忠欲挾太子反者，雖致之死，實加之美名，元忠當受其誣而死，不當辨而生；張説當證成其反，不當明其誣；而宋璟、劉知幾救元忠，勸張説，皆爲敗元忠之名；則尤迂腐偏譎，不近人情之論。元忠既無此事，乃欲受誣以竊美名，則仍不得爲忠。張説故欲成人之名，乃以一言滅人之族，且自爲天下後世受黨附昌宗之惡名，雖喪心病狂者亦必不出此。宋、劉更坐視人之夷僇，而以虚僞之高名報其死友。此等議論，宋明人最多，道學之弊，必至於此，思之真令人噴飯滿案也。

湖海詩傳　清　王昶

閱王述庵司寇昶湖海詩傳。此書去取頗爲失當，予素厭之，然所載蒲褐山房詩話，皆有資掌故。

高廟六十年中，下逮仁廟之初，朝野文獻，多賴以足徵。其體裁全仿朱氏静志居詩話，幾亦足與相亞。惟過尊沈歸愚，謂爲一代宗主，雖師門之誼，然述庵於詩固無所解，宜其見嗤識者耳。卷中江浙人十居八九，其時海内富樂，三吴尤繁盛，爲群屐所歸。上而公卿，多投簪早退，優遊山水；下至商販，亦争輦金結客，投轄題襟，風流駘蕩，飽享太平之福。烏乎，可爲羨豔者已。

白田雜著　清　王懋竑

二十一日　閲王予中白田雜著。此書大略，予已述之於去冬日記。其中論史獨多名議，駁正通鑑諸條尤詳慎。先生篤信宋學，最致力於朱子之書，而時能匡正其失。説經不多，要皆推本漢儒。史學尤精密，惟及史、漢、三國，晉以下則不暇論。於綱目亦多辨覈，謂與文公家禮皆非新安手定之書，固乾隆以前諸儒所罕見者也。

二十三日　閲白田雜著。其辨書經今文古文叙録諸條，及「公子有宗道」諸條，皆極精確。其論史自晉以下僅有辨陶威公心跡一條及李衛公誅郭誼一條。衛公誅誼事，謂誼盡殺王涯、賈餗等子孫，欲以結宦官，求節鉞。衛公既欲誅誼，恐中人爲梗，故特聲王、賈諸人之罪，謂已就昭義誅其子孫，使若其事固出朝廷之意，則誼不得居功，蓋衛公心實痛王、賈冤死，特欲正誼等叛逆之罪，故假爲此詔以安内官耳。其説甚確，可謂得衛公大臣之心。王氏鳴盛十七史商榷第九十一卷中深取之，謂此論最精，可云卓識，而譏孫之翰唐史論斷、胡三省通鑑注詆諆衛公之謬。

四月

赤城詞　宋　陳克

初六日　閱陳子高詞。子高名克，臨海人，著有赤城詞一卷。中如浣谿紗云：「淺畫香膏拂紫綿，牡丹花重翠雲偏。手挼梅子並郎肩。　病起心情終是怯，困來模樣不禁憐。旋移針線小姑前。」謁金門云：「花滿院，飛去飛來雙燕。紅雨入簾寒不卷，曉屏山六扇。　翠袖玉笙悽斷，脈脈兩蛾愁淺。消息不知郎近遠，一春長夢見。」菩薩蠻云：「綠蕪牆繞青苔院，中庭日淡芭蕉卷。蝴蝶上階飛，風簾自在垂。　玉鉤雙語燕，寶甃楊花轉。幾處簸錢聲，綠窗春夢輕。」又句如：「薄衣團扇繞階行，曲闌幽樹，看得綠成陰。」臨江仙「簾額好風低燕子，窗油晴日打蜂兒。」攤破浣谿紗。「檀炷繞窗燈背壁，畫簷殘雨滴。」謁金門。「簾外落花飛不得，東風無氣力。」又。「鯉魚不寄江南信，綠盡菖蒲春水深。」鷓鴣天。「梨花院落黃茅店，繡被春寒此夜同。」又。「月朧朧，一樹梨花細雨中。」豆葉黃。皆清綺婉約，直接花間，在北宋諸家中，可與永叔、子野抗行一代，雖所傳不多，吾浙稱此事者，莫之先矣。

浙之詞人，兩宋爲盛，然仁、英以前無聞。自元豐、熙寧間，山陰賀方回鑄、慈谿舒信道亶，始馳聲南北。至錢唐周美成邦彥出，而片玉一集，遂爲天下所宗。南渡以後，則山陰陸務觀游、高賓王觀國，永嘉盧申之祖皋，四明吴君特文英、陳君衡允平、會稽王聖與沂孫，蔚然代起。夢窗、碧山，既爲眉目；放翁、竹屋，驂驔後先。而同時若史邦卿達祖、張叔夏炎、周公謹密，雖或稱汴人，或稱秦人、齊人。顧梅谿久居鄞，玉田、草窗皆世居杭，實皆爲浙産。是南宋百餘年中所號詞中大家者，惟辛幼安爲歷城人，姜堯章爲鄱陽人，餘皆浙人耳。予嘗論詞固莫富於南宋，律亦日密，然語蕪意淺，俚鄙百出，此事遂成惡道。蓋金荃、蘭畹之旨，固蕩焉盡失，即小山、六一、淮海、安陸諸公之風神格韻，亦無復存者。嗣後，沿元及明，喫菜事魔，樂府幾絶於世。周叔子謂南宋骫骳之習，實清真開之，是則藝苑之公言，誠不能爲鄉曲諱也。蓋其先若耆卿之鄙俚，介甫之粗劣，山谷之率硬，皆爲南宋人權輿。而晁無咎、晁具茨、葉石林等接續其間，向伯恭、陳了齋尤爲庸惡，皆以重名參會南北之際，正聲日替，群妖畢呈。清真喜用滯字沓語，後進效之，遂成風俗。就中作者，惟稼軒最爲清矯，不錮所溺。而石帚名最盛，業最下，實群魔之首出者。以吾浙而論，當首推赤城，次推慶湖。清真分别觀之，所傳名什，要自無愧作手。梅谿、碧山、夢窗、草窗亦皆有佳處，惟不宜學其累句以爲當家，刺其拙字以爲宗法，甘鄙傖以爲沈著，習粗疏以爲大方，則得失在人，鑒裁由我，博觀約取，夫復何傷？放翁詞格殊清快，近稼軒。竹屋癡語、日湖漁唱，樸野之音，二家相似，雖間有佳唱，存而不論可矣。嗚呼，今世填詞家，方奉白石老仙爲周孔，見予此論，有不駭而卻走者哉？

近日吴中填詞名輩，若戈順卿、沈閏生等，皆以白石詞爲金科玉律，斤斤於一字半字之辨，以爲樂府正聲，賴此不墜。夫大晟久亡，宫音不正，諸人生千百年後，徒墨守其去上之字，咀含其重塛之音，不計工拙清濁，以爲概可被之管絃，亦可謂至愚極陋者矣。

金石録　宋　趙明誠

十三日　閲趙明誠金石録。其首有李易安後序一篇，叙致錯綜，筆墨疏秀，蕭然出町畦之外。予向愛誦之，謂宋以後閨閣之文，此爲觀止。趙氏援碑刻以正史傳，考據精慎，遠出歐陽文忠集古録之上，於唐代事，尤多訂新、舊兩書之失。當時新史方行，而德夫屢斥其謬誤，悉心釐正，務得其平；於舊書亦無所偏徇，真善讀書者也。此本爲德州盧氏見曾所刻，乃據義門何氏校本，而召弓盧氏爲之參考群書，疏其得失，加以案語。又取丁敬身、鮑以文斠本，及諸藏本，徧爲覆勘，可謂精審。惜刊板未工，頗有誤字，與所刻雅雨堂叢書迥殊。蓋此書登木在後，或非盧氏親自付梓，故獨不入叢書中，爲單行本耳。

予嘗疑東漢人臣得謚獨少，三公以名位終者，往往無謚，蓋史傳不能無闕。是録所載車騎將軍馮緄碑，有「謚曰桓」之文，而范書無之。案，緄官止於廷尉，秩爲九卿，雖有平定荆州功，爲宦官所扼，旋以長沙武陵蠻復反，策免車騎將軍，碑言軍還，臨當受封，以謡言奏河内太守中常侍左悺弟，坐遜位。與傳不同。其後起官復躓。傳云復爲廷尉卒於官；而碑云復廷尉，奏中官子弟不宜典牧州郡，獲過左右，遜位而薨。是緄且罷官閑散以終者，尚得易名之典，據此則知史之遺落多矣。

夜雨聲徹曙，讀後漢書列傳。後漢之宋均及族子意，趙氏金石録據靈帝本紀、黨錮傳注、姓苑、姓纂諸書及宗俱碑，考定「宋」字爲「宗」字之誤，其説最確。後之刻范書者，徑改爲「宗」可也。文章家用虎渡河等事，亦當稱宗均。

熙朝宰輔録　清　潘世恩

十四日　跋熙朝宰輔録，此書乃道光十八年吴縣相國潘文恭所編，滿相起剛林，迄伊里布，漢相起范文肅文程，迄湯文端敬釗，皆但載籍貫、科目及拜罷年月。予向欲與同鄉傅節子爲補其字號加銜及得罪者之略，未覯國史，不能爲也。

洛陽伽藍記　後魏　楊衒之

十五日　閲洛陽伽藍記訖，爲作跋。此書爲東魏撫軍司馬楊衒之或作「羊」。撰，述魏太和以來洛都佛寺之盛，分五卷，雖名專梵刹，而意主國是。故一寺之下，繫以道里形勝、建置制度，旁及人物藝文，遺聞佚事，往往足以補正史傳。間雜談諧神怪，亦可資采摭，而於變亂事故，尤言之詳盡。四庫書入之史部地理類古跡門。其文章秀雅，叙次簡古，足與酈道元水經注相頡頏。元氏一代，著作傳者寥寥，固可寶貴者矣。錢唐故太常寺卿吴次平若準據史通之言，爲分别其提綱子注，眉目較清，又參考法苑珠林、太平廣記、魏書、北史、水經注、文選注、古文苑諸書、毛氏津逮祕書本、何氏漢魏叢書本及諸刻本，作集證一卷，搜采頗備，惜斠刊未精，尚多誤字耳。

五月

南史　唐 李延壽

十九日　偶閲南史，劄記三事：

李氏好述神怪，自是史家一病。即如「吴興項羽神據郡廳事」一事，自孔季恭傳載之以後，而蕭惠明、蕭惠基及從子琛三人傳中，皆言其爲吴興太守遇項羽神事，琛傳所載罷祠牛及著履登廳事，又與季恭傳相同。疑有一事分載兩人之誤。此等瑣詭，偶一見之，以廣異聞，未爲不可，乃屢出迭見，述之不已，殊屬可厭。

自晉武帝徙揚州刺史治所於建業，元帝東渡，即建康爲都，以愍帝諱業，改爲建康，南史皆稱建鄴，不知何據。遂以揚州刺史爲諸州統帥，多以上相領之，六朝皆然。惟宋孝武大明二年，以熒惑守南斗，乃移揚州於會稽，廢西州，依古制立王畿，刺史徙鎮浙東，見沈懷文等傳。此乃都會改易一大事，未數年罷。後梁武帝復升會稽爲東揚州，則建鄴仍置揚州，故加「東」字以别之，與此不同。顔竣傳出爲東揚州刺史，正大明時新移會稽之揚州，其時别無揚州，本無「東揚」之稱，史家欲别於建鄴，故亦加「東」字耳。自來讀史者多不明曉，特表出之。

六朝建業既置揚州刺史，復置丹楊尹，此猶東漢之既置司隸校尉，部河南、河内、河東、弘農、京兆、馮翊、扶風七郡，復置河南尹，皆治雒陽也。

六月

述學 清 汪中

初四日 閱汪氏述學。汪氏喜騁雄辨，頗似毛西河。同時凌次仲爲作墓志，言其天資高邁，好嫚罵，尤惡宋儒，聞人舉其名則罵不休云云，亦與西河相似，惜其著述傳者僅此書耳。卷中釋三九三篇，最足爲初學讀書之法，不愧通儒，予已於去年正月日記中論之。此外若周公居東證，言居東之即東征，並非辟皐出居。爲人後者爲曾祖父祖父服辨，言爲人後者，服不二斬，故降其父母，期功無敬，並服何嫌？援女子子適人者但降其父母兄弟服，曾祖、祖、父皆不降之例，則爲人後者可知，俱極精確。又廣陵曲江辨，言七發所稱曲江，確在揚州，駁朱竹垞謂在錢唐之誤，尤援據極博。至其明堂通釋一篇，幾五六千言，謂周之明堂有五，連魯之太廟明堂共爲六，繁徵博引，殊苦詞費。其力闢月令天子十二月所居宮室之謬，謂全乖古制，乃九宮太一之邪說，雖議論不盡可依，其雄辨亦不可及。

感遇詩 唐 陳子昂

初五日 閱陳子昂感遇詩。子昂人品不足論，其上周受命頌，罪百倍於揚子雲之美新。所爲詩雖力變六朝、初唐綺靡雕繪之習，然苦乏真意，蓋變而未成者。感遇二十四首，章法雜糅，詞煩意複，尤多拙率之病。緣其中無所見，理解不足，徒以氣體稍近漢魏。旋得張曲江起而和之，唐音由此而振，遂爲後之論詩家正宗者所不能廢。元遺山至有「黄金鑄子昂」之語，亦可謂幸矣。

月令

初六日　月令所言天子十二月所居之處，鄭康成注謂在大寢。其四仲月及土令所居，即明堂五室。其孟季月所居之左个右个，即四室之偏，仍合乎五室之制。但其説固有不可通者。考工記謂「夏世室，殷重屋，周明堂」，鄭注或舉宗廟，或舉王寢，或舉明堂，互言之以明其同制。然則三者不過異地而同制耳，非宗廟即正寢，正寢即明堂也。天子明堂爲受覲及宗祀之所，自在國之南郊，太廟在王宫之左，其路寢則在路門之内，爲天子每日聽政之所，雖或可稱明堂，然斷不可稱太廟。而月令四仲月皆言居太廟，此可疑一也。月令既稱路寢爲明堂，乃何以又有青陽、總章、玄堂三名，與明堂相配？一似各因四時方位，而明堂但以象夏令得名者，尤他書所不經見。此可疑二也。王者必居南面，而玄堂則必北嚮矣，殊乖向明出治之義。此本汪氏説。此可疑三也，汪氏闢其有五謬，予所疑者則有此三事，當俟博考以就正於通儒焉。

研六室文鈔　清　胡培翬

閲胡竹村氏説經諸文。績谿胡氏五世傳經，與吴門惠氏相匹。國朝經學極盛，兩家尤爲眉目。惠氏以定宇先生爲集諸儒之成。胡氏累世所著經説，如樸齋氏匡衷儀禮釋官及竹村氏燕寢考諸書，阮儀徵刻入學海堂經解。竹村生於諸儒爲最後，其學尤精儀禮。嘗重疏儀禮，成正義十七卷，近儒稱其過賈氏遠甚，惜未得見。其他辨證之文，皆議論精博，折衷至當，詞尤明辨以晳，無愧通儒，爲説經家所僅見。今夜雨過稍涼，燈火可親，翻閲數首，心目爲之增爽。胡氏儀禮正義，故兩江總督沔陽陸建瀛於咸豐初刻之江寧，長洲陳碩甫爲校勘印行。未幾而粵賊陷金陵矣。前年聞有人攜一部至京師，索價四十金，予亦未曾遇也。

公羊禮疏　清　凌曙

初七日　閲江都凌曉樓先生曙公羊禮疏。乾嘉間諸儒多尚公羊之學，以西漢特重公羊，首立學官博士，而何氏作注，又在東漢，遂謂公羊最存古義，何注又最有師法。自武進莊氏方耕、曲阜孔氏顨軒、武進劉氏申甫，皆專精其業，著有成書，凌氏與武進劉申甫起而和之，蓋自兩漢以來，言公羊者莫之先也。此書皆取其注之有關禮學者條分件繫，博引群書以證之，俱詳贍而不蕪，名通而不滯，可謂必傳之作。凌氏字子昇，以諸生貢太學，著有四書典故覈六卷、春秋繁露注十七卷、禮論一卷、公羊禮説一卷、公羊問答二卷及禮疏十一卷，總爲蜚英閣叢書，皆精確得漢儒家法。先生食貧力學，阮儀徵督兩廣時，曾延教其子，並刻其禮論等入皇清經解。先生有自撰禮論前後序，述其貧悴之況，令人酸鼻。三旬九食，忍餓著書，真有不愧古人者。同時若戴東原氏，嘗一月斷炊，注離騷成始得食。郝蘭皋氏官京師，日惟一食，力疾作爾雅義疏，爲户部主事二十年不遷，皆貧而樂道者矣。

説禘

初九日 偶考禘及明堂事，雜閲孫氏星衍問字堂集、金氏榜禮箋、凌氏曙公羊禮説禮疏、孔氏廣森禮學卮言及公羊通義、段氏玉裁説文注、凌氏廷堪校禮堂集、胡氏培翬研六室文鈔。孫氏力申禘爲祭天之説，繁徵博引，其言甚暢。金氏之論亦同。惟孫氏以冬至圜丘，夏正月郊天，及明堂大祀爲三禘；金氏以圜丘、方澤、宗廟爲三禘。孫氏周禘表，亦言鄭注以夏至方丘及夏正月北郊皆爲禘，則三禘實五。孫氏以王者禘其祖之所自出爲祭感生帝，金氏以爲祭后稷，孔氏亦主祭天之説；而金氏謂冬至圜丘之禘通得稱郊，孔氏謂圜丘必不得稱郊。孫氏説亦同。凌氏廷堪、段氏皆主禘爲祭天，而言宗廟人鬼之祭亦得名禘。凌氏曙、胡氏則皆以禘爲宗廟之祭。諸家各有援據，互申其説，而終不免遺此失彼，互有格礙。其多主祭天之説者，以此義出於康成，爲王子雝所攻，宋儒又主王説，遂以禘爲宗廟之祭。諸儒力扶鄭學，故極辨王氏之非，聚訟紛如，莫知所決。客中儲書不多，無能再考也。

初十日　閲莊氏述祖珍埶宧文鈔禘説，言禘爲明堂追享其祖所自出，非郊，非圜丘，亦非宗廟之祭。魯以祫爲禘，秦以禘爲郊，春秋列國之所謂禘，皆魯禘也。又是一説。

劉禮部集　清　劉逢禄

十一日　閲劉氏逢禄禮部集禘議，則以爲周有二禘：禘嚳以配上帝於明堂，以諦祖宗之功德；禘文王以配上帝於明堂，以諦子孫之功德；而不取鄭康成以冬至圜丘之祭爲禘，及南北郊皆名禘之説。又言郊祭配天爲配祈穀之帝，鄭氏謂配感生帝者非。禘謂審諦功德，漢張純謂審諦昭穆者非。禘謂王者之大祭，魯自僖公八年秋八月禘於太廟爲諸侯僭大禘之始。鄭氏注禮每混舉禘祫，不辨天子諸侯之義爲非。然劉氏但言五年一禘，而不能言禘之在何時。又言春秋閔二年夏吉禘於莊公者，此乃殖祭於莊宫，非明堂位所謂以禘禮祀周公於太廟之比。然則周既惟二禘，諸侯又但有祫而無禘，此吉諦之禮，魯人何以行之？劉氏亦不能言其所自始。

劉氏既云周人以嚳與文王同爲文祖，同禘於明堂，乃又云周人祖文王而宗武王，並配上帝，下及有功德之君臣，凡毁廟未毁廟主之主及功臣皆配。然則嚳與文武二禘禮必相同，當禘嚳之時，將仍合文武之主否乎？如其合也，則文武且饗二禘之祭；若其否也，則祖宗咸秩而獨闕文武，將何以序昭穆？其説頗多牴牾。

劉氏雖精於禮學，然偏信公羊，左袒何邵公而好攻鄭氏，故不能無失也。山陽魏默深源跋其説後云：「其異於鄭氏者，在不信周官、月令而取徵六藝。惟是禘嚳之禮，終不可知。今既不取圜丘昊天之説，又云非冬禘春郊、季秋大饗之謂，則未知同於五年夏禘行之而時有先後乎？抑别有説乎？郊祫明堂，古今聚訟，前修既逝，請益無從」云云。蓋默深亦有不滿其説者矣。予在家時，嘗閲惠氏棟禘説，亦主配天之祭，其説頗醇。素性健忘，客中今無此書，不能記憶。要之，此等事學者不可不考，但得其大義已足，不必鉤抉遺文佚義，決臆逞辨，以争勝前人也。

讀書叢録　清　洪頤煊

十二日　予於戊午日記，曾疑東漢袁閎傳言字夏甫，而黄憲傳又稱其字奉高，謂古人有二字，始見於此。今閲洪氏頤煊讀書叢録，言奉高是袁閬字。因按范書第五十六卷王龔傳，言龔遷汝南太守，引進郡人黄憲、陳蕃等。憲雖不屈，蕃遂就吏，龔不即召見，乃留記謝病去。龔怒，使除其録，功曹袁閬諫曰云云。又云閬字奉高，數辭公府之命，不修異操而致名當時。又按第五十三卷黄憲傳言「潁川荀淑至袁閎所」，章懷於閎下注云「一作閬」。然則閬字奉高，史書具有明文，而憲傳之袁閎，皆爲「閬」字之誤。章懷所注者乃是誤本。其云「一作閬」者，乃别據一不誤之本。獨思憲傳與龔傳僅隔兩卷，章懷又見他本之作「閬」，乃不能援以改正，反注奉高爲閎字，可謂率謬。足見當時東宮僚屬，各人分注，不相證覈也。予於各史，自謂於范書最留意，乃亦未曾檢出，看書鹵莽，深可愧汗。自來讀史者亦無人糾及，詩文家遂相承用，以奉高爲袁閎。夫古人無二字，閎傳又言其恬静不事交遊，後遂居土室不出，固與黃憲傳中所言不符。顧非經洪氏指出，世無覺者，甚矣讀書之難也。

劉禮部集　清　劉逢禄

十六日　跋劉禮部集前後兩通。禮部承其外王父少宗伯莊方耕氏存與之學，專究心於公羊，著書至十餘種，皆深造有得，精深博大，不專事章句，可謂經緯典謨，不與守文同説者。又從其從舅莊葆琛氏受書經、夏小正及六書小學，從同邑張皋文氏受易學，皆著述裒然，成一家言。

此集係其子承寬屬邵陽魏默深源所編輯，多其諸經説之緒餘，而附以他文及詩詞。其學由春秋以通三禮，欲發明七十子微言大義，爲天人之學，故深慕董相，兼備體用，尊西京而薄東漢，好與康成爲難。其言公羊，則以同時孔顨軒氏不用漢儒三科九旨之舊説，爲尚不知春秋，而深斥錢辛楣氏、郝蘭皋氏言春秋無襃貶之非。言尚書，則力詆孫淵如氏、王禮堂氏專主馬、鄭説之繆。於詩則謂毛詩不如三家。皆未免偏譎。然其得失皆有家法，非同宋儒之逞臆妄斷。他如禮無二適議、姑舅從母之女子子不得爲婚姻議、適孫爲祖父母持服議、張貞女獄議、馬貞女論，皆援經定律，深得禮意，具見明體達用之學，固可謂通儒矣。

珍藝宧文鈔　清　莊述祖

十七日　閲莊葆琛氏珍埶宧文鈔，皆論辨經説之文，而附以詩賦及誌銘、行狀數篇。莊氏究心夏小正一書，謂其中有經有傳，經者即孔子所定之夏時，因爲之著說義音讀等例，而更考定其文字。據季冬「納卵蒜」三字，謂古文「民」字似「卵」字，蒜即說文「祘」字之訛，當爲「納民祘」，即周禮孟冬之獻民數，遂盡以隸古字校正其文，改其名曰夏時明堂陰陽經；謂即此可以得夏禮夏數，並知連山易之不亡。皆好高之過。

予嘗謂本朝經學極盛，而如孫淵如之酷信讖緯，主以說詩書；劉申甫之言春秋，力主黜周據魯，以春秋當新王之說，謂夫子借此行天子之事，損文用忠，變文從質，爲通三統；及莊氏之以夏小正爲連山易，皆意過其通，不免於驚世駭俗。其後姚姬傳倡言宋學，異論一出，方植之、陳碩士輩起而和之，至詆諸儒爲異端，雖瞽談狂吠，眴就銷滅，而乘間抵隙，因緣爲難，亦諸先生授之以口實也。

莊氏諸論難之文，皆考證邃密，確有本原。其所爲先妣彭恭人行述，言其外王父芝庭尚書與其祖南村觀察，同舉雍正丁未進士，讀卷官擬莊一甲第一，彭一甲第三。憲皇親定彭爲一甲第一，莊爲二甲第二。其後莊之長子存與即方耕宗伯。爲乾隆乙丑一甲第二人，次子培因爲乾隆甲戌一甲第一人，即先生父也。科名先後，天若有意爲之報，亦可謂盛事矣。先生成乾隆庚子進士，殿試二甲第四，以知縣待銓，後任山東昌樂及濰縣。所著書以尚書考證、毛詩考證、弟子職集解三種爲最佳。說文古籀疏證本名古文甲乙篇。僅刻其目，謂即此可以考殷之歸藏易，其僻殆與連山易同。五經小學述二卷，亦有可采，而辨麋、饘、鬻三字至居半卷，亦太繁碎矣。

國朝經學，首推徽州、常州，次揚州及蘇州，又次吾紹興及寧波，而太倉州下嘉定一小縣，其人物乃與常、歙相埒，尤爲盛事。常州即以莊氏一家論，方耕侍郎啓之，葆琛先生繼之，而侍郎有孫曰綬甲，先生有子曰又朔，皆有撰述，而綬甲尤有名。李氏兆洛序珍埶宧遺書，稱莊氏又有若士、申受兩君，皆著公羊學，不知其名，蓋皆宗伯之孫。先生集中又有答族孫大久論説文書，稱其所著有春秋及各經小學叙；劉禮部集中言其弟子有莊績澍，邃於經學，足稱份份彧彧矣。吾越自黄梨洲氏權輿於前，毛西河氏起而和之，已有廓清宋學之功。至邵二雲氏、盧抱經氏出，遂爲漢學之大宗。范蘅洲氏名輩間於盧、邵，雖著述未富，成就卓然，茹三樵氏、王汾原氏名不甚著，其書皆足不朽。而王方川氏、胡稚威氏皆博學有盛名，所業竟無傳者，可惜也。

劉禮部集　清　劉逢禄

劉禮部集中有「古今百里考」一條，甚精覈，録之於此云。

古者三百步爲一里，穀梁傳、大戴王言篇。唐、宋三百六十步爲一里，李翺平賦書、馬氏文獻通考。元二百四十步爲里。見陶宗儀輟耕録，明如宋，見洪武正韻，今仍之。自明至今，皆依唐、宋，大於古六十步。舉足爲跬，二跬爲步。古一步六尺，司馬法、漢食貨志。今一步五尺，見杜氏通典，宋明及今因之。今步尺乃乾隆元年工部所頒，當今裁衣尺之九寸。以古尺較今尺，止七寸四分；此據周尺，漢志劉歆銅尺、建武銅尺、晉前尺並同。今尺較古尺，乃一尺三寸五分。古步較今步，止四尺四寸四分；今步較古步，乃一步有七寸五分。故今三百六十步，當古四百又五步，百之爲四萬五百步。其今之三萬六千步，「今之」及「六千」字，原書所無，想係脱誤，今以意增補。爲古之百里，以四百又五步除之，則得七十四里强也。

西郊四郊之説

十八日　國學在西郊及四郊之説，顧澗蘋氏據王制「周人養國老於東郊，養庶老於虞庠」、「虞庠在國之西郊」文，謂當主西郊。段懋堂氏據祭義「天子適四學」注「四學謂周四郊之虞庠」，正義引皇氏以爲「四郊皆有虞庠」，謂當主四郊。臧在東氏、陳碩甫氏皆從段説，然不如莊珍埶説之爲得也。莊氏與臧在東書云：「西郊四郊，自熊皇以來已有兩説，故疏家並存之。如『天子設四學』，疏既云四代之學，又引皇氏説以爲四郊皆有虞庠。其『祀先賢於西學』，注『西學，周小學也』，疏云謂『虞庠也』。又云：『瞽宗則在國，虞庠爲小學者則在西郊。』王制疏亦言西郊，以『西序虞庠』與『東序東膠』對文故耳。然則鄭祭義注所云四學謂周四郊之虞庠，又何所本？豈鄭注禮時，王制已有四郊、西郊之本，鄭注王制則從西郊，注祭義則從四郊，爲此騎牆之見耶？其實四郊皆有虞庠，而養庶老、祀先賢，則在西郊之虞庠。非敢以此爲兩家調人，蓋漢學之存於今者，苟有一字一句之異同，要當珍若拱璧也。」云云。具爲名論。

癸巳類稿　清　俞正燮

二十日　閱黟縣俞理初孝廉正燮癸巳類稿，皆經史之學，間及近事紀載，皆足資掌故。書刻於道光癸巳，故以此爲名。新安經學最盛，能兼通史學者，惟凌次仲氏及俞君。其書引證太繁，筆舌冗漫，而浩博殊不易得。

其女弔婿駁義謂：曾子問云「取女有吉日而女死，壻齊衰而弔，既葬而除之，夫死亦如之」。云「夫死亦如之」者，言女家使人往弔，不須齊衰葬除，其所如僅在弔耳。注謂如其齊衰而推之以斬，則應如其葬除。古禮，壻於女之父母禮簡，壻弔女家可也；女於壻之父母禮重。又弔者弔生人，女未識男面，於其家人不能正名之，何以爲弔？女弱，非能成弔禮，其壻葬或緩，弱女斬焉喪服，他行匝月，三月而後歸，曾不如死之爲愈矣。鄭君雖大儒，其說不可用也云云。

慈銘案，禮文明言「夫死亦如之」，鄭注謂未有期三年之恩也，女服斬衰，此鄭君補經之簡文。蓋由夫爲妻服齊衰推之，而知妻爲夫服斬者，則女亦當爲壻服斬。既葬而除，此正大儒之明乎禮意善説經旨處。自武進莊氏存與謂斬衰非弔服，經不曰壻死而曰夫死，成之爲夫也，成之爲夫，則斬而不除者正也，齊而除者非正也，是則謂女直當斬而不除。且既以鄭注女服斬衰非指弔服言，則女之初至壻喪所，當服何服？且女無持夫服斬衰於父母家之理，如葬而不除，則將三年居壻家乎？抑葬而以斬服返母家乎？俞君譏其非人情，誠不爲過。但如俞説謂壻死女不親弔，亦不齊衰，則女死壻弔之禮，反重於女之於壻，是何言歟？

俞君頗好爲婦人出脱，其節婦説，言禮云一與之齊終身不改，男子亦不當再娶。貞女説，言後世女子不肯再受聘者謂之貞女，乃賢者未思之過。未同衾而同穴，則又何必親迎？何必廟見？何必爲酒食以召鄉黨僚友？直無男女之分。妒非女人惡德論，言夫買妾而妻不妒，是恝也，恝則家道壞矣。明代律例，民年四十以上無子者，方聽娶妾，違者笞四十。此使婦女無可妒，法之最善者。語皆偏譎，似謝夫人所謂出於周姥者，一笑。

後漢書 南朝宋 范曄

二十六日 閱後漢書靈帝紀，光和二年，「中常侍王甫及太尉段熲並下獄死」。「並」字下當增「有罪」二字。羊續傳「輸東園禮錢」，案此條已見十七史商榷，當刪。「東」字當是「西」字之誤。獻帝紀建安五年，「曹操殺董承等夷三族」下，當增「曹操殺董貴人」一句。十九年曹操殺皇后伏氏，「殺」字當作「弑」。改皇后傳爲紀，創於范書，明帝后匹也。臣子害母后，何得云殺？中平六年董卓殺皇太后何氏，「殺」亦當作「弑」。

靈帝崩時，皇子辯即位，皇后臨朝，而未逾年改元，謚之曰靈。其時何進爲大將軍，袁隗爲太傅，劉虞爲太尉，在幽州，丁宮爲司徒，劉弘爲司空，不知何人竟能據正直言，加君父以惡謚？三代而下，惟此事最存古道。其陵號曰文陵者，蓋以靈帝好文學，嘗自撰皇羲篇五十篇；又詔諸儒正五經文字，刻石立於太學門外；又置鴻都門學生；又詔公卿舉能通古文尚書、案，今後漢書各本靈帝紀「尚書」上皆脱「古文」二字。毛詩、左氏、穀梁春秋各一人，悉除議郎。故昭其政治之闕於謚法，而存其好文之美於陵號，謚與陵美惡不相應，尤千古僅事。蔚宗論曰「靈帝之爲靈也優哉」，從左傳「君子是以知齊靈公之爲靈也」句更申一義，語極有味。

獻帝紀建安元年，封衛將軍董承爲輔國將軍、伏完等十三人爲列侯，按此下四年云衛將軍董承爲車騎將軍，是承未嘗爲輔國將軍。伏完世襲不其侯爵，時已早爲列侯。據獻帝伏皇后紀，建安元年拜完輔國將軍，儀比三司，是則此紀當云拜執金吾伏完爲輔國將軍，封衛將軍董承等十三人爲列侯，史文傳寫脱誤故也。王氏十七史商榷謂董承下衍一「爲」字，尚失之不考。董卓傳云封衛將軍董承、輔國將軍伏完等十餘人爲列侯，亦誤。章懷於卓傳注引袁宏後漢紀，誤與此同。范氏蓋承袁氏之誤，其十三人當云十二人。

北鄉侯以三月即位，至十月薨，尚未改元，史稱少帝。弘農王以四月即位，九月被廢，已兩改元。光熹、昭寧。而北鄉侯係枝屬，爲閻氏所私立，順帝時尚有追加尊謚之議。弘農王乃靈帝皇長子，繼體正位，時年已十七，爲賊臣所廢弑，謚曰懷王，乃獻帝時未有議追尊者。蓋王允誅卓後，即遭李、郭之亂，未及建議。及李、郭平後，曹操專政，操雖名討卓而實以卓爲法，豈尚念弘農之事？獻帝危若纍卵，自不能追崇其兄也。獻帝本紀初平元年董卓殺弘農王，「殺」亦當作「弑」。

馬融傳論，雖貶其屈節梁氏，然頗存恕辭。蓋季長大儒，不欲深斥，故别創議論，爲留餘地。而辭曲旨晦，其義未安。末後數語，尤爲乖謬，全失史家懲勸之旨。蔚宗良史，其議論尤别白忠佞，無少隱貸，獨於此傳失之，足見作史者不可存私意，而文人自相回護，亦結習使然。

崔氏自駰以後，世載名德，烈亦有重名，歷位郡守九卿，徒以自廷尉入錢五百萬拜司徒一事，遂爲千載口實。然同時若段熲、樊陵、張温等之登公位，皆先輸貨財，史家已有明文，其時要尚不止此數人。按靈帝本紀，光和元年初開西邸賣官，私令左右賣公卿，公千萬，卿五百萬。至中平六年靈帝崩，其間十二年中，爲太尉者則有張顥、陳球、段熲、劉寬、許馘、楊賜、鄧盛、張延、張温、崔烈、曹嵩、樊陵、馬日磾、劉虞；爲司徒者則有劉郃、楊賜、陳耽、袁隗、崔烈、許相、丁宫；爲司空者則有來豔、袁逢、張濟、張温、楊賜、許相、丁宫、劉弘。其中或惟楊賜、劉寬，以侍講之恩，尊同帝師，不必以禮錢進，他人未必不由乎此。

而古今皆盛傳崔烈爲衆醜所歸，雖由其子以銅臭一語，揚名顯親，作史者遂於其傳中故加采色以爲寫照，蓋亦以烈爲名士，故責備者多耳。其後李傕等陷長安城，烈時爲城門校尉戰死，是烈且殉國難，終不失爲名士。乃蔚宗於獻帝紀尚書其戰殁，而烈傳但言爲亂兵所殺，豈死節之賢，尚不足洗入錢之臭乎？讀史者所當爲昭雪焉。烈子鈞既以兩字雅謔寵其父，而後爲西河太守，與袁紹俱起兵山東，棄親不顧，致陷父於獄，其不爲太傅袁隗之續者幾希。烈雖幸脱卓之虎口，鈞之罪不足贖也。蔚宗於李通傳論深譏其從光武起兵，陷父於死，自湛其族以取封侯。若鈞者，真證父攘羊之辠人矣。

靈帝紀言賣公千萬，卿五百萬，而崔烈傳言因傅母入錢五百萬。拜日，帝顧謂親倖者曰：「悔不小靳，可至千萬。」程夫人於傍應曰：「崔公冀州名士，豈肯買官？賴我得是，反不知姝耶？」按漢拜三公，多由九卿，其以光禄大夫、太中大夫、將作大匠及諸校尉得之者，十不一二。烈以中平二年拜司徒，去光和元年始開賣爵時已越八載，獨僅入例錢之半，蓋以名士故減價得之。是其時名士猶直錢也。

靈帝雖私賣公卿，然考本紀，中平五年五月，永樂少府樊陵爲太尉。六月丙寅大風，太尉樊陵罷。史言陵以入錢得公者，乃居位僅逾月，即以大風策免。收西邸私賣之禮錢，而仍用災異策免之祖制，直是詐取財貨，可發一笑。而陵以九卿出財千萬，作公一月，亦云屈矣。

東漢尚書之權，重於三公。故自安、順以後，大將軍及三公秉政者皆加録尚書事，始於章帝即位，以趙憙爲太傅，牟融爲太尉，並録尚書事。至安帝延光四年，北鄉侯即位，司徒劉憙爲太尉，參録尚書事。云參録者，蓋其時閻后臨朝，以后兄閻顯爲車騎將軍，專政，必以顯録尚書，故三公僅得參録。其後獻帝建安元年，曹操以鎮東將軍初至洛陽，自領司隸校尉，即録尚書事，遂專漢政。訖於南北朝，凡篡阼移鼎者，無不先録尚書事，稱爲録公。

和熹鄧后紀論有曰「建光之後，王柄有歸，遂乃名賢戮辱，便孽黨進。故知持權引謗，所幸者非己」云云。是稱鄧后之德，直不亞馬后，而安帝爲不克負荷。乃安帝紀論則又曰「孝安雖稱尊享御，而權歸鄧氏，令自房帷，威不逮遠，始失根統，歸成陵敝。遂復計金授官，移民逃寇。既云哲婦，亦惟家之索」云云，則全歸過於鄧后。雖史家美惡，不妨彼此互見，然太相矛盾，未免輕重失倫。「哲婦家索」之語，用之母后，亦有未合。

自漢以後，蔚宗最爲良史，删繁舉要，多得其宜。其論贊剖别賢否，指陳得失，皆有特見，遠過馬、班、陳壽，餘不足論矣。予尤愛者，其中如儒林傳論、左雄周舉黄瓊黄琬傳論、陳蕃傳論、黨錮傳序、李膺范滂傳論、竇武何進傳論，皆推明儒術氣節之足以維持天下，反復唱歎，可歌可泣，令人百讀不厭，真奇作也。其他佳制，固尚不乏，而數篇尤有關係。范書以外，惟歐陽五代史、歐宋新唐書諸論贊，雖醇疵互見，文亦時病結轖，然究多名篇，可以玩味。范書可指駁者甚少，宋人若趙明誠、洪邁、王楙輩，間及數條。近得王西莊十七史商榷、洪氏讀書叢録，考覈加詳。予偶有所見，注於范書中者，往往爲二書所已有，深歎後人著書之難。今日無事，静閲諸紀傳，取諸條摘出之，皆二書所未及者。非好與昔賢爲難，亦讀范書者所不可少，思爲蔚宗之功臣耳。

廢君多不加謚

二十七日　廢君多不加謚號。漢則惠帝子兩少帝、一太子，史不記其名。高后紀云皇后取後宮美人子，名之以爲太子，立之。張后傳云吕太后使陽爲有身，取後宮美人子名之，殺其母而立爲太子。是少帝特非張后子。一恒山王弘，本名山，亦孝惠後宮子。史謂之他人子者，言非皇后子也。及周勃等誅吕氏，遂倡言少帝非孝惠子以誣之。俞氏正燮有漢少帝本孝惠子考，甚詳確。昌邑王、更始，東漢則北鄉侯、弘農懷王，北鄉雖非被廢，以未成君亦不加謚。魏則齊王、晉受禪，降齊王爲邵陵公，卒謚曰厲公。高貴鄉公，吴則會稽王，晉則海西公，宋則營陽王、子業、蒼梧王，齊則鬱林王、海陵恭王、東昏侯，梁則豫章王，陳則臨海王，北魏則南安隱王余、幼主釗、長廣王曄、章武王融子朗、廢帝欽，北齊則濟南閔悼王，皆無尊謚。

至唐始無廢帝之名，雖以温王重茂之爲韋庶人所立，數日即廢，且謚爲殤帝，而高宗至追謚其太子弘爲孝敬皇帝，玄宗追贈其兄寧王憲爲讓皇帝，肅宗追謚其兄靖德太子琮爲奉天皇帝，代宗追謚其弟建寧王倓爲承天皇帝。雖皆曰失禮，然惟高宗之加子以尊號，不可爲訓，餘皆不失爲厚。諸帝之無不稱宗，亦始於唐，後人或譏其濫。中宗被弑於后，幾至亡國，又無胤嗣，乃得中宗之號，尤爲不當，然睿宗之待其兄不可謂不厚也。

唐以後，惟金有兩廢君：海陵煬王、衛紹王也。謚法解「疏遠繼位曰紹」，古今惟見此一用，於衛王亦恰合。蓋衛王，世宗子，章宗，世宗孫，而衛王係承章宗之統，於倫序本舛，故宣宗以「紹」字謚之。明桂王號唐藩爲紹宗亦此意。

曹氏謚山陽公以獻，亡國而得此美謚，蓋謂其知人則哲，法堯禪舜，附於「聰明睿智」之義也。司馬氏謚陳留王以元，尤不可解，豈取「行義説民」之義乎？嗣後，則故主則多加以「恭」字，晉恭帝、西魏恭帝、周恭帝，而隋至有兩恭帝。唐之於代王侑，王世充之於越王侗，不謀而合。

曹魏號漢獻陵爲禪陵，當矣。乃山陽之封，竟襲定安公之謬。南唐尊吴主爲讓皇，此最得體。既云法唐虞禪讓，何得加之以封爵，降之爲王公？惜蕭子魚輩不能爲曹丕言之。

三恪二王之義，當據樂記武王克商，未及下車，封黄帝堯舜之後，及下車，封夏、商之後云云，以薊、祝、陳爲三恪，杞、宋爲二王後，通已用六代之樂，此説爲最長。國朝如講求古禮，當立奇渥温氏、朱氏爲元、明二王後，唐李氏後、金完顏氏後、宋趙氏後爲三恪。蓋朱温、石敬瑭皆篡逆之賊，固不足論；後唐朱邪氏亦不足數，劉、郭、柴皆不成天子；遼僅雄長朔漠，竊據燕雲十六州，無功德於中國，典禮所不當及。是皇清固當溯唐爲六代。其諸帝胄裔、譜牒猶多可稽，此亦職容臺者所當知也。

劉歆三統曆云：顓頊水德。水生木，故帝嚳木德。木生火，故唐堯火德。火生土，故虞爲土德。土生金，禹爲金德。金生水，湯爲水德。水生木，周爲木德。秦在木火之間，木生火，漢爲火德。此自是五德相代之理，取相生，不取相尅。秦始皇不學，用鄒衍説取五德相尅，又誤以周爲火德，遂謂秦滅周，從所不勝，自用水德。漢人正之，又以爲繼周不繼秦，故用火德。至魏因「當塗高」之讖，以爲火生土，乃用土德，色尚黄。然魏不得爲統，豈足稱代德。此猶王莽亦自稱土德，著黄貂也。今據乾鑿度孔子三百四歲爲一德之言推之，班氏漢志言一代一德，然五德之運，因乎天地之自然，必數百年始相嬗代。後世得國者，一姓或不及百年，或僅一二十年，豈亦得爲一德？近儒王氏鳴盛乃謂如夏、商、周傳世皆數百年，決無中更變易一德之理。孔子之言亦不必泥。予謂王説非也。統有正有閏，德亦有正有閏，凡一德之終，必有閏數。即如周歷八百，而平王東遷以後，即爲閏德。緯書惟乾鑿度最確也。漢爲火德，晉在火土之間。南、北朝統緒雜糅，未有代德。元魏、周、隋亦不過餘分閏位，至唐始得土德。宋得金德。元在金水之間。明得水德，國朝得木德，故發祥於長白山，起自東方，帝出乎震，木之義也。

七月

翁注困學紀聞 宋 王應麟撰 清 翁元圻注

初十日 閲翁注困學紀聞。王氏於宋末號爲博學，此書尤有名。然見聞錮於道學，考訂域於宏詞，雖取便初學，實鮮可觀。不解本朝閻百詩諸儒何以注之不已。翁太常此注，尤援引極博，然亦不無紕繆，今日偶爲訂正數條，不能盡也。

十一日　服子慎以吴闔廬爲夷昧子，僚爲諸樊之庶長兄，其説本於世本。杜元凱以闔廬爲諸樊子，僚爲夷昧子，其説本於史記。劉光伯從服説，孔冲遠從杜説。近儒臧氏琳據公羊襄二十七年傳，闔廬刺僚而致國於季子，季子曰：「爾殺吾兄，吾又殺爾，是父子兄弟相殺無已。」云云，謂季札稱僚爲兄，則服説爲確。何劭公注亦以僚爲季札兄。予按左氏襄三十一年傳，吴屈狐庸謂晉趙文子曰：「若天所啓，其在今嗣君乎。甚德而度。有吴國者，必此君之子孫實終之。」時爲夷昧嗣位之三年，故曰今嗣君。據此則闔廬爲夷昧子無疑。使從史記僚爲夷昧子，則僚嗣位十二年，即爲光所弑，母弟太子皆死亡相踵，左氏何得言有吴國者必此君之子孫實終之乎？與其信史，不如信經也。且公羊明言謁即諸樊。也、餘祭也、夷昧也，與季子同母者四。夷昧也死，則國宜之季子者也，季子使而亡焉，僚者長庶也，即之，則僚爲壽夢庶子之長，與四人不同母，其旨甚顯。

史記及漢書樊噲傳，皆言噲以將軍從征韓王信，擊陳豨，皆有功，遷左丞相。盧綰反，噲以相國擊燕。而史記漢興以來將相名臣年表、漢書百官公卿表，丞相下皆無噲名。按高帝紀及蕭何、曹參傳，自高帝元年相蕭何，終身未嘗更置相，直至惠帝二年何薨，曹參始代爲相國，而高祖本紀二年亦有以韓信爲左丞相之文。疑此是出軍時特假丞相之位號以重其權，如唐之使相，非真宰相也。

逸周書　史記正義　唐　張守節

十二日　周書謚法解及史記正義所載謚法，頗有不可信者。如靖民則法曰皇，德象天地曰帝，仁義所在曰王，立志及衆曰公，執應八方曰侯，賞慶行威曰君。此爵號之稱也，何得云謚？他若威德剛武曰圉，治民克盡曰使，狀古述今曰譽，昭功寧民曰商，外内貞復曰白，官人應實曰知，凶年無穀曰穅，德正應和曰莫，施勤無私曰類，思慮果遠曰趧，嗇於賜與曰愛，教誨不倦曰長，逆天虐民曰抗，擇善而從曰比，皆不經見。商、白、穅、類、趧、長六字尤奇。而漢有中山穅王昆侈，爲中山靖王勝之孫，顏師古注「好樂怠政曰穅」，與逸周書、史記皆不合，蓋牽於「好樂怠政曰荒」之文，而史記凶年無穀之穅，亦訛作「荒」，故致此誤。王子侯表又有安陽穅侯延年，被陽穅侯偃，皋虞穅侯定。案説文禾部「穅，穀之皮也。康爲穅之或體。」然則穅王、穅侯，即康王、康侯也。康本義爲穀皮，而引申假借爲康樂康寧，故謚法「安民立政曰康」，而凶年無穀之謚，自當曰荒，不當曰穅也。

至堯、舜、禹三謚，二書固無有，惟載「湯」字，亦謬。其周以前未用之僻謚，見於後世者：心能制義曰度，宋咸淳廟號用之。怙威肆行曰醜，魏吴質、晉王愷用之。柔質受諫曰慧，元魏廣陵王羽用之。滿志多窮曰惑，後周滕王逌用之。疏遠繼位曰紹，金衛王用之。肇敏行成曰直，至我朝太祖追上興祖直皇帝尊號用之。

又漢世謚愛者，有富平愛侯張延壽，功臣表有合陽愛侯梁喜、長羅愛侯常郉、成安愛侯郭遷、當塗愛侯魏聖。謚圉者，功臣表有曲成圉侯蟲達、强圉侯留肹、昌圉侯旅卿、高陽圉侯王虞人，戚圉侯季必。

又按謚法民無能名曰神，揚善賦簡曰聖，二謚古未敢用。至齊神武、唐神堯始曰神矣；唐太宗以後始加大聖矣。春秋公羊傳以文公母聲姜爲聖姜，與二傳異，恐不可從。危身奉上曰忠，周時臣子亦無有用者，漢以後始多賜「忠」字矣。西漢諸臣尚無謚「忠」者，至東漢若馬援謚忠成侯，梁商、黄瓊俱謚忠侯，蜀漢至如陳祗亦得謚忠矣。漢書恩澤侯表有黄霸孫建成忠侯黄輔，功臣表成帝時有騶望忠侯泠廣，疑皆思字之誤。

漢書　漢　班固

十三日　閲漢書諸侯王表、王子侯表、功臣表、外戚恩澤侯表。若王陵謚武侯，公孫弘謚獻侯，皆本傳所不載，幸見於表。惜其中訛錯脱落者亦不少。如周緤本傳曰謚貞侯，而表作「制」字。謚法無「制」字，而功臣表又有高宛制侯丙猜。其他字之僻異者甚多，如衍侯、王子侯表。又功臣表有樂成式侯、土軍式侯。式王、濟北王傳。虒侯、王子侯表，音斯。敦侯、王子侯表，顔注又作「敫」，古「穆」字。敷侯、王子侯表。于侯、王子侯表、功臣表。息侯、王子侯表。疑「思」字之訛。祇侯、功臣表。疑「祁」字之譌。刻侯、功臣表。鄍侯功臣表，音臬。等，皆不得其義。又若謚終者，鄭文終侯外，王子侯表江都易王子有秣陵終侯纏，功臣表王陵孫有安國終侯斿。謚原者，王子侯表自菑川懿王子劇原侯錯以下，得此謚者凡十餘人。按謚法解「思慮不爽曰愿」，無「原」字，疑「原侯」皆是「愿侯」之誤。功臣表戈陽節侯任宮孫有愿侯惲，尚作「愿」

字也。餘若王子侯表有勤侯，功臣表有端侯，二字後世屢用之，實爲謚法所未有。漢世諸侯王得惡謚，如煬、刺、荒、繆等字者甚多，猶存古制。其常用之謚則有夷、頃、質、節四字，蓋亦如後世之通謚耳。又按謚法「愛民在刑曰克」，漢功臣有隆慮克侯周竈；「彰義掩過曰堅」，漢功臣有臨轅堅侯戚鰓；皆古今所僅用者。

唐四家詩

十四日　閱唐武元衡、李德裕、權德輿、王涯四家詩。忠愍出入將相，名位崇重，而詩格清曠，殊有曲江、東川風味，近體尤高逸。衛公功烈震爍古今，所爲文章極華貴，而詩亦淡婉輕俊，皆似山澤之臞。其憶平泉山莊者十居八九，鄰叟村尨，皆入歌詠，固性情有獨至者。二公所業雖未能雋上遒鍊，警句絶少，然冰瑩霞潔，自足以祛煩解熱，遺俗離塵矣。載之官亞二公，廣津亦歷登宰府，而詩皆似婦人女子。王詩稍清拔，較權爲健；宮詞高綺，不讓仲初。四家文字殊不肖其爲人；而忠愍受戕，廣津以奇禍湛族，衛公貶死，獨載之雍容回翔，富貴壽考，則又知詩能決人禍福之妄也。

新唐書　宋　歐陽修　宋祁

二十一日　閱新唐書。唐待宗室最薄。其初高祖新有天下，太祖以下皆封王。太宗即位，詔疏屬王者皆降爲公，惟嘗有功者不降，然亦不許世襲。貞觀十一年，詔高祖諸王及諸子爲都督刺史者皆世襲，旋廢不行。其後諸王遭武氏之禍，殺戮殆盡。中宗復辟，求其遺嗣紹封，亦不過三世而止，後遂夷爲庶人。玄宗以後，王子皆居宅院，不分房，幼者至不出閤，遂莫能知其子姓多少。親王薨後無贈官贈謚之典，王子罕得疏封。逮安禄山、朱泚、黄巢之逆，死亡係踵。至昭宗時，韓建以兵攻十六宅，殺通、睦、濟、韶、彭、韓、沂、陳、延、丹、覃十一王，史載其被殺時寃慘之狀，尤不忍言；而昭宗十七子皆爲朱温、蔣玄暉所殺。嗚呼！大宗維翰，宗子維城，誠所以隆本支、固宗祏也。

唐用魏徵、李百藥、封德彝之邪説，凌夷至不可救。劉秩、杜佑雖建正議，卒不採用。使太宗廣樹同姓以强王室，則霍、魯、韓、舒、紀、越諸賢王，何至駢首阿武哉。玄宗自以藩王起兵，有鑒前事，遂始作俑，錮其子孫，尤爲悖謬。韋庶人時設無臨淄起事，則唐之禍更慘於嗣聖、天授時。乃得志以後，不追原禍始，而痛矯前違，以懲後嗣，不其妄歟？

歐陽氏謂周有天下，封國七十，而同姓居五十三。後雖有末大之患，然亦崇獎扶持，猶四百餘年而後亡。至漢鑒秦，務廣宗室，爲長久之計。故自三代以來，獨漢爲長世。唐有天下三百年，子孫蕃衍，可謂盛矣。其初皆有封爵，至世遠親盡，則各隨其人賢愚，遂與異姓之臣雜而仕宦，至或流落於民間，甚可歎也。宗室世系表序。而宋子京謂唐自中葉，宗室子孫多在京師，幼者或不出閤，雖以國王之，實與匹夫不異，故無赫赫過惡，亦不能爲王室軒輊。然則歷數短長，自有底止，彼漢七國，晉八王，不得其效，愈速禍云。宗室列傳贊。

歐、宋之旨不同。然封建藩維，自爲有國者之至計，迂儒動以漢七國、晉八王爲言，然漢歷三世而有七國之亂，孰與秦之二世而亡？況七國亦終不能爲漢禍，而梁孝王且以兵當七國之衝矣。又其先呂氏之禍，使無齊王先起義兵，灌嬰將重兵禦齊於外，則平、勃亦不能誅産、禄如斯之易也。晉之八王構亂，孰與魏之三馬同槽？且琅邪東渡，非封建之效乎？晉之始起，德齊於丕而功遜於操，三世而亡，未爲不幸。乃以劉石之兇焰，而建康尚綿典午之祚一百四年，此其得失，不待智者而辨矣。惜乎以唐太宗之神明英武，三代僅見，與名臣蕭瑀等講封建事，喟然欲與三代比隆，而諸臣齗齗，無遠見深識，不能助成至計，殆亦運會使然者乎？柳宗元更推衍詖説，張其狂瀾，至以爲公天下之端自秦始。斯言也，尤聖人所必誅。

自唐以後，惟明代稍用古制。其封建諸藩，惟設護衛兵，食租賦，不得與郡縣事，故諸王國較漢强弱懸甚。然有天下者，漢以後惟明爲强，其亡時宗室被禍亦獨少於前代。而陋夫小生，尚以靖難事爲言。嗚呼！自三王傳子以來，公天下者終不可得見矣，與其失之異姓，毋寧失之同姓。後之人君，其需深思曹志、陸機之言哉。

宋待宗室，略同唐制。靖康時幸以康王爲兵馬元帥，得少救徽、欽之禍。顧寧人謂明末流寇之難，使有如唐之號王巨、嗣吴王祇者，分據州鎮以號召天下，其勢當猶可爲。予按唐代宗室爲都統者四人。天寶末，號王巨以河南節度使兼統嶺南何履光、黔中趙國珍、南陽魯炅三節度使事，此爲都統之始。越國公峘傳謂都統之號自峘始，此言以都統入銜者始於峘耳。其實巨固已爲都統矣。乾元元年，越國公峘以户部尚書持節都統淮南、江西、江東節度使。上元二年，殿中監劍南節度使李國貞以户部尚書持節都統朔方、鎮西、北庭、興平、陳鄭、河中節度使。國貞爲淮安靖王神通玄孫，錡之父。建中二年，汧國公李勉以永平軍節度使同平章事爲汴、滑、陳、懷、鄭、汝、陝、河陽三城、宋、亳、潁節度都統。考四人後皆無功。鳳以魯炅兵屢敗，旋棄南陽，走臨淮，峘以上元年與劉展戰於壽春敗績，走丹楊。國珍旋以河中軍亂被殺。勉以建中四年爲李希烈所攻，潰圍出，走保睢陽。然皆不失爲賢者，巨與勉又先曾立勳。而節度使則有信安王禕、嗣吴王祗、嗣曹王成，皆勞績懋著。由是觀之，宗室亦何負於國哉？

禮樂志第三叙唐代廟制云：唐武德元年始立四廟，曰宣簡公、懿王、景皇帝、元皇帝。貞觀九年高祖崩，於是祔弘農府君及高祖爲六室。二十三年太宗崩，弘農府君以世遠毁藏夾室，遂祔太宗。及高宗崩，宣皇帝遷於夾室而祔高宗，皆爲六室云云。上文僅有宣簡公，此處突出宣皇帝，使初讀史者幾不知爲何人。下又載太常博士張齊賢議云「唐受天命，景皇帝始封之君，太祖也，以其世近而在三昭三穆之内，而光皇帝以上皆以屬尊，不列合食」云云，又突出光皇帝。按高宗上元元年八月，追尊六代祖宣簡公爲宣皇帝，五代祖懿王爲光皇帝，此雖已載本紀，然紀、志各自成文，亦宜彼此互見，則志於遂祔太宗下，宜增曰「高宗上元元年尊宣簡公爲宣皇帝，懿王爲光皇帝」，始接及「高宗崩」云云，叙事方有首尾。且志又載開元十年詔宣皇帝復祔於正室，謚爲獻祖，並謚光皇帝爲懿祖。按此亦已載於玄宗本紀十一年八月，志固不嫌重叙，而獨缺其加帝號一節，不特眉目不清，文法亦不畫一。志云開元十年，紀云十一年，小誤。懿、獻皆是廟號，志云追謚，亦非。紀云追號固不誤。

唐懿宗

三十日　陸士衡作兩漢辨亡論，權載之作兩晉辨亡論，皆推原亂幾，其論甚美。歐陽永叔遂謂唐之衰由於宣宗。近儒王禮堂非之，謂文、武、宣皆令主，唐之亡實由乎懿宗之荒淫，與宣宗無涉。予謂漢、唐、宋、明之亡，皆由德祚陵替，氣運使然。漢之桓、靈，唐之懿、僖，宋之哲、徽，明之神、熹，雖皆云失德，然不過庸闇怠廢，或童昏好聲色，實無大過惡於民，亦未有肆虐好殺之事。諸帝質皆長厚，又俱能尊禮大臣，靈帝之大誅黨人，哲宗之去元祐諸賢，熹宗之殺東林諸君子，皆蔽於左右，非由帝意。嗚呼！桀、紂無論矣，三代而下，惟蒼梧、東昏、楊廣足正其辠，胡亥、高緯前人餘殃，尚其次也。

唐懿宗，史俱言其奢淫失德，跡其生平，惟寵任駙馬韋保衡及迎鳳翔佛骨二事，尤爲世之口實，要亦非大害於國家者。雖懿宗侈靡性成，刑賞未當，顧觀其聞龐勛、裘甫之亂，出師命將，猶見焦勞。宰鎮大臣，尤能禮任，惟時無賢輔，固寵竊權，王政不綱，職由乎此。而王定保摭言載大順中，諫議大夫高逢休與僕射劉崇龜書，論顧雲、羊昭業等修史事，謂懿宗皇帝雖薄德不任，被前件人羅織，執大政者亦太悠悠，足見當時國史已明著譏貶。大順乃昭宗初年元號，懿宗爲其父，逢休竟敢言薄德不任，固由其時唐政衰弱，亦可見懿宗不君之名彰於遠近，雖在朝廷，亦無所忌諱耳。惟蘇鶚杜陽雜編稱懿宗器度沈厚，形貌瑰瑋；又言「上仁孝之道出於天性，鄭太后厭代，蔬素悲毁，同士人之禮，公卿拜慰者無不動容」。又玉堂閒話亦稱懿宗以文治天下，固唐人記載中所僅見者矣。

八月

江漢叢談　明　陳士元

朔　閲明人陳士元江漢叢談二卷。此書四庫收入史部地理類，皆言楚地故事，如風后、舜陵等凡二十則，設爲問答，引證群籍，每事爲一篇。在明人中已爲博雅，然疏謬陋略，實無可取。如黄母化黿一條，以劉昭爲班昭，以梁武帝郗后爲齊高帝之后，且謂郗后化龍事出蕭子顯南齊書，尤爲紕誤。其他議論亦多可笑，以司馬彪續漢書志爲後漢書志，此本易淆混，明人多不及知。至以注續志之劉昭爲班昭，真堪噴飯。明代看書鹵莽如是。

漢書　漢　班固

初二日　史記司馬相如傳贊末有揚雄語，賈誼傳末有孫嘉，孝昭時官九卿，公孫弘傳末提行載元始中太皇太后詔一節，自南宋人王楙、周密輩已疑之，固是後人羼入。予又讀楚元王傳，末叙文王子孫，直至地節二年，王純謀反自殺國除，此事尚未經人指出。而王純實未嘗謀反。據漢書純立十六年薨，謚節王，子延壽嗣，宣帝即位，與武帝子廣陵王胥謀反，立三十二年國除。諸侯王表亦同。明是史記乖謬，皆褚少孫所補者也。

漢書劉德傳，德封陽城侯，傳至孫慶忌，復爲宗正太常，薨，子岑嗣，爲諸曹中郎將列校尉，至太常，薨。傳子至王莽敗乃絶。而恩澤侯表，陽城繆侯劉德以宣帝地節四年封，封十年薨，子節侯安民嗣，十八年薨。子釐侯慶忌嗣，二十一年薨。居攝元年侯颯嗣，王莽敗絶，與傳不合。案，宣帝地節四年至孺子嬰，居攝元年，計隔七十年，而侯表自德至颯僅四十九年，差二十一年，則慶忌後自宜更有一代。考百官公卿表，平帝元始三年，城門校尉劉岑子張爲太常，與傳合。子張，岑字。表雖不言陽城侯，然西漢爲太常者皆列侯，表例有爵無官者書爵，有官者雖有爵但書官，岑以列校尉爲太常，故具官不具爵。岑後至元始五年由太常爲宗伯，時王莽改宗正爲宗伯，傳不言爲宗伯，則偶失之，而恩澤侯表脱去岑一代無疑矣。

紅侯劉辟彊年八十，由衛尉爲宗正，子德兩爲宗正，德子向由諫大夫爲宗正，德孫慶忌復爲宗正，慶忌子岑由城門太常爲宗伯。五世宗正，自來所未有。

漢高祖兄仲封代王，爲匈奴所攻；走歸長安，貶爲合陽侯，亦作「郃」。子濞始封吴王。史記、漢書紀傳表皆同。漢書諸侯王表載仲以孝惠二年薨，亦不稱謚。案漢書平帝紀五年，詔曰「吴頃楚元之後」，師古注「吴頃謂高帝之兄仲也，初爲代王，後廢爲合陽侯，而子濞封爲吴王，故追謚仲爲吴頃王，頃讀曰傾」云云。然則紀及年表皆偶失載耳。仲名喜。高祖以其嫂轑釜之怨，不封兄子，太上皇爲言，始封羹頡侯，而仲封代王，乃棄之邊境以當盛彊之匈奴。及匈奴來攻，仲自歸雒陽，本無大罪，乃廢之爲侯。蓋尚以治産業不如仲力之言，耿耿於心耳。光武亦有兄仲，追封謚爲魯哀王。

司馬温公集　宋　司馬光

十八日　閲司馬温公集，係明刻本，中疑孟十二條，僅存一條。

十七史商榷　清　王鳴盛

十九日　閲十七史商榷，因附論新唐書文宗本紀書殺陳宏志、殺觀軍容使王守澄及李訓奔於鳳翔之謬；又李訓等傳贊之謬，皆至數百言，頗爲前人所未發。以文長不録〔一〕。

注釋

〔一〕按，此二條已收入王利器先生所輯越縵堂讀書簡端記第一百九十三至一百九十四頁。天津人民出版社一九八〇年。見本書附録。

新唐書糾謬　宋　吴縝

二十一日　閲吴縝新唐書糾謬。此書指駁歐、宋之誤，分二十門，爲二十卷，鮑氏刻知不足齋叢書本最佳。予自丙辰歲閱一過，迄今五年，已遺忘略盡矣。其書但即紀、表、志、傳先後互勘，吴氏自序稱方從宦巴峽，無他書可考，止以本史相質正，故亦不無小舛，爲前人所攻。近儒王氏鳴盛譏其並不取舊唐書一相證覈，太爲省事，然亦稱其指擿精當。按吴氏專著一書，糾並時新出之史，而歐、宋皆大臣盛名，官修進御，吴欲以一人之力攻之，其用心自更精審，故得者爲多。其關係尤鉅者，如據代宗年，辨吴皇后傳林甫謀害肅宗，及玄宗詔高力士至掖庭選后之謬；又代宗生之三日，玄宗臨澡，而負姆取他宫兒易之之謬。據貞觀四年天下斷死罪二十九人，辨六年縱京師死囚四百之謬；謂此乃録囚時舉京師輕重繫者之數，非皆死罪。據高宗年，辨孝敬皇帝傳所稱蕭淑妃女義陽、宣城二公主四十不嫁之謬；據王承宗反及李吉甫再入相歲月，辨鄭絪傳言吉甫譖絪漏言於盧從史之謬；據楊子琳、楊惠琳二人時地先後，辨劉昌裔傳、戴叔倫傳俱以子琳作惠琳之謬；據穆宗紀及劉總傳、温造傳、崔植傳，辨劉總所納盧龍軍八州、九州、七州不同之謬；據玄宗紀及韋庶人傳、劉幽求傳臨淄王以夜入宫誅韋氏，辨安樂公主傳所稱方覽鏡作眉聞亂之謬；據張孝忠傳載其子茂宗尚公主，孝忠遺妻入朝執親迎禮，辨蔣乂傳所稱茂宗尚公主，母亡遺占丐成禮之謬；皆有功於史學甚大。其他可采者甚衆，不能備録。至參檢年月姓名官爵之差錯，亦讀史者所不可不知。

惟駁鄭絪傳杜黄裳方爲帝夷削節度，不關決於絪，絪常默默，居位四年罷。謂黄裳與絪同以永貞元年爲相，黄裳以元和二年正月罷，絪至四年二月方罷，不得云默默而罷。按傳所云，乃終言絪之爲相，未嘗謂其因黄裳而罷也。

駁張九齡傳九齡不肯附武惠妃謀陷太子，故卒九齡相而太子無患。謂當議廢太子瑛時，九齡已爲中書令久矣，安得云卒九齡相？且九齡以開元二十二年爲中書令，二十五年太子竟廢死，安得云太子無患？案，傳云卒九齡相者，謂終九齡爲相時。上文已明載惠妃告九齡爲宰相可長處，則傳本不誤，而吴氏誤會文義。又按玄宗紀及宰相年表，開元二十四年十一月九齡罷相，而太子瑛以二十五年四月被廢以死，故傳謂終九齡在相位時，太子得無患也。其義甚明。

餘若卷第十二事狀叢複一門，所糾亦多未當。蓋史事固有宜彼此互見者，吴氏概以一事數出者爲可刊省，亦屬偏見。卷第十三宜削反存一門，所糾杜審權傳載其盡日少息，自起解簾徹鉤，手擁簾徐下乃退，高智周傳載蔣洌兄弟植父墓側松柏千餘；謂末節常事，所不足載，固當。至謂嚴綬傳之載報閿鄉尉李達事，韓滉傳之載自始仕至將相乘五馬無不終櫪下，李巖傳載爲參軍時製一裘服終身，亦皆不當記，則非是。恩怨之事，人不能免，司馬遷傳范睢、韓信及李廣之報霸陵尉，昔人不以爲非；若韓、李二事，尤足見其生平節儉，不可不載。卷第二十所糾誤用字、不經字、訛錯字，亦多係傳寫之誤，或偶失檢者，乃一一具列，此則未免有私怨之見存。

又卷第十八與奪不常一門，駁宗室傳贊論封建事，與十一宗諸子贊自相刺謬。按宋子京意固不以封建爲是，其宗室傳贊譏李百藥、杜佑之説皆爲臆論，亦未嘗偏斥百藥，吴氏所糾亦誤。要其全書中瑕纇不及十之一，晁公武譏其不能屬文，多誤有詆訶，固非確論也。吴氏所未糾者甚多，則一時鉤稽未盡耳。

雲麓漫鈔 宋 趙彦衛

二十二日　宋趙彦衛雲麓漫鈔十卷，係朱氏曝書亭寫本，訛舛甚多。其書皆記名物故事，考據簡覈，議論亦鮮有南宋人腐氣，多載唐、宋官制，尤足裨益史闕。自序謂可比葉夢得避暑録話，四庫書目稱其實勝夢得書，以予觀之，博洽似遜洪景盧之容齋隨筆、王厚齋之困學紀聞、王觀國之學林新編、吴虎臣之能改齋漫録，然亦無諸君駁雜之病。以當時人相較，正與朱少章之曲洧舊聞、朱新仲之猗覺寮雜記、戴埴之鼠璞、周公謹之齊東野語，可以驂驔雁行，張淏、姚寬、孫奕、沈作喆、陸游輩皆不能及也。惟卷第五一條云：周官其屬有六十，今有不止六十者，蓋冬官之屬雜於五官中，如染人等是也，以是知冬官亦非全闕云云。則殊開丘葵等妄書謬説之先矣。

予嘗引唐德宗取貞觀、開元改元曰貞元事，竊議國朝以康熙、乾隆爲極盛，近來世運頗艱，年號宜用「熙隆」爲佳。今觀雲麓漫鈔，言本朝改隆興，取建隆、紹興之義；或云趙稔曾用之，改乾道，又改淳熙，取淳化、雍熙。紹熙則法紹興、淳熙，慶元法慶曆、元祐，開禧取開寶、天禧云云，皆故事也。李心傳朝野雜記甲集卷三，孝宗即位，改元隆興，其説以爲務隆紹興之政。及學士草制，則合建隆、紹興之義，非初意矣。二年，王瞻叔爲參知政事，言趙稔謀逆，嘗欲以隆興紀元。明年，改乾道。乾道盡九年，時以爲乾元用九之數已極，乃改爲純熙。尋又易「純」爲「淳」，言欲致淳化、雍熙之美也。十六年光宗即位，將紹淳熙之政，遂以紹熙紀元，猶隆興意耳。而學士草制，則又合紹興、淳熙爲義，亦非初意也。五年，上繼統，趙子直爲相，鋭意慶曆、元祐故事，乃改慶元，云云。按李氏此書最詳密，所言尤可據。其書成於寧宗嘉泰三年，所謂上繼統者，謂寧宗也。

桃花扇　清　孔尚任

二十三日　夜與叔眗、珊士共閲桃花扇院本。幼時甚喜此書，謂出長生殿之上，今日觀之，拙劣殊甚。訪翠、眠香、寄扇、題畫四齣最名於代，訪翠、題畫雖稍有色澤，亦未當行，餘則粗硬淺陋，不足寓目。又多拗句澀調。東塘北人，不知平仄，往往有甚可笑者。爨演科白，尤多可厭，事蹟亦殊失實。傳奇固不礙與史相出入，大節目亦不可不依也。

齊東野語　宋　周密

二十四日　周公謹齊東野語，宋末説部可考見史事者，莫如此書。公謹本文士，故其叙述獨爲簡明。其記符離之役，張魏公與史魏公往復論難事，尤曲折盡情。蓋忠獻固非純臣，不得以其子爲道學而曲譽；文惠固是良相，不得以其子爲權奸而加誣。觀此一事，尤見直翁之老成謀國，進退裕如矣。公謹家世仕宦，具有舊聞，自較他書爲可信，其佳處，予已於戊午日記詳論之。

能改齋漫録　宋　吴曾

閲吴曾能改齋漫録。虎臣依附秦檜，趙景安雲麓漫鈔中深詆之。其書始出時已盛有名，並時説部如趙與旹、洪邁、王觀國、王楙、劉昌等，已指摘其失，然浩博終不可没。故自宋迄今，諸家雖駁之而不能不引之。其事始、辨誤、地理三門，頗有創發。記事、方物兩門，亦足資考證，中多駁正王觀國學林新編、高承事物紀原二書。學林於宋代説部最爲精覈，雖小有舛漏，固非虎臣所能及。學林誤處，予戊午日記中亦略及之。

其所駁者，若錢文載年號，始於後魏孝莊，非起五代；左傳「周公蔡蔡叔」，上「蔡」字爲「槃」字之訛，已見孔穎達正義，非「蔡」字更有放義；「季氏介雞」，當據吕氏春秋「鎧著雞頭」爲訓，非蔽雞之臆；孟子「以言餂之」，謂「餂」字即管子地數篇「十人咶鹽，百人咶鹽」之「咶」，不當引玉篇之達兼切爲古「甜」字。數條則較勝學林矣。

鼻不清亮者爲齆，本於王充論衡「鼻不知香臭曰齆」。婁師德唾面自乾之語，本於尚書大傳太公曰：「罵汝毋歎，唾汝毋乾，毋歎毋乾，是謂艱難。」婦女稱姐，始於魏繁欽與文帝牋之左騏、史妠、謇姐。皆出漫録。

俗諺云「盛喜中不許人物，盛怒中不答人簡」，二語亦見漫録。予最愛此十四字，謂宜書之坐右。

能改齋漫録 宋 吴曾

二十五日 閲能改齋漫録。雲麓漫鈔譏漫録於前人詩意偶同者輒以爲剿襲。予觀其書有沿襲一門，所載皆古今人詩詞語意偶相合者，輒以爲某用某，某本某，殊屬無謂。宋人詩話，往往如此。況虎臣本考據家，論詩自更非所長耳，然其採取亦云博矣。

填詞中好語，如秦七之「斜陽外、寒鴉數點，流水繞孤村」，本於隋煬帝詩「寒雅千萬點，流水繞孤村」；歐九之「緑楊樓外出秋千」，漫録謂其本於王右丞詩「秋千競出垂楊裏」。此雖皆不礙爲佳句，然出處明白，學者亦不可不知。吴氏至謂張子野之「雲破月來花弄影」，本於古樂府「朱弦暗斷不見人，風動花枝月中影」，則無謂甚矣。

漫録刻本頗少，予惟見武英殿聚珍板，分事始、辨誤、事實、沿襲、地理、議論、記詩、記事、記文、方物、樂府、神仙、鬼怪十三類，爲十卷。四庫書目稱向無刊本，傳寫者以意分合，卷數門目皆各不同，此本稍有條理云云。予家所藏即殿板本也。今此本爲揚州馬氏裕叢書樓所鈔，烏焉豕亥，十而六七，寫手極爲率劣。其書分事始一卷，辨誤三卷，沿襲一卷，地理一卷，議論一卷，記詩一卷，記事二卷，記文一卷，方物一卷，樂府二卷，神仙鬼怪一卷，共爲類十一，爲卷十五，與殿本次序多合。惟少事實一類，卷數亦微不同。行篋中未攜此書，無從勘覈也。

道光辛丑科會試卷

二十六日　偶閲庋閣上破書堆中，得道光辛丑科會試房卷一本，其居首者爲是科第三名俞長贊，大興籍會稽人，又一百五十二名張淳，山陰人，二君皆與吾家有交涉，因書其事於二人文後，復記之於此。俞君從其父居京師，貧窶甚，予族父青田先生以計偕至都，先生自嘉慶時已爲名孝廉，聚徒教授，常數百人，至是垂三十年，聲氣滿輦下。俞君之父爲部曹書吏，介先生門下士爲其曹長官者，以俞君文來謁，時俞君初入京縣庠，先生見其文，謂必貴，詢知未娶，即欲以女妻之，舉家不願而止。未幾，俞君舉鄉會試，入翰林，而族姊嫁一縣宰，因事左官，遂不振。先生頗悔之。俞歷職清顯，至内閣學士兼禮部侍郎。

張君者，幼寒微，其父爲予從伯中書君主質庫，張君隨其父學佐出入，偶以事爲中書君叱辱，次日，忽跽謝中書君，願歸受書，其父怒笞之，益流涕固請，中書深異焉，遂資以入塾膏火費，令其歸。旋辭父遊學京師，不十年，成進士，授縣令，謁告返越，具公服，贄所試文謁見中書君，執門客禮甚謹，里人至今以爲美談也。

十七史商榷

清　王鳴盛

閲書既多，自不能盡憶，況我輩素性善忘，隨手所過，都不復記，偶有所得，即當筆之於書，不必計前人已及否也。予今日雜閲架上書，知前日所糾唐書李訓謀誅宦官一條，已見顧氏日知録。又前日日記所糾後漢書羊續傳東園一條，已見王氏十七史商榷，雖病複出，然本非剿襲者，亦不必爲嫌。近儒嘗以日知録所駁漢書有與兩漢刊誤同者，謂寧人未見劉書，足見著述之難。予謂刊誤刻本固少，然顧氏博極群書，不容不見，此乃偶忘耳。王禮堂綜究經史，其十七史商榷，亦云精密矣。然其中如糾後漢書竇后父諱武一條，黨錮傳外黄令毛欽一條，儒林傳序立毛詩博士一條，皆已見日知録。王氏豈有不見顧氏書者？偶或忘之，不足爲病。又如漢成帝、哀帝、更始、光武時皆置州牧，唐武宗後改名爲炎，此皆略讀史者所共知。而十七史商榷以酷吏樊仲華傳光武時拜揚州牧，謂州牧始於靈帝，此乃追書；孫樵西齋録書裴炎爲名犯武宗諱，謂武宗諱瀍非炎。此二條殊大謬，予皆正之。然豈得譏王氏爲不知史者耶？

漢書　漢　班固

二十七日　漢書成帝紀綏和元年罷部刺史，更置州牧。哀帝紀建平二年罷州牧，復刺史。而百官公卿表叙言哀帝元壽二年復爲牧。哀帝紀失書。

平帝紀元始四年，尊孝宣廟爲中宗，孝元廟爲高宗。王莽傳平帝崩，奏尊孝成廟曰統宗，孝平廟曰元宗。後漢書光武紀建武十九年，追尊孝宣皇帝曰中宗。蓋中興初以中宗等廟號皆新莽柄政時所尊，故盡去之，至是始復中宗之號，而高宗等終不復。章懷於光武紀注失引平帝紀及莽傳，而引漢官儀光武以元帝爲父，宣帝爲曾祖，故追尊及之。此説殊謬。漢制有德者廟稱宗，世祀弗毁，未嘗論遠近。若曾祖即當稱宗，則元帝尤近，何不復高宗之號乎？況宣帝乃元帝父，光武爲景帝六世孫，於成帝世次爲兄弟；元帝爲父，宣帝爲祖，非曾祖。又云光武於哀帝爲諸父，於平帝爲祖父，哀、平皆元帝庶孫，係兄弟行，光武於平帝亦爲諸父，此注所引世次皆誤。

高祖兄仲，以代王貶合陽侯，後以子濞封吴王，追謚仲爲吴頃王，見平帝紀。而高帝紀、諸侯王表、吳王濞傳皆失書。史記亦不載。平帝紀元始五年詔書，高祖兄弟吳頃，楚元之後云云。

野客叢書 宋 王楙

二十八日 閲王勉夫野客叢書，止十二卷，末附其父野老紀聞數葉，即明人陳繼儒删存本也。繼儒俗士妄人，聞見卑陋，全不知學問，自來欺世盜名無有如此人者。所刻秘笈，妄删古書，尤爲可恨。勉夫此書，向推南宋説部之傑出，本爲三十卷，今所傳皆秘笈本。予家所藏亦同。而四庫所收三十卷之原本，購之累年不可得，意必有可觀者。即陳本論之，於經史之學殊甚淺，蓋南宋人大抵如此。然亦間有摘録之功，足資考覈。其他雜載，亦多有據依。惜所存不及十之六七，其菁華刊落者多矣。

賓退録 宋 趙與旹

二十九日 閲趙與旹賓退録十卷，此書在宋説部中亦以考據名。今觀其如漢高帝封兄子信爲羹頡侯一條，謂括地志有羹頡山，在嬀州懷戎縣東南十五里，注史記者失不引此。顔師古注漢書，但云頡音戛，言其母戛羹釜也。小司馬索隱又直謂爵號非縣邑名，皆弗深考。又駁能改齋漫録引學林謂即不羹是潁川地名之謬。又謂後漢書楊震傳載安帝時河間男子趙騰上書指陳得失，收考詔獄，震上書救。張皓傳又載順帝時清河趙騰上言災變，譏刺朝政，收騰繫考，皓上書諫。二事不應如是之同，疑祇一事而范氏誤以爲二。皆確覈。

漢世錢重一條，援證亦博而覈，所載故事，亦可與史傳相參考。雖餘多無可觀，且有疵謬，固亦足以傳矣。

東漢人無二名。張淏雲谷雜記舉蘇不韋、孔長彥兄弟、劉騊駼、丘季智、張孝仲、范特祖、召公子、許偉康、司馬子威十人。賓退録復舉鄧仲況、第五元先、張恭祖、鄭益恩、鄭康成子。桓元卿、成翊世、張闓陽、梁不疑、李文德、公族進階、公族，複姓。羊元群、馬日磾、皇甫堅壽、夏長思、曹破石、王延壽十六人。按長彥、季智、孝仲、公子、偉康、子威、仲況、元先、元卿、元群、伯英、敬伯、伯高、齊卿、太伯，疑皆字而非名。後漢謝范兩書往往有稱人之字者，班書亦或如此。

予按尚有廣宗殤王萬歲、廣川王常保、清河愍王虎威、恭王延平、齊惠王無忌、阜陵恭王便親，皆見後漢諸帝紀及諸王傳。鄧禹曾孫河南尹鄧萬世，見桓帝紀及桓帝鄧皇后紀、鄧禹傳。馬援幼子名客卿，見馬援傳。耿弇從子喻麇侯文金，見耿弇傳。仲伯、子春，蓋亦是字。丘季智名靈舉，見郭林宗傳注引謝承書，乃東漢人二名之最可考者。張氏僅讀林宗傳文，反稱其字以爲二名，誤矣。趙無忌字世卿，見趙岐傳注。蘇正和見蓋勳傳。新平侯千秋，見陳敬王傳注。耕亭侯安國，見陳敬王傳。千秋，敬王子，安國，敬王孫。竹邑侯阿奴，見彭城靖王傳。阿奴，靖王子，然阿奴當是小字，史書所言小字，即俗云小名也。傅幹小字別成，見傅燮傳。曹操弟子安民，見三國志魏武帝紀。安民於獻帝建安二年從操征張繡被害，是固爲東漢人也，況三國及西晉時亦尠二名者。秦宜禄，見三國志曹爽傳注及關羽傳注。秦宜禄爲呂布將，以建安三年死，亦在東漢時。鄭康成孫小同，見鄭玄傳及三國志注。小同仕魏爲侍中，然康成以其手文似己，故名曰小同，固在漢時也。樂安夷王寵一名伏胡，見千乘貞王傳。崔烈子州平，見三國志諸葛亮傳注。

九月

穀山筆麈　明　于慎行

朔　閱明于文定公慎行穀山筆麈十八卷。此書四庫不著録，然其中載朝章國故甚爲賅備，於隆、萬間事尤詳，足以參覈史傳。自卷一制典至卷六閹伶，卷九官制至卷十三稱謂，皆論明代典故，而上溯宋、唐及漢，叙述簡覈，議論平允，最爲可觀。卷十五雜記、雜聞諸條，卷十八夷考，亦多可備采掇。其餘考證經史，殊非所長。雜説、瑣言等説理亦有佳者，然多雜以迂腐語，此宋、明人通弊耳。

雙槐歲鈔　明　黄瑜

初二日　閱明人黄瑜雙槐歲鈔十卷。此書四庫亦不著録。瑜字廷美，廣東香山人，由太學生官知縣。書成於弘治時，多載明代故事，足補史闕。其述科舉，尤詳於洪、永，以典例所始也。述軍政、邊備及敵勢本末，尤詳於景泰以後，以邊事漸亟也。所附議論亦具有識見。惟載洪武乙丑殿試，有司奏花綸第一，練子寧次之，黄子澄又次之，太祖親擢丁顯爲狀元，子寧次之，綸又次之，三人皆拜修撰，而子澄抑置三甲，爲庶吉士。按明史黄子澄本傳及朱竹垞明詩綜、黄崇蘭貢舉考略，皆言子澄爲乙丑進士第三人，與此不同。餘亦有與史傳相出入者，要可以備見聞。至間及經史考辨，則頗多疏漏，又好雜載委瑣神異之事，自穢其書，殊類小説體耳。歲鈔最誤者，謂楊俊之誅，在景泰時，于少保以其勇健難制，主議誅之，其父洪由此憤悒而卒。按明史俊在景泰時兩下獄論死，皆宥。而洪卒後，子傑嗣，爲昌平侯。傑卒，俊襲爵，復以罪再論死，奪爵，命其子珍襲。及天順復辟，英宗夙恨俊，張軏又與不協，遂下詔獄誅之。祝允明野記亦言天順時，楊昌平俊、范都督廣，爲石亨所構誅，皆非其罪。雖石亨、張軏不同，而俊死在天順時則無疑矣。歲鈔傳聞之訛如此。惟野記言俊臨誅時有娼來哭，即自經於旁，而歲鈔載娼之名爲陳三，是可信也。

筆麈於嘉靖以後輔相無不詆斥，又頗指朝廷之失，歲鈔更顯陳闕政。時當孝宗之初，而一則曰憲廟初政昏極尤張，一則曰成化間憸邪雜進，左道亂政，足見時無忌諱，直筆在人，爲可法也。

歲鈔載弘治乙卯，雲南鎮守太監劉昶、總兵黔國公沐琮、巡撫張浩等，保舉神童董元，紹興人，雲南知府復次子，八歲能詩翰。詠胡桃云：「形狀如雞子，剛柔實未分。擘開混沌殼，渾是一團仁。」梅月云：「夢覺羅浮夜已闌，碧天雲静月團團。玉人不學桃花面，浄洗紅妝鏡裏看。」九歲以來，真楷草書，歌賦序記，及三場文字，亦皆能之。今十三歲矣，請查照李東陽、程敏政、楊一清、洪鐘事例，考送翰林院讀書。疏上，召試，不如所言，命還籍，乃充會稽縣學生，更名玘云云。此即吾鄉董文簡公也，後爲乙丑弘治十八年進士第二人，官至禮部侍郎，以清節儒學名。居郡城之筆飛坊，坊口有橋，曰探花橋，其第宅及綽楔至今無恙。乙丑董文簡以會元爲進士第二人，其第三人則餘姚謝少宰丕，文正公子也。文簡居第在筆飛坊，今子孫猶世守之。而宅旁有橋曰探花橋，有石坊曰探花坊，皆謝少宰所建，今里人遂誤稱爲董探花矣。

黄氏又謂敏政、一清及鐘皆由翰林院秀才登進士，而鐘授中書舍人夭死，時年十八。惟東陽雖受上知，然爲順天府軍學生登第，未嘗讀書翰林也。今爲學士，與敏政、一清俱將大拜矣，玘其可量耶云云。黄氏是書成於弘治乙卯，固未及見文簡之貴耳。此吾鄉文獻之一大事，而郡邑志俱失載，故特記之。其後李文正、楊文襄果皆至極品，而程文僖亦終於禮部侍郎，與董公同。瑜即黄文裕佐之祖父。佐字才伯，嘉靖中官至少詹事，贈禮部侍郎，見明史文苑傳，稱其撰述至二百六十餘卷，尤精者爲樂典。

新唐書　宋　歐陽修　宋祁

初三日　歐陽公新唐書本紀疏舛不一，今復摘其兩事。

睿宗、玄宗禪位之際，事最轇轕。睿宗雖於延和元年八月立玄宗爲皇帝，自爲太上皇，然仍攬大政。是月即改元先天，史仍以此號繫之睿宗。至先天二年七月，太平公主等謀害玄宗，玄宗密計誅之，睿宗始歸政。是年十二月改元開元。愚謂睿宗本紀宜於先天二年七月下書「甲子皇帝誅太平公主及岑義、蕭至忠、竇懷貞等」，下方云「乙丑誥歸政於皇帝」，則情事始明。而玄宗本紀，其首宜直叙至太平等謀害，悉書崔湜、薛稷、李晉、賈膺福、唐晙、常元楷、李慈等同逆謀者姓名，及玄宗與郭元振、王毛仲、姜晈等討逆大略。蓋此雖見於太平公主傳，然此等大事，本紀自宜略叙。

又新紀例凡殺一命以上者皆書，而薛稷舊宰相，李晉等皆三品卿監將軍，其死豈容不書？崔湜不著其同謀，而下突書流湜於竇州，幾疑湜非與逆者。湜既流，旋復賜死，宜書「流崔湜於竇州，誅之」，而紀不書其死，亦誤。

新紀例凡一年數改元者，皆以最後定之元繫年。而此年癸丑，既書爲先天二年，自正月至七月，歸之睿宗紀，復於玄宗紀提行書開元元年正月，一歲之間，兩繫帝紀，兩繫元號，兩見正月以至七月，自亂其例，令觀者雜糅，疑爲兩年之事。愚謂此年睿宗紀既以七月止，七月以後事宜並叙入玄宗紀首。至十一月戊子，群臣上尊號曰開元神武皇帝訖，始别提行，書開元元年十二月庚寅大赦改元，雖稍爲變例，然此一年書法實爲窒礙。如但以開元繫年，則不可以玄宗之號入於睿宗之紀；如但以先天繫年，則是年十二月已改爲開元元年，次年正月即爲開元二年，不可令開元元年之稱不見於紀，而於次年突書二年。如予説調停，頗爲斟酌盡善，兩不觸背矣。

又睿宗紀已書「七月甲子大赦」，玄宗紀復書「七月丁卯大赦」，僅四日間，不應兩次大赦，蓋祇是誅太平等及玄宗聽政之赦，一次分作兩書，亦誤。

玄宗天寶三載正月，改「年」爲「載」，既書於本紀矣，至肅宗乾元元年，復改載爲年，而本紀不書。如此大事，乃亦漏略，可謂疏矣。

孤樹裒談　明　李默

初四日　閱明吏部尚書李文愍默孤樹裒談，中有辨黄子澄名次先後一條，引朱中丞河上楮談。謂子澄係二甲第一，而歷考諸書皆不同。又駁雙槐歲鈔所載太祖夢雙絲之謬。

浪淘集 明 程嘉燧

初六日 閱松圓浪淘集，明季鄞人謝三賓所刊。合涉江、春盤、山樓、蓬户、空齋、詠古、谿堂、移居、雪浪、遇琴、春湖、荆雲、春帆、松寥、雪江、吴裝、易水、嘗甘十八卷，都爲一集，分上中下三卷。孟陽詩於嘉定四先生中尤爲清妙，惟氣力薄弱，不能爲長古，然近體絶可愛。嘗謂采松圓及我朝厲樊榭二家詩爲摘句圖，懸之坐右，朝夕誦之，可以除煩去膩，解凡入仙也。叔子既於是集丹黄之，屬予加墨，因摘其佳句於此。「衆山擁市懸孤壘，片雨回峰亂夕陽。」山行。「衆香凝户濕，空翠積階陰。」法相寺。「山虚日射孤根動，江坼天圍一柱高。」江天閣。「水樹風帆隱伎樓，微明遠岸濁河流。也知一望堪腸斷，暮雨無人在上頭。」水上倡樓。「田日倚茶磨，湖風落漁榜。」横塘。「小艇緣港入，疏春閉門度。」經紫微村。「行廚蘘竹暎，落盞長松清。」郡城雜詩。「城上雪聲遊子屐，縣南風色酒人家。」東山中親知。「彈琴響動遊山帖，隱几風開種樹書。」題張仲復西康草堂。「谿雨捎歌扇，簷風落茗甌。」遊石岡園。「絃響帷間動，杯香燭下來。」同唐叔達宿徐氏園。「檻垂當幔柳，窗裊隔池花。」同上。「嶽院夜眠春澗雨，浦樓寒醉雪山風。」歲暮懷孫履和李茂修。「燭滅清歌高閣罷，酒醒疏雨小船歸。」送春同婁子柔。「月落蒹葭明，潮生楊柳曙。遊子耿不眠，歸人渡江去。」送方平仲渡江。「梅殘燭燼疏窗雨，雪沍香濃小閣雲。」寄莊將軍。「雨來孤嶼闊，月出衆山高。」西爽亭。「白拂花飛方丈雨，素屏灘響一牀風。」題長蘅次醉閣。「秋陰殢客思騰騰，木末荒臺盡日登。誰信到家翻遠憶，雨齋含墨畫金陵。」憶金陵。「最憶西風長板橋，笛牀禪閣雨瀟瀟。祇今畫裏猶知處，一抹寒煙似六朝。」同上。「不見林僧春復冬，夢經蘭若向鑪峰。西窗一榻今聞否，來聽霜天塔院鐘。」崑山雜題畫絶句。「江月酣林水透霜，水精禪院舊繩牀。鄰房僧起啼雅散，塔裏殘燈颭曉光。」同上。「日落風開吉貝花，茨菰葉壞映袈裟。隔谿煮豆燒松子，憶得山房夜焙茶。」同上。「一水菰城秋雨色，萬山樵閣舊灘聲。」送林符卿自吴興遊新安。「峰摇白雨水挹藍，萬木含風緑正酣。記得松毛初泊日，破船撑笠過湖南。」雨中游寶石山題畫。「風隄霧塔欲分明，閣雨縈陰兩未成。我試畫君團扇上，船窗含墨信風行。」西湖題鮑谿父扇。「澗飲斷虹明積翠，湖飛片雨亂斜陽。」登北高峰。「雨濯松蘿泛早涼，竹聲寂歷澗聲長。林煙未散遠峰出，手卷殘經看夕陽。」靈隱絶句。「崖陰扶砌竦，松影卧階長。」玄津上人房。「遠雁如塵飛水面，亂帆疑葉下吴頭。」李洋河舟中。「山檻水添平入户，野亭樹密遠生香。」仲夏偶過長蘅水檻。「夢裏楚江昏似墨，畫中湖雨白於絲。」春盡感懷。「秋月當門秋水深，岸花寂歷野蟲吟。西窗舊事人誰在，谿雨梧風夜罷琴。」八月夜過魯生題扇。「瓜步江空微有樹，秣陵天遠不宜秋。」送曹丈江行之六合。「出寺經聲流水遞，過橋人影夕陽多。」同隱峰長老過海慧堂。「枕席雲流松際月，房櫳花發雨中山。」寄懷瞿達觀先生山居。「松寥舊事滿僧窗，摇曳秋琴咽夜撞。颭颭曉燈風閣裏，半衾梅雨夢長江。」憶焦山題畫。以上皆自涉江至松寥十四卷中詩。松圓佳處，即此備矣。

松圓才力既局小，讀書又不多，錢蒙叟推爲一代宗主，自難服人。然其平生躭精詩畫，得於山川者深，所作風致絶世，自足名家。其雪江以後四卷，殊無佳什。蓋雪江、吴裝係北遊時作，易水係居都下時作，長安風物，塵埃骯髒，無復煙霞泉石之習，所作遂頓乏姿致。膚淺拙俗，氣體不侔。惟除夕踏雪看松絶句云：「長安雪後無來往，報國門前獨看松。」二語稍有風味。嘗甘爲南歸以後作，則老手頹唐矣。

袁中郎全集　明　袁宏道

初七日　閲袁中郎全集，係明季浙中所刻，合詩文共爲四十卷，不分錦帆、解脱等集名目。公安之派，笑齒已冷，皆謂輕佻纖俗之習，創自石公。今觀其全詩，俚惡者固不免，如唐人「小婢偷紅紙，嬌兒弄白鬚」之類，遷流愈下，幾同諧謔，然佳處亦自不乏，閑靜之思，幽雋之語，觸目皆是。中郎一門風雅，出處可觀，其得盛名，良非無故。後人固不可專學此種，而論詩宜平心審定，公是公非，自有千古，不可執其瑕纇，因噎廢食，遂至埋没古人。今爲略采其佳句於此，棄短從長，芟蕪擢秀，可以泯門户之見矣。

「孤塔衝人立，寒雲並馬歸。」良鄉道中憶弟。「侍兒偎火語，黠鼠背鐙行。」宿涿州。「縱心搜樂事，信口釋群書。」任意吟。「好花營地種，熟鳥認枝棲。」和江進之寒山寺。「檀煙熏睡犬，松子食雞雛。」初夏同江進之坐池臺。「白石連雲煮，青苓帶雨鋤。」張伯起。「近花安酒臼，避雨約牀書。」曹以新。「菜香齊吐甲，樹煖欲蒸花。」嘉興道中。「畫壁屯雲族，紅欄蝕水衣。」過龍井。「花風香水氣，梅雨潤苔錢。」得錢字。「茶煙和霧出，鐙影入流青。」宿落石臺山房。「樹分菱藻月，灘響鷺鷥風。」飲南池。「愁聽傳事板，懶答問安書。」

病起。「夜蟲親火語，窗鼠觸明回。」夜起。「池容通國水，柳散一城風。」柳浪館月中泛舟。「角杯窮酒事，分帖記花時。」除夕觀諸公飲。「坐依藤架月，行傍藕塘風。」月下偶成。「野客團茶社，山僧訪芋田。」夏五雨不止。「水含蒼蘚色，窗滿碧疇風。」柳浪雜詠。「曉風棉子落，村院瓦松香。」和散木韻。「夜雨沈丹竈，秋花蔽井牀。」再和散木韻。「迎風收栗子，過雨翦花頭。」同上。「衣紋粘草地，人影散花池。」九月二日集二聖寺仍用散木韻。「窗啣半嶺日，院鎖一池風。」同上。「小榜依鑾市，枯楊卧水祠。」村居雜題。「坐久衣粘石，人歸雪滿窗。」和僧韻。「柳繁風絮亂，波淺水芽香。老學耕田法，貧添省事方。」清明。「酒香知社近，村靜識年豐。」暑中舟行入村舍。「暮煙慈竹嶺，秋水菊花渠。」過龍君超新置山莊。「漁樵分氏族，花果認干支。」同上。「霞光紅漲壁，水氣緑浮山。」同上。「高雲排鶴路，怒沫響魚梁。」同上。「寒泉鳴廢圃，鄰月影高幢。」夜話清梵閣。「風傳初稻信，雨應熟梅潮。」夏日泛舟便河。「山連内史宅，水到賀公門。」送周觀國還會稽。「沙平晴獻雪，樹老夜屯風。」江上。「白波吹日上，粉堞映江開。」郊外小集。「一漚淙石底，萬户枕泉聲。」過荆門觀蒙惠泉。「獵蹄晴卷雪，高隼怒盤風。」鄴城道。「山煙隨澗出，松火隔林香。」雪中投宿棲隱寺。「暮風欹鳥翮，春水玩魚紋。」游赤壁。「鑿曲添魚舍，芟枝減鶴棲。」柳浪館雜詠。「橘皮消酒氣，栗尾亂書牀。」小集吴嗣仙齋頭。「夢寒孤渚雪，茶響一爐風。」揚州舟中晨起。「方言從事譯，山景隸人知。廨舍巢鸜母，鄉田貢荔支。」送洪子崖之歸化縣。「廢橋穿竹嶼，小舫載茶煙。」登蘇門山泛舟百泉。「馬顧横橋水，僧歸別路松。」書所見。「故宫秋草裏，小邑水聲間。」過華清宫。「異沙千種色，密雨一湖泉。」再泛百泉。「菊殘將入枕，棉老漸裝衣。」九月登高二聖寺。「鹿皮充卧具，鵲尾薦經牀。」張幼于。「問方醫病竹，郵水泛春茶。」雙林寺逢本上人。「譜石增新樣，和香覓舊方。」雨中過王官谷香光林。「樹頭懸笠子，經背寫花方。」瀟湘舟中別某禪人。「負暄梳敗髮，發篋理殘篇。」病起偶題。「饑鳥共分香積米，落花常足道人薪。」遊虎跑泉。「山水情多長愛晝，旃蘭氣少亦清人。」齋中偶題。「破懶始知經有味，送眠微覺酒多情。」同上。「研酒和來香泛帖，瓶花吹落濕沾書。」戊戌初度。「買鐙聊復歡兒女，弄筆粗能遣歲時。」十六夜和三弟。「公亭客過開生釀，石室僧來判種花。」送夾山舅令太原。「花前屢泛擯愁酒，架上聊存引睡書。」和江進之雜詠。「坐客始聞烹水法，高人時有乞花書。」雨中坐方平弟旃檀館即事。「幾回寺裏尋花去，獨自江頭看水還。」初正偶題。「柳態美如新櫛髮，山容親似遠歸人。」久雪忽晴喜而有作。「風信暖寒觀樹色，藥苗深淺記竿痕。」花朝和坡公韻。「松下壓槽經月醉，花間彈局一枰香。」和萃芳館主人魯印齋韻。「盡日竹煙消酒去，有時鶯語入簾長。春塘雨過波紋亂，花塢風回蝶翅香。」同上。「桐葉煙中遮去艇，麥苗風裏散行人。」雨中集龔名世平遠樓。「蓮葉漏中傾研汁，木香花底讀方書。叢筠傍屋多藏鳥，小市通江易得魚。」四弟旃檀館即事。「細雨小添澆藥水，落花時逐渡谿風。」謝於楚陶孝若見訪柳浪。「全栽芝菊爲疆界，盡寫雲嵐入券書。」託龍君超爲覓仙源隱居。「桐陰恰好當窗覆，柳色終宜近水看。」郊外水亭小集。「拾翠女來虛檻外，分蔬人立小畦中。」同上。「近日彈章中貴少，一時謫籍楚人多。」贈人。「幾年夜雨慈恩寺，十度春風奈子花。」暮春遊韋氏莊憶十二年前先伯修暨顧升伯偕遊此地。「空崖壁冷長留雪，古屋雲昏尚鏁龍。」登華。

以上皆五七律，清新名雋，何減姚武功、賈長江耶？其五七古殊少可采，絕句尚有風致，不及備録，要以此兩體爲工，選擇已略偏矣。集中打油釘鉸之作甚夥，幾有同於戲劇科諢不成文字者，竟可焚棄。朱氏明詩綜亦謂其才情爛漫，無復持擇，頗録取其佳者，而所登太狹，遺落甚多。後人有讀予是編者，可以想其閑静高淡之概，亦煩俗中一服清涼散也。

孤樹裒談　明　李默

十一日　閲孤樹裒談。書凡五卷，自洪武訖正德十朝之事，皆雜采諸家説部而成，多史傳所未見者。所引書爲聖政記、宋濂撰。野記、祝允明撰。瑣綴録、尹直撰。水東日記、葉盛撰。立齋録、楊瑄撰。革除遺事黄佐撰。北征録楊榮撰。餘冬稿、何孟春撰。雙谿雜記、王瓊撰。草木子餘録、葉子奇撰。海涵萬象録、黄潤玉撰。寓圃雜記王錡撰。傳信録、客座新聞、沈周撰。震澤長語、王鏊撰。保齋録、三朝聖諭録、楊士奇撰。天順日録、李賢撰。出使録、李實撰。否泰録、劉定之撰。菽園雜記、陸容撰。郊外農談、張鈇撰。懷麓堂稿、李東陽撰。四明塵談録、沈儀撰。蓉塘詩話、姜南撰。篁墩文集、程敏政撰。龍飛集、燕對録李東陽撰。近代名臣録、理學名臣録，楊廉撰。共三十種，依時代先後録之，無所持擇。撰者李默，字古沖，福寧人，嘉靖時官吏部尚書，爲嚴惟中所陷，以策題譏刺下獄死。曰「孤樹」者，以李嘗爲廣東巡鹽使，鹽署中有大樹爲數百年物，號「孤樹」云。

建炎以來朝野雜記　宋　李心傳

十三日　校閲宋人李心傳建炎以來朝野雜記甲集二十卷。心傳字伯微，隆州人。陳振孫書録解題作字微之，陵陽人。父舜臣，字子思，官宗正寺主簿，著易本傳三十三卷，學者稱隆山先生。伯微兄弟三人皆以儒學名。伯微屢舉不第，隱居著此書及建炎以來繫年要録數百卷。嘉定中，吏部尚書修國史，曾𥌓等薦之，詔令其弟太常博士李道傳取心傳高宗繫年要録送史館，嗣又就其家鈔録孝宗、光宗要録。此書甲集成於寧宗嘉泰三年，俱記南渡四朝事，分十三門，自帝系后妃、君德朝政，以及制度沿革、時事治亂，而士夫間遺聞佚事亦偶及之。原原本本，叙次簡嚴，載述詳覈，蓋兼備國史及會要之用。陳氏直齋書録解題稱爲南渡以後野史之最詳者。四庫收入史部政書類。考南宋故事，固莫善於此書矣。心傳後歷官至工部侍郎，終日默坐，用此自快。心傳弟性傳，官武學博士。今杭州尚有李博士橋，予於戊午冬寓居其地。

建炎以來朝野雜記 宋 李心傳

十四日 閲朝野雜記乙集，乃伯微續成於嘉定九年者，亦分二十卷十三門，多記寧宗朝事，末及女真、西夏、蒙古三國本末。雜記一書，予購之累年不獲。頃叔子借得鮑氏知不足齋鈔本，訛錯甚多，校者丹黄數過，尚未及十之三四。又自卷十五以下盡失去，深可惜也。其建炎以來繫年要録，四庫尚存二百卷，入史部編年類。又丙子學易編十五卷，四庫尚存一卷，入經部易類。予皆未見。而直齋書録解題載其所著尚有西陲泰定録九十卷，記吴曦事；國朝會要總類五百八十八卷，蓋合王文恭珪國朝六朝會要、虞忠肅允文續會要、梁文靖克家中興會要三書爲一者，今皆亡矣。葉紹翁四朝聞見録屢引李心傳朝野僉載，疑即此書。日來貧甚，借此消遣，固極妙法。

保越録　元　徐勉之

十六日　手寫保越録。此書係元末吾越人記樞密副使吕國寶珍守紹興拒胡大海事，不著撰人姓名，自至正十九年二月己巳圍城，至五月己酉解圍，編日紀載，大小百餘戰，所講守禦之法甚備。其述胡兵掘夷冢墓，殺掠村里，及節烈死義諸人。如山陰張正蒙字景思，湖州德清縣務提領。及妻韓氏莊節先生韓性之女。倶自縊死，長女池奴投厓死，次女越奴餓死。郁景文妻徐氏、蔡彦謙妻楊氏皆南池人。倶被執投井死。會稽仇近忠結鄉兵拒戰死，山陰項里徐本道妻潘氏投火死。會稽柵頭馮道二妻不屈死，皆史傳及郡邑志所無者。四庫收入史部傳記類，外間無刻本。予求之累年，在家時聞霞頭孫氏有此書，往借未得。叔子頃自内府借出，見之狂喜。書僅一卷，今日鈔得十二葉，已將半矣。

吾鄉戒嚴將及兩載，近日粤寇自金華逼諸暨，爾時明兵亦先據婺州，破諸暨以臨越，先後正同，安得再有守土如吕公者，造吾桑梓福耶？公今爲山陰城隍神，甚著靈驗，聰明正直，當必有以默相者矣。客囊稍裕，將登是書於木，以寄守吏及鄉之主兵者。

南燼紀聞

十七日　南燼紀聞。此書述宋徽、欽及鄭后、朱后北狩之事，污辱慘酷，非復人理。不著作者名氏，昔人多斥其妄。或謂其憤南渡君臣忘復仇之義，故作此以激之。然其中時地情事，觸迕甚多，如當時人所作，不應謬妄至此也。書僅一卷，載二帝至五國城而止。

新唐書 宋 歐陽修 宋祁

二十三日 閱新唐書史大奈竇國公、馮盎越國公，子智戴、阿史那社爾畢國元公、阿史那忠薛國貞公、執失思力安國景公、契苾何力涼國毅公，子明、黑齒常之燕國公、李謹行燕國公、泉男生卞國襄公，子獻誠、李多祚趙國公，附李湛、論弓仁撥川郡忠王，孫惟貞、尉遲勝武都郡王、尚可孤馮翊郡王、裴玢忠義郡節王傳一卷。諸人皆出蕃夷，以功節著，宋子京故總列之爲諸夷番將傳。然裴玢已居京兆五世，與諸人或身爲國王，或世爲酋領者，已是不同。至李多祚，史雖稱其先靺鞨酋長，然云後入中國，世系湮遠，則不知在何時何代，與諸人迥非等夷，固宜與張柬之等五王列傳同卷。李湛雖與多祚同預中宗反正之功，然爲李義府子，自當附義府傳，父子美惡，不妨互見，以附多祚，究爲不倫。新書以盧杞入奸臣傳，而杞子元輔乃附其祖奕傳，此猶稍可。若所叙阿史那元公之將略，執失景公之諫争，契苾毅公之忠節，黑齒燕公之戰功，華人中亦爲傑出。而阿史那忠立爲左賢王而泣，固請入侍，宿衛四十八年無纖隙。尉遲勝爲于闐王，聞禄山之亂，舍國赴難，遂留宿衛，讓國於弟，尤三代以下人所難。然亦足見唐初威德之及於諸夷者遠哉。

洹詞 明 崔銑

二十四日　夜閱明工部侍郎湯陰崔文敏銑洹詞，及按察副使常熟楊五川儀明良記四卷，書爲江陰李鶚翀所合刻。洹詞僅摘録其紀事，兼及議論，目之曰洹詞紀事鈔，頗雜糅無次。崔公嘉靖時人，事蹟具明史儒林傳。其論春秋申生事頗有特見。論宋代事亦俱有識力，斥張魏公之不足用，尤確當。又言宋之君厚其臣，臣負其君；國有大政，不務審處而先抗論，不求濟事而先潔名。漢、唐之結夷狄，將以取之，宋直畏之。漢之明經以修行，宋之注經乃衍詞。漢士質，宋士浮。金元之際，中州之文，氣雄而詞倔健，欲陳義而不精，故國易摧；南宋之文，氣浮而詞細靡，故國益弱。宋臣之疏，文繁而用寡，氣激而意肆，南渡益下云云。皆明儒議論所未及。又謂仁宗明不照遠，仁而容奸。富公、范公，劖弊升治，其志速，其規闊。南宋張浚失之罔，陳俊卿失之懦，趙汝愚失之疏。又謂元祐任相專矣，然天子幼而不英，未聞女主而可大有爲者。數語尤扼要，足爲千古龜鑒。

惟論道學，力詆張無垢、陸子静、楊慈湖、陳止齋，而過尊伊川。又論文章謂止齋雜，葉水心譎，周平園漫，而稱程伯子條暢，叔子簡肅，俱未平允。其論明代人物，頗詆劉忠宣大夏、周文襄忱、楊文襄一清，而稱李文達賢、李恭敏鐩、劉文和珝、劉文肅忠，又謂文達之奪情非本意，而羅文毅倫醜言過斥，蓋以永樂以來，南士柄國，文達起北方之故。

又極貶文毅與陳文恭獻章、莊文節昶之道學，章恭毅綸、廖恭敏莊之黷貨敗節。所盛推者，李忠文時勉、薛文清瑄、王忠肅翺、王端毅恕四公，其聞見甚近，當必有據。

至謂明有漢之全盛亡其强，無宋之苟安有其弱，蓋由士業草略，登仕太易，鮮治經世之學，官多牽制，遷代太數，不予專斷之權。宣德、正統之間，其民樸，其君任人，最君子有爲之時，而楊東里乃日與其僚嬉燕晉書唐律，遂失其時。孝皇信任内閣三臣及司馬劉忠宣，而閣臣皆善私己，忠宣亦無以廣德心者，致弘治之化遜於古。皆切中當時之弊，真名言也。

楊亦嘉靖時人，其書皆雜綴明代事而多近小説，又詆謝文正遷之附張后，王恭襄瓊之傾陸完，皆不足信。崔文敏，明史儒林有傳。

宋宰輔編年録 宋 徐自明

二十五日 閲宋宰輔編年録，自太祖至寧宗共二十卷，太常博士永嘉徐自明誠甫撰。其書於兩府之拜罷、編年紀述、制詞之褒貶、官制之沿革，詳載無遺，而出處始末，事業污隆，亦略舉其要，一代治亂之跡，瞭如指掌。蓋以李燾續通鑑長編、李心傳繫年要録及宋代大詔令三書爲主，而偏采群書，折衷至當，提綱挈領，眉目甚清，在宋世中固與長編、要録二書爲鼎峙矣。外間刻本甚少，極可寶貴。

唐裴伷先傳

二十六日 予素愛唐裴伷先事，謂真奇男子也。爾日極無聊，擬演其事爲樂府，因即新書本傳及太平廣記卷一百四十七所採紀聞校覈之。舊書無仙先傳，新書蓋即采之紀聞。紀聞所載較新書幾詳三倍。仙先年十七，爲太僕寺丞，新書無年，通鑑有之。天后怒，命牽出，仙先猶反顧曰：「陛下采臣言，實未晚。」如是者三。新書無有。通鑑亦有之。在南中數歲，娶流人盧氏，生男愿，盧氏卒，仙先攜愿潛歸，新書但言逃歸。北庭都護府城下有降胡夷落萬帳，其可汗禮仙先，以女妻之，可汗惟一女，念之甚，新書但言娶降胡女爲妻。仙先知將殺流人，會賓客計議，皆勸仙先入胡，仙先從之。日晚，舍於城外束裝，時有鐵騎果毅二人，勇而有力，以罪流，仙先善待之。及行，使將馬裝橐駝八十頭，盡金帛，賓客家童從之者二百餘人，甲兵備曳犀乘者半，有千里足馬二，仙先與妻乘之，裝畢遽發，料天曉人覺之，已入虜境矣。既而迷失道，遲明惟進一舍，乃馳。既明，候者言仙先走，都護令八百騎追之，妻父可汗又令五百騎追焉，誡追者曰：「舍仙先與妻，同行者盡殺之，貨財爲賞。」追者及仙先於塞，仙先勒兵與戰，麾下皆殊死。日昏，二將戰死，殺追騎八百人，而仙先敗，縛仙先及妻於橐駝。新書但言仙先以橐它載金幣賓客奔突厥，行未遠，都護遣兵追之，與格鬥，爲所執。此固史體宜如是。又言仙先授詹事丞，歲中四遷，遂至秦州都督，再節制桂廣，一任幽州帥，四爲執金吾，一兼御史大夫、太原京兆尹、太府卿，凡任三品官，向四十政，所在有聲績。後爲工部尚書、東京留守，薨，壽八十六。新書無執金吾、御史大夫、太府卿三官，則新書之失。

去年，欲編裴寬遇張建封事爲樹下樂傳奇，久之未作。夏間，又擬編馬周、韋皋二人事，皆以小技不足弊精神而止。然窮途困頓，消遣爲難，借此狡猾，以自振省，經史之暇，偶一爲之，亦未爲不可。

今擬舉裴佃先、馬周、韋皋及王仙客、劉無雙事，次其事跡，分其齣目，爲樂府四種，與東鷗、青博兩君共治之。其事既絶奇，文章易於生色，填成之後，當必有可觀者。嗚呼！不平之鳴，無聊之思，人或視爲博弈書空之比，豈知屈子賦騷，馬遷作史，亦同用此心耶？

予去秋曾編東漢李燮事爲酒隱緣、唐張睢陽事爲睢陽曲，已撰定齣目，排比腳色，叔畇又屢約演唐武宗王才人事，皆院本中絶好文字。叔子、珊士皆驚才絶艷，雅宜此事。予雖駑鈍，亦當勉逐驂驔，擬盡今年之内，三人每日分撰二齣，次第成之。玉茗、藏園，庶幾嗣響。至樹下樂僅一齣，入予樂府零種可矣。

容齋續筆　宋　洪邁

二十七日　洪文敏容齋續筆辨百斛明珠所載楊妃竊寧王笛事，謂明皇兄弟五王，至天寶初已無存者。楊太真以天寶三載方入宫，足見小説之不足信。因指元稹連昌宫詞「百官隊仗避岐薛，楊氏諸姨車鬥風」之謬，其説甚詳覈。而王勉夫野客叢書非之曰：唐史申王以開元十二年薨，岐王以十四年薨，薛王以二十二年薨，寧王、邠王以二十九年薨，而楊妃以二十四年入宫，號太真，遂專房宴。是時申、岐、薛三王雖已死，而寧、邠二王尚存。容齋誤認楊妃爲天寶三年方入宫，不知天寶初太真進册貴妃，非入宫時云云。王氏可謂妄辨。

按新唐書玄宗本紀，開元二十八年十月，以壽王妃楊氏爲道士，號太真，其時距岐王之薨已十四年，薛王之薨已六年，而是歲之次年十一月，邠王、寧王相繼薨。至天寶四載八月，立太真爲貴妃，是則妃之專寵，自在天寶時。而其初丐爲道士，形跡尚秘密，豈便得縱恣佚樂，交接諸王？況邠王薨時年七十，寧王薨時年六十三，距妃之召自壽邸僅一年，而謂有調戲狎褻之事，尤萬無此理。妃本傳云：開元二十四年武惠妃薨，後庭無當帝意者，或言妃資質天挺，宜充掖庭，遂召内禁中，異之。即爲自出妃意者，丐籍女官，號太真，得幸，遂專房宴。據本紀，武惠妃薨於二十五年十二月，傳偶誤一年。楊妃之召，亦必在一二年後。王氏更引張祜詩：「太真簾卷畏人猜，不信寧王迴馬來」及「金輿遠幸無人見，偷把邠王小管吹」爲證，謂祜固目擊其事。祜乃大中時人，而云目擊，囈語可笑。況詩人之言多無稽，唐時禁網寬弛，無文字忌諱之禍，故其文士多輕薄，喜造纖豔小説，以至斥言宫闈，污衊不根。如百斛明珠及明皇雜録、天寶遺事等書，皆里巷小兒瞽談妄説。祜本以浮薄著，所作宫體小詩，爲時所誚，故終不第。而唐人詩，若義山之「薛王沈醉壽王醒」等語，皆小子無禮之甚者，不特觸迕紕繆，而纖佻刻薄，亦全不識文章體裁。予嘗評全唐詩，類此等作爲名教罪人。蓋温柔敦厚，詩教也，發揚陰私，已非詩旨，況涉閨闥而君父者？唐人於楊妃事尤喜道之，毒諷醜詆，必至無可加而始快，是固沿六季衰亂之習，人不知綱常爲何事，此發明義理之功，不得不歸之宋儒也。周秦行紀至欲以楊妃侍牛僧孺寢，尤可駭異。

唐王同皎，相州安陽人，中宗之壻，尚安定公主，封琅邪公，以謀誅武三思而死，謚忠壯，在忠義傳。又王仁皎，同州上邽人，玄宗王皇后之父，封祁國公，謚昭宣，見外戚傳。二人名既易相混，又同時同爲外戚，特疏出之。

駢體文鈔　清　李兆洛輯

十月二十二日　得李申耆氏所選駢體文鈔，隨意取尺牘小文閲之，亦不覺勞。閲至仲長統樂志論、江文通與交友論隱書、蕭大圜言志諸篇，更悠然神往，足以起病矣。